美国问题观察译丛

American Violence:
A Documentary History

美国暴力史

理查德·霍夫施塔特（Richard Hofstadter）
迈克尔·华莱士（Michael Wallace） 编著

陆 夏 译

上海财经大学出版社
上海学术·经济学出版中心

图书在版编目(CIP)数据

美国暴力史/(美)理查德·霍夫施塔特(Richard Hofstadter),(美)迈克尔·华莱士(Michael Wallace)编著;陆夏译. —上海:上海财经大学出版社,2024.9
(美国问题观察译丛)
书名原文:American Violence: A Documentary History
ISBN 978-7-5642-4227-5/F·4227

Ⅰ.①美… Ⅱ.①理…②迈…③陆… Ⅲ.①政治制度史-研究-美国 Ⅳ.①D771.29

中国国家版本馆 CIP 数据核字(2023)第 244640 号

□ 策　　划　陈　佶
□ 责任编辑　杨　闯
□ 封面设计　张克瑶

美国暴力史

理查德·霍夫施塔特
(Richard Hofstadter) 编著
迈克尔·华莱士
(Michael Wallace)

陆　夏　译

上海财经大学出版社出版发行
(上海市中山北一路 369 号　邮编 200083)
网　　址:http://www.sufep.com
电子邮箱:webmaster@sufep.com
全国新华书店经销
苏州市越洋印刷有限公司印刷装订
2024 年 9 月第 1 版　2024 年 9 月第 1 次印刷

710mm×1000mm　1/16　23.75 印张(插页:2)　375 千字
定价:98.00 元

前　言

　　在一个美国暴力受到空前关注的时代,针对美国国内暴力进行一次纪实性解读无疑具有十分重要的意义。如果我们的解读没有任何夸张的成分,并且能清楚阐明其作为重大复杂问题的案例及介绍性资料的作用,这种解读一定是最有用的一种方式。但是,我们还是需要对文献资料遴选的原则做出必要的解释。我们的主题是美国的暴力。编辑人员不会忘记战争是所有暴力形式中破坏性最大的,但我们在这里并不是要对大多数受过教育的读者讲述他们已经非常熟悉且已经有许多记录性文献的战争历史(这一点不同于美国的暴力史)。然而,由于这些历史事件仍然会对民众的行为方式产生影响,因此我们在本书标题为"种族暴力"的第三部分中加入了有关印度和菲律宾叛乱中一些毫无正当性可言的野蛮事件。将这些事件放于该部分,是因为我们认为种族仇恨与之有很大的关系,但这也并不意味着种族因素是暴力产生的全部原因。就战争而言,我们并不关注充满暴力的个体犯罪,而是关注集体暴力行为或者关注具有显著公共影响的个人行为,如暗杀。同样,把暴力犯罪排除在外只是为了分析方便,并不意味着我们认为暴力犯罪是无关紧要的事,犯罪的方式以及由犯罪分子和警察所实施的暴力实际上都会对文明的特性产生十分重大的影响。

　　通常情况下,如果事件造成了大量人员伤亡或大规模财产破坏,或两者兼而有之,我们才会将这类事件纳入本书之中。然而,也有少数暴力事件,如书中提到的威士忌叛乱,是因为它们在历史上的重要性而被收入于此。在美国历史上,一些重大暴力事件表面上(或很容易发现其)会对政治事件进程产生影响;然而,在很多其他情形中,轻微的暴力事件有时却会产生更加重大的历史后果。我们尽量选择了具有代表性的一些素材,但在有关历史研究的当前状态下,我们也不能完全精确地确定其代表性。在对暴力的历史研究中,许多悬而未决的问题也不断地提醒我们，我们的工作任务具有暂时性特征。此外，有几个遗漏的地方可能需要解释一下：约翰·F. 肯尼迪（John F. Kennedy）的遇刺案之所以被排除在外，是因为有关它的报道和文章过于详尽；而不收录马丁·路德·金（Martin Luther King, Jr.）遇刺案则是因为没有目击者对刺杀行为本身的讲述。

我们希望读者不要一味从字面上理解我们做出的类别划分，因为我们对内容分类主要是为了分析的方便及基于一定合法性的考虑。我们从一开始就意识到，我们所选择的所谓政治暴力往往带有民族、宗教或社会色彩，经济暴力往往因种族或民族差异而复杂化，而种族暴力则有时是由经济竞争所激发的。事实上，在整个美国暴力史上，种族和民族仇恨一直都是一个不祥的存在。

凡是有机会对目击者的证词作出评价的人，都知道这些证词可能存在一定的虚假性，尤其当牵扯进特别强烈的情感和可怕的经历时，这种不可靠性往往是加大的。因此，我们不会将这些资料作为明确的或同等重要的内容来呈现。我们所寻找的是具有鲜明的报道性质和价值的资料，而不是经过编辑的资料。无论数量多么有限，这些资料都是历史学家在筛选证据时必须使用的。在有些情况下，我们的解释性批注和纪录性叙述之间可能存在事实差异，这是因为我们相信我们从其他来源找到了背离该资料的充分的理由。此外，17 世纪和 18 世纪的部分文献被重新标注了大写和标点符号。

这本书是编辑人员共同努力的结果。迈克尔·华莱士（Michael Wallace）整理了一份包含近 2 000 起暴力事件的日历，他从众多可能的素材中搜集并整理了相关的资料，还对批注进行了研究。他有关批注的初稿由两位编辑重新起草。比阿特丽斯·K. 霍夫施塔特（Beatrice K. Hofstadter）也对这些批注和资料进行了细致的审查和编辑，这让他们受益匪浅。该书的总体介绍是由理查德·霍夫施塔特（Richard Hofstadter）撰写的，他对此承担全部责任。在此，也特别感谢保罗·伯曼（Paul Berma）、大卫·奥舍（David Osher）和丹尼斯·范·埃森德尔夫（Dennis Van Essendelft）在我们的研究中提供的不可或缺的热情帮助。同时，也对阿什贝尔·格林（Ashbel Green）和简·斯莱特（Jane Slater）的真挚关心和合作致以诚挚的谢意。

理查德·霍夫施塔特
迈克尔·华莱士
1970 年 1 月 1 日

目　录

对美国暴力的反思 / 001

第一部分　政治暴力 / 035
　　朝圣者和清教徒，1634 年 / 035
　　塞文河战役，1655 年 / 036
　　培根叛乱，1676 年 / 038
　　费城的血腥选举，1742 年 / 042
　　波士顿的诺尔斯骚乱，1747 年 / 044
　　印花税法案骚乱，1765 年 / 047
　　波士顿大屠杀，1770 年 / 049
　　阿拉曼斯战役，1771 年 / 054
　　针对效忠者的恐怖主义，1774—1775 年 / 057
　　威士忌叛乱，1794 年 / 059
　　费城选举骚乱，1834 年 / 062
　　克里斯蒂安娜事件，1851 年 / 063
　　流血的堪萨斯，1854—1861 年 / 068
　　巴尔的摩选举骚乱，1856 年 / 071
　　哈珀渡口，1859 年 / 073
　　新奥尔良政变，1874 年 / 078

第二部分　经济暴力 / 082
　　波士顿的面包骚乱，1713 年 / 082

椴杆树骚乱，1734 年 / 083
新泽西佃农暴动，1745—1754 年 / 084
纽约佃农叛乱，1766 年 / 086
谢斯叛乱，1786—1787 年 / 089
巴尔的摩反银行骚乱，1835 年 / 091
纽约抢劫面粉骚乱，1837 年 / 095
寮屋居民骚乱，1850 年 / 098
铁路工人罢工，1877 年 / 100
路易斯安那州制糖业罢工，1887 年 / 105
霍姆斯特德事件，1892 年 / 107
科达伦事件，1892 年 / 112
普尔曼罢工，1894 年 / 114
惠特兰骚乱，1913 年 / 119
勒德洛事件，1913—1914 年 / 122
钢铁工人罢工，1919 年 / 125
赫林大屠杀，1922 年 / 129
芝加哥驱逐骚乱，1931 年 / 132
南方佃农联盟，1935 年 / 134
阵亡将士纪念日大屠杀，1937 年 / 139

第三部分 种族暴力、奴隶起义及其镇压 / 144

纽约奴隶起义，1712 年 / 144
路易斯安那州起义，1811 年 / 145
维西起义，1822 年 / 148
奈特·特纳起义，1831 年 / 152
得州奴隶起义，1860 年 / 155
普罗维登斯，1831 年 / 157
辛辛那提，1841 年 / 159
纽约征兵骚乱，1863 年 / 162
新奥尔良，1866 年 / 168
维克斯堡，1874 年 / 172

威明顿,1898 年 / 178

亚特兰大,1906 年 / 183

东圣路易斯,1917 年 / 187

芝加哥,1919 年 / 190

塔尔萨,1921 年 / 194

底特律,1943 年 / 197

哈莱姆,1935 年 / 201

瓦茨,1965 年 / 204

底特律,1967 年 / 208

帕克斯顿骚乱,1763—1764 年 / 210

夏安族大屠杀,1864 年 / 212

伤膝河大屠杀,1890 年 / 216

菲律宾的暴行,1899—1902 年 / 221

第四部分　宗教和种族暴力 / 229

对贵格会信徒的迫害,1656—1661 年 / 229

焚烧乌尔苏琳修道院,1834 年 / 231

反摩门教骚乱,1838 年 / 234

费城原住民暴动,1844 年 / 236

霍博肯五旬节骚乱,1851 年 / 240

路易斯维尔,1855 年 / 242

山地草场大屠杀,1857 年 / 245

奥兰治骚乱,1871 年 / 249

洛杉矶的反华暴乱,1871 年 / 252

岩石泉大屠杀,1885 年 / 255

新奥尔良的反意大利暴乱,1891 年 / 257

"佐特套装"骚乱,1943 年 / 260

第五部分　反激进分子和警察暴力 / 263

纽约反废奴主义骚乱,1834 年 / 263

汤普金斯广场,1874 年 / 266

埃弗雷特大屠杀，1916 年 / 268

克利夫兰"五一"暴乱，1919 年 / 270

森特罗利亚，1919 年 / 273

迪尔伯恩大屠杀，1932 年 / 275

讨偿大军，1932 年 / 277

皮克斯基尔骚乱，1949 年 / 282

自由乘车者，1961 年 / 286

密西西比州牛津市，1962 年 / 288

芝加哥，1968 年 / 295

第六部分　个人暴力 / 300

汉密尔顿—伯尔的决斗，1804 年 / 300

杰克逊—迪金森的决斗，1806 年 / 301

沙洲枪战，1827 年 / 304

袭击查尔斯·萨姆纳，1856 年 / 306

哈特菲尔德和麦科伊家族，1873—1888 年 / 308

O.K. 畜栏枪战，1881 年 / 311

第七部分　暗杀、恐怖主义、政治谋杀 / 315

洛夫乔伊谋杀案，1837 年 / 315

林肯遇刺事件，1865 年 / 317

加菲尔德遇刺事件，1881 年 / 318

干草市场，1886 年 / 321

谋杀亨利·克莱·弗里克未遂事件，1892 年 / 325

弗兰克·施泰纳伯格遇刺事件，1905 年 / 327

《洛杉矶时代报》大楼爆炸事件，1910 年 / 329

华尔街爆炸案，1920 年 / 333

梅德加·埃弗斯谋杀案，1963 年 / 336

马尔科姆·艾克斯谋杀案，1965 年 / 339

罗伯特·F.肯尼迪遇刺事件，1968 年 / 341

第八部分　以法律、秩序和道德之名的暴力 / 344

　　医生暴乱,1788 年 / 344

　　波特兰妓院骚乱,1825 年 / 346

　　维克斯堡赌徒,1835 年 / 348

　　阿斯特广场骚乱,1849 年 / 350

　　旧金山警戒委员会,1856 年 / 353

　　蒙大拿州的治安维持会,1863—1865 年 / 357

　　辛辛那提暴乱,1884 年 / 360

　　孟菲斯的私刑,1893 年 / 362

后记 / 367

对美国暴力的反思

一

有人说,美国的历史不是一个充满暴力传统的历史。虽然在美国的历史上,暴力事件频繁爆发,人们早已司空见惯,但我们还不能说它已经成为一种传统。原因有二:第一,美国的暴力不存在一个共同的意识形态与地理中心;不存在统一性;表现出多样化、分散化和自发性的特征,从而无法形成整个社会阶层共有且单一的、持久的、根深蒂固的仇恨。第二,人们对暴力的记忆明显缺失,大多数暴行伴随历史被一起埋葬。但在我们这个时代,伴随夏季常见的骚乱和纵火案以及三次几乎影响了我们全部公共生活的有预谋的、可怕的暗杀事件,还有频繁在南方各州爆出的令人不安的政治谋杀,被武力、暴力控制和被枪支、燃烧弹和警察侵占的校园,我们逐渐觉醒并开始怀着好奇心与担忧思考美国特有的暴力方式。可以说,重新开启人们对美国暴力的认知无疑将是20世纪60年代重要的知识遗产之一。

然而,事实上,美国的暴力并没有什么新东西,只是我们突然意识到它而已。在漫长而沧桑的历史长河中,20世纪60年代只是其中的又一个高峰时刻。受过教育的美国人,对美国的对外战争及美国内战(即南北战争)都十分了解,但往往对美国国内的动荡与骚乱一无所知。这是因为,历史学家们刻意回避了这一主题,从而阻碍了国民对它的认知。可以说,我们是全国暴力起因和预防委员会(NCCPV)成员所称的"历史失忆"的受害者。然而,这并不意味着历史学家们找到了一种摆脱我们过去不愉快记忆的方法,我们的健忘症也是对过往整整一代人的经历的一种反应。从1938年左右到20世纪60年代中期,尽管经历了第二次世界大战和朝鲜战争,但美国国内却罕见地没有发生多少暴力事件。工业暴力和私刑几乎消失了。尽管发生过1935年的哈莱姆骚乱、1943年的底特律骚乱和同年的洛杉矶"佐特套装"骚乱,但城市骚乱的频率比过去的许多时期都要低。20世纪30年代前后成年的美国人很容易忘记他们的前人曾经是多么暴力。

对此,历史学家几乎毫无作为,因为对历史学家而言,暴力是一个十分困难的课题,其内容冗杂散乱,难以应对。一般而言,暴力行为通常是由孤立的个人、小群体或大批暴民造就;它既针对个人,也针对群体;它的目的多种多样(有时根本没有理性的目的);它的方式花样繁多,从暗杀、谋杀到私刑、决斗、斗殴、仇恨和暴动,不一而足;它源于犯罪意图和政治理想主义,也源于完全属于个人之间的对抗以及对社会产生重大影响的对抗。因此,我们很难把暴力作为一门单一的学科来看待。第一套关于美国社会历史的多卷本文集是《美国生活史系列》,由亚瑟·M. 施莱辛格(Arthur M. Schlesinger)和迪克森·瑞安·福克斯(Dixon Ryan Fox)主编,主要展现了20世纪20年代和30年代的生活场景,但它也只是以最漫不经心的方式提到了一些当时的暴力片段。旧的《社会科学百科全书》乃至最新的《国际社会科学百科全书》,甚至连"暴力"这一条目都没有设置。

基于此,写作一部记录美国暴力史的文献集可谓恰逢其时,它可以激发人们对这一问题的进一步研究。然而,目前普遍的看法是对于这一课题的研究只能是导论性质的,因为很多相关研究成果还没有出来。我们还不太了解美国暴力的模式,而且随着对这一问题的历史探究新领域的开辟,我们对过往暴力频率的认知也肯定会随之增加。例如,尽管有许多关于私刑的描述性和统计类书籍以及关于道德抗议的著作,但却没有对这类暴力行为在南方政治文化中进行评估的重要主题的研究历史。虽然历史学家们详细讲述了许多暴乱过程,但却没有一部对这些暴乱进行比较或分析的著作;也没有任何对警察制度演化或国民警卫队历史进行追根溯源的研究。虽然也有许多针对警戒主义历史的特殊研究,但却没有一项研究将之置于令人质疑的美国治安实践中去考察。还有,虽然有些资料可以让我们深入了解南方的武装和暴力活动,但是同样缺乏有关地区暴力的历史研究以便来解释南方和西部的特殊模式。关于美国人为何固执地保留他们无效而又过时的枪支管制法律,也没有一个完整的历史解释。同样,虽然有些书籍讲述了劳工历史中的暴力事件或暴力时期,但却没有一部重要的著作能够解释美国工业暴力的特殊模式或者将其与其他国家的劳工运动进行比较分析。而且,没有任何社会学著作能够非常详细而准确地告知我们暴力行为在同化美国少数民族群体过程中的作用。据我所知,也没有关于语言暴力和意识形态暴力的基础性研究,以便我们能够区分哪些是作为极端行为的良性替代的言辞,而哪些又只是作为这类暴力行为前奏的花言巧语。

毫无疑问,这种疏忽或缺失在未来会得到纠正。今天,我们不仅意识到了我们自己的暴力(我们被它吓坏了),而且还看到了在我们的民族遗产中暴力远远超过了我们自豪的、有时甚至是沾沾自喜的民族自我形象所能容忍的限度。我们的暴力不但让我们自己感到恐惧,同时也让其他国家感到恐惧,因为美国失控的国内暴力与其在世界上无可比拟的强大国家实力是交织在一起的,因此对美国暴力的研究对整个世界而言也具有特殊的意义。对于一个世界大国来说,在短短几年内失去三位重要的、有价值的政府领导人,不仅令人震惊,而且十分危险,而且随之失去的还有无法估量的稳健的政治态势。例如,哥伦比亚或危地马拉境内的暴力对哥伦比亚和危地马拉人来说就是生死攸关的问题。同样,在美国,暴力已成为对每个人来说都生死攸关的问题。让许多美国人感到不安的是,最近的暴力行为的爆发正处于我们经历过最持久的经济繁荣之时。尽管美国人的信条建立在财富的丰饶之上,但现在情况已经变得非常明显——我们对社会的不满非但没有因财富而缓解,反而加剧了。美国人虽然比以往任何时候都富有,但他们还没有找到一种使自己摆脱这些烦扰的方法。

美国人当然有理由去质疑,与其他先进的工业国家相比,美国是否属于极端暴力的国家。例如,在英国生活过一段时间的美国人很难不注意到那里的人都很温和,对暴力都十分厌恶,这和我们自身的特点形成了鲜明的对比。尽管美国人可能会谴责和害怕暴力,但他们并不像英国人那样对暴力行为表现得特别震惊。我们的日常娱乐和严肃的作品中充斥着大量的暴力,甚至达到了臭名昭著的程度,这在我们的历史上是普遍存在的。显然,美国人将其视为生活的一部分,他们通常不会迅速且大规模地、合法地抗议、反对或控制它。众所周知,美国人因为不愿意接受死亡的现实而闻名,但他们却能够忍受暴力并将之视为事物本性的一部分以及生活中不可避免的恶行之一。

在国内暴力的严重程度上,美国在当今世界上的地位如何呢?在这里,我认为重要的是既不要受困于我们这个时代传统的、令人感伤的反美主义,也不要在自我贬低时过于狭隘。不管是好是坏,暴力几乎在任何地方都是历史变革的共同推动力之一;暴力甚至在那些本来经历了长期渐进和相对和平变革的国家的历史上起到了决定性的作用。虽然我们可能觉得暴力是不受欢迎的,但我们必须承认它是一种自然而然的现象。在世界各国中，尽管美国有相当多的暴力记录，但它并不是一个变异怪物，它只是人类脆弱联盟中一个成熟的、有些喧闹的成员而已。美国人最特别的地方不是他们大量的暴力记录，而是在这些记录面前，他们有非凡的能力使自己相信他们是表现最好、管理最好的民族之一。

然而，他们既不是最好的，也不是最差的，事实上，还有比自发的暴民暴力更糟糕的事情。毕竟，最伟大、最精于算计的杀手是国家，不仅在国际战争中如此，在国内冲突中也是如此。美国或任何其他民主国家的暴力都无法与极权主义国家对其人民造成的大规模暴力相比。各种发生在美国国土上的暴力行为，从第一批殖民者到最近示威者和警察之间的冲突与纳粹对犹太人的种族灭绝相比都不值一提。即使是近年来频发的国内暴力——当前无疑是我们最混乱的时期之一，与当前阿尔及利亚、尼日利亚、印度尼西亚或委内瑞拉等国的暴力相比也仍然相形见绌。

我们并非狭隘的反美主义者，不会像他们那样看不到在社会历史中大规模暴力行为其实是相当普遍的，事实上，如果放到整个世界历史中来看，美国的暴力记录并非像看上去那样糟糕。对一个初步了解美国暴力状况的人来说，给他印象最为深刻的是美国暴力爆发的频次异乎寻常的高，在美国历史上司空见惯且一直持续到现在，并且与我们所宣传的美国独有的民族美德形成了鲜明的反差。然而，还需要注意到的是，美国暴力往往表现为一定限度内的典型暴力事件和小规模暴力事件。虽然美国曾经历了一场耗资巨大的国内战争，但是，从长期的历史背景来看，其暴乱、屠杀和其他自发爆发的野蛮行为并不特别突出。1811年奴隶起义之后，16个奴隶的头颅被悬挂在密西西比河边的杆头上以作为对黑人的警告，让人毛骨悚然，但是与之相比，更让人不寒而栗的是，在斯巴达克斯起义之后，罗马人不仅造成了3万多奴隶在战斗中伤亡，更残酷的是，他们又把大约6 000名奴隶钉死在了从卡普亚到罗马沿路的十字架上。同样地，虽然19世纪美国城市中爆发的对爱尔兰天主教徒的聚众袭击每次读来都让人非常难过，但是，这种事情在历史上已经有过很多次。比如，1572年发生在法国的圣巴塞洛缪之夜（St. Bartholomew's Night），由胡格诺派教徒（Huguenots）参与的屠杀致死的人数，一些现代学者认为可能有8 000或10 000（包括被记载的和没被记载的）；又如，1641年10月爆发的屠杀英格兰和苏格兰移民者的爱尔兰起义，约有12 000至15 000人被谋杀或死于随后的虐待；1965—1966年印度尼西亚屠杀的共产主义者及其支持者甚至超过了15万人。如果我们关注（我认为这是必须的）此类人类悲剧的数量维度的话,美国的暴力事件规模并不大。

尽管如此,我们的国民暴力行为与我们作为世界上先进的政治文化代表之一的形象相当不符。我们对这种差距的新认识得到了全国暴力起因和预防委员会专家们的支持,他们尝试对世界各国的暴力状况进行比较。不过就某些方面而言,他们的比较是相对原始和机械的,主要是从参与人数、事件持续时间或每 100 000 人的伤亡人数来"衡量"暴乱程度,并没有办法考虑到具有决定性意义的暴力"性质"问题。暴力行为的政治重要性不需要与其伤亡成本成正比,比如波士顿茶党案就没有一个人受伤。就像社会科学中的许多其他实证研究一样,这种"测度"方法通过使用精确的数据来让我们对相应比例情况形成认知,而这些数据实际上几乎并非像它们被报道的那样精确。例如,当我们得知委内瑞拉在 1961—1965 年动荡期的"内乱级别"为 20.3,而法国为 12.1,美国在 1963—1968 年这五年的数字为 13.8 时,我们很难理解这些数字的实际意义。再如,美国每 10 万人中估计的伤亡人数是 5 人,而法国是 4 人,这一事实可能无法告诉我们暴力在两国政治中的相对重要性究竟有何差别。我们知道,1969 年 5 月在伯克利"人民公园"发生的冲突所造成的伤亡,比一年前在法国各地发生的剧变所造成的伤亡还要多。

尽管如此,国家委员会的专家们汇编的数据仍然是我们迄今为止对某些武断的错误认知进行批驳的唯一证据。这些数据证实了我们的看法,即相比在发展水平上与美国不相上下的西方国家或工业化国家,美国根本算不上最和平的国家。他们发现,近年来美国的内乱规模比大多数经济发展水平较高的国家要严重,甚至比一些经济发展水平中等的国家也糟糕一点。例如,如果从大量国内暴力比美国少的国家中随机选择的话,与印度尼西亚、阿尔及利亚、罗得西亚或委内瑞拉相比,美国的内乱虽然少一些,但和法国、印度和厄瓜多尔差不多,比起英国、西德、苏联、波多黎各、中国台湾地区和斯堪的纳维亚则严重得多。

另外,这些数据还值得研究的一点是内乱的程度与政治自由不存在一致性关系。面临充满严重分歧的国内问题以及陷入备受诟病的失败的国外战争时,20 世纪 60 年代的美国在对待国内抗议活动的政策上表现出了相对较高的自由和宽容。相比之下,由稳固的威权制国家——如葡萄牙、西班牙、波兰、南斯拉夫、罗马尼亚以及部分中东国家等——的内乱规模都远远低于美国。然而,拿这些国家与美国的暴力进行比较没有任何实际意义。如果唯一的选择是一种几乎无限的镇压,人们很可能宁愿忍受偶尔的、有限的暴力。

二

在正式审视美国暴力的历史形式之前，我们有必要为暴力下一个定义并总结出它的根本特征。作为一个特定的术语，暴力行为指的是杀害或伤害他人或对财产造成重大损害的行为。而武力行为是指阻止其他人正常的自由行动或通过暴力威胁来限制他人活动的行为。这两个术语经常被混淆，当然它们之间是既有联系也有区别的。对此要做出清晰的界定，这不仅有助于我们弄清概念，对于权威部门和持不同政见者同样具有战略及道义上的特殊重要性。比如，针对示威者或罢工者的警察代表着武力，而当他们使用武器时，暴力就开始了。同样地，当罢工者在工厂里静坐，或当一群学生占领了大学大楼，又或者当和平主义者扑倒在军车车队前时，不管他们的形式多么温和，在实际上他们都已经使用了武力。在一个民主国家，至关重要的是权威的非正式合法化要具有足够的宽度和深度以便其权力不经常受到挑战，且即使受到挑战，它也可以成功地通过展示武力而非重复和过度地使用武力来维护其主张。通常，持不同政见者使用的武力会引发暴力，当各方试图将公众对不可接受的暴力行为的责任推给对方时，人们就会争相确认自身的合法性。尽管这种博弈没多大新意，但今天它们仍然一如既往地任意发生着。

关于美国暴力的一个引人注目的事实，也是理解其历史的关键特征之一，是在美国很少有叛乱发生。美国的大多数暴力行为是以一个公民群体对另一个群体的暴力形式出现的，而不是公民对国家的行动形式出现的。美国国土的辽阔，民族、宗教和种族的混合，以及联邦制度下权力的分散，都有助于削弱或减少公民与国家之间的冲突，并同时使公民与公民之间的冲突得到极大缓解。这就是为什么我们的许多暴力行为被掩埋在历史记忆里的原因之一：对历史学家来说，公民群体之间的冲突，无论多么凶残和具有破坏性，都是容易被遗忘的；对国家权力的攻击，无论多么短暂和无效，都会赢得历史的关注。因此，像波士顿茶党案、谢斯叛乱和威士忌叛乱这样低关注度且相对温和的暴力事件，在我们的历史书中都有记载。但其他一些事件，如1712年发生在纽约的奴隶叛乱镇压事件，虽然具有惊人的野蛮和破坏性，但却很容易被人遗忘。

此外，我们的联邦制将暴力从国家权力的象征中转移了出来。虽然美国的大部分暴力行为是由地方警察或军事力量实施的，或是根据地方警察或军事力量的要求发起的,但基本上都不是为了反对某些州的权力,更不是为了反对联邦政府的权力,这样的暴力事件一起也没有。有时候,有关州的立法机构的确会受到威胁,甚至被控制,但是这些组织的目标十分有限,根本无法被称为"革命者"。当然,在美国暴力最常见的一种形式中,即公民与公民发生冲突的情况,权威的政府部门通常作为第三方机构(非"中立")来保护财产或终结群体暴力;但是从人的角度来说,真正代价高昂的暴力大多数情况下发生在警察采取行动时。这里需要重点说明的是——之所以重点说明的部分原因在于这种模式正在发生改变——群体暴力几乎从未对整个美国制度的合法性构成挑战。这是因为,我们的暴力通常不以颠覆国家为目的,所以,它通常也就不会以破坏政府权威的合法性作为结果。

美国也因此能够容忍大量暴力行为的存在,却不至于发展成为革命,并由此保持了基本政治的长期稳定。除了令人震惊的南北战争以外,美国的政治在相对自由的条件下获得了超过175年的发展,如拥有稳固持久的宪法,自由的选举(虽然并非一直没有争执或一直是廉洁奉公的),有序而有效的政党以及运转良好的议会机构等。我们把一个广袤的大陆地区团结在一个自由政府之下,把世界上几个地区的人民团结在一个政体中。稳定与暴力并存往往造成了一个矛盾:在我们看来,大多数我们认为充满了严重暴力状况的国家也必然会遭受长期的动乱和政治动荡,但美国却不是这样。美国长期以来政治稳定,堪比英国或斯堪的纳维亚半岛的沉稳政治,但其国内暴力的程度,却与一些拉丁美洲国家或不稳定的亚非新国家旗鼓相当。

最后,让人印象深刻的是,美国的大多数暴力——这也说明了它们与国家权力的关系——往往由一种"保守"的偏见所引发,主要表现为反对废奴主义者、天主教、激进分子、工人和劳工组织、黑人、东方人和其他少数民族或种族、意识形态等行为,并被用来表面上保护美国人、南方人、白人新教徒,或仅仅是中产阶级的生活方式和道德规范。因此,我们的暴力行为有很大一部分来自中上层阶级。这也是大多数暴动和治安维持行动的主要特征。这也许有助于解释为什么很少有人用它来对付国家权力,而反过来,为什么这些暴动又如此容易被遗忘。我们今天对暴力事件新的关注点之一是对其数量急剧增加的反应,但也是对其角色转变的反应。在美国,暴力在某种程度上已经成为持不同政见者和激进分子的暴力行为的产物,主要目的是表达他们对中产阶级和现有权力的敌视。许多人将其视为新的危险,因为它在政治上比过去更有目的性,且与基本的社会问题更密切相关，也因为它触及了中产阶级脆弱的情感。

三

人们不免会问，为什么作为发达的工业化国家的美国有如此暴力的历史？但我认为，与其这样发问，还不如问另一个更加困难且有趣的问题：美国是如何把如此大规模的国内暴力与如此高度稳定的政治环境结合起来的呢？传统观点认为，美国暴力主要可归咎于其漫长的边境历史，对此我们不应该盲目赞同。当然，边境状况确实在某种程度上增强了美国人的暴力倾向，如他们在针对印第安人的战争中的所作所为及由此引发的冲突态势。在黑帮英雄时代之前，是边境给这个国家塑造了一个正当的暴力中心形象以及一些典型的暴力英雄。然而，值得强调的是，在我们整个历史进程中，只有一小部分美国人——而且数量一直在减少——曾经看到过或曾经去过边境。同样，所有的边境地区并不会自动产生类似的暴力模式，拿美国与加拿大、澳大利亚的暴力行为做个比较就可以看得出来。远离边境的南部地区，暴力事件也极为突出，这进一步说明了这一点。而且，碰巧的是，大多数美国暴力事件都发生在城市。因此，如果我们要对此做出更深层次的解释，必须抛开对边境的关注，抛开基于自然环境的解释，将注意力放在美国城市生活的状况上。当对这些因素进行考察后，我们很快就会得出结论：民族、宗教和种族混合——尤其是最后一个因素——是决定美国暴力的基本因素。而其他一些情况也加剧了这些因素的作用：软弱的政府、地方主义、权威和权力的分散化；异常快速发展的城市、大规模的移民和急剧的社会变革；美国城市居民无力或不愿放弃他们的枪支文化；最后，19世纪出现了一种不受社会约束的工业巨头，他们可以远距离操控不同种族的"异化"的劳动者，而这些劳动者跟他们没有种族、制度、社会或宗教上的任何联系。

我相信我已经讲清楚了有关原因，所以我不希望再对美国暴力的具体形式进行简短的历史回顾，这些回顾一定会呈现在历史学家对这个主题的深入调查中。然而，为了使我们对这一主题的认识更深入一些，我建议简要回顾一下群体暴力的几种主要的长期形式。我排除了犯罪暴力、边境斗殴、黑帮枪战、宿怨和暗杀（尽管后者有重要影响）。我也排除了发生在美国的印第安战争，尽管其主要性质是游击战，其间穿插着屠杀和反屠杀，但它们仍属于战争性质，不算是暴力行为。可以说，所有这些形式的暴力都值得仔细研究，但为了简短起见，我在这里只讨论一些代价高昂、特征明显的几种暴力形式：各种类型的骚乱、工业暴力、私刑、警戒主义、奴隶起义及其镇压等。这几种形式基本上可以说明美国暴力的一些内在问题。

在我看来，如果从历史持续时间来衡量，以及从伤亡成本来看，骚乱应该是美国历史上最重要的一种暴力形式。但是，骚乱本身并不是一个单一的能够让我们完全理解暴力的暴力类型，相反，它是一个涵盖了各种各样的社会冲突类型的宽泛类别。骚乱主要发生在城市，但在早些时候，农村也时有发生。我们有政治骚乱（这些在革命时期和联邦时期的高潮阶段尤为重要）、选举骚乱、食品骚乱、反废奴主义和其他反激进骚乱。我们也有由工业纠纷引起的骚乱——之后我会将其与工业暴力联系起来一起讨论。但迄今为止，骚乱最多的起因是民族、宗教或种族对立；甚至许多看似源于其他问题的骚乱，如果仔细观察，也会发现是由这类对立造成的。例如，选举骚乱往往是因阻止少数群体投票而引发。当你发现白人工人攻击黑人工人或外来的中国劳工时，看似由劳资纠纷引起的骚乱可能会带有强烈的种族色彩。暴力事件往往给人一种"大熔炉"的假象和肤浅之感，就像它经常在过去展现出来的一样。事实是，在许多情况下，尤其是在城市里，这个大熔炉里面的一切并没有相互融合在一起；即使融合了，也只是在"火"的作用下。就黑人而言，这种融合其实根本没有发生过，群体暴力的主要原因是白人反对黑人。

美国历史上的阶级冲突在很大程度上是被种族—宗教问题和种族冲突掩盖的。间断性的群体战争一直是阶级战争的替代品，而阶级战争的爆发，很少是单一因素的结果，而是受到种族—民族对抗的影响以及基于宗教—民族—种族特性的复杂的地位等级制度的影响。

当骚乱开始与种族问题混合在一起时，就具有了一种特别致命的性质。美国人在殖民时期就有相当多的暴力行为。17世纪和18世纪早期，大多数美国人都是移民而来的英国人。暴力以及暴力所带来的威胁在殖民地生活中占据了重要地位，其高峰表现为纽约和新泽西的佃户骚乱和弗吉尼亚的培根叛乱。当美国进入革命时代时，他们已经养成了采取强制行动的习惯。但他们的方式后来也有所软化。18世纪晚期和19世纪头几十年盛行的暴力尽管往往具有决定性的政治影响，但是其产生的破坏性后果比较有限。城镇或乡村的示威游行是常有的事，在抵制税收或抵押贷款以及在反对印花税法案和消费税的抗议活动中，示威游行经常上升到暴力的程度。但正如霍华德·芒福德·琼斯（Howard Mumford Jones)谈及革命战争时期之前的暴民所言:"奇怪的是,美国的暴民缺乏愤怒、根深蒂固和嗜血的怨恨。皇家总督没有被军事法庭处以绞刑或枪决,没有一名收缴印花税的人员或海关官员被潦草处决,尽管他们中有些人受了伤。没有一个'暴君'会像巴士底狱不幸的总督那样被斩首,也没有人会把脑袋悬挂在费城或波士顿的大街的杆子上。没有一个美国的暴力事件能与加克雷式起义(Jacqueries)、溺刑①、9月大屠杀或恐怖统治时期相提并论。"②在美国历史上从来没有发生像1780年伦敦戈登(Gordon)骚乱那样的状况——285名暴徒被杀,同时造成了大量财产损失。

琼斯所观察到的革命战争时期前的群众活动,似乎在很大程度上符合18世纪80年代和90年代美国国内政治冲突期间发生的群众活动。但是1830年以后,随着北方城市种族混合程度的增加,以及对奴隶暴乱——或对奴隶的攻击——的迅速镇压,暴力活动的速度和破坏性都有所增强。伴随城市的发展、大型贫民窟的扩张以及爱尔兰移民和废奴运动的爆发,骚乱的下一个主要时期产生于19世纪30年代、40年代和50年代,理查德·麦克斯韦·布朗(Richard Maxwell Brown)将其形容为"一段持续的、尤其是发生在东北大城市的暴乱",他说,"这可能是美国经历过的最严重的城市暴力时代。"③布朗统计了巴尔的摩、费城、纽约和波士顿这四个城市的共计35起"重大骚乱",此外,在中西部和密西西比河下游的城市,如辛辛那提,也发生了其他一些骚乱。如果我们拥有更加全面的一些小的区域的历史记载的话,可识别的骚乱数量可能还会大幅增加。

最激烈的骚乱是由宗教—民族和种族冲突引起的,但有几次重大骚乱是针对废奴主义者的。1835年,伟大的废奴主义演说家温德尔·菲利普斯(Wendell Phillips)看到一群暴徒用一根绳子套住威廉·劳埃德·加里森(William Lloyd Garrison)的脖子,将他拖到波士顿的法院街(Court Street),从此他转变为废奴主义者。1837年,伊利诺伊州奥尔顿的一群暴徒袭击了以利亚·P. 洛夫乔伊(Elijah P. Lovejoy)的办公室,并在一场短暂的搏斗后杀死了这位反奴隶制的编辑。也正是因为这一事件,亚伯拉罕·林肯在1838年向斯普林菲尔德的年

---

① 尤指1794年法国南特地区把大批人淹死的处决。——译者注
② 霍华德·芒福德·琼斯(Howard Mumford Jones):《奇异的新世界》(1964年),第290页。
③ 参见《美国暴力的历史模式》《暴力》,第50页。在这一点上他可能是错的,因为重建时期的城市暴力必须与早期的暴力进行权衡。

轻人发出了他著名的警告。林肯不仅注意到了反废奴主义者的暴动,也意识到这些当地的暴乱主要针对的是爱尔兰人。1834年,马萨诸塞州查尔斯顿的乌尔苏琳修道院被焚毁,由此触发了此类骚乱并一直持续到19世纪50年代。当时反天主教的无知党鼓励使用暴力,主要目的是试图阻止外国出生的选民参加投票。在整个19世纪50年代,无知党和民主组织之间关于移民投票权的冲突时有发生。在巴尔的摩发生的一场骚乱中,有组织的两队人马相互对抗,结果造成8人死亡,50人受伤。正如雷·艾伦·比灵顿(Ray Allen Billington)所写:"在美国的每一个城市,故事都是一样的。在新奥尔良,有4人在当地人和外来者的冲突中丧生。在马萨诸塞州的劳伦斯市,1 500名美国人猛烈袭击爱尔兰人聚居区,摧毁了大量房屋和教堂。1854年圣路易斯的选举也引发了一场骚乱,导致10人被杀,数人受伤。更严重的是1855年8月5日在路易斯维尔发生的一场战斗。在那里,当地人被《路易斯维尔日报》发起的'废除教皇制'运动所鼓动。当他们一群人穿过德军隔离区时,战斗开始了,直到20多人被杀,数百人受伤才结束。"①

本土主义骚乱之后是爱尔兰人和黑人之间的骚乱。1863年7月中旬,纽约市发生了持续5天的征兵骚乱,这更多的是由于种族间的紧张关系所致,而不是反战情绪引发。在这次骚乱中,黑人被大规模地谋杀和施以私刑。由于受害者被秘密埋葬,死亡人数的估算差别较大,最多可达1 200人。

南部重建过程中也经常发生大大小小的暴力事件。正如奥蒂斯·辛格尔特里(Otis Singletary)所言,任何确定的重建历史都将"包含深刻而令人沮丧的潜在暴力倾向"。②南方几个州激进的重建领袖组织了黑人国民卫队(实际上常常是各种族混合在一起),既维护黑人自由的权益,又监督和控制选举。南方的白人为了应对这种对他们的霸权的挑战,以不同的名义成立了白人联盟、政治军事组织。这些政治军事组织与三K党(Ku Klux Klan)不同,它们的活动相当公开化,进行军事演习,并公开制定抵抗计划。事实上,白人联盟是民主党的武装羽翼。它们的成员似乎希望发生骚乱(而且在某些情况下可能是有计划的)以作为他们反击黑人国民卫队的契机。这导致在一些地区暴力变得司空见惯。得克萨斯立法机构的一项调查显示,从1865年战争结束到1868年6月,509名

---

① 参见《比灵顿:新教十字军》(1938年),第421页。
② 参见奥蒂斯·辛格尔特里的《重建时期的黑人国民卫队》(1957年),第3页。这本书是对重建时期暴力最深刻的研究之一。

白人和486名自由民被杀。大多数死亡是由白人造成的,只有一小部分白人的死亡是由自由民的袭击造成的。[1] 1868年到1876年间,在路易斯安那州的奥珀卢瑟斯(Opelousas)、南卡罗来纳州的劳伦斯(Laurens)、阿肯色州的派恩布拉夫(Pine Bluff)、克林顿、维克斯堡、密西西比州的亚祖(Yazoo)和南卡罗来纳州的汉堡(Hamburg)都发生了严重的暴乱,而且还有许多较小规模的骚乱。最不寻常的冲突发生在1874年9月14日的新奥尔良。在这一事件中,两派的冲突从一般的骚乱或枪战升级为城市街道上的激烈军事战斗,以争夺对州政府的控制权。这次冲突中,一门加特林机枪和一些正规火炮被作为攻击武器,造成20多人死亡,100多人受伤。直至1877年,随着激进重建的失败,黑人国民卫队最后也被解散了。

骚乱从未有过长期的间断。1870年之后的下一个重大暴力时期发生在1915年到1919年之间,当时共爆发了22起大规模的种族间骚乱,其中许多是由南部黑人在第一次世界大战期间向北方迁移引起的。这些冲突主要是由白人主动挑起的大规模种族间冲突。在大多数情况下,黑人予以了反击。第一次世界大战后最严重的暴乱发生在芝加哥。1919年7月下旬,一名年轻的黑人"侵占"了白人划出的(未经法律许可)游泳区,并被人用石头重砸直至溺死。一个星期后,当由此引发的暴乱结束时,这场成千上万白人和黑人卷入的一系列冲突,共造成15名白人和23名黑人死亡,数百人受伤。1919年的骚乱体现了一种惯常的模式:先是白人抵制北方黑人社区的快速增长,有时他们似乎也是为了借机发泄他们的愤恨情绪;之后很明显(尽管之前也有类似先例),黑人会予以反击;最后警察明显的非中立态度使情况更加恶化。[2]

那个时代的骚乱完全是种族间的冲突,黑人主要处于守势。而20世纪60年代的骚乱建立了一种新的模式。此时的骚乱首先主要是由黑人社区挑起的,也往往不再表现为过往旧模式中的纯粹种族间冲突(尽管它也主要表现为对白人权威地位的反抗且偶尔只针对白人),而是更多地转向对财物的获取(特别是白人的财物),并在很大程度上局限于贫民区内。过往的种族间骚乱在很大程度上是由白人对日益增多的黑人的厌恶所引发的。而此时贫民区的骚乱,虽然看起来是即时爆发的,不是为了任何目的而有计划地策划的,但确实达到了表

---

[1] 参见奥蒂斯·辛格尔特里的《重建时期的黑人国民卫队》(1957年),第18页。
[2] 参见阿瑟·I. 瓦斯科(Arthur I. Waskow)的《从种族暴乱到静坐,1919年与20世纪60年代》(1966年)。

达他们抗议的目的。从这一角度来看,他们似乎是成功的:与其他任何方式相比,大规模的骚乱更能引起国家和社区领导人对抵制所带来严重后果以及贫民窟黑人艰辛生活的关注。当然,作为抗议手段的骚乱是有代价和危险的:骚乱主要造成了住在贫民窟的人的伤亡和财产损失;贫民窟居民还踏上了一条危险的道路,因为他们可能会引发民众的强烈反对,由此抵消了白人精英意识到黑人的不满所带来的好处。包括许多武装分子在内的黑人领袖们对骚乱中展现的黑人不良的种族形象感到十分痛心。当时绝大多数黑人的状态表明,骚乱可能已经耗尽了他们的精力。1969年春对黑人进行的一项调查显示(排除那些回答不确定的人员之后),虽然绝大多数人预测会有进一步的骚乱(64%对9%),但是只有少数人(31%对48%)认为骚乱是正义的,更少数的人(11%对68%)表示他们有意参加骚乱活动。①

四

仅就其社会后果而言,如果不是因为造成的实际伤亡存在差异,工业暴力基本上与骚乱类似——尽管两者有时会同时发生,如1877年的铁路工人大罢工。虽然很久以前就有劳资纠纷引发的暴力事件,但美国工业暴力的主要阶段是从无烟煤城镇②的莫利·麦圭尔(Molly McGuires)行动以及1877年铁路工人大罢工开始的,并一直持续到第一次世界大战。1877年的铁路工人大罢工在十几个城市引发了骚乱和暴力冲突,造成了至少90人的死亡和无法估量的人员受伤以及大规模的财产损失。③ 罢工者及其支持者的队伍伴随大量青少年人群的加入迅速膨胀起来,暴力事件在几个城市连续爆发,几乎超出了有限的警察和军事力量所能控制的范围。④ 这一事件史无前例地引发了国家对无法控制的民族叛乱力量的恐慌(尽管罢工者并不这样认为)并导致了国民警卫队力量

---

① 《新闻周刊》,1969年6月30日。
② 在莫利·麦圭尔案中,煤炭城镇有一个爱尔兰劳工黑手党,他们上演了大量谋杀和戏剧性行为,但对改善矿工的生活条件毫无作为。最好的研究来自韦恩·G. 布勒尔(Wayne G. Broehl)的《莫利·麦圭尔》(1964年)。
③ 我已经从罗伯特·V. 布鲁斯(Robert V. Bruces)引人入胜的著作《1877:暴力之年》(1959年)中统计了死亡人数,但从他的报告中可以清楚地看出,死亡率表并没有记录所有的死亡人数。
④ 关于对这一事件的反应,参见杰拉尔德·格罗布(Gerald Grob)的《1877年铁路工人罢工》[《中西部期刊》,第6期(1954—1955年),第16—34页]。

的加强以及主要城市一系列兵工厂的建立。

尽管在威胁程度上不具有可比性(1886年的铁路工人罢工也充满了暴力),美国的工业历史仍不时地被各种暴力罢工所打断,如普尔曼和霍姆斯特德的罢工。20世纪初暴力事件进一步增多,特别是在西部矿工联合会和世界产业工会(Industrial Workers of the World,IWW)有影响力的地方。1911年博克·怀特(Bouck White)评论道,麦克纳马拉兄弟(McNamara Brothers)炮轰《洛杉矶时报》的"关键之处和引人注目的地方"是"它揭示了我们文明中自相残杀的状态"。1913—1914年间科罗拉多煤田的长期斗争由于国民卫队对勒德洛(Ludlow)帐篷营地工人的凶残袭击而达到高潮,除了双方因步枪开火造成几人死亡之外,还有来自殖民地的11名儿童和2名妇女被国民卫队引燃并倾倒在帐篷上的煤油活活烧死。1914年,当工业关系委员会(Industrial Relations Commission)开会研究进步时代的激烈工业暴力时,沃尔特·李普曼(Walter Lippmann)评论说:"其成员面临的任务之一就是要解释为什么美国本应该是一个充满希望的国家,结果却变成了一个让人失望和极度不满的国家。"[①]他的评论至今听起来都没有过时。

工业暴力的最新阶段是与20世纪30年代的组织运动联系在一起的。1934年全国棉纺工人罢工导致13人死亡,1万名士兵被调集。1937年的"小范围钢铁罢工"造成15名罢工者死亡,100多人重伤。劳工史上最后一个值得铭记的暴力事件是1937年"共和钢铁罢工"的阵亡将士纪念日大屠杀,当时警察指控一群示威的罢工者,造成10人死亡,多人受伤。但是,迄今为止既没有人对工业暴力造成的伤亡进行全面的调查,也没有人对美国劳资纠纷中的暴力与其他工业国家的暴力进行过细致的比较研究。然而,我相信任何学习劳工史的学生都会赞成菲利普·塔夫特(Philip Taft)和菲利普·罗斯(Philip Ross)的判断:"在世界上所有的工业国家中,美国的劳工史是最血腥、最暴力的。"[②]塔夫特和罗斯共识别和确认了160多起州和联邦军队介入劳动纠纷的案例,统计记录出约700多人在劳动纠纷中死亡,数千人重伤,但人们可充分关注他们的警告,

---

① 参见小格雷厄姆·亚当斯(Graham Adams, Jr.)引用博克·怀特和李普曼的《工业暴力时代,1910—1915年》(1966年),第27、50页。关于勒德洛事件和其他暴力,参见塞缪尔·耶伦(Samuel Yellen)的《美国劳工斗争》(1936年)与路易斯·亚当米克(Louis Adamic)的《爆炸性事件:美国阶级暴力的故事》(修订版,1934年)。

② 《美国劳工暴力:原因、特征和结果》,《暴力》,第270、360页。另见菲利普·塔夫特的文章《美国劳工纠纷中的暴力》[《美国政治和社会科学学会年鉴》(1966年3月),第128页]。

即这一不完整的数字实际上"严重低估了伤亡人数"。① 美国工业暴力爆发的频率是惊人的,因为美国劳工组织从未提倡将暴力作为一项对抗政策,且在美国也不盛行激进的阶级斗争哲学——要知道美国劳工在工会组织中的百分比一直(即使到现在)低于其他先进的工业国。美国的工业暴力即使仅由最低程度的意识形态驱动的阶级冲突所引发,其暴力频率也是最高的。毫无疑问,这个问题的答案更多地来自美国的资本家,而不是工人。

五

在世界上的其他地方,几乎没有类似于私刑和警戒主义的形式,因此其可以被视为美国特有的制度。私刑——即由暴民自发策划并实施的公开谋杀——似乎是美国人发明的。1903 年,詹姆斯·E. 卡特勒(James E. Cutler)在一份有关私刑的学术研究报告中写道:"私刑是一种美国特有的犯罪行为。"他能找到的最接近的例子(相似性比较有限)是在俄罗斯的农村地区,那里的农民有时会自己动手处决被指控的偷马贼。② 事实上,东欧的大屠杀可能更具可比性。美国的私刑制度开始于 19 世纪初的警戒主义,之后大规模施行于南方的重建时期,但是直到 1882 年,《芝加哥论坛报》才第一次系统地对其进行了报道,在接下来的几年里则主要由全国有色人种协进会(美国黑人人权组织)(National Association for the Advancement of Colored People,NAACA)做了相关记录。这些数据肯定是不完整的,但是我们也有理由认为基本情况也与此相差无几。从 1882 年到 1927 年,记录在案的私刑共有 4 950 起,还有数百起私刑因政府阻止未遂——1914 年至 1932 年期间总计超过 700 起。19 世纪被私刑处死的受害者中有相当一部分是白人;但在世纪之交之后,受害者几乎都是黑人。此外,受害者并不总是男性,据报道,至少有 92 名女性(76 名黑人、16 名白人)被私刑处死。私刑也不局限于南方,在美国只有马萨诸塞、罗德岛、新罕布什尔和佛蒙特四个州没有私刑。③

美国南部、西南部和西部部分地区普遍存在的无视法纪的现象充分反映在

---

① 《暴力》,第 360 页。
② 詹姆斯·E. 卡特勒:《私刑法》(1905 年),第 1、3 页。
③ 私刑统计的历史,可参见卡特勒的《私刑法》与沃尔特·怀特(Walter White)的《绳子和同性恋》(1929 年)。

私刑和合法判决之间的关系上。除了少数几个年份外，1882年到1903年期间，私刑的数量在相当大程度上超过了合法判处死刑的数量。从1882年到19世纪末，每年私刑事件很少低于135起，在最糟糕的1892年，有235起。从这一年之后私刑数量稳步下降，到1905年，有65起。之后20年没有发生任何实质性的变化（1910—1919年平均每年有62起私刑），但是从1923年开始，私刑明显减少，并且在20世纪30年代后期和40年代变得越来越罕见。但是至今还没有人写过一篇完整的关于私刑的文章来解释它发生的频次以及它最终消失的原因。

对黑人处以私刑，虽然看上去是自发的，但其实也表明了施刑者一种不容置疑的愿望，即要确立南方等级制度的权威性。从这一角度来看，在私刑的心理和镇压奴隶起义的模式之间，即使没有确定的历史关联性，也存在暗示性的心理相似性。对奴隶起义以及疑似或指控的阴谋异常残酷的镇压，提供了类似私刑的暗示，在一些情况下，也是对警戒主义的暗示。总的来说，在美国奴隶制度下，人们通常认为有权让奴隶接受审判，但对于叛乱，无论是真实发生的还是酝酿中的，都会将其参与者立即法办，惩罚往往十分严厉，甚至十分野蛮。白人从最初就下定决心通过残酷的报复，让奴隶们意识到叛乱或以其他方式抵抗奴隶制是徒劳的，是极其危险的。很多策略，诸如从监狱里把逃跑的人拖出来，用私刑处死他们，活埋谋杀主人的奴隶，用酷刑逼供奴隶起义的阴谋，将奴隶鞭笞致死，都是怀有某种目的的暴行。事实上，早在1712年，当奴隶们在纽约市起义并杀害了几名白人时，白人就进行了肆无忌惮的报复：起义者被烧死、吊死、用铁链活活绞死并示众。1741年，有谣言说奴隶们计划在城市供水系统下毒，结果导致13名奴隶被活活烧死，18名奴隶被绞死。在1811年新奥尔良的一次叛乱中，16名被俘叛军的头颅被悬挂在柱子上以示警告。1800年，弗吉尼亚的加布里埃尔阴谋（Gabriel Plot）以失败告终，后来被绞死的黑人多达35人。1822年丹麦·维西（Denmark Vesey）阴谋被揭露后，差不多相同数量的黑人在南卡罗来纳的查尔斯顿被处以绞刑。1831年发生在弗吉尼亚的纳特·特纳（Nat Turner）起义导致至少57名白人死亡，最后以白人的一场报复性屠杀而告终，受害者超过100人，其中包括数十名无辜的黑人。

警戒组织（或译为治安维持会/义警制）可以被定义为在缺乏足够执法的情况下，为创建和执行自己制定的法律而成立的组织。治安维持者所作出的惩罚有时是根据所指控的罪行设计的，通常遵循非正式的审判；但是强制私刑往往更有可能成为治安维持抓捕后的结果。警戒主义主要是一种边境现象,虽然它也可能出现在受边境传统影响的城市地区。事实上,这类组织中规模最大的是1856年成立的旧金山警戒委员会,其成员大约有6 000到8 000人。理查德·麦克斯韦尔·布朗(Richard Maxwell Brown)在其对这一课题内容丰富的研究中,把18世纪60年代组织起来镇压边远地区犯罪浪潮的南卡罗来纳监管者运动视为警戒主义的第一个先例。这个运动虽然成功达到了其基本目的并在1769年解散,但是似乎并未开启警戒主义的传统,因为下一个著名的警戒组织直到1816—1830年间才出现在伊利诺伊州和印第安纳州。总体而言,随着边境西迁而产生和发展的警戒主义是19世纪中期的现象。布朗记载,在236次运动中至少有729人死亡。其中近一半的杀人事件发生在得克萨斯州、加利福尼亚州和蒙大拿州,而这些事件中只有一小部分是在1840年至1890年的半个世纪内发生的。①

警戒组织不是由流氓或暴徒领导的。事实上,这些组织在美国的许多地方作为法律的非正式的暴力替代品而被广泛接受并吸引了当地社会的上层人士加入,有些是著名的商人和年轻有为的人,他们的拥护者则来自坚实的中产阶级。毕竟,在他们看来,这类行为是为了保卫财产和维护秩序而组织起来的。为了给自己辩护,这些组织指出这是自我保护、体现民众主权、有效和低成本正义的需要,甚至认为这是革命的神圣权利。他们往往通过举行非正式审判以获得良心上的安慰,有时则采取非常正式的组织和管理体系以策划更大规模的行动。大多数警戒组织的暴力活动都呈现出不断升级的态势——从鞭笞和驱逐迅速上升为绞刑。这类组织有时候也会因为其行为受到反警戒主义联盟的反对,进而导致社会出现无政府状态。这两类相互敌对的组织往往会结下仇怨,但其与20世纪的黑帮恩怨还不太一样,有时会夹杂着地方党派政治。然而,规模更大的警戒运动出人意料地赢得了上层社会的认可。布朗指出,曾经(1890年)有4名前义警在参议院任职,另外,他还列举了一些曾经是义警的知名人士,或者赞同警戒主义的人,包括2任前总统(杰克逊和西奥多·罗斯福)、5位参议员、8位州长以及相当数量的作家。②

毫无疑问,像西奥多·罗斯福(Theodore Roosevelt)、雷·斯坦纳德·贝克(Ray Stannard Baker)和H. H. 班克罗夫特(H. H. Bancroft)这样的警戒主义

---

① 参见布朗的文章:《美国的义警传统》《暴力》,第144—218页),该文是我资料的来源。关于早期的警戒主义,卡特勒的《私刑法》的第2至4章提供了很多资料。

② 《暴力》,第178—183页。

的辩护者认为,警戒主义是一种老式的美国民众勇敢精神的表达,是一种非正式的、有意的、有时是必要和善意的法律延伸。我们可能困惑于他们会如何看待现代三K党这样的警戒主义,因为该组织的成员大多认为自己是以爱国主义、法律、秩序以及道德规范的名义行事的。通过吸引认同这些传统美德以及旧式的白人、盎格鲁—撒克逊人、新教统治的人的加入,在1915年至1944年之间,三K党大约拥有超过200万成员,其中超过4/5的人来自南部、西南部和更老的中北部的印第安纳州、俄亥俄州和伊利诺伊州。三K党在城市和小城镇的势力都很强大,特别是在迅速膨胀和社会混乱的地区。为了恐吓黑人、天主教徒、犹太人、工会领袖、"放荡的女人",以及在某些情况下实施禁令以维持他们的宗教观念、道德、种族和民族纯洁性,三K党采取了一系列措施,如游说——这在美国的行为准则中被认为是完全合法的,以及在警戒主义传统中广泛使用的暴力。早在三K党成员人数达到顶峰之前的1921年,《纽约世界报》就列举了三K党犯下的152起暴行,包括27次柏油羽毛(一种私刑)、41次鞭刑和4次谋杀。[1]此外,三K党还采取了绑架、焚烧房屋、人身攻击和烙刑等手段。可以说,在三K党势力比较强大的地区,其行为具有让人无比恐惧的威慑力。

从20世纪60年代开始,一种新型的城市警戒主义出现在美国的一些城市。为了反对有组织的犯罪以及出于对现有警察保护机制的不满,警戒主义者组成了各种团体(有些是黑人,有些是白人)在街上巡逻。与早期的警戒组织不同,60年代的城市警戒组织倾向于与警察和政府合作,到目前为止还没有表现出诉诸暴力的倾向。但是,他们已经表现出将注意力转向种族关系的苗头,而且武装平民团体的存在总是存在某种危险的可能性,无论其最初用意有多么好。[2]

六

当阅读19世纪群体行为的资料时,人们会发现很大一部分城市群体能够

---

[1] 为了估算三K党的成员人数和其他事实,我参考了肯尼斯·T. 杰克逊(Kenneth T. Jackson)1967年出版的《城市三K党,1915—1930》(*The Ku Klux Klan in the City*, 1915—1930),这本书也有关于三K党的优秀的评论文献。杰克逊对三K党暴力给了充分的关注,大卫·M. 查默斯(David M. Chalmers)的《蒙面的美国主义:三K党的第一个世纪》(1965)和查尔斯·C. 亚历山大(Charles C. Alexander)的《西南部的三K党》(1965)也给予了充分的关注。

[2] 参见理查德·麦克斯韦尔·布朗在《暴力》(第187—193页)一书中对这些团体的总结。

十分轻易地拥有枪支。从骚乱到暗杀总统,我们历史上各种类型的暴力都因为我们的枪支文化而变得更加严重——这在世界上其他工业国家中是绝无仅有的。在某种程度上,我们的枪支文化源于农业社会的需要以及应对来自边境的危险和恐怖行动,但对我们来说,核心问题是为什么这种文化能一直延续到目前只有5%的人口以农业为生且边境早已消失的时代。为什么在现代工业社会中只有美国坚持认为在城市人口中普遍存在基本上不受管制的枪支供应是可以接受的,也是安全的?

主要原因在于自殖民时期以来人们形成了一种广泛的共识,并且被革命时期以及1812年战争中国民卫队的成功所证实(事实上,他们惨淡的失败被隐藏了起来);即传统激进的辉格党坚信常备军及其指挥者——潜在的凯撒(Caesars)和克伦威尔(Cromwell),是自由政府的危险之一;而武装民众则是自由的主要保障之一。第二修正案的强制令正是这种政治原则的体现,即"人民持有和携带武器的权利不被侵犯"——尽管第二修正案还明确表示这并不是一个绝对个体的特权,而是与公民对"一个受到严格监管的国民卫队组织"的需要相联系的。①

无论美国如何工业化和城市化,其民众仍然继续行使着其武装持枪的权利——甚至情感上也不断形成依赖。据保守估算,在19世纪的和平时期中,平民手中持有的枪支数量一直都超过了士兵和警察手中的枪支数量。开国元勋们对常备军充满了恐惧。18世纪80年代中期,当美国刚刚用武力赢得独立后,战争部长亨利·诺克斯(Henry Knox)就发现自己根据联邦条例可以领导一个700人的军队。几年后,当华盛顿政府根据新宪法提出多增加仅仅512人时,宾夕法尼亚州民主党人、参议员威廉·麦克雷(William Maclay)就变得十分紧张,认为政府是在"为建立常备军打基础"。即使到了1811年,当美国明显要与英国开战时,军队总计也只有5 600名军官和士兵。

因此在历史上,美国长期表现出一种有趣的景象,即武装的民众与孱弱的警察和军事机构并存,美国政府以此增强公众对他们的信心,表达他们对公民及其财产的忠诚,同时,如果他们使用武器,也只是用它们作为相互攻击的工

---

① 尽管有枪支游说者的断言,但第二修正案的制定者们的明确意图是让有组织的国民卫队成为可能,而不是让拥有武器的平民成为可能。最高法院多次裁定,该修正案并未禁止枪支管制。现在的主要案件是美国诉米勒案(1939年),在该案件中,法院支持国会的原则,即禁止与各州有组织的国民卫队无关的武器。

具，而不会针对公民。但是在美国，公民需要枪支来保护自己的观念仍然非常普遍和强烈，直到现在一个对公共安全漠不关心的强大的枪支游说团体仍在灌输这一观念。今天，对近年来暗杀的痛苦记忆促使绝大多数公众表达了希望制定更严格的枪支管制法律的兴趣，尽管出现了越来越多的武装暴徒以及对犯罪和政治暴力的抱怨，但是美国仍然有20 000支联邦、州和地方放任不管的枪支。不少州的法律仍然纵容刺客、疯子、冲动的谋杀犯以及潜在的政治恐怖分子，牺牲了普通民众利益，造成了社会秩序的混乱。

对比数据显示，沉迷于枪支文化的美国，比任何其他发达国家都有更高的杀人率，尤其是持枪杀人率。如果将我们的总平民伤亡人数与枪杀死亡率进行比较，可以估算出一些非必要的损失。一项不完全的枪击死亡人数统计表明，整个20世纪我们有超过75万人死亡，包括超过26.5万起他杀、超过33万起自杀和超过13.9万起事故。[①] 75万的总人数远远超过了所有美国军队参与的战争中的死亡人数（不包括疾病所导致的死亡）。

其他工业国对私人拥有枪支有非常严格的法律规定，这与我们不值得自豪的高居榜首的枪杀死亡人数有很大关系。例如，美国的枪杀率是苏格兰、英格兰、威尔士、日本和荷兰的40倍。1963年，美国有5 126起涉枪杀人案，英格兰和威尔士只有24起，美国有几个城市每年的涉枪杀人案比英格兰、苏格兰和威尔士的总和还多。

19世纪时，城市里能买得起枪的美国人比今天少很多，但即使那时，持有武器的群众也往往拥有数不清的致命武器（他们经常抢掠枪支售卖商店），而且在1877年的铁路工人罢工中大部分人死于枪杀。今天，持有武器的人比以往任何时候都更容易获得武器，因为美国是唯一一个允许进口和销售这些武器的大国，美国为那些军事上已经过时但仍可使用的武器提供了唯一一个巨大而丰富的市场。多年来，第二次世界大战期间的剩余枪支和北约（NATO）的废弃武器大量涌入美国，其中有许多都只卖到15美元或更低的价格（暗杀肯尼迪总统的那把枪只卖到12.78美元）。据估计，从1959年至1963年，美国共进口了大约500万至700万件外国武器，城市人口的武装程度比历史上任何时候都要高。几年前的一项盖洛普民意调查显示，大约一半的家庭持有枪支，尽管在令人震惊的马丁·路德·金和罗伯特·肯尼迪的暗杀案之后更加紧急和严格的禁枪

[①] 这些数字是由卡尔·巴卡尔（Carl Bakal）提供的。参见《拥有武器的权利》（1966年），第354—355页。

令得以通过,由《民意研究》所作的最近的全国民调显示(1968年9月),34%的白人和24%的黑人拥有枪支。即使最严格的联邦法律(1968年)也只是禁止通过邮购方式销售枪支和弹药,而最严格的州的法律只禁止携带隐蔽的武器。[1]

美国的枪支文化——将乡村和边境的生活方式延伸到城市环境中的随意性,以及长期以来在武装民众和可忽略不计的政府力量中生活的惊人的潇洒——可以说是政治疏忽的表现,但更是一种政治自信的象征。美国政府只是到了19世纪30年代,才从频繁发生的骚乱中发现他们的城市多么疏于管理;而且直到1877年突然出现的无政府状态,才让他们认为有必要组建一支强大的国民警卫队。美国人似乎一直十分确信,无论现代版的詹姆斯(James)和道尔顿(Dalton)兄弟在巷子里遭遇后会发生什么,没有人会做出任何挑战政府权力或颠覆美国生活方式的事情。如果市民们坚持经常用致命武器攻击对方,这无疑是很糟糕的事情,但过去的经验表明,这种混乱不会动摇政府。发生流血冲突,是崇高的共和精神在行动上的体现,自由之树必须用暴君和烈士的鲜血浇灌。的确,对于大部分美国人而言,大多数最严重的暴力事件都离他们很远——例如,许多劳工的暴力斗争都发生在比较偏远的地方,如跛溪(Cripple Creek)、森特罗利亚(Centralia)、勒德洛(Ludlow)、科伦达(Coeur d'Alene)、埃弗雷特(Everett)、加斯托尼亚(Gastonia)、麦考姆(Mccomb)——以至于没有人会相信这些暴力活动会影响到国家的中心城市这样人口聚集的地方。一旦涉及起义,即使有些带有叛乱的色彩,人们也往往会有一种温和和明智的倾向,即让过去很快成为过去。如在谢斯叛乱、威士忌叛乱、弗莱斯(Fries)叛乱之后,叛乱分子很容易就得到赦免,没有受到任何官方的报复。美国过往对暴力行为的容忍可能是建立在一种隐秘的同情上——D. H. 劳伦斯(D. H. Lawrence)相信"美国人最基本的灵魂特质是坚韧、孤独、坦然,像一个杀手一样"——当然也更基于一种不寻常的对国家稳定和安全的信心之上,这种信心体现在他们认为几乎任何类型的混乱都会很快得到控制,即使有时候他们需要竭尽全力,甚至有的人会因此付出生命的代价,而他们认为世界就是如此。

经历了19世纪70年代后期到大约1914年这几十年可怕的暴力时期之

---

[1] 1968年6月21日出版的《时代》杂志和1968年6月24日出版的《新闻周刊》上都有关于枪支文化现状的有价值的信息,还可参见巴卡尔的一些相关书籍和塞耶(Thayer)关于军火商的书。在1969年春天,25%的被调查黑人认为他们应该武装自己,59%的人认为不应该,其余的则不确定。见1969年6月30日的《新闻周刊》。

后，一些形式的暴力行为尽管有一些波动，却有了明显的下降趋势并一直维持到现在。危害极大的警戒主义（尽管20世纪20年代三K党曾犯下几起谋杀案）在上个世纪消失了；长期以来私刑也一直在缓慢减少，到20世纪20年代急剧下降，到30年代末几乎全部消失；劳动纠纷中的暴力在20世纪30年代突然爆发，在达到最后一次可怕的高潮之后突然消失。也许我们会理所当然地认为，既然所有的事情都在好转，暴力也会自行消失。但是却没有历史学家或社会学家试图回答这个问题：一种特定形式的暴力，曾经根深蒂固地存在于社会的运行方式之中，怎么会被消除了呢？如果我们带着这个问题仔细考察警戒主义、私刑和工业暴力，我不确定我们的答案会采取何种形式，但似乎相当清楚的是，它们会颠覆我们这个时代最流行的想法——如果交由当地社区管理的"参与式民主"付诸实施的话，我们的基本社会问题都将得到最好的解决。无论未来会发生什么，无论如何，在我们的过去，地方控制和街头民众的行为一次又一次地导致了血腥的后果。在我们的生活中，暴力在很大程度上已经得到控制，过往暴力不断减少的事实说明了这是一个关于专横、偏执、自鸣得意的地方势力被一个更大、更中立的国家，或更好的民众不断发展的世界主义情绪所淹没和击败的故事。它的特点是由政府部门或国家的军队取代了小城镇的治安维持组织；对暴民怀有隐秘甚至公开的同情的地方行政长官，开始屈从于外部相对中立的法律力量。此外，它还表现在国家的法律和标准超越了州和城市的法律和实践；都市刑事审判方式取代了故乡情结；将地方上的暴行置于全国乃至全世界舆论的聚光灯下；将全国的注意力都集中在了雇主和警察身上，他们曾指望能够恐吓偏远城镇的矿工、纺织工人或伐木工人而不会有人知道；在一个公认的集体谈判制度上建立国家法律权威。这是一个整体可能比部分加起来要好的国家。

七

学生争取民主社会的进步劳工派机关报刊——《新左派笔记》[①]1969年6月30日的封面上，有一幅巨大的木刻插图，这肯定是那个时代的一个缩影。两个年轻的男人，一个白人，一个黑人，蹲在一个城市的燃起熊熊大火的屋顶上。

[①] 不要把它同一个对立派别"革命青年运动"的机关刊物弄混了，其名字也叫《新左派笔记》。

两人都配备了自动步枪,都戴着墨西哥风格的乡村叛乱者或土匪的交叉带。他们是革命分子、城市游击队。在他们旁边有一句标语:"我们主张废除战争,我们不想要战争;但是只有战争才能消除战争,为了扔掉枪,就必须拿起枪来。"我认为,人们必须忽略这种以战止战的承诺与过去的其他承诺的相似之处;人们必须考虑它对美国政治文化的更广泛意义,因为它与驻越南的美国军官所说的"为了解放这个村庄,我们不得不摧毁它"这句话有着令人不安的反常呼应。

今天①的美国左翼暴力的神秘感正在上升。那些经历过欧洲法西斯主义崛起的人,或者那些在过去的一代人的时间中目睹了美国右翼组织的发展的人,或者那些充分认识到南方针对民权工作者的暴力事件的人,都不会惊讶于右翼的暴力崇拜。他们仍能在"一分钟人"(the Minutemen)等古怪团体中看到他们的身影,在乔治·华莱士(George Wallace)演讲的一些不加拘束的段落中还能听到他们的口音。更让人震惊的是左翼对非暴力的承诺在下降,而一种纵容或推崇武力或暴力行为的倾向在增长。曾经的"学生非暴力协调委员会"已经把"非暴力"从其名称中去掉了。弗朗茨·法农(Frantz Fanon)为暴力的治疗和解放作用所作的高调辩护甚至成了我们这个时代被广泛阅读的书籍之一。作为当今美国校园里最有影响力和最时尚的期刊之一,《纽约书评》在一个暴乱频发的夏天在其封面上刊登了一张制作莫洛托夫鸡尾酒(Molotov Cocktail)的极富启发性的图。在其专栏中,拥有广泛读者的左翼记者安德鲁·科普金(Andrew Kopkind)也告诉我们道德来自枪口。SDS(Students for a Democratic Society,学生争取民主社会组织)的天气预报员部门已经制定了与警察发生暴力冲突的主要策略。1969年的"SDS"夏季大会上,一位年轻的黑豹组织领袖站起来,吹嘘黑豹组织"比任何人流的血都多"并以此来嘲笑白人代表,还说白人左翼分子甚至连橡皮筋枪都没有打过。一位哥伦比亚战争的年轻老兵多森·雷德(Dotson Rader)在《纽约时报》的通信专栏中告诉读者,新左派寻求的正义只有通过"巷战"才能获得。② 毫无疑问,有些人会想起巴黎公社(Paris Commune),而有些人则可能会想起墨索里尼(Mussolini)的承诺。

在新的暴力崇拜中,不可避免会出现让人觉得很具有讽刺意味的事情。那

---

① 这篇文章介绍写于1970年的头几个星期,我并没有试图对其进行更新,尽管这个春天柬埔寨入侵及其他事件可能需要我修改我的一些推测性的评论。然而,在我看来,这些事件并不影响下面几页的主要内容,即反对持不同政见者使用暴力进行总体审慎的论证。

② 关于黑豹,请参见1969年6月28日的《国家卫报》以及1969年7月6日的《纽约时报》。

些在大街上宣扬暴力的人对暴力实际上知之甚少,而且他们的暴力行为是基本无效的。那些宣扬暴力效果最好的人——警察和军队——却发现宣扬暴力是多余的。如果暴力变得十分普遍和不受控制,尤其是当他们自己的浪漫主义让暴力从口头转变为行动时,新的暴力倡导者几乎肯定会成为主要的受害者。从历史上看,暴力并不是左派的有效武器,除非是在极其罕见的情况下,也就是在真正革命的情况下。在正常情况下,暴力更多的是为专横跋扈的资本家或扣动扳机的警察、专横的警长或法西斯主义流氓服务的。甚至在我们现在这个时代,我仍认为应该强调的是社会上层无形中助长了对暴力的认同。暴力模式迅速降低了诉诸非暴力程序的有效性,这正是越南发生恐怖和不负责任的官方暴力的原因之一。在造就了像绿色贝雷帽(Green Berets)这样的特种战术部队的英雄之后,我们就不会对黑豹戴着他们的贝雷帽进行近距离秩序演习感到惊讶了。也许引用越南的例子作为对武力或暴力行为进行谴责的一种方式略微有些牵强,但它却具有我们不应该忽视的心理上的意义:像往常一样,现在有关暴力的最首要和最根本的原因来自建立秩序本身。可以说,暴力是一种官方的现实存在。任何社会的存在都离不开武力或暴力,也离不开为维护正义的战争和必要的警察行动而设计的对暴力的制裁。但官方使用暴力的频率和方式,对合法化的公民秩序具有重要意义。任何一个自由民主国家如果在国内或国外反复使用暴力,而这种暴力的必要性对其相当一部分人而言完全没有说服力,那么其使用暴力的合法性就会受到质疑。

无论是政府当局还是革命运动都离不开对暴力的制裁。当然,任何人所认为的正义战争或必要的警察行动也都取决于他的处境和他的政治立场;但只有少数和平主义者认为不存在正义的战争,也有少数乌托邦无政府主义者否认在某些情况下秩序的维持必须靠当局使用武力或暴力来实现。进行革命的权利本身就是暴力的既定和神圣的根本缘由。美国本身就诞生于革命之中,因此,暴力是不可能从美国既定的体制当中被驱逐出去的。我们最神圣的文本之一(即宪法)明确规定了革命抵抗合法性的条件。宪法还写道(有些革命者把审慎作为一种考虑因素):"审慎意味着成立多年的政府不应因轻微和短暂的某些因素而更迭;但是,当为了追求某一目标采取一系列滥用职权和强取暴夺的行为、表明政府企图把人民置于专制暴政之下时,人民有权利也有义务推翻这样一个政府,并为他们未来的安全提供新的保障。"

在我们这个时代,我们很容易会想起一些暴君,因为反对他们进行革命的权利会变得十分正当,尤其是能证明革命是有希望取得胜利的时候。不幸的是,在这个诡辩为王的时代,任何专制的绰号都可以扣在充满了道德自信的少数人所厌恶的体制上,而且革命成功的前景对那些被判断失误和幻想所自我欺骗的人而言看起来出奇的好。关于革命的传统经典理由如今被广泛用于制裁那些反对民主体制的零星暴力行为,而事实上,在这样的民主体制内不存在任何需要革命的情形。"革命"一词已扩展到用于任何迅速变化或普遍不满的情况。因此,只要把自己喜欢的任何情形定义为"革命情形",强制或暴力的冒险主义行为就被赋予了表面的合法性。作为一位激进的思想家,小巴林顿·摩尔(Barrington Moore, Jr.)不是对压迫不关心,也不是敌视革命,他只是严厉谴责了当前的一种倾向,即"在暴力身上披上了一层模糊的、普遍的合法性外衣——甚至也披在了反抗压迫的暴力行为身上",并且警告要避免发生一些情况,即"用革命说辞超越特定历史状况下的实际可能性"。他断言,在今天的美国,"谈论革命……纯粹是带着潜在危险和悲惨后果的言辞"。①

为暴力辩护的一个基本困难是,暴力的成功与否是影响其是否正义的一个重要因素,而这种成功通常带有一定的偶然性。有些愚蠢的错误比犯罪更糟糕,在这些错误之中,有些人即使是因为一个很好的理由,也可能会突然陷入毫无缘由的暴力之中,主要是因为他们相信暴力会达到某种目的或者可以在一定范围内与人们眼中的目标相称。毫无疑问,人们很容易会想通过快速、有针对性的、有限的暴力行动来终结某些严重而大规模的社会罪恶。但困难在于,在事件发生之前,需要有足够的理由确信这种邪恶一定会被终结,而不会被某种同等或更大的邪恶延续或替代;确信暴力在时间上和造成的伤亡上都是有限的,而且其带来的后果不会比这种处理方式更有害。也正是因为这些原因,政治家们(他们的革命性不亚于当权的政客)必须对人类的不幸展开可怕的算计。

为了证明使用暴力作为实现某种人道的和"进步的"目的的手段是正当的,人们首先必须相信暴力使用者至少能弄清楚两件事情:第一,为了达到目的,需要在多大程度上使用暴力;第二,暴力的反作用人力成本将是什么——即暴力的不良后果将在哪里停止。当然,有很多人认为他们能够以这样的方式掌控未来;但是,我们中有些人就不那么肯定了,因为我们甚至不能肯定我们对已经知道后果的过去的暴力在许多情况下是否有必要或有用做出肯定的判断。

---

① 参见小巴林顿·摩尔的《关于暴力与民主的思考》[《政治科学学院学报》,第 29 期(1968 年),第 6—7 页]。

但是，我们不能自我欺骗。目前人们轻信暴力有益，是因为他们没有仔细思考暴力何时以及在哪些情况下才是正义和合理的，也没有清醒估量暴力过去的作用或其未来成功前景如何。我们不是生活在一个充满道德争议或深思熟虑的时代，而是生活在一个充满了强烈的政治浪漫主义的时代。[1] 20世纪60年代的抗议政治势力有时候会威胁要与美国自由派改革者的历史政治相决裂，因为后者意图说服广大民众做出妥协并耐心地从某一目的转到另一个目的。对于具有决定性作用但现在日渐式微的左翼人士而言，政治已经变成了一种过度的自我表现（或风格）的体现，这种更极端的算计和诡辩行为看上去如同行动主义者的过度逞强一样虚弱。有时候政治行为似乎已经变成了发泄愤怒的途径，有人更关心他们是否有扛着越共国旗进行和平游行或者说粗话的自由，而不会关心他们有没有能力去说服别人。人们往往对任何特定的尝试会产生明显的结果或影响公共政策并不太抱希望，更多的是想从群体事件中获得一种情感上的满足感。人们对于按部就班的成就的需求已经变得不那么固定了，而是倾向于以自我主张为中心。政治和戏剧的区别被政治活动家和戏剧活动家有意地模糊化了。

在新政治中，武力或暴力有了一个新的定位：对一些人来说，仅仅能够使用武力就满足了，而另一些人则设计出策略来挑起反暴力，用以揭示他们所说的当权派的本来面目。无论如何，暴力已经承载了救赎的作用。弗朗茨·法农（Frantz Fanon）在一部关于新政治的经典著作中写道："仅仅是暴力，由人民使用的暴力，由领导人组织和宣传的暴力，就可以让大众理解社会真理，并为其提供理解社会真理的钥匙。"萨特（Sartre）在介绍法农时写道："法农清楚地表明，这种无法抑制的暴力既不是声音和愤怒，也不是野蛮本能的复活，甚至也不是怨恨的后果。它是人类在重塑自己……没有任何彬彬有礼的行为能抹去暴力的痕迹，只有暴力本身才能摧毁它们。"[2]

因此，暴力不仅有用，而且具有治疗效果，可以说它是我们生活中必不可少的东西。对于那些遭受过暴力摧残的人或仅仅受到过压倒性武力威胁的人来说，当他们自己使用暴力时才能恢复自身的尊严，这种结论其实是很自然就可

---

[1] 关于随着国际左翼对暴力的新崇拜而出现的社会分析风格的变化，有一篇精彩的文章，请参阅理查德·洛温塔尔（Richard Lowenthal）的《非理性与革命》，第23期（1969年11月），第22—34页。

[2] 法农：《地球上不幸的人》（艾弗格林版，1968年，第148页）。参见萨特第21页序言。从这里可以看出，甘地关于非暴力作为治疗手段的理念正在逐渐衰落。使用或冒险使用暴力的能力成了道德优越感的标志。

以得出来的。但是，如果确实有这种力量的话，暴力的复原能力还是取决于其是否取得了成功。暴力如果不成功，甚至以失败和新的羞辱而告终，实际上可能加剧原来的"病症"。例如，1965—1966年被残酷屠杀的印尼共产党幸存者很难会像阿尔及利亚反叛者那样对暴力的复原力抱有同样的热情。这就是为什么暴力存在的神秘性无法绕过战术概率的理性演算——它所宣称的通过暴力进行治疗或神圣化，是建立在其获得成功的武断假设之上的。在心理学或形而上学中进行政治算计是不存在令人满意的避难所的。

当然，在我们的时代也有成功的例子，如卡斯特罗、阿尔及利亚起义军、胡志明和越共。所有这些例子都具有一种共同的特质：他们都是具有稳固领土基础和殖民剥削历史的"落后"民众。现在有人认为，在现代工业国家暴力同样可以取得成功，这一论断适用于马斯特山（Sierra Maestre）的游击行动，或适用于在阿尔及尔取得胜利的恐怖和破坏行动，同样可以适用于纽约、芝加哥、奥克兰，甚至是斯卡斯代尔（Scarsdale）。人们已经被激发出了许多战术上的智慧，但其所带来的主要的思想后果却很可悲：许多年轻黑人已开始认为他们属于殖民地民众，他们的解放问题跟其他地方具有完全相同的特征。① 当然，他们确实存在心理上的相似之处——像法农的《地球上的可怜人》这样一本精神病学的著作，在很大程度上就是从心理学而不是社会结构的角度来论证这个案例的。美国黑人可能有其他殖民主义的受害者心理，但他们缺乏真正的殖民主义的所有基本要素，如适合游击战的地形、成为社会主体的前景、地域性、殖民主义被铲除后对经济的完全控制。除了必要因素之外，对比是非常好的，我们可以沉浸在幻想中，以为瓦茨（Watts）就像阿尔及尔（Algiers）一样。②

但最终，我们必须对暴力的预言予以应有的评判：暴力在人类的过往经历中无处不在，在美国历史上也一直无处不在，无论我们如何厌恶它，我们都必须

---

① 虽然具有战略意义的少数族裔已经取得了如此多的成就，但黑人武装分子尚未使大多数黑人发生转变，不过这一点对于美国暴力的未来来说可能并不重要。在《新闻周刊》1969年的民意调查中，63%（相较于21%）的人认为黑人可以在不使用暴力的情况下赢得自己的权利。在回应有关学校和社区一体化的问题时，绝大多数人也反对分离主义（参见《新闻周刊》，1969年6月30日）。然而，激进思想的吸引力在年轻人中要高得多。

② 要想敏锐地分析这种思想的含义，可以参见克里斯托弗·拉希（Christopher Lasch）的文章《黑人权力：作为政治的文化民族主义》，该文出自《美国左翼的痛苦》（1969年）。根据历史经验，关于游击战转移到城市的前景有一个暗淡的估计，请参阅马丁·奥本海默（Martin Oppenheimer）的《城市地区的准军事活动》，该文在L. H. 马索蒂（L. H. Masotti）和D. R. 鲍文（D. R. Bowen）编辑的《暴动和叛乱》（1968年）的第429—438页。

把它视为一种被普遍使用的工具。其支持者将其摆在我们面前的理由简单却具有说服力：暴力在过去几乎是普遍存在的。暴力能改变一切，而其他任何东西都不能。因此，暴力是必要的。"暴力，"拉普·布朗(Rap Brown)说，"是必不可少的，它就像樱桃派一样具有美国色彩。"这句话肯定会成为我们这个时代令人难忘的言论之一。拉普·布朗大概不会想到他的听众会如此盲目地爱国，以至于由于经常使用暴力而认为暴力一定是好事。毫无疑问，他希望的是如果能够让同时代的人们的头脑中形成对暴力的常态化和不可避免的适当认知，他们就不会苛责于黑人解放所必需的暴力行为了。这里应该承认的是：能够在事实上全面实现黑人权利的暴力当然有其内在特征，它与其他的暴力有着截然不同的道德立场，比如说，私刑实施者为了自娱自乐或者惩戒自己的孩子所使用的暴力。然而一如既往地，人们在这里遇到了一个潜在的、未经检验的假定：暴力一定会带来人们所预期的结果。不管是白人还是黑人，越来越多的年轻人都有类似的想法①：通过"巷战"来赢得正义。作为一种革命方式的"巷战"——这是少数现存的旧观念之一——将留存下来。

当然，世界历史上有很多这样的例子：很多历史僵局都是被突然爆发的暴力行为打破，然后进入一段和平的、渐进的改善时期。在这种情况下，人们就极有可能辩称（尽管难以证明）暴力是随后一段和平变革的必要前提。其存在的问题是，在很多其他案例中暴力的确起到了决定性的作用，但却是以我们无法赞同的方式来实现的。美国用大规模暴力解决基本危机的经验是复杂的。独立革命战争和南北战争形成了有趣的相互对立的状况。美国的独立问题是通过暴力解决的，而且从历史的角度来看，解决得相当成功。但是，革命成功的一个关键之外可能在于革命中实施了最低限度的无端暴力——既没有弑君行为，也没有白色恐怖。虽然各类事件时有发生，但并没有大批持不同政见者的聚集。英国军队之外的支持英国反对美国独立的人很少被杀害，尽管他们中有很多人受到恐吓，很多人流亡海外，还有很多人失去了大量财产。甚至军事行动也没有超出我们所谓的游击战的特点。最重要的是，革命者并没有以暴力或恐怖行动的方式互相攻击。热月革命同样是温和的，只是进行了简单的国有化，

---

① 在很大程度上，目前美国的暴力问题是一个人口问题。暴力解决方案——无论是政治上的，还是犯罪上的——主要对 25 岁以下的人有吸引力。今天，几乎有一半的美国人口在 25 岁以下，14 岁到 25 岁这一年龄段的人占很大比例，这一年龄段的人口产生或刺激了最多的暴力。那些自以为可以轻而易举地承诺成功打击犯罪暴力的政客们并没有参考人口统计数据。要冷静地估计这里的前景，参见弗雷德·P. 格雷厄姆(Fred P. Graham)的《当代美国犯罪史》,《暴力》，第 460—478 页。

并以制度的形式体现了革命战争本身提出的一些原则。不仅国家获得了独立，美国各州的政治生活也显著民主化，而且许多社会改革获得了强大的助力。尽管有关国家组织的难题没有解决，联邦时代的政治问题也引发了一些动荡，但是独立战争以后美国国内的暴力事件（而且是相当多的事件）都维持在一个相对较低的水平上且被证明是完全可控的。丹尼尔·谢斯领导的早期叛乱、威士忌叛乱、雅各布·弗莱斯发起的叛乱，虽然产生了很大的政治影响，但这些暴力事件只算得上是小规模的冲突，而且他们的领导人后来都被审慎地处置了。独立革命战争之后出现了一段社会相对和平的时期，总的来说，从1790年到1830年之间虽然并非完全没有暴力，但这段时期却是美国国内历史上暴力较少的时期之一。

南北战争则与之形成了鲜明的对比。这次战争又解决了一些重要历史问题，如有关联邦和奴隶制的法律地位问题。但在此之前，发生了长达10年的激烈公民暴力，并以一场导致60万人丧生的战争而达到高潮。这场战争留下了一股至今仍未消逝的非同寻常的痛苦和破坏力极大的怨愤情绪。奴隶的合法解放并没有伴随着黑人的真正解放。战败的州变得不那么民主，而不是更民主了。在战争暴力之后，随之而来的是振聋发聩的、令人发指的、断断续续的重复暴力。在枪炮停止后，南方的热月战争持续了整整一代人。回想起来，这场战争似乎是一种极其残酷和破坏性极大的解决——如果这个词正确的话——问题的方式。我不同意巴林顿·摩尔（Barrington Moore）的悲观世界历史评判的绝对形式或夸张的言辞。他说："迄今为止暴力解决了所有历史问题，但其中大多数是以错误的方式。"①但是，如果考虑可以用来支持他的判断的大量历史案例，南北战争肯定是排在第一位的。

如果我们看看那些与美国独立战争和南北战争相比使用暴力产生的影响较小的社会情景，就会发现在很多这类状况下暴力也基本达到了其本来想达到的目的。总的来说，这是那些已经拥有地位和权力的人的暴力。例如，许多义警运动实现了镇压不法分子的有限目标，私刑则显然给南方的等级制度增加了一种恐怖主义执法的意味。很多年来，雇主对劳工通过暴力和暴力威胁的方式也得到了他们想要得到的结果。总体而言，工业冲突中爆发的严重暴力事件对劳工来说是悲剧性的失败，尽管也有一些情况是代表雇主的利益而发起的暴力

---

① "关于暴力与民主的思考，"他所指的错误方式很清楚："压迫者的暴力通常比弱者和被压迫者的暴力有效得多。"

活动太过野蛮,以致公众无法接受,最终以失败而告终。而劳工使用暴力的频率远低于雇主且收效甚微。在20世纪30年代,劳工采取了一系列非常有效的法外行为——静坐。然而,在这些情况下,工人虽然使用非法武力,但它其实是一种战术手段,其目的是避免而不是促成彻底的暴力行为。这也许可以解释为什么他们赢得了公众很大的同情,同时公众也开始强烈地意识到许多行业的雇主使用了暴力、恐吓和间谍活动。但是无论如何,静坐只是一种暂时性的策略,一旦达成了集体谈判,劳工领袖就会放弃这种策略,因为很难想象静坐这种方式会作为一种标准的手段反复取得成功。①

总而言之,暴力可以在美国这样的政治环境中获得成功是需要一些条件的。使用暴力的人必须能让暴力适应本地情况并限制其持续时间。或者在公众对暴力行为漠不关心或不了解的情况下使用暴力,或者在被许可的和相关的公众舆论(如在19世纪雇主义警制情况下)严重偏向他们的情况下使用暴力。如果暴力伴随着异常残忍的行为(私刑,如勒德洛骚乱中的雇主行为),那么这种情形必须被施暴者控制为小的地方性事件,而且他们会想办法以某种方式避免这种暴力受到更大的国家组织或社会机构的关注。从这一方面来看,在大众传播时代,这一类暴力要想获得成功将变得越来越困难,在这个时代,实施暴力最重要的战术就是演一场戏以便使暴力行动的责任完全落在对手身上。

暴力有时候会发挥某些作用,但这并不意味着只有暴力这一个因素才能起作用。美国历史上的大多数社会改革都是由那些准备进行长期教育和宣传运动的改革家们在没有使用暴力的情况下进行的,或者只是在最低限度或不紧要的情况下使用了暴力。福利较好的州的整个体系,从童工法、工资工时规定、工业安全法、工人补偿到法律规定的集体谈判、社会保障和老年人医疗保健,都是一些积极活跃的少数人努力斗争的结果,虽然他们有时候也诉诸武力且往往坚持自己的主张,但他们基本上都保持了极大的耐心和非暴力的形式。然而,我们这个时代是一个不能等待的时代,激进的年轻人(无论黑人还是白人),能否从美国改革传统的前辈们那里获得一些耐心是很让人怀疑的。有些激进分子认为,早期的改革作为美国当前体制的先锋,其实只具有很小的价值或根本没有价值,有的则认为这些改革是滞后的。第一种意见完全是冷酷无情的,但第二种意见则有一定道理:这样的改革确实早该进行了。然而,这并不意味着使

---

① 要对强调基本的文明精神的静坐行为进行深入的评估,请参阅迈克尔·沃尔泽(Michael Walzer)的文章《企业权威与公民异议》[《异见》,第16期(1969年9月至10月),第395—406页]。

用暴力会加速它们的到来。在某些条件下的恐怖行为或暴力威胁可能会加速社会变革,然而,如果导致变革的力量只是暴力的话,那么社会福利法早就可以在美国实行了,而不会在英国和德国这些工业暴力较少的国家之后实行。因此,重要的因素似乎不是诉诸暴力,而是有以社会主义为目标的强大劳工运动的存在以及通过正常的政治渠道采取持续行动的威胁。

但是,我们这个时代主张对抗主义的政客发现了一种应对暴力的方法,能够克服社会异见人士过去一直在努力克服的一个明显的缺点:他们认识到价值不在于实施暴力,而在于挑起暴力。今天,一如既往地,大多数政治暴力都是由当权者实施的。例如,在过去,劳工经常因暴力事件而受到指责,而这些暴力事件主要是警察或雇主的其他代理人所为。因此,人们口中说的都是"劳工暴力",而非"资本暴力"。然而,如今人们发现了一种手段,即利用官方暴力来迎合某些异见人士的利益。也就是说,如果一小群思想顽固的激进分子被一大群示威者包围,那么就可以通过激怒警察采取过激的暴力手段的方式来引发公众舆论——如果有必要的话,可以投掷物体,但最好的方式是口头谩骂。激进分子已经摸透了警察的脾气,他们发现警察经常会对那些冒犯他们的人和那些没有秩序的示威者、无辜的旁观者、记者以及摄影师不加区别地进行攻击。因此,年轻的激进分子找到了一种方法,他们学会了利用警察和大众媒体,因为公众往往会看到一个可怕的执法人员对手无寸铁的示威者和目击者进行殴打的场面。尤其是对于那些认识这些年轻示威者并被他们的稚气与勇气所吸引的人而言,这种愤怒更为明显。

但是,这种对抗能否对公众产生更大的影响从而给激进分子带来最终的好处还是一个问题。在冲突发生的那一刻,他们亲眼所见的是许多迄今还模糊地表示同情的人在一段时间内因为愤怒而激动和活跃起来。他们选择忽略的是另一些不太显眼但通常人数更多的公众,而这些人则将全部责任归咎于示威者并成为警方和政府的支持者(芝加哥警方在1968年民主党大会上的行动是我们这个时代最肆意妄为的行为了,他们却得到了绝大多数公众的认可)。尽管如此,激进分子的领导者还是意识到了他们的转变,而这种转变通常也是如此。为什么不为这种转变感到高兴、不去摒弃那些集体抵制呢?无处不在的新左派煽动者汤姆·海登(Tom Hayden)发出了"两个、三个和更多芝加哥人"的呼吁,虽然由国家暴力原因与预防委员会(NCCPV)的研究员杰罗姆·斯科尔尼克(Jerome Skolnick)采访过的年轻活动家们对这种策略的影响理解有限,但却表现出了敏锐的理解力。他们十分坦率地指出，对抗的目的是通过上演镇压的场景来教育公众。"这些行动本身不是为了实现特定的改革或影响决策者，而是为了引发当局的压制性反应——这是大多数美国白人很少看到的反应。"当对抗带来官方的暴力回应时，公众中未表态的那些人可以亲眼看到"制度"的真正本质。这些激进分子还相信，这种经历会降低年轻中产阶级激进分子天生具有的"对暴力的文化恐惧"——这种恐惧"在心理上具有破坏性，也可能在政治上具有抑制作用"，从而为他们投身革命做好了准备。① 在某种程度上，他们的观点已经被实践所证明：禁止使用枪支、炸弹和纵火的"破坏性"禁令已经开始瓦解。

八

这种解读可以帮助我们对充满不确定性的未来进行预测吗？毫无疑问，大多数美国人更好奇的是，美国的暴力倾向将会把美国带向何方，他们不会期望人们会对过去的暴力模式有一个更精确的解释。但如同其他情况一样，预期总是有风险的。过去，我们的暴力行为一直是周期性的，我们的20世纪60年代在将来的某一天可能会作为又一个暴力高峰时期出现在社会学家的图表上，它一定会比其他时期更加突出且随后会进入一段相对平静的时期。年轻人总是不厌其烦地提醒我们，现在我们生活在一种全新的状况下，而且有很多重要因素都是前所未有的。（我有时候认为，所有美国人过往的经历都是由一系列不相关的情形组成的，它们之间的主要联系不过在于每一代人对前辈思想信念的重复罢了，所以说过去也没有什么可借鉴的。）美国的社会暴力在任何情况下都不是拥有其未来发展的所有条件的自成一体的体系。事实上，几乎所有的事情都取决于不可预测的外部力量，比如我们从越南撤军的速度、国内和国际社会对我们在越南失败的反应以及我们避免另一场代价高昂的冒险行动的能力。

谁也无法预料未来美国发生的暴力会给我们带来什么。但是我们很容易描绘出两种可能的情景：一种将如同世界末日一般，另一种则虽然算不上令人振奋和喜悦，但可能会相对温和。关于世界末日的预言传统上早已有之——事

---

① 参见杰罗姆·H.斯科尔尼克的《关于抗议的政治》(1969年)一书的第107—108页。关于海登(Hayden)，参见该书的第31页。关于新政治两极分化的终极危险，参见欧文·豪(Irving Howe)《新的"对抗政治"是一种危险的游戏》(《纽约时报杂志》，1968年10月20日)。

实上，这种预言早已被看作一种惯例以至于变成了一种势在必行的认知时尚。但在这种传统中体现得更多的是一种无所不知的状态而不是一种科学的认知，因此其作用似乎更多地在心理层面的而非实用层面。人们往往会为了除掉一个恶魔而编造恶魔的存在，或者更糟糕的是，在很多令人极其沮丧的时刻，有人甚至会用某种终极灾难的结果来威胁其倾听者——正是你没有按照我说的来做，这就是你应得的。然而，在过去一代人那里，这个国家中最时髦的末世主义知识分子圈子里盛行的对未来的看法大错特错，这些看法就像在股市那些被零星购买的股票一样，只能被用作对未来现实的负面指示。也许不易屈服于世界末日心态的缘由（除了内在固有的自我放纵的因素之外）是一个比较务实的因素：不断重复的、被人们轻易自愿接受的关于世界末日的预测带来的最好的结果不过是把人们的善意归结为一种无用的被动性，而在最坏的情况下不过是转变成了一种自我实现的预言。实用主义思想认为应当先假定我们的困难是可以解决的，这样我们就可以开动脑筋去思考在实践中如何解决这些困难。

尽管如此，美国社会最近持续发展且日益凸显的一些趋势正在导致美国自由民主政治的衰落，对于这一点，人们不需要非凡的能力就可以清楚地认识到。危险并不在于被异化的年轻人和好战的黑人将发动一场革命。美国是一个保守的国家，美国工人阶级是保守主义思想的支柱之一。美国工人阶级的绝大多数人不是穷人，不是黑人，也不是大学生。大学生中的激进分子也只是大学生中的一小部分，由于他们得到了大众媒体的太多关注，以至于美国年轻人的实际心理状态被掩盖了。事实上，在17~23岁的人群中，几乎有3/4的人没有上过大学，他们的政治倾向与大学积极分子截然不同。其态度可以用他们在1968年选举中的选票来衡量，在这次选举中，乔治·华莱士在29岁及以下年龄组的白人选民中获得的支持比例高于30岁及以上年龄组的白人选民。[①]

在这种结构特征的国家，最危险的事情不是来自年轻武装分子的活动（不管他们是黑人还是白人），而是来自社会日益两极分化可能产生的强烈反应。世界末日的情景似乎越来越明显：越南战争的无限期延长，或者局势的再度升级，或者又一次在国外发动这种挑衅性的灾难性行动；不愿意或无力在满足种族正义要求方面取得进步；大学和街头对峙政治的加剧；聪明的年轻人的高度疏离；电视上生动报道的示威者的挑衅行为和警察野蛮应对的暴力场面；政治

---

① 美国民意研究所全国抽样调查显示，华莱士在四个年龄段的支持率如下：21~25岁，13%；26~29岁，18%；30~49岁，13%；50岁及以上，11%。

公众继续分化为右翼和左翼,这恰恰阻碍了可能缓解危机的政治和社会努力;由黑人和白人公民组成的众多武装团体的形成及其在大城市的几次大规模枪战;主要政党一方或双方的分裂;通过致力于国内政治镇压和外交政策强硬路线的全国性运动对总统宝座和国会席位的获取。

尽管有人说这种情况并非完全不可能,但我却不这么认为。20世纪60年代盛行的暴力形式现在似乎正在减少:贫民窟骚乱已经日渐稀少,而由校园抗议引发的暴力活动大约在1967年至1970年达到顶峰。黑人激进主义一定会在不确定的未来长期存在。应该清醒地看到,美国政治制度的崩溃与尚未解决的种族问题有关。但是,黑人的暴力行为在方法和目标上变得更加有选择性,而且它是否会涉及大规模暴力或大规模伤亡也无法确定。学生们的激进行为也似乎可能比美国从越南撤军持续更长的时间,因为它建立在一种深刻的文化痼疾之上,这种痼疾超越了任何政治问题,但它可能在较低的情感强度水平上爆发出来。战争的结束可能会带来政治和经济状况的变化,从而使得相比于过去五六年间,减轻城市凋敝和贫困及达成种族平等需求的努力得到更大程度的恢复。但是,罕见的是,过去连续20年我们都在持续关注同样的问题,而且可以想象的是,一个相对持久和拥有更高暴力频次的20世纪70年代极有可能仍被视为一个边缘化的问题而非一个核心问题。在不久的将来,环境的破坏以及由污染和人口过剩所带来的问题,很可能会成为历史舞台的中心并且极具紧迫性,使其他所有问题都相形见绌。这些问题所产生的思想风格和政治情绪以及它们所带来的政治结盟,有可能会完全不同于20世纪60年代,以至于到20世纪80年代人们会觉得60年代的心态比50年代在过去几年显现出来的心态更加奇怪。

如果把美国历史作为一个整体来看,我们很难找到在美国有一段可以确切地说被治理得很好的时期。然而,总的来说,美国的政治体制是富有弹性的和久经考验的,而且就其历史优势来看,我们必须假定它能够召唤足够的人才和善意来应对其苦难。应当去处理这些问题——我认为,而不应当以任何彻底决断或令人叹服的方式去掌控它们。美国正在无精打采地迈进充满了不确定性的未来,它就像一个巨大的不会说话的野兽,尽管伤病缠身,但又足够强壮和足智多谋,并且不会向现实屈服。

理查德·霍夫施塔特

第一部分　政治暴力

朝圣者和清教徒，1634年

普利茅斯朝圣者和马萨诸塞湾殖民地清教徒之间的关系有时并不融洽。他们在神学上有分歧，在土地上有争议，并相互争夺印度的皮草贸易。也正是对皮草的争夺导致了或许可以称得上美国第一次的殖民地之间的危机。皮斯卡塔奎（Piscataqua）（即后来的新罕布什尔州的朴茨茅斯）的约翰·霍金（John Hocking）试图从朝圣者的据点逆流而上，阻止他们在肯纳贝克（Kenebeck）河上的海狸贸易。由于约翰·霍金无视朝圣者的指责，于是朝圣者的一队人马试图切断他通往商船的停泊处。约翰·霍金拔出枪来阻止他们，打死了一名男子，但之后被前来攻击的朝圣者杀死。在那之后不久，约翰·奥登（John Alden）航行到波士顿港执行交易任务时被捕了。为了避免更多的麻烦，朝圣者们派迈尔斯·斯坦迪什（Miles Standish）去解释为什么霍金遭到袭击，并指出是普利茅斯的领土遭到了侵犯。这场争端后来在地方官员和牧师举行的秘密会议上得到了和平解决，用威廉·布拉德福德（William Bradford）的话说，"他们怀着爱和感激之情拥抱在一起……他们的爱与和谐得到延续"。

以下叙述摘自詹姆斯·肯德尔·霍斯默（James Kendall Hosmer）编写的《温斯洛普日记》（Winthrop's Journal），载于《美国早期历史的原始叙述Ⅶ》(1908)；另见威廉·布拉德福德（William Bradford）的《普利茅斯种植园论》，该书由塞缪尔·艾略特·莫里森（Samuel Eliot Morison）主编（1967年）。

5月3日。消息传来，霍金和一名普利茅斯人死在了肯纳贝克［同时有一艘船到达了帕马奎德（Pemaquid），带来了30名乘客］。

他们在肯纳贝克死亡的原因是：普利茅斯人从新英格兰的大专利人那里获得了肯纳贝克的独家自由贸易权。

上述死者之一的霍金乘坐属于帕斯卡塔加克(Pascataquack)赛伊(Say)勋爵和布鲁克(Brook)勋爵的一艘小船在肯纳贝克进行交易。普利茅斯的两位地方法官试图阻止他,然而他还是沿河而上。因为他不愿意再下来,他们派了3人乘独木舟去砍他的缆绳。缆绳被砍断了一根,霍金拉住了另外一根并发誓说谁要是砍断这一根,就杀了他。他们继续去砍缆绳。于是,霍金杀死了他们中的一个,而普利茅斯小船上的一个人(小船从他们身边经过,其中有五六个人拿着他们的武器站在那里)立即开枪打死了霍金。

在波士顿的普通法院,根据霍金的一位亲戚的指控,一个名叫约翰·奥尔登的普利茅斯的地方官员在波士顿被传唤并付了保证金,且被要求不离开我们的管辖范围,因为他当时就在霍金被杀的现场。我们还写信给普利茅斯当局,向他们证明我们所做的一切,了解他们是否会对案件进行公正的处理(这属于他们的管辖范围),并期望尽快得到答复,等等。我们这样做,是为了让人们注意到,我们不承认上述行动。这受到了所有人的谴责,人们担心这将给国王提供一个派遣总督过来的机会。这件事还使我们受到了共同的责难,说大家都是为了海狸而自相残杀。

塞文河战役,1655 年

塞文河之战(Battle of the Severn)是新教徒和天主教徒为争夺马里兰州的控制权而进行的长期斗争中的一个插曲。长期议会派出了专员,取代了马里兰州的所有者巴尔的摩勋爵(Lord Baltimore),使马里兰置于他们的统治之下。1654 年 7 月,专员们召集了一次新教大会,让长期在天主教控制下苦苦挣扎的清教徒少数派成为马里兰的主人。

然而,到 1655 年 1 月,克伦威尔试图修补他的政治关系,于是下令禁止他的专员对天主教教徒使用武力。与此同时,巴尔的摩勋爵命令他的代理人——总督斯通(Governor Stone)——重申对马里兰的所有权。克伦威尔的命令使得专员们保持中立的态度,所以唯一占有该地的障碍是普罗维登斯(Providence)[后来的安纳波利斯(Annapolis)],即清教徒在塞文河上的定居点。斯通召集了一支 130 人的部队,缴获了一些弹药,向这座城市进发。清教徒军队的指挥官威廉·富勒上尉(William Fuler)在港口的一艘商船的协助下,准备保卫这座城市。在这场战斗中,天主教专属部队被完全击溃了。3 名清教徒被杀,3 名受重伤,但天主教徒死伤约50人,他们所有的领导者,包括斯通,都被俘虏。10名领导人被判处死刑,其中4人实际上已被处决。

但清教徒后来被英国贸易委员会击败。到1658年,巴尔的摩重新获得了对该省的完全控制权,条件是不能对清教徒施加报复或歧视。

以下关于这场战役的叙述是来自伦纳德·斯特朗(Leonard Strong),他是富勒上尉在普罗维登斯的顾问之一,载于《马里兰州的巴比伦陷落……》(1655年),C.C.霍尔(C.C. Hall)编辑的《马里兰州的早期叙事,1633—1684》(1910年)。参见J.托马斯·沙夫(J. Thomas Scharf)的《马里兰历史Ⅰ》(1879年)以及约翰·利兹·博斯曼(John Leeds Bosman)的《马里兰从第一个定居点开始的历史Ⅱ》(1837年)。关于马里兰州的早期历史,也可以参见约翰·巴特(John Barth)的小说《烟草的因素》(修订版,1967年)。

全省一片平静,这种状况一直持续到1月底。大约就在这个时候,由蒂尔曼船长(Captain Tilman)指挥的"金色财富"号船抵达了马里兰。

随后,巴尔的摩勋爵的官员以及天主教派开始在国外大肆宣扬,并吹嘘伴随这艘船而来的是护国公殿下给予的权力,以确认巴尔的摩勋爵对此省的专有权并在他手下重新设立其官员的职位——他们自认为拥有了这些权力。斯通上尉及其他人也发表了威胁演说,要让普塔切特(Putuxent)和塞弗纳(Severne)的叛乱分子知道他现在又是总督了。

此外,斯通上尉多次下令罗马天主教派和其他疯狂而嗜血的人,让他们召集人手……当时,他们大约召集了200或250人。

他们把所有的力量都投向了普罗维登斯,因为那里是大多数专员的主要居住地,还有那些被威廉·巴克利爵士(Sir William Barkely)赶出弗吉尼亚的人。上述军队有的从陆路行军,有的则从水路行军;从陆路行军的那些人,在他们路过的所有房屋和种植园中大肆掠夺,他们破门而入,翻箱倒柜。斯通上尉和他的军队以这种野蛮的方式一步步向普罗维登斯靠近。

在普罗维登斯的人预感到这种风暴即将向他们袭来,所有的信息都已经被封锁,他们准备直面风暴的到来。他们望向天空,向耶和华和锡安王祈祷求助以获得他们的建议、力量和勇气,通过获得神的力量的护佑而得到安慰;因为面对如此大的灾祸,他们找不到其他的补救办法……

富勒上尉及战争委员会在普罗维登斯任命威尔·杜兰德先生(Mr. Wil. Durand)担任秘书,登上当时停泊在河里的"金狮"号船,在主桅杆上固定了一纸宣言,以交给这艘船的指挥官希曼斯(Heamans)船长,要求他以英国护国公爵和英联邦的名义,维护其自由臣民的公正自由、生命和财产,对抗不公正的权力……

希曼斯船长起初并不情愿,但是,在看到事业的正义性和敌人毫无根据的行动后,他提出将自己以及船只和人员也全部交给威尔·杜兰德指挥……

在当周的第一天,敌人成群结队地出现在他们船只附近的狭长的陆地上,并击鼓呐喊:"来吧,流氓,来吧,流氓,圆脑袋的狗!"船长下令向他们开火,迫使他们远离,退到陆地的狭长区域。

与此同时,威尔·富勒上尉及其军队一边呐喊着,一边向前冲锋,他带领120人顺流而上,在距离敌人只有6英里处登陆。富勒上尉把自己交给了上帝,他直接走向正在等待他到来的敌人。敌人的哨兵开枪了,他们立刻有秩序地行动起来。富勒船长仍然期待着他们最后可能会说出他们来的原因,于是吩咐他的人不要开枪,不要先发制人。他们依据的是英联邦的标准,根据这个标准,敌人先打五六枪,杀死前面的一个人之后,他们再朝对方开枪射击。然后,"以上帝的名义发号施令,上帝是我们的力量",这句话是为普罗维登斯而说的,马里兰人说的是"你好,圣玛丽"。当时的进攻十分激烈,但因耶和华荣光的显现,在他可怜的受压迫的人民身上显灵,敌人无法抵抗我们的进攻,只能退缩了回去,最后溃不成军,转过身来放下武器,乞求怜悯。第一轮射击后,敌人的一小队人马从倒下的树后侵扰我们,我们的队伍中有人受伤,但是敌人很快被我们击败。在所有登陆马里兰的人之中,只有四五个逃跑了,他们逃离了军队,跑回去给同盟者报信。斯通上尉、普莱斯上校(Colonel Price)、杰拉德上尉(Captain Gerrard)、刘易斯上尉(Captain Lewis)、亨德尔上尉(Captain Hendall)、圭特上尉(Captain Guither)、钱德勒少校(Major Chandler)以及巴尔塔摩勋爵其余所有的参谋、军官和士兵(他们当中,无论是指挥官还是士兵,很多人是天主教徒)也都被抓获了;他们所有的船只、武器、弹药和给养也都被没收了,并死伤了约50人。我们在战场上只损失了2个人,但有两人之后因伤势过重死亡。上帝在战场上和人们的心中都显示了它的伟大,所有人都承认他是这次胜利和拯救行动的唯一功臣。

培根叛乱,1676年

培根叛乱是由印第安人和拓荒者之间的争议引起的。1676年,爱好和平的印第安部落萨斯奎汉诺克人(Susquehannocks)被赶出马里兰,但被弗吉尼亚人误认为是另一个敌对的部落,遭到当地定居者的攻击。作为回击,该印第安部落杀死了弗吉尼亚西部种植园的 36 名定居者。总督威廉·伯克利(William Berkeley)命令一支远征队镇压他们,但当印第安部落提出讲和时,他召回了自己的军队。之后,伯克利试图稳定边境,要求在没有政府批准的情况下禁止白人进入印第安人的领地,并建造了一系列堡垒来保证他的禁令得到实施。虽然伯克利这么做似乎是因为他觉得印第安人的怨恨是公正的,但他也想把利润丰厚的印第安贸易交给他的一些朋友。此外,他和他的朋友们在未被占领的土地上拥有相当大的控制权,他认为没有必要再向印第安领土推进。但是,有为数不少的愤怒、恐惧和贪婪的拓荒者,与一些尚未获得地产的初来乍到的英国绅士一起,反对伯克利的政策。为首的一个名叫纳撒尼尔·培根的人(Nathaniel Bacon)要求得到授权,以便带领一支由拓荒者组成的远征军来对抗印第安人。但是伯克利拒绝了。在几次试图让伯克利改变主意未果后,培根的追随者威胁说,如果不给培根授权的话,他们就把殖民地的首府詹姆斯敦(Jamestown)摧毁掉。之后,培根率领他的追随者们来到詹姆斯敦,强迫总督任命他,并开拨军队与印第安人作战。但是,一些弗吉尼亚人因为培根对他们的马匹和武器征税十分愤怒,于是向伯克利质问委任培根作战的合法性,伯克利说他是在胁迫之下做出该指示的,培根是一个反叛者。培根于是立刻掉头向总督发起了攻击。而伯克利由于无法获得支持便逃到了弗吉尼亚的东岸,培根成为该州的主人。培根随后再次出征去攻击印第安人,但在出征途中,伯克利率领一支新招募的军队重新占领了詹姆斯敦。于是培根向首府城市发起了第二次进攻,这场战役的状况会在下面进行详述。尽管伯克利最后战败了,培根却在 10 月 26 日死于痢疾和瘟疫,他的行动也随之崩溃。在叛乱期间,伯克利以戒严令为由处决了 14 人,在伦敦派来了新的专员之后,又有 9 人被绞死,尽管本可以有一项皇家赦免令适用于他们。

下面的叙述摘自《一个真实的故事:过往弗吉尼亚叛乱的兴起、发展与结束,由调研殖民地事宜的权威委员所做的最谦逊与最公正的报道》,载于查尔斯·M. 安德鲁斯(Charles M. Andrews)所编的《起义的故事,1675—1690 年》(1915 年)。关于叛乱,参见伯纳德·贝林(Bernard Bailyn)的《弗吉尼亚的政治和社会结构》,詹姆斯·莫顿·史密斯(James Morton Smith)的《17 世纪的美国:殖民史中的文章》(1959 年),韦斯利·弗兰克·克雷文(Wesley Frank Craven)的《17世纪的南方殖民地,1607—1689年》(1949年),托马斯·J. 威尔腾贝克(Thomas J. Wertenbaker)的《革命的火炬手:培根叛乱及其领导者的故事》(1940年)以及威尔克姆·E. 沃什伯恩(Wilcomb E. Washburn)的《总督与叛乱:弗吉尼亚的培根叛乱史》(1957年)。

总督……再次宣布培根及其党羽是叛乱者和叛徒,并威胁将用最严厉的法律惩戒他们。

培根召集了他的几个手下,由于这次召集是在与印第安人的最后一场冲突之后,所以只剩下136名疲惫不堪的人。培根告诉他们说总督将要惩治他们。

但这反而激发了他们新的勇气,而没有让他感到畏惧。因此,他们大声疾呼要支持他做他们的将军,直到最后……

培根以最强烈的态度威胁要对总督及其政党施加报复并发誓说他的士兵绝不会手下留情,并宣称将战胜他们。他们怒气冲冲地一路向詹姆斯敦城进发,只是偶尔在新肯特(New Kent)等地方休整一下以便吸收一些新兵加入,同时向詹姆斯河上游区域寻求一些帮助。

当培根的士兵人数达到300时,他开始直接前往城市。在他的行进途中,人们都出来为他祈福,怒斥总督及其政党。当看到他们抓捕了印第安俘虏以及取得胜利时,人们就向他们表示感谢,感谢他对民众的关心和保护,并为他的士兵送去水果等食物和饮料。妇女们告诉他,如果他需要帮助,她们会来找他。

培根得到消息,说总督在城里组织了1 000人,武器精良,意志坚定。培根说:"让他们等着瞧,我们现在就去会会他们。"

傍晚,培根带着他的一小队人马来到帕斯帕海斯(Paspahayes),他自己骑着马在沙地上前进,这时镇上的人还没有吹响喇叭。他手持卡宾枪开枪示意,随后下了马勘察地面,并命令士兵开始挖战壕。

这一夜他们都在砍树、砍灌木、铲土。借着月光,他们在天亮之前就完成了战壕的挖掘,虽然他们只有两把斧子和两把铁锹。

第二天早上,6名培根的士兵跑到帕拉萨蒂斯(Pallasadees)镇并迅速向警卫开火。起初士兵得以安全撤退,没有受到任何伤害,据报道,这是因为总督下令不要朝培根及其党羽开枪,违者将被处死。总督不愿导致流血冲突并认为叛乱者不会毫无畏惧地向他开火,培根可能会主动寻求和解,因此战争可能以某种方式得以避免。据说总督也对培根对抗印第安人表达了赞同,培根也带来了几个印第安人囚犯。由于有一些无知的人因受到蛊惑被拉进了培根的队伍,一心只想着与印第安人作战,所以其实他们并不知道自己在做什么。

但是,自称不信任总督的培根根本没有想到订立条约,他煽动其追随者反对条约并告诉他们总督的政党既奸诈又怯懦。为了更好地观察对方的行动,白天的时候培根安排固定的士兵站在一个砖砌的烟囱顶上(就在附近)观察城里的人怎样骑马和下马,怎样站岗和换岗,怎样进进出出,他们的人数是多少,他们是怎样行动的。当时培根并没有别的行动,只是远远地打了几枪。

但是看到他们的行动越来越靠近镇上,培根推断出他们正准备发动进攻,于是准备迎战。培根把自己的人安排到最有利的位置等他们过来(但他们打算撤离一段时间)并决定与他们一起进入镇上。正如培根所期望和预言的那样,他们撤离了一会儿。在这种状况下,培根的队伍等了大约1个小时,直到侦察人员告知培根他们又回到了镇上,于是培根的队伍也跟着到了镇上。培根的队伍刚刚出发没多久,总督的队伍就开始出击了。……培根的信件给出了(比我们所知道的内容)关于该行动更好、更真实的描述:

"昨天他们袭击了马匹及车辆。他们以前锋小队突前,沿着狭窄的阵线冲了过来,肩膀紧挨着肩膀,希望彼此可以成为对方的避难所。我们很热情地'接待'了他们,他们溃不成军,丢盔弃甲,向海湾逃离。被败军丢弃的还有他们的战鼓和死亡的士兵,其中有两个人连同他们的武器被我们的士兵埋葬在了战壕里。……他们实际上就是可怜的懦夫,不值一提。据说休伯特·法雷尔(Hubert Farrell)腹部中弹,哈特威尔(Hartwell)腿部中弹,史密斯(Smith)头部中弹,马修斯(Mathewes)和其他人也被击中,但到目前为止我们还没有得到确切的消息……"

这次失败的突袭之后,总督的队伍士气变得低落,人数也大大减少,而培根的队伍则变得越来越勇猛以至于培根几乎无法阻止他们立即向小镇发起猛攻的决心;但培根(如同进攻时的小心翼翼)劝告他的士兵要保持耐心和战斗力直至他发现合适的场合和机会再行动,并告诉他们夺取该镇不可能没有人伤亡——每一个士兵的生命对他而言比整个世界更有价值。

在安放好大炮之后,培根把那些曾为总督服务的人的妻子和女性亲属(他已安排把她们带到战场)放在他的敌人面前,通过这一策略,他为自己赢得了巨大的优势,而总督的队伍除了时间和地点外只在人数上具有优势。

威廉·伯克利总督的人都十分怯懦和卑鄙(他们中的大多数人只想掠夺或只是被雇佣来提供服务),只有20位绅士愿意站在他这一边,其余的人(那些因为有可以掠夺的希望或承诺而来的人)都匆忙离去以确保获得他们得到的东西。威廉·伯克利也是如此,因此他仍想在这儿浴血奋战,不愿就这样丢弃这个地方。但是在所有人的恳求下,他终于被说服了,他违背了自己的意愿,匆匆离开了镇上,不得已地将该镇交给了他的敌人。

培根在前一天晚上得到了总督及其党羽逃离镇上的情报,他率领士兵进入了该镇,没有遇到任何抵抗。考虑到这个地方十分重要,可能再次成为总督及其党羽的避难所,于是士兵们决定将此处夷为平地。当天晚上培根下令放火烧城,烧毁了所有的教堂和政府大楼[其中有德拉蒙德(Drummond)私下送来并保存下来没有被烧毁的国家记录]。这座城镇有12座新砖房和相当数量的带砖烟囱的框架房被焚毁,所有这些都将不会重建,据计算,其价值约等同于1 500磅烟草。

而那些刚刚抛弃了这座城市的人,正乘着单桅帆船行驶在河流上(令他们感到羞耻和遗憾)。在夜幕下他们看到被他们抛弃的城镇燃起了大火,成了一片废墟。

费城的血腥选举,1742年

在18世纪和19世纪的美国选举中,一个政治派别经常试图用暴力阻止另一个政治派别的投票。18世纪的一篇抨击文章就建议道:"一旦你们的竞选票获得批准,就一定要昭告全国,你们的政党将全副武装地参加选举。"不同于在选举日也很常见的醉酒斗殴,最早的一次选举骚乱发生在1742年的费城。

当时有两个著名的政治派别——贵格会和特权党,它们在一个重要问题上产生了分歧——以东部为中心的贵格会不愿意授权使用武力来对付西部的印第安人。这个问题因种族分裂被进一步复杂化。当时的拓荒者大多是苏格兰—爱尔兰人,而贵格会(Quaker Party)盟友中则有许多德国人。在每年的选举日,这类种族对立都会成为焦点。费城的选举投票位于法院的阳台上,选民们一般会从街上爬上楼梯,把票投进去,然后从对面的楼梯走下来。控制了楼梯的人可以恐吓或排斥反对者。多年来,贵格会成员一直控制着楼梯,但到了1742年,特权党雇用了强壮的水手和船上的木匠要把楼梯拆除。一开始水手们还比较成功,但是德国人重新发动了袭击并赶走了他们,贵格派再次取得了胜利。下面的叙述来自《宾夕法尼亚省议会纪要,IV》(1951年,第620—622页)。

参见修女琼·伦纳德(Joan Leonard)的《殖民地宾夕法尼亚州的选举》(出自《威廉和玛丽季刊,Ⅺ》,1954年,第385—401页)以及威廉·帕森斯(William T. Parsons)的《1742年的血腥选举》(出自《宾夕法尼亚历史》,第36期,1969年7月,第290—306页)。

最近,费城的许多自由民向我们递交了一份请愿书,他们控诉在上次选举中,该城市发生了非常严重的骚乱。这件事引起了本省居民的警觉,并出现了非比寻常的情况,因此我们的调查和停留时间比这个季节通常的情况要久得多。在调查过程中所获得的发现,我们认为有责任根据我们所接受的检查向总督呈现,其主要内容如下:

在刚刚过去的10月1日的清晨,也就是该省宪章和法律规定的立法机构选举代表的日子。一些陌生的水手,人数大概在30以上,抵达了费城港,他们手持大棒和警棍,在城市中各个地方转来转去,态度十分蛮横粗暴。尤其是他们特意出现在市长的门前和他的视野中,而市长没有采取他应该采取的方式来驱散他们。各种各样的自由民以及城市的居民看到这些后十分担心,害怕在选举日会爆发骚乱。他们认为这些人在城里转来转去的行为是非法的,并向市长和记录员汇报了当天早晨的情形,希望他们采取适当的措施保护公众的安全,但却没有收到预期的答复。与此同时,他们也向地方法官提出了申请,法官们答应会关注此事并尽力防止可能发生的骚乱。大约在那天上午10点,自由民和县里的居民集合在一起,警长也到场了,准备以和平的方式选举观察员。而在此期间,前面提到的水手们也和一些陌生人集合到一起,总计大约有70人,他们手持棍棒和其他武器,大声吆喝着在头上挥舞,怒气冲冲地向选举地点走去。在场的地方官以及一些参加选举的选民看到后,走向前去告知他们不是本地居民没有权利以这种引起骚乱的方式出现在这里,并尽力劝告他们停止进一步的行动以免干扰选举,希望他们安静地离开。但是这些水手们不仅拒绝这样做,还对治安官和其他人大打出手。警察用警棍拦住了暴乱者,但他们的攻击太猛烈,以至于警察的警棍也被折断了,警察只好让步。在此期间,好几名居民被他们撞倒,受了重伤,其中有一位市议员,要不是被及时制止,很可能会被野蛮地杀害。水手们最后还是像来时那样闹哄哄地走了。居民们不愿让选举留下遗憾,也没有预料到会再有骚乱发生,于是开始平静地选举观察员。但是,选举代表的投票开始不久,刚才那些水手又突然狂躁、激愤地返回并向自由民发起了第二次袭击,向他们投掷石块,并且不管不顾地将所有人打倒在地。之前居民们分散在城市的各个地方，留下的人手无寸铁，突然被这些水手们驱赶到了距离选举站点很远的地方。但他们最终恢复过来，在被敌人反复的辱骂和侵袭激怒后，向水手们发动了猛烈的袭击，这些水手开始逃跑，但被一些治安官追赶上。水手中有超过50人被很快逮捕并进了监狱，而自由民们则继续完成对代表的选举，并且选举过程十分平静顺利……

在我们的调查过程中进一步发现，记录员和其他地方官都在现场并目睹了这些暴行。他们当时被反复请求对暴徒进行镇压，并且选民们说，只要法官们认为合适，他们随时准备为此提供帮助。但是事实证明这些努力是完全无效的——法官们拒绝给予任何干预，对暴行无动于衷，甚至有些人的行为更像是赞同而不是反对暴乱者的行为。然而，并非所有的法官都这样，有些人付出的努力是值得称赞的，他们在那天为国王和国家做了贡献，值得该州所有人的祝福和感谢。

波士顿的诺尔斯骚乱，1747年

为了供给海军所需的人员，英国政府在国内和殖民地定期进行强制征兵。海军的"抽丁者"在美国的船只上和美国城镇的街道上抓捕商船的水手，水手们竭力反抗，很多同情他们的市民也一起加入进来对抗抽丁者。1740年波士顿就受到了这些抽丁者的骚扰，许多水手逃离了港口。因为损害了波士顿的贸易，市民大会强烈抗议强制征兵行为。1747年11月16日，数百名水手、劳工和黑人试图通过扣押一名海军中尉来阻止海军准将查尔斯·诺尔斯（Charles Knowles）领导的一场强制征兵活动。之后，他们袭击了前来营救中尉的警长，把一名副警长铐起来，并冲进了市法院所在地的房子，要求扣押征兵官员。由于国民卫队未能响应命令镇压暴乱者，总督威廉·雪利（William Shirley）逃到了威廉城堡。这次骚乱暂时阻止了强制征兵活动，但到了18世纪60年代，却有了更多的强制征兵以及更多的骚乱——1764年在纽约，1765年在新港，1764年在缅因州卡斯科湾，1767年在诺福克都出现了骚乱。骚乱持续到1775年，在1812年战争结束前强制征兵一直是一个问题。

以下描述摘自总督雪利1747年12月1日写给贸易大臣的一封信，该信转载于查尔斯·亨利·林肯（Charles Henry Lincoln）所编的《威廉·雪利的书信》（1912年，第412—415页）。参见杰西·勒密斯（Jesse Lemisch）的《街上的杰克·塔(Jack Tar):美国革命政治中的商船海员》一文(《威廉与玛丽季刊》,第25期,1968年7月,第371—407页)以及约翰·A.舒茨(John A. Schutz)的《威廉·雪利》(1961年)。

  最近这里发生了一件非常离奇的骚乱,对国王政府造成了侮辱,所以我想我有责任向诸位解释一下。

  11月16日晚上,诺尔斯准将下令向港口所有的船只强制征兵,并登上坎特伯雷号(Canterbury)指挥他们的海军中队……

  我得到的关于暴民们的第一个信息是在上午九十点钟之间,是众议院议长告诉我的,他在街上救起了国王陛下的阿尔伯拉弗号船(Alborough)的船长德比(Derby),以及"坎特伯雷"号船的管事,然后在他的保护下把他们一起带到了我的房子里避难。同时我被告知,暴民大约由300个陌生的海员组成(大部分是苏格兰人),他们手拿弯刀和棍棒,扣押了"百灵鸟"号船的一名中尉,当时这名中尉正在他岸上的寓所里。我得到的第二个信息是在大约半小时后,县里的警长带着手下去追捕那些暴民,目的是把那位海军中尉解救出来并设法驱赶走这些暴民。警长与手下兵分两路,他亲自带了4个人从一个暴民手中夺走一把弯刀,并抓捕了2个暴民,但后来他们又被暴民追上。就在带着两个被抓的暴民去往终点时,他被暴民袭击,身负重伤,不得已交出了两个囚犯,并将他的一个副手交到了暴民手中,而据他说这个副手的性命堪忧。

  因此,我立即向军团上校发出命令,让他召集镇上的国民卫队用武力镇压暴民,并下令必要时向他们开枪射击。但是国民卫队还没有来,暴民就来到了我的门口,其中一部分人带着海军中尉和两名海军军官直接穿过院子来到我家,守在大门外的暴徒对他们呼喊不要把任何囚犯交给我。听了这些话我立即走到他们面前,向他们质问骚乱的原因。其中一个拿着一把弯刀的人粗鲁地回答说,骚乱是由我毫无根据的强制征兵命令引起的。于是我告诉他们,这不是我的命令,对此我也一无所知,他的行为非常野蛮无礼。就在他越来越嚣张的时候,跟在我身后的我的女婿走了出来,一拳打掉了他的帽子,问他知不知道在跟谁说话,他们立刻安静了下来。这时我问他们国王的军官在哪里、他们抓了谁。他们指着中尉给我看,于是我走到中尉跟前,请他到我房子里来。他告诉我暴民不会让他好过后,我把他跟暴民分开,再让他来到我跟前,我也同样地将其他3人带到我家里来。我没有再和暴民做任何语言上的交流,以避免跟他们做出任何承诺。但是我的女婿,还有刚刚来到的州众议院议长、军团上校、马萨诸塞护卫舰的舰长在门口站了一段时间,试图与他们商讨并安抚他们。然而后来骚乱不断加剧,暴民们开始威胁如果我不把中尉交出来或者中尉不出来向他们发誓他与强制征兵无关,他们就要动用武力来掳走海军军官。于是我派了一个刚进入房间的司法副官让他告知暴徒们两个选择我都不会同意。我退回到房间内,给房间内的七八个官员发放了武器,让他们自卫,以防暴民闯进来。我们把门关上,把他们挡在门外。暴民因此把房子包围了起来,并企图破门而入。他们在我的法院的院子里把副官暴打了一顿(他们打了副官并把他扔在了公共厕所里)。最终在众议院闹腾了半小时之后,暴民们才离开……

……

此时暴民数量持续增加,一些居民也加入进来,他们手持武器来到众议院(在蜡烛点起来后),袭击了议会厅(我和理事会当时正坐在里面,一二分钟之前众议院刚刚休会)。他们向窗户投掷石块和碎砖块,打碎了所有底楼的玻璃。当时有几个国民卫队的军官集合起来,强行进入了底楼,但是大部分人被迫退守到楼上的议会厅中。当我们以为暴民会很快跟上来时,下面有几个表现很突出的军官成功阻止了他们。

在这种混乱的情况下,两位受欢迎的议会成员试图从会议厅的阳台上对他们喊话,以安抚他们,但毫无用处。之后,众议院议长和其他议员极力要求我对他们讲几句话,让我向他们承诺将尽力说服诺尔斯先生,让那些被强制征兵的居民和一些已经出海的水手获释。这违背了我自己的意愿,但是为了不让他们的不满造成不良后果,我只好让步了。在这次谈判中,城里的一个居民,也就是暴民中的一个,要求我交出"百灵鸟"号的中尉。在我拒绝之后,他要求我交出一个男孩,这名男孩是一名沃伦人,因为参与了导致两名水手在强制征兵中被杀害的抽丁团伙被判死刑,而为什么他现在还没有被处决?我告诉他们,根据陛下的命令,暂不执行对他的死刑,因为他不希望看到这种情况发生。于是,那个人,也就是暴民们的发言人,又问我:"你是否记得波蒂厄斯的案子(Porteous's Case),他被吊死在爱丁堡的一块标牌上。"我很清楚地告诉他们,我希望他们记得那件事对城市居民造成的后果。随后,我觉得现在该结束与暴民的谈判了,于是我退回到了议会厅。结果暴民说他们明天要再到议会厅来,以了解那些被强制征兵的水手是否已经获释并根据他们之间的提议去一个船坞,烧掉一艘正在为国王陛下建造的装配有20门炮的炮舰。于是我和一群军官,包括威廉·佩珀雷尔爵士(Sir William Pepperrell)以及议会的人,一起回到了我自己的家里。不到一刻钟,那群暴徒就改变了他们原来焚烧国王船只的目的——因为他们突然发现一艘驳船靠岸,他们认为这艘船属于诺尔斯先生的海军中队,于是把这艘驳船拖到街上游行,并打算在我的法院的院子里把它烧掉。我马上命令一队军官出去,阻止他们从外门进入。大约有 10 位军官立刻行动起来,就在暴民们准备把门打开的时候,他们马上通过一个开放的冷杉栅栏围墙向暴民开枪。如果不是威廉·佩玻拉尔爵士立刻朝军官大喊停住,许多旁观者还不知道要与暴民们分开。当暴民们看到房子窗前有很多军官之后,停止了行动并立即改变了他们的计划,转而在众议院外面焚烧驳船。但是直到船被烧毁后,他们才发现这艘驳船属于苏格兰人的一位船长,即他们的头目之一……

诺尔斯先生听到这些暴行之后的第二天立即写信给我,说他将在接下来的一天的早上把他的整个海军中队派到城里来,但我立即回信劝阻了他。到了晚上暴民们强行搜查了城市的海军医院,目的是把他们能找到的属于国王船只的海员放出来。他们还搜查了七八间供军官居住的私人住宅,扣押了四五名军士,但很快把他们释放了,如同他们同一天对待船长厄斯金那样,因为他获得假释时,他们只是把他留在了一个绅士的房子里。他们的主要目的似乎从一开始就是想通过扣留一些人来迫使诺尔斯先生放弃强制征兵活动。

印花税法案骚乱,1765 年

1765 年 3 月,为了弥补战争和帝国的支出,寻找新的收入来源,英国议会通过了印花税法案,并于同年 11 月生效,要求正式的书面或印刷制品(如契据、账单、文凭和报纸等)须盖上印章,以表明已支付指定的税收。该法案引发了关于帝国统治的限度和合法性的新问题。殖民地也第一次联合起来共同努力——召开印花税法案大会——废除印花税。

在波士顿,领导反印花税法案的是工匠和店主,他们被称为"忠诚九人帮",后来又被称为"自由之子"。他们说服了之前在盖伊·福克斯(Guy Fawkes)时代互相围攻的城镇帮派,将精力转向共同的敌人——英国人。在鞋匠埃比尼泽·麦金托什(Ebenezer MacIntosh)的带领下,波士顿人万众一心地向那些同意实施新税的人发起了攻击。8 月 14 日,一群暴徒袭击了印花税征缴者安德鲁·奥利弗(Andrew Oliver)的房子。26 日,他们破坏了海军部法院法官以及海关稽查员的房子,并完全摧毁了副总督哈钦森(Hutchinson)的房子。

波士顿为其他殖民港口树立了榜样。在新港,群众把指定征缴人和海关征缴人的房子推倒了,这两人曾经写过小册子主张向议会缴税。在其他地方,只要展示一下武力就足以迫使官员辞职,因此,当11月的最后期限到来时,没有一个殖民地的官员愿意发放印花税。

但这次暴力的损害是微小的,也没有人在暴力中丧生。与近年来的欧洲骚乱相比,这一点更让人出乎意料,或许可以归因于政府权力的缺失或无效。由于没有足够的力量镇压暴乱者,官员们往往屈服于民众的要求。

以下是1765年8月19日《波士顿公报》报道的安德鲁·奥利弗财产被毁的情况。关于骚乱,请参阅戈登·伍德(Gordon Wood)的《美国革命中的骚乱注释》(《威廉与玛丽季刊》第23期,1966年10月,第635—642页)、埃德蒙·S. 摩根和海伦·M. 摩根(Edmund S. Morgan and Helen M. Morgan)的《印花税法案危机:革命的序幕》(1963年)以及威廉·安德·史密斯(William Ander Smith)未发表的论文(克莱蒙特学院,1965年)《英国殖民社会与暴民:1740—1775年》。

上周三凌晨,一个非常不受欢迎的部门的绅士(即印花税的管理者)的丑陋画像被发现悬挂在城里的公共场所的树上,一同悬挂的还有一只靴子,里面藏着一个正从靴子的顶部探出头来的小恶魔画像。在那个画像的胸前有一个标语,写着"赞美自由",并且宣称对破坏自由的人进行报复,在下面(原文)写着几个字:"谁要是取下这个画像,谁就是国家的敌人。"这棵树的主人发现,尽管是在凌晨5点钟,但是仍有一群人在树下聚集,他竭尽全力想把画像取下来,但是民众们却建议如果不是更糟的话不要这样做,以免把窗户弄坏了。于是他放弃了这一尝试,以避免在不断聚集的众多观众中引起分歧。没有一个农民被允许到市场上去卖东西,除非他停下来在他的物品上盖上画像的印章。临近天黑时,有几千人来到上述集合地点,在取下画像后,他们带着画像沿主街走到市政厅,穿过蒂尔比街后来到奥利弗码头。那里有一个新砖建筑刚刚完工。他们以为这幢建筑是为征缴印花税设计的,于是立刻着手拆除,半小时就把它彻底拆除掉了。与此同时,高级警长等人担心骚乱会危及当时的印章主管和他的家人,便去劝他们赶快撤离房子,但他们还没来得及走,就从花园中退回了。这时人群已经接近了毗邻的堡垒山,他们想把画像和他们拆毁的房屋的木材和其他木制品一起烧掉。他们点燃了燃料之后,又打开了马厩、马车房等,并打算把一辆大马车、舱门以及一辆四轮马车扔进火堆里,但被在场的一些旁观者劝阻了,于是他们烧了马车的门、靠垫等。但似乎这些还没有达到他们的目的,他们用手拉下了用来封闭花园底部的超过15英尺高的栅栏后进入花园,然后把树木上的果子都粗暴地采摘下来,再将树枝随意折断,拆除了避暑别墅,打破了房子后面的窗户。进入房子后,他们走进地窖,在房子里放着的银盘里找到了酒后就喝了起来,不过第二天人们发现银盘一个也不少,只是散落在房子各处。然后他们破坏了一部分家具,还有另外两样东西,其中有一面镜子,据说是北美最大的。

到了第二天,昨晚发生的事情不出意外地成了大家谈论的话题。为了安抚人们心中愤怒的情绪,也为了将来能够征收印花税,印花税主管向几位绅士发出了一张卡片,告诉他们他已彻底拒绝与该部门产生联系。这封卡片被公开后,大家认为骚乱会很快消退。但是第二天晚上,民众又聚集在一起,用柏油桶搭建了几个金字塔形状的舞台,中间插着一根旗杆,上面悬挂着一面英国国旗。于是印花税主管就写了一封信给他们,再次表明了不再接受征缴任务的决心,并保证努力为省里服务等。直到此时,民众才认为可以把篝火撤了,然后撤退。但是,他们一直没有散去,而是去找"H-r the L-t-G-r"(即尊敬的副总督),说要和他谈谈。但是民众在家里没有找到他,后来由于印花税主管已经辞职,于是他们在城里各处大声欢呼,结束了当晚的活动。随后,他们得到确切的消息:相关信件已经寄往纽约了。

波士顿大屠杀,1770年

《印花税法案》造成的紧张局势在议会废除该税后有所缓解,但很快又被《汤森法案》(Townshend Acts)重新激起。这一法案规定将对一些以前未征税的物品征收进口税,将建立一个地方海关委员会来征收关税,并设立额外的副海事法庭来执行这些法规。就像《印花税法案》危机一样,美国人不仅质疑税收本身,也对议会向殖民地征税的合法性提出了质疑,并发起了一场抵制进口英国商品的活动。1768年2月11日,马萨诸塞州众议院通过了一份通告,谴责《汤森法案》,并呼吁联合殖民地抵抗。由此,骚乱又爆发了。在1768年6月10日的自由暴动中,海关官员们被迫逃离了波士顿。由于意识到他们的权威需要得到武力的支持,海关官员们恳求英国政府派军队来。到1768年10月,已有5个英国军团抵达了波士顿。

在接下来的一年里,平民和士兵之间发生了许多冲突,其中许多冲突是由英国军队允许其士兵在业余休息时间做额外的工作引起的。这些士兵平时的工资很低，但时局艰难，工作机会稀少，所以与波士顿劳工的摩擦几乎不可避免地发生了。1769年10月，一场严重的冲突本来会爆发，最后因军队向空中扫射而得以避免。1770年3月5日晚上，一群工人，后来被约翰·亚当斯（John Adams）形容为"一群杂七杂八的由调皮的男孩、黑人和黑白混血儿、爱尔兰人和古怪的杰克·塔斯（Jack Tars）组成的乌合之众"，袭击了一些英国哨兵。在这次冲突中，尽管人们的证词自相矛盾，但事情的发生似乎是因为当人群向士兵们投掷雪球时，有人喊了一声"开火"——要么是军队的领袖托马斯·普雷斯顿（Thomas Preston）上尉，要么是人群中的一名成员，于是士兵们向人群开枪，结果3人当场死亡，8人受伤，其中2人伤势严重。普雷斯顿和他的6名手下被捕，并以谋杀罪受审。在约翰·亚当斯和乔赛亚·昆西（Josiah Quincy）的辩护下，普雷斯顿和4名士兵被无罪释放，另外2人被判杀人罪，并被处以在拇指上烙印的惩罚。这一事件为爱国者提供了一个重要的宣传重点，即由约翰·汉考克（John Hancock）、约瑟夫·沃伦（Joseph Warren）和萨姆·亚当斯（Sam Adams）等人主持的年度纪念仪式，使公众们的愤怒得以延续。

以下第一篇叙述来自殖民主义者理查德·帕尔梅斯（Richard Palmes）的《波士顿惨案的简短叙述》（1770年，1849年重印，第70—71页），第二篇来自普雷斯顿（Preston）上尉的《马萨诸塞殖民地协会出版物》（第7期，1900年4月，第6—10页）。也可参阅弗雷德里克·基德尔（Frederick Kidder）编撰的《波士顿大屠杀的历史》（1870年）中关于1770年3月5日的论述、理查德·B.莫里斯（Richard B. Morris）的《美国早期的政府和劳工》（1946年）以及约翰·莎爱（John Shy）的《直通莱克星顿：英国军队在美国革命到来中的作用》（1965年）。

第一篇

我叫理查德·帕尔梅斯（Richard Palmes），来自波士顿，已经达到法定年龄，现作证说明：在5日9点到10点之间，我听到铃声响起，我以为是着火了，并询问哪里着火了，有人回答说是士兵们在辱骂居民；我问他在哪里，得到的第一个回答是在莫里（Murray）兵营。我到了兵营，对站在门口的军官说，我十分惊讶他们为什么还会让士兵在8点以后离开营房。一个军官回答说："请问，你是想来教我们怎么做吗？"我回答说我没有，我只是为了提醒他们。其中一人说："你看士兵们都在营房，你为什么还不回家去呢？"我与詹姆斯·兰姆先生

(Mr. James Lamb)一起说道:"先生们,那我们回家了。"我听到一些人回答说:"回家,回家。"于是我问威廉·希克林先生(Mr. William Hickling)是不是也要回家,他说要回家。我和他一起走到邮局,在我停下来和两三个人谈话时,希克林先生离开了我。然后我看见普尔·斯皮尔先生(Mr. Pool Spear)向镇上的房子走去。他问我是不是要回家,我告诉他是要回家。我问他往哪走,他说他要去他哥哥大卫家。可是当我到水泵那儿的时候,我们听说海关门口发生了骚乱。斯皮尔先生对我说你最好别去,我告诉他我是去促成和平的。我立刻走过去,看见普雷斯顿上尉率领了七八名士兵在那里,他们围成一个圆圈,枪高及胸,插着刺刀。上尉几乎站在他们的枪口上。[布利斯先生(Mr. Bliss)一离开他]我立刻去找普雷斯顿上尉,问他们的枪里有没有装子弹,他的回答是装了火药和子弹;然后我对他说,希望他不要让士兵们朝居民开火,他的回答是绝对不会。当我问他这些问题的时候,我的左手放在他的右肩上。希克林先生立刻把他的手从我的肩膀拿开,走到我的左边,然后就在那一瞬间我看到一块雪或冰落在士兵中间,军官右手边的士兵向后一步,立刻开枪射击,在他左边的士兵接着开了第二枪,其他人也相继开枪。第一声枪响后,我听到了"开火"这个词,但我不知道是谁说的。第一枪开了之后,上述军官有充分的时间禁止其他士兵开枪,但我根本没有听到他对他们说话。然后我转身向左一看,在离我大约6英尺的地方,有一个人死了。我手里拿着一根棍子朝开枪的士兵打了一下,把他手里的枪打掉了。我又向那个军官打了一棍子,我的右脚滑了一下,接着跪在了地上,这一棍子没有打中。那个军官说我打中了他的胳膊;当我刚想爬起来时,我看到了开第一枪的那个士兵试图用刺刀来刺我,我用棍子打他的头,他开始后撤。这给了我一个机会,我跑到了艾克斯钱吉(Exchange)小巷,否则我可能就被刺刀穿透了。我回过头去,看见3个人躺在地上,与此同时我看到一个士兵想在拐角处杀了我,于是我顺着艾克斯奇斯小巷一路狂奔,来到国王街,跟随吉德利(Gidley)先生的其他几个人,带着莫顿上尉学徒的尸体一起来到了监狱(我发现一颗子弹穿透了该学徒的胸膛)。当我回来时,我发现军官和士兵们都去了主卫队。在我看来,在他们开枪的时候,国王大街上只有不到70个人,而且非常分散,但在开枪后的几分钟内,就有1 000多人了。我发现士兵们都走了,就走到主卫队那里,看到士兵们被分成3个部分,前面的部分站成以排射击的姿势,我估计他们会开枪。听说副总督阁下要去议会厅,于是我也去了那里。法官大人从大门向外看,希望大家能听他讲话,他要大家回家去,明天早上再来调查这件事。法官大人说,他将誓死捍卫法律。一位绅士要求法官大人命令士兵们回到他们的军营,他回答说他没有这个权力,他不能命令部队,这个归达尔林普尔(Dalrymple)上校管辖而不是他,但是他会请他来,之后他的确这样做了。此外,一位绅士希望法官大人能从面对主卫队的窗户往外看看士兵所在的地方,以及他们准备向居民开枪的状况。经过一番劝说后法官照做了,并呼吁卡尔上校命令军队有序回到营房,于是士兵们扛起枪,并由一些军官带领离开了。就是这些。

里奇·帕梅斯(Rich Palmes)

第二篇

国王陛下的军队来到波士顿,引起了波士顿居民的极度反感。这件事可谓臭名昭著,几乎不需要什么来证明这一点。他们用尽一切手段来削弱军团力量,让军团备受蔑视,并怂恿和支持逃兵,使得逃兵即使是在有明显证据的情况下也可以不受到任何惩罚。他们还粗暴地、虚假地宣传有关他们的谎言……镇上的居民和两个军团的士兵之间已经发生了几起争执,前者因为受到一些地方官员的支持以及所有反对政府人员的保护而受到鼓励。总的来说,这种争端对官员们来说太过秘密了。2日,29军团中有两个人穿过一家名为"格雷'绳走'商店"的绳索制造商,结果绳索制造商侮辱性地询问他们是不是要清空地下室(厕所)。这如其所愿地激起了士兵们的愤怒,最终他们从言语攻击上升到了打斗。双方在这场争斗中都受了伤,最后,士兵们回到了自己的住处。军官们一听说这件事,就采取了一切预防措施,以免产生不良后果,但还是无法防止偶发的争执——居民们常常故意挑衅和辱骂士兵。与此同时,居民对军队的无礼和仇恨也与日俱增。

周一晚上8点左右,两名士兵遭到袭击和殴打。但是镇上的人为了把事情弄大,冲进了两间会堂,拉响了警铃。起初我以为这是像平常一样的火灾,但很快就发现是被蒙蔽了。大约9点,有些士兵跑来告诉我镇上的居民们集结在一起袭击部队,这铃声就是他们集结的信号而不是因为着火,而点燃的火把是为了把远处的居民召唤过来。因为我当时是上尉,所以我立刻赶到了主卫队。在去往主卫队的路上,我看到民众处于一片混乱之中,听到他们说要使用最残忍和可怕的方式威胁军队。我到了卫兵那儿没几分钟,就有100来个人从卫队旁边经过,向海关大楼处走去,而国王的钱就放在那里。他们很快包围了站岗的哨兵，用棍棒和其他武器威胁要实施报复。不久，一个镇上的人告诉我说，他们的意图是把这个士兵从岗位上带走，很可能还会杀了这个士兵。我希望他再回来打听更多的消息。他很快就回来了，并向我保证他听到暴民宣称要杀了他。我担心这可能是他们掳掠国王的钱财的前奏。我立刻派了1个军士和12个士兵去保护哨兵和国王的钱，我也很快跟着去了，以防（如果可能的话）出现混乱，因为我害怕军官和士兵受到暴徒的侮辱和挑衅后会失去理智，做出鲁莽的行为。他们很快冲过人群，用刺刀围成半圆，使他们保持一定的距离。然而，我并不打算杀死任何一个人，所以我让军队在没有装弹药的情况下到了事件发生的地方，我也没有命令他们装弹药。我的这种疏忽行为也许应该受到谴责，但这是由事情的性质决定的，这是最好的和最可靠的证据，证明我的意图并不是要做出冒犯的行为，而且这不是无缘无故的。暴民还在增加，而且更加残暴，他们用棍棒敲打大棒，喊道："来吧，你们这些流氓，你们这些烂货，你们这些龙虾恶棍！你有种就开枪，该死的，开枪就该死！我们知道你们不敢。"这时，我置身于士兵和群众之间，尽力说服他们和平撤退，但毫无作用。他们走到刺刀跟前，击打刺刀，甚至击打枪口，似乎想逐步靠近士兵。这时，一些品行良好的人问我枪是否装好了子弹，我回答说装好了。然后他们问我是否打算命令他们开枪，我回答说不，决不。他们看到我走到了士兵们的枪口之前，如果士兵们开枪，我就会成为牺牲品。士兵们已经上了半截刺刀，在这种情况下，我下令开火，那就证明我不是一个军官。当我这样说的时候，一个士兵被一根棍子狠狠地击中了，于是他朝旁边走了一步并立即开枪射击，当我转向他问他为何没有经过命令就开枪时，一根棍子打到了我的胳膊上，以至于我的胳膊很长一段时间拿不了东西。如果这一棍打在我的头上，我很可能就被打死了。很快，暴民们挥舞着棍棒一起向士兵们发动了猛烈的攻击，同时还向他们扔掷雪球，我们所有人都面临着丧命的危险。这时有人从后面喊道："该死的，你为什么不开枪？"，立刻有三四个士兵开了枪，一枪接着一枪，接着又有人在混乱和匆忙中开了3枪。暴民们四散跑开，有3个不幸的人当场死亡。这3个人之中有一个是格雷先生，上次的争吵就是在他的绳索店发生的。又有一人后来死掉了，另有3人有生命危险，还有4人受轻伤。整个令人沮丧的悲惨事件不过是在不到20分钟的时间内发生的……

当暴民们重新返回并聚集起来准备抬走尸体时，士兵们以为他们要来攻击，准备再次开火，我用手敲了敲他们的火枪阻止了他们。此时有一个镇上的人来告诉我说,有四五千人聚集在旁边的街上,发誓要杀了我和我的士兵。根据我的判断,如果继续留在那里很不安全,于是我让士兵和哨兵回到了主卫兵处(那里的街道又窄又短),并告诉他们到街头开火,然后将他们分散开来安插在街道的两端以确保后方的安全,并时刻防备暴民的攻击。就在这时,有一个居民大喊道,"拿起武器,拿起武器,拿着枪出来",城里的鼓也敲击着提醒居民拿起武器。我命令我们的人也击鼓示意。很快就有第29军团的不同连队加入进来,我把他们编入守兵中加入街头战斗。……有几个准备加入他们团的军官被暴民打倒了,其中一个伤得很重,他的剑也被抢走了。不久后,副总督和卡尔上校会见了第29军团的团长,他们一致同意让该团撤回营房,让居民回到自己的家中,但我保留了哨兵以加强守卫。副总督费了好大的力气才说服人们安静下来撤退到一边去。最后,除了大约100人之外,其他人都走了。

他们立即召集了一个委员会,3名法官在会议结束后签发了逮捕我和8名士兵的命令。听到这件事后,我立刻去找警长自首,如果我认为我有罪的话,我本可以在4个小时内利用我的权力逃跑,但我没有这样做。

阿拉曼斯战役,1771年

北卡罗来纳州的殖民政府是由东海岸的地主贵族控制的。地方官员,尤其是边境官员,腐败至极,行政长官挪用了殖民地每年大约一半的税收收入,其他当地权贵则通过收取高昂的法律服务费用谋利。在整个18世纪60年代,边远地区的人们向政府请愿要求解决这些问题并进行改革,还有一些人对欺骗他们的官员采取了警戒行动。1768年,地方行政长官宣布他们不再到农场去收税,农民将不得不长途跋涉到行政长官办公室,否则将面临高额罚款。于是农民组成了正式的协会,被称为"监管者"。他们要求与官员会面但被拒绝,因为在官方看来,农民们组织起来反对政府与煽动叛乱无异。总督威廉·特赖恩(William Tryon)命令他们解散。有2名领导人被捕,国民卫队驱散了这些组织。1769年,更多的请愿书被送到议会,这次他们要求投票,按财富比例征税,征收商品税,在议会期刊上登记选票,并定期公布法律法规。"监管者"组织赢得了当年的一些选举,得以颁布了一些纠正性立法,但事实证明,这些立法无法得到执行。最后,1770年9月,"监管者"组织游行到希尔斯伯勒(Hillsborough)县政府所在地,关闭了法院,并拆毁了一位令民众极其反感的官员的房子。作为报复，殖民地议会制定了一项法律，规定如果10人以上聚集的话，就可处以死刑。特赖恩总督随后又采取行动，以武力镇压起义。他招募了一支917人的军队（由于许多正规国民卫队拒绝服役，因此他通过支付赏金的方式来招募）和151名军官，其中包括殖民地的主要家族成员。1771年5月16日，特赖恩的部队在阿拉曼斯（Alamance）与一支没有组织、装备简陋的2 000人的部队交战，通过成功使用大炮，击溃了他们。叛乱分子的一名首领第二天在战场上被处决，另外6人后来因叛国罪被处决。成千上万的皮埃蒙特（Piedmont）移民被要求宣誓效忠政府，但很多人最终宁肯向西部迁移也不愿意这么做。边远地区的人对东部人的敌意，导致许多边远地区的乡下人在革命中站在保皇派一边。

下面关于这场战役的描述摘自弗朗索瓦—泽维尔·马丁（Francois-Xavier Martin）的《北卡罗来纳的早期历史Ⅱ》（1829年，第28—81页）。参见伊莱沙·道格拉斯（Elisha Douglass）的《反叛者与民主党》（1955年）以及约翰·斯宾塞·巴西特（John Spencer Bassett）的《北卡罗来纳州的监管者》（美国历史协会，1894年《年度报告》）。

15日，"监管者"组织的信使向总督递交了一份请愿书，目的是希望他解决民众的不满，防止双方领导人和军队之间发生流血冲突。"监管者"希望总督4小时之内给出答复，总督回信说他保证第二天中午前给出答复。当晚，约翰·阿什（John Ashe）和约翰·沃克（John Walker）被派出营地执勤，结果他们被"监管者"抓住，被绑在树上，受到严厉鞭打后被关进监狱……

第二天黎明，军队没有击鼓就出发了，把他们的帐篷、行李和车辆都留在了营地里。来自约翰斯顿（Johnston）县支队的一个连在布莱恩上校（Colonel Bryan）的命令下，带着一些无法快速行进的人员跟在后面，负责守卫营地的安全。运货的马都套着轭具，整个部队很快来到了一片空旷的阵地。

在离营地5英里远的地方，两军相距不到半英里，3声作为排兵布阵信号的枪声响起，行动开始了……

"监管者"组织也在远处安营扎寨，他们的总人数只略微超过了总督的部队，由赫曼·哈兹本德（Hermon Husband）、詹姆斯·亨特（James Hunter）和威廉·巴特勒（William Butler）领导。他们以3声嘘声和手势回应了总督的枪响，并击鼓让部队拿起武器。随后，他们收到了一封答复他们请愿的回信。信的主要内容是，总督已经利用不同的身份（包括个人身份以及立法机构的身份），尽其所能地采取了一切措施安抚他们，但却毫无效果。现在总督已经没有什么好跟他们谈的了，并要求他们立即服从政府，承诺支付他们的税款（长期以来一直被公众扣留着），然后立即返回各自住所。同时，总督还要他们郑重保证以后将不得保护任何被起诉的个人免于受到法律的惩罚。最后，总督给了他们一个小时的时间考虑，如果他们不让步，不接受这样公正的建议，那么接下来的情况就只能归咎于他们自己了。

信使回到"监管者"组织的营地，"监管者"组织一听到总督对他们请愿书的答复，便不耐烦地叫信使回到总督那里去，说他们不会理睬他的回复，他们要的就是一场战斗（也有一些领导人劝说他们再读一遍回信）。然后，他们再一次表达了急不可耐要求交战的意愿，并发出了最猛烈的咒骂声。信使回来后，总督的军队就前进到了离"监管者"营地不到300码的地方并停了下来。"监管者"组织为了开战，也同样前进了一小段路程并停了下来，然后挥舞着他们的帽子来向对方挑衅。

接着，总督特赖恩派了一名警长和一名军官，带着一份告示，命令骚乱者在一小时内解散。警长在队伍前面大声宣读了告示。"监管者"组织成员却不屑听他的话，高喊着"战斗！战斗！！"由于骚乱者迟迟不肯服从，士兵们又抱怨太阳太热，并表现出极大的不耐烦，希望最好是带领他们向前进攻，于是，他们开始往前行进，直至双方战线相遇，几乎胸贴胸。但是总督禁止他的部下开枪。后来第一梯队的士兵几乎和敌军主力部队最前面的人混在一起。敌军开始慢慢地后退，和他们的军队夹杂在一起。敌军故意蔑视地叫喊着，向他们的对手发起挑衅。军队继续前进，直到在离敌军不到25码的地方才停了下来。"监管者"组织继续呼吁总督命令他的人开火，其中几个人冲向大炮，张开胸膛，挑衅他们……

这时，一名副官被派往敌军营地，去接约翰·阿什和约翰·沃克，他带回消息说敌军将在半小时内投降。随后这名副官被派回去通知"监管者"部队说总督不会再等了，如果他们不直接放下武器，就会立刻向他们开火。要么开火，要么死，这就是答案。总督命令他的人开枪，但他的人没有立即服从。于是，总督站起身来，转身对手下喊道："开火！向他们开火，或者向我开火。"行动开始了，而且几乎是立刻，就引发了全面的战斗。

骚乱者模仿了印第安人的战斗模式，给国王的军队造成了严重的伤害。但是，由于大炮威力巨大和对手态度坚定，在一小时的战斗之后，骚乱者惊慌失措地逃走了，战斗造成20多人死亡，多人受伤。逃犯被追捕，几个俘虏被抓住了。

总督一方只有9人死亡,61人受伤。但是总督今天所获得的荣誉,后来被他的报复和放纵的行为所玷污。黄昏时分,一切都静下来了,"监管者"们被打败了,他们四处逃散,被追捕的一个俘虏,即菲尤上尉(Captain Few),未经审判就自己吊死在了树上。

针对效忠者的恐怖主义,1774—1775年

为了阻止效忠者帮助英国人,美国革命者经常使用暴力。美国革命并不恐怖,但有相当多的恐怖主义。效忠者被涂上柏油,插上羽毛,送上铁轨(这是比这个词本身更痛苦的经历),打上烙印,被监禁、流放,偶尔还会被枪毙或绞死。以下四个针对效忠者的恐怖主义例子摘自道格拉斯·阿代尔和约翰·A. 舒茨(Douglas Adair and John A. Schutz)编的《彼得·奥利弗的美国叛乱的起源和进展:托利党的观点》(1963年,第155—157页)、洛伦佐·萨宾(Lorenzo Sabine)的《美国革命中的效忠者传记》(1864年)、弗兰克·W. C. 赫西(Frank W. C. Hersey)的《焦油和羽毛,约翰·马尔科姆上尉的冒险》《马萨诸塞殖民地协会出版物》,第34期,1941年4月,第450—451页)以及爱德华·A·琼斯(Edward A. Jones)的《马萨诸塞的效忠者》(1930年,第243页)。也可参见华莱士·布朗(Wallace Brown)的《善良的美国人:美国革命中的效忠者》(1969年)。

第一个例子

住在剑桥的司法部部长休沃尔(Sewal)先生,在国王军队的保护下,被迫前往波士顿。他在剑桥的房子遭到暴徒的袭击,窗户被打破,还有一些其他东西也被损坏。但是由于家里一些年轻绅士的奋勇斗争,这群乌合之众被驱散了。

在1774年11月,前面提到的哈利法克斯(Hallifax)的大卫·邓巴(David Dunbar)是国民卫队的一名少尉,以该镇一些精英为首的暴徒向他索取旗帜。他拒绝给他们并且说如果他的指挥官这样要求他,他可以服从,否则他是不会把旗帜给任何人的——就因为这个,暴徒强行闯入了他的房子,并把他拖了出来。他们准备了一根锋利的铁轨想把他摁在上面。在他反抗的过程中,暴徒抓住他的私处,把他固定在铁轨上,并抓住他的腿和胳膊,把他猛烈地抛起来,弄得他伤痕累累,过了好长一段时间他都没有恢复过来。他们殴打了他大约2小时。为了活命,最后他不得不放弃了自己的旗帜。

康涅狄格东哈达姆(East Haddum)圣公会教堂的教区执事是一位70岁的老人,在一个寒冷的夜晚,他被人从床上拖下来,并被抓住胳膊和腿靠着壁炉殴打。随后,他被赤身裸体地横放在马背上,被马驮着走了很远。他的侄儿、内科医生艾布纳·毕比(Abner Beebe)医生抱怨叔叔滥用职权,并表示会支持政府,结果他被一个暴徒袭击,被剥光衣服,并被浇上炙热的沥青,他的皮肤被烫起了水泡。然后他被带到一个猪圈,浑身被涂满猪粪。施暴者把猪粪扔在他脸上,塞进他的喉咙里,然后把他丢弃在一群女人面前。他的房子被袭击,房子的窗户被打破,当时他的一个孩子正在生病,而他的另一个孩子在这种状况下变得精神错乱。他的磨坊也被破坏了,人们也不被允许使用他的磨坊,不准与他有任何联系。

第二个例子

克斯利·约翰(Kearsley John),来自费城,内科医生。他是一个感情热烈的人,他对王室事业的狂热以及他爱冲动的脾气,让那些与他观点对立的人感到反感。1775年夏季或秋季的时候,他在自己的家里被抓,并在《流氓进行曲》(Rogue's March)的曲调中被人用马车载着推上大街。在这次冲突中,他的手被刺刀刺伤了。暴徒们骑上马后开始大声欢呼,医生为了表示对暴徒的蔑视,用他受伤的手拿起假发,在头上晃来晃去,比那些迫害他的人喊得更响,喊得更久。游街结束后,暴徒决定给他涂上柏油和羽毛,但让许多人失望的是,这一惩罚没有得到实施。然而,他房子的门窗都被石头和碎砖块砸坏了。同年,他因写信辱骂辉格党而被关进监狱,在监狱中,斯蒂芬·贝亚德(Stephen Bayard)被允许处理他的事务。他所遭受的苦难让他变得精神错乱,这种情况一直持续到他去世。他在坐上"托里马车"大约15个月后死在监狱里。他被控叛国罪,财产被没收。与他教名相同的他的叔叔,也是费城的一名医生,于1772年在费城去世。

第三个例子

1月31日,波士顿海关专员亨利·霍尔顿(Henry Hulton)的妹妹安·霍尔顿(Ann Hulton)小姐在一封寄回英国的信中补充了一些细节:但最令人震惊的残酷行为发生在几天前的晚上,一个可怜的名叫马尔科姆的老人,是一名季节工,被人认为是骗子。有人跟他吵了一架,随后他就被抓走并被施以酷刑。

对待最严重的罪行,没有哪种方式在严厉程度上比得上严刑拷打了。然而在这一事件中的酷刑超过之前的任何例子。在这个冬天最寒冷的夜晚,马尔科姆被剥得一丝不挂,身上涂满了柏油、插上了羽毛,他的手臂在衣服被扯下来时脱臼了。然后,他被拖进一辆供人观看的马车,有些人还拿着棍棒打他,将他打出车外,然后再打进去。他们在镇子的不同地方用鞭子狠狠地抽打他,这种恐怖和残酷的情形持续了大约5小时。

他们说,这个不幸的人在被抓走之前,一直表现得非常无畏和坚韧。他一个人对抗许多人,为自己辩护了好长时间。后来在受刑时,他们要求他诅咒他的主人——国王政府。他们让他这样做时,他仍然大喊道:"诅咒所有的叛徒。"他们把他带到了绞刑架上,用一根绳子套住了他的脖子,说要绞死他——他说他希望他们绞死他,但是他说他们是做不到的,因为上帝是高于恶魔的。医生们说这个可怜的人是不可能活下来的,因为他已经血肉模糊了。

第四个例子

欧文·理查兹(Owen Richards)大约在1750年从威尔士移民到波士顿。他为国王陛下服务了近30年,主要是在波士顿海关当季节工。1770年,由于他没收了一批非法进口的糖之类的货物,心怀不满的波士顿居民非常愤怒。一天晚上,近2 000名暴徒聚集在他的房子外,毁坏了他的家具。他被人抓住脚后跟拖到了海关大楼,在他所有的衣服被撕掉后,他被塞进通道,然后被装进一辆马车里,浑身涂上柏油、插上羽毛。羽毛被点着后,人们将一根绳子套在他的脖子上,拉着他在城里到处示众。

威士忌叛乱,1794年

1791年3月,美国国会应财政部长亚历山大·汉密尔顿(Alexander Hamilton)的要求,对蒸馏威士忌征税。这项税收沉重打击了拓荒者——由于交通不便,对拓荒者来说,最简单、最赚钱的方式就是将他们种植的谷物酿造成威士忌。此外,被指控逃税的人被要求在远离边境的联邦法院接受审判。离宾州西部最近的联邦法院在几百英里之外的费城。1794年6月6日,法律进行了修订,允许州法院审理案件,但这项改革来得太晚,未能阻止该州西部4个县爆发的叛乱。

5月13日,也就是法律修订前3周,费城联邦法院向宾夕法尼亚州西部的37家酿酒商发出传票。联邦法警大卫·勒诺克斯(David Lenox)和该地区的税务督察约翰·内维尔(John Nevile)试图去送传票,但被强行阻止。这时,叛乱分子开始恐吓收税员,他们抢劫邮件,并暂停了审判。7月17日,在詹姆斯·麦克法兰(James McFarlane)的带领下,大约500名武装人员袭击了内维尔探长的房子,而内维尔的房子是由11名联邦士兵组成的支队保卫的。群众要求内维尔交出他的委托书和官方文件,这个要求让人想起1765年反对印花税的暴乱。后来他们得知内维尔已经离开,于是要求他的士兵投降,并要搜查房子。但士兵们拒绝了,双方打了1个小时。麦克法兰被打死,双方数人受伤。最终,反叛者取得了胜利,他们烧毁了房子,但放走了守卫者。这场斗争以及其他类似的斗争让联邦官员感到不安,他们担心叛乱会蔓延到其他边疆威士忌产区——肯塔基州、西弗吉尼亚州、卡罗来纳州和乔治亚州。8月7日,华盛顿总统命令叛乱分子返回家园,并表示如果他们这样做的话,将给予特赦。叛乱分子没有接受他的提议,于是华盛顿呼吁各州召集12 900人镇压起义。这支比革命时期的大陆部队更强大的军队的首领包括了华盛顿、亨利·李(Henry Lee)和汉密尔顿,他们带领军队进入了叛军的领地,但是战争已经不必要了,因为叛军都四散而去。有20个人被俘虏,但他们当中没有一个是有影响力的叛军领导者。其中2人被判犯有叛国罪,但后来被华盛顿赦免。

下面的叙述描述了对内维尔家的袭击,摘自休·H.布雷肯里奇(Hugh H. Breckenridge)的《1794年宾夕法尼亚州西部地区的起义事件》(1795年,第18—19页)。关于叛乱,请参阅利兰·鲍德温(Leland Baldwin)的《威士忌叛乱》(1939年)以及雅各布·E.库克(Jacob E. Cooke)的《威士忌起义:一次重新评估》(《宾夕法尼亚历史》,第37期,1963年7月,第316—346页)。

麦克法兰那天在匹兹堡购买了一批燧石。他在约定的集合地点通知人们,匹兹堡的一支部队会给他们支援,警长已被派去组建警察部队,士兵们已从驻守地退回到内维尔家去了。这个消息似乎很清楚地说明,他们没有想到会有这么强大的对手。

在安排这一战事的相关措施时,他们成立了一个委员会,这个委员会拥有像法国军队的国家专员那样的权力。这个委员会把指挥权交给了本杰明·帕金森(Benjamin Parkison),但他很歉疚地说自己不懂军事。于是詹姆斯·麦克法兰被提名,随后他接受了提名。作为国民卫队的一名少校,麦克法兰曾经参加过与英国的战争,一直以中尉的军衔在军中服役,并且声名卓著。他个人品行很好,在战争结束后,还通过工业贸易获得了一笔相当可观的财产。

叛军队伍来到了探长的房子跟前,所有的马匹交由一个卫兵看管,并为必要的进攻做了安排。委员会打出第一面旗子,要求探长交出文件。这似乎是叛乱者的最终目标,但是探长已经离开了屋子。我猜想,探长看到叛乱分子即将到来,一定会向他提出要求。但考虑到昨天早上的遭遇和由攻击者造成的损失,他必将有生命危险。在这种情况下,探长无法再指望士兵们能保卫房子了。那么,他为什么不向留在屋里的人发出指示,不试图进行防御?也许他这样做是因为他的姐夫——柯克帕特里克(Kirkpatrick)。柯克帕特里克是在上次战争中服役的少校,他的判断出现了偏差,认为守兵们有能力保卫房子。当旗子返回后,他们得知探长已经离开了他的家。于是他们又打出第二面旗子,要求允许6个人进入房子,把探长的文件搜出来并带走。这个要求被拒绝了。于是他们又举着第三面旗子发出通知,让探长夫人和家里的其他女性都离开。等女眷们都撤退后,进攻就开始了。战斗进行了大约15分钟后,有人从房子里伸出了一面旗子。麦克法兰从一棵树上下来,命令停止射击,但一颗子弹击中了他大腿内侧靠近腹股沟的地方,他当场就死了。战斗继续进行。很快,远离战场的委员会得到一个请示,询问是否应该继续对房子发动袭击。但就在此时,谷仓以及与大楼毗邻的建筑物都被点燃了。在很短的时间内,强烈的高温和火焰迅速蔓延到了房子里,住在房子里的人马上就会有生命危险,他们不得不放弃抵抗。于是,叛乱方停火,要求他们出来投降。他们走出了房子。据说有3个士兵受伤了,但他们都被允许离开,去他们认为合适的地方。柯克帕特里克少校自己也差一点就蒙混过去了,但最后被认了出来并被逮捕了。叛乱者下令把他的步枪拿走,但他拒绝了。有一个人拿枪抵着他的胸膛,正要开枪时,他跪下来,请求饶恕。这个人把少校的帽子从头上拿下来,戴在他的枪口上,但没有对他造成其他伤害——我之所以对这些事件进行描述,主要是为了让人们对民众的想法和行为有更深入的了解。

大火蔓延到谷仓和其他建筑物之前就被扑灭了。除了一栋小建筑物外,其他都被烧光了。在黑人的建议下,这座小建筑物没有被点着,因为有一个守卫看守着。根据黑人们的建议,里面装满了他们的熏肉。

费城选举骚乱，1834年

  18世纪30年代中期，民主党和辉格党之间尖锐的政治对立导致了一些暴力冲突。最具煽动性的事件是杰克逊派对美国银行的攻击。1834年金融危机发生时，暴力程度急剧上升。该年4月，杰克逊派与"银行之友"在纽约街头开战。到了10月，这家银行的所在地费城发生了一场更加血腥的骚乱。辉格党在莫亚门兴（Moyamensing）镇的投票站受到了杰克逊派人的骚扰，杰克逊派希望通过吓走反对派来赢得选举，辉格党进行了反击，杰克逊派很快得到了增援，最终枪支和砖块取代了拳头。1个人被打死，15或20人受伤，大量财产也因此而损失。

  下面的描述首次出现在1834年10月15日的费城《公报》上，并转载于《宾夕法尼亚州危险登记册》（1834年10月14日，第264—265页）。

  在昨天发生的许多不光彩的暴乱中，深夜发生在莫亚门辛镇的事件似乎是后果最严重的。除了我们镇上罗柏先生（Mr. Robb）5栋漂亮而珍贵的房子被破坏之外，似乎还有几个人受了重伤，可能还有一个或更多的人丧生。这一可怕的暴力的具体情况以及我们今天上午了解到的各种相互矛盾的说法大概内容如下：

  莫亚门兴镇的辉格党把他们的总部设在基督教街和第9街街角的一个小酒店里，正对着区议会厅，那里是举行选举的地方。杰克逊派的总部就设在路的对面，他们在人行道上搭起了一个帐篷，因为他们曾试图获得与辉格党总部同排的一栋无人出租的房子的使用权，但没有成功。那天晚上，据说比他们的对手强大得多的杰克逊派的人对爱好和平的辉格党选民进行了多次攻击，砸碎了他们的灯笼，撕下了他们的竞选票据，最后把他们打倒在地。这一行为一直持续到人们再也无法忍受这种严重的侮辱为止。辉格党组织了一次攻击，以惩罚杰克逊派的傲慢无礼，他们向杰克逊派的人冲了过去，砍下了他们的山核桃旗杆。这时，路面上似乎变得平静了——骚乱似乎最终被平息了，完全恢复了和平的状态。然而，这种情况只持续了很短的一段时间。在这一小段时间里，杰克逊派一直在从萨瑟克、城里和上层地区集结兵力，并突然出人意料地大批出现在冲突现场，向辉格党的总部发起殊死进攻，把几乎所有在场的辉格党人都赶进了议院。他们故意放火烧了前面那根华丽的自由柱和角落里的那只表盒,然后进入了酒店隔壁那一排房子,把房客的家具都毁掉了,把床和被褥等都扔了出去,并把它们堆在街上放火烧了!

暴徒们对他们的破坏仍然不满意,他们又洗劫了辉格党酒店的底层的房间,把家具扔到街上燃烧的垃圾堆上,然后对所有他们能抓到的人进行了粗暴的攻击。房东太太和她尖叫着的孩子们被驱赶到街上,受到了残酷的虐待。住在上层房间的人认为暴民的目的是要杀害他们,于是找到了一些武器,从三楼的窗户和屋顶向街上开火。据说,他们先用的是空弹,但这不足以恐吓暴徒。后来我们得知,街上有几人被飞镖射伤,据说有一人在被送往医院时死亡。

前面的暴徒牢牢站在原地,向房子里面投掷了大量的砖块和石块,并用其他的武器进行攻击。最后,他们不顾一切地冲了进去,不仅把里面的人都赶了出来,而且把家具也都破坏了,屋内一片狼藉。没过多久,不知是意外还是有意为之,小酒店着火了,火焰迅速而猛烈地向四面八方蔓延。这时的形势变得十分可怕,令人胆战心惊。暴徒占领的酒馆附近,没有一个反对杰克逊派的人胆敢露脸。后来火警响起,消防队赶到现场,但暴徒不让他们灭火,并且公开威胁道,如果他们胆敢喷洒一滴水去救火,他们就会被打。然而,两个救火队员中的一个坚持要灭火并取出了一个连接水管,但却很快被暴徒拖走,最后整个建筑被全部烧毁!

我们相信,这些细节包含了本案的全部事实,毫无夸张或偏袒。整个事件是这个国家中最不光彩的事情。被摧毁的房屋是一个未经公开的公民的财产,是他通过艰苦的劳动得来的。他的损失可能不会少于 5 000 美元。

克里斯蒂安娜事件,1851 年

在《1850 年妥协案》中,北方国会议员勉强同意了一项严酷的逃亡奴隶法案。根据该法案的条款,被指控为逃跑奴隶的黑人不必进行公开审判。更确切地说,如果他们被抓住后,他们将被交给联邦委员,而联邦委员有权让黑人重新成为奴隶。如果将这些黑人送回南方,专员们可以得到 10 美元,如果专员下令将他们释放,则只可以得到 5 美元。此外,负责抓捕逃犯的联邦法警可以召集所有公民协助他们。这项法律刚一通过,很多黑人就在北方城市被逮捕了,而他们中有许多并不是逃犯。但与此同时,也有人成立了警戒委员会,挑战这类法律,人们也经常聚集起来拯救黑人。1851 年 2 月,奴隶沙得拉(Shadrach)被一群波士顿人——白人和黑人——救了出来。次年4月,有一群人试图释放托马斯·西姆斯(Thomas Sims),但被联邦法警阻止。第一次这样的营救行动曾经导致一名男子死亡,这一事件发生在宾夕法尼亚州的克里斯蒂安娜(Christiana)。

1851年9月,马里兰州的爱德华·戈萨奇(Edward Gorsuch)得知他的逃亡奴隶在黑人社区克里斯蒂安娜避难,便前往费城申请联邦授权令扣押他们。该授权令指示美国副元帅亨利·克莱恩(Henry Kline)逮捕纳尔逊·福特(Nelson Ford)和其他三名黑人。戈萨奇、克莱恩和他们的政党成员来到了克里斯蒂安娜自由黑人运动的长期领袖威廉·帕克(William Parker)的房子,那里是奴隶们避难的地方。帕克的妻子吹响号角,从周围乡村召唤来黑人。这些黑人拿着枪、剑、谷物切割机和镰刀跑了过来。一些白人也来了,克莱恩请求这些白人帮助他逮捕这些奴隶,但白人拒绝了。戈萨奇试图要回他的奴隶,但黑人拒绝交出他们。在随后的斗争中,戈萨奇被杀,他的儿子和他的同伴受伤,其他人被赶走。

到了晚上,大多数参加过战斗的黑人,包括帕克(Parker)和奴隶们,在弗雷德里克·道格拉斯(Frederick Douglass)的帮助下,踏上了前往加拿大的道路。第二天,一支美国海军陆战队分遣队和一支平民队伍抵达,逮捕了许多人,包括拒绝帮助克莱恩的白人。这些人中共有38人被控叛国罪。对他们的审判是对《逃亡奴隶法案》的首次重大考验,但12月11日,所有人都被判无罪。南部各州的人非常愤怒,例如,巴尔的摩《剪报》说,奴隶主们只是在"诚实、合法地努力收回他们的财产"。南方的吞火表演者(爱打架者)则说,这件事证明了法律的无效和妥协。奥古斯塔的《宪政主义者》说:"我们的对手总是针对逃亡奴隶法。佐治亚州的人们,你们应该看到南方同胞的尸体已经被肢解。法律已经变成一纸空文。"

以下是帕克所写的《自由人的故事》(《大西洋月刊》,第17期,1866年2月—3月,第151—166、276—295页)。参见威廉·V.亨塞尔(William V. Hensel)的《1851年的克里斯蒂安娜暴动和叛国罪审判一文》《兰开斯特县历史学会论文》,第15卷,1911年)、罗德里克·W.纳什(Roderick W. Nash)的《克里斯蒂安娜暴动:对其国家意义的评估》《兰开斯特郡历史学会学报》,第65期,1961年春季版,第65—91页)以及理查德·格劳(Richard Grau)的《克里斯蒂安娜1851年暴乱:再评价》《兰开斯特郡历史学会学报》,第78期,1964年,第147—163页)。

威廉姆森先生(Mr. Williamson)带来的消息像草原上的一场大火一样迅速传遍了附近的街区。晚上我下班回家时,发现平克尼(Pinckney)(我应该早点说他是我的姐夫)、亚伯拉罕·约翰逊(Abraham Johnson)、塞缪尔·汤普森(Samuel Thompson)和约书亚·凯特(Joshua Kite)都在我家,他们兴奋地讨论着这个谣言。我嘲笑他们说那都是道听途说。此时正是1851年的9月10日。他们留下来和我们一起过夜,我们像往常一样上床睡觉。天亮前,约书亚·凯特起身出门,准备回自己家。但他突然跑回屋里,大声喊道:"哦,威廉!绑匪!绑匪!"

他说,当他刚走出院子时,就有两个人在他前面走过,好像要拦住他,另外一些人从两边走过来。他说这话的时候,他们已经走到门口。约书亚跑上楼(我们在楼上睡觉),他们跟随他也一起上了楼。我在楼梯口遇到了他们,他们问我:"你是谁?"

为首的克莱恩回答说:"我是美国法警。"

然后我告诉他再往前走一步,我就扭断他的脖子。

他再次说:"我是美国的法警。"

我告诉他,我既不在乎他,也不在乎美国。听了这话,他转身走下楼梯。

当他转身往下走时,平克尼说:"战斗有什么用?他们会把我们带走的。"

克莱恩听了他的话,说:"是的,投降吧,因为我们无论如何都会打败你们的。"

我告诉他们不要害怕,也不要向奴隶主屈服,要战斗到死。

"是的,"克莱恩说,"我听过许多黑人像你一样夸夸其谈,但是都被我们抓住。我也会把你抓走的。"

"你还没有抓住我呢。"我回答。"如果你做到了,你的名字就会因为今天的事情而载入史册。"

戈萨奇先生接着说:"来吧,克莱恩先生,我们上楼去把他们抓走。我们一定可以抓走他们。来吧,跟我来。我上去拿回我的财产。法律是站在我这边的,民众也是支持我的。"

听了这话,克莱恩开始上楼。但我对他说:"喂,老头子,你可以上来,但可就下不去了。你一上来,就是我的了⋯⋯"

戈萨奇接着说:"你霸占了我的财产。"

我回答说:"到下面的房间里去,看看有没有属于你的东西。有床、一个写字台、椅子和其他东西。然后到谷仓去,在那里你会发现一头牛和一些猪。看看是不是你的。"

他说:"它们不是我的,我要我的人。他们就在这儿,我一定要得到他们。"

我否认我有他的财产,他回答说:"你有我的人。"

"我是你的人吗?"我问。

"不是。"

然后我把平克尼叫到跟前,问道:"他就是你要找的人吗?"

"不是。"

接下来我把亚伯拉罕·约翰逊叫过来,而戈萨奇说他也不是他的人。

唯一的办法就是再把平克尼和约翰逊叫过来。我若叫了其余的人来,他就认得他们了,因为他们是他的仆人。

亚伯拉罕·约翰逊说:"像你这样一个干瘪的老奴隶主,会有一个像我这样体面的年轻人吗?"

戈萨奇听了这话就生气了,要我教教约翰逊怎么说话。然后我告诉他我们只有5个人,他不承认,仍然坚持说我拥有他的财产。他们当中有一个人接着抨击废奴主义,声称尽管他们宣称人身上不存在财产,但《圣经》是支持财产存在于人身上的最高权威。

"是的,"戈萨奇说,"《圣经》不是说'仆人要听从你们的主人'吗?"

我说是的,但同一本《圣经》上也说:"你要公平公正地对待你的仆人。"

此时,我们关于《圣经》的相互询问,仿佛饶舌的老妇人般发表各自的意见。

当我谈到对仆人的责任时,戈萨奇说:"你知道这一点吗?"

我问道:"你从哪里看到《圣经》上说一个人应当出卖他兄弟的血?"

"你管黑鬼叫'我的兄弟'吗?"戈萨奇说。

"是的,"我说。

当我和戈萨奇谈话时,他的儿子说:"父亲,你能从一个黑鬼那里拿走你的东西吗?"

我回答他说,我尊敬老年人,但是如果他胆敢再说一遍,我就把他的牙齿敲进他的喉咙。听了这话,他向我开了枪,我跑到他跟前,把他手里的手枪打掉,当他另一只手枪也掉了后,他朝田野跑去。

我的姐夫当时就站在附近,他说:"我可以阻止他。"说完,他就用他的双管枪开了枪。

小戈萨奇跌倒了,但又站起来继续跑。平克尼又开了一枪,小戈萨奇又倒了下去,但很快又爬了起来,跑进玉米地里,然后倒在篱笆的角落里。

我回到我的人身边,发现塞缪尔·汤普森正在和他的主人老戈萨奇谈话。他们俩都很生气。

"老头,你还是回马里兰的家吧,"塞缪尔说。

"你还是投降吧,跟我回家,"老人说。

汤普森夺过平克尼的枪,把戈萨奇打倒在地。戈萨奇站起身,又向汤普森做手势。汤普森又把他打倒在地,他又站了起来。这时,所有来的白人都开了枪,我们向他们冲过去。他们一转身,就扔下枪逃跑了。我们紧紧地挨在一起,倒拿着步枪当棍子。我们被逼得无法开火,但我们发现可以用空枪解决很多问题。

戈萨奇先生是他那伙人中最勇敢的,他手持手枪坚持战斗到了最后,而其他人都扔掉了武器。我看见有一次有三个人同时跟他战斗。他有时跪着,然后是仰面躺着,然后又脚和头贴在一起。他是一个优秀的士兵,一个勇敢的人。他只要一有机会就会瞄准。在与白人士兵近距离交火时,我们只能上膛开火两三次。我们的枪管折了,损毁极为严重,以至于我们只能用其中的两三支来射击。塞缪尔·汤普森的枪因为用来打老戈萨奇先生而折断,也不能用了。

白人们四散逃跑。我想追赶内森·尼尔森(Nathan Nelson),但没能追上他。我从没见过比他跑得更快的人。回来时,我看见约书亚·戈萨奇走过来,平克尼跟在他后面。我提醒戈萨奇,如果他想要"抓住一个黑人",现在正是他的"机会",然后就在他头部的一侧打了一拳,他停了下来。平克尼从后面走过来,又给了他一拳,把他打倒在地。当其他人经过时,他们要么踢他,要么扑到他身上,直到他的耳朵渗出血来。

来自马里兰州巴尔的摩县的尼古拉斯·哈钦斯(Nicholas Hutchings)和内森·尼尔森跑得比我见过的任何人都快。他们和克莱恩不像戈萨奇一家那样勇敢。要不是我们的人抓住了他们,他们就得逞了。

我们的一个人去追皮尔斯博士(Dr. Pierce),因为他特别值得注意,但皮尔斯为了保护他和其他人追上了卡斯纳·汉威(Castner Hanway),而汉威恰好在逃亡者和皮尔斯博士之间。汉威被一个人告知必须让开,否则他就会丧命。于是汉威很快地躲开了,那人向"马里兰人"开了枪,但没打中,因为他离得太远了。我不知道他是否受伤。但我知道,如果不是汉威,他早就没命了……

所谓的暴乱现在已经完全结束了。老戈萨奇死了,他的儿子和侄子都受伤了,我有理由相信其他人也受伤了——但很难说具体有多少人。我们一行中只有两人受伤。

把这些蓄奴主义者赶跑后,我们的几个人都各自回到了自己的家里。

流血的堪萨斯,1854—1861年

国会在1854年设立了堪萨斯和内布拉斯加这两个新领地,并把奴隶制的问题留给了未来的居民。在接下来的10年里,堪萨斯成为支持奴隶制和自由土地力量之间血腥斗争的主要场所。1856年5月21日,一大批支持奴隶制的军队"洗劫"了自由土地要塞劳伦斯(Lawrence),烧毁了几栋房屋。约翰·布朗(John Brown),一个狂热的废奴主义者,显然受到了对劳伦斯的破坏和最近几起对"自由土地主义者"的谋杀的刺激,决定进行报复。1856年5月24日,在波塔瓦托米(Potawatomie),他与6名男子(其中4人是他的儿子)一起,找到了5名支持奴隶制的男子,杀害并肢解了他们的尸体,而这5名男子并没有对自由土地主义者犯下任何罪行。波塔瓦托米大屠杀引发了游击战。一些支持奴隶制的密苏里人袭击了布朗和他的手下。在奥萨沃托米(Osawatomie),超过6人被杀,20多人受伤,整个城镇被烧毁。1858年5月,在天鹅湖,南方的游击队员们围堵了9个自由土地主义者并开枪打死了5个。当堪萨斯最终在1861年1月29日被承认为一个自由土地州时,已有超过200人死亡。暴力几乎一直持续到内战结束,例如,1863年8月21日,南部各州人第二次"洗劫"了劳伦斯,死亡人数超过150。

以下是布朗在波塔瓦托米行动中的成员詹姆斯·汤斯利(James Townsley)的自白,摘自查尔斯·罗宾逊(Charles Robinson)的《堪萨斯冲突》(1892年),第265—267页。参见爱丽丝·尼科尔斯(Alice Nichols)的《流血的堪萨斯》(1954年);詹姆斯·马林(James Malin)的《约翰·布朗与1856年传奇》(1942年);奥斯瓦尔德·加里森·维拉德(Oswald Garrison Villard)的《约翰·布朗:1800—1859》(1911年);还有C. 范恩·伍德沃德(C. Vann Woodward)写的关于约翰·布朗的文章,载于丹尼尔·亚伦(Daniel Aaron)的《危机中的美国》(1952年)。

1856年5月,我加入了重组后的波塔瓦托米步枪连,当时该连的队长是小

约翰·布朗。同月21日,消息传来,格鲁吉亚人正向劳伦斯进发,威胁要摧毁它。步枪连立即被召集到一起,下午4点左右,我们开始了一次强制行军,以帮助劳伦斯进行防御。在中溪以南约2英里处,戴顿(Dayton)船长率领的奥萨沃托米连队加入了我们,我们一起继续向弗农山前进,在那里等了大约2小时,直到月亮升起。然后我们行军了一整晚,第二天早上,我们在渥太华·琼斯(Ottawa Jones)家附近扎营吃早餐。在我们到达这里之前,有人听说劳伦斯已经被摧毁了,于是就产生了一个问题——我们是该回去还是继续前进。上午我们继续沿着渥太华小河走到离帕尔米拉(Palmyra)不到5英里的地方,在肖恩(Shore)上尉的住宅附近宿营。在这里我们彻夜难眠。23日中午,老约翰·布朗来找我,说他刚刚收到信息,波塔瓦托(Potawatomie)那里遇到了麻烦,想知道我是否可以带领我的部队还有他和他的孩子们回去看看发生了什么事。我告诉他我可以去。他们一行人[包括老约翰·布朗、华生(Watson)·布朗、奥利弗(Oliver)·布朗、亨利·汤普森(Henry Thompson)(约翰·布朗的女婿)和温纳先生(Mr. Winer)]很快就做好了动身的准备。我们大约在下午2点钟出发,除了温纳骑了一匹小马外,其他人和我一起坐在我的马车上。在离波塔瓦托米河两三英里的地方,我们从大路向右拐,走进了两条深谷之间的树林边缘,在达奇·亨利(Dutch Henry)渡口上方1英里处扎营。

在给马喂好粮草、大家吃完晚饭后,约翰·布朗第一次告诉了我他的计划。他希望我把连队引到河的岔口(离我们营地大约五六英里的地方),把所有支持奴隶制的人的住处指给他们看。他提议,当他过来的时候把所有生活在小溪上游的支持奴隶制的人全部扫荡干净。我断然拒绝了他的提议。他坚持要去,但当他发现我还是不同意时,便决定将这次行动延后至第二天晚上。之后我想带领我的队伍回家,但他不让我这样做,并说我应该留在他们那里。我们那天晚上和第二天一整天都待在营地里。天黑后不久,我们奉命继续行军。

我们整个连队向北方出发,穿过多伊尔家(Doyles)上方的蚊子河。过了小河后,我们一行人中有人上前敲一幢小屋的门,可是没有人回答——如果我知道的话,我已经忘了这是谁的小屋了。我们去的下一个地方是多伊尔家。约翰·布朗,还有他的3个儿子和1个女婿走到门口,弗雷德里克(Frederick)·布朗、维纳和我3人留在离房子不远的地方。就在这时,一只大狗袭击了我们。弗雷德里克·布朗用他那把短剑给了那只狗一剑,之后我用我的马刀又给了它一下,它就没了声音。老多伊尔和他的2个儿子被喊了出来,走了一段路,向达奇·亨利家走去，但他们在路上停了下来。老约翰·布朗掏出左轮手枪，在老多伊尔的额头上开了一枪，布朗的2个小儿子也立即拿着短剑向小多伊尔扑来。

小多伊尔兄弟中的一人立刻被击倒，另一个试图逃跑，但被攻击者追赶了一小段距离后被击毙。接着，我们一行人沿着蚊子河一直走到艾伦·威尔金森（Allen Wilkinson）的房子。到了这里后，老布朗，还有他的3个儿子和1个女婿，就像在多伊尔家一样，走到门口命令威尔金森出来，弗雷德里克·布朗、维纳和我站在房子东边的路上。威尔金森出门后被押着往南走了一段距离，在路上被布朗的一个儿子用短剑杀死。然后，他的尸体被拖到一边丢弃了。

随后，我们渡过了波塔瓦托米河，来到了亨利·谢尔曼（Henry Sherman）的家，他通常也被叫作达奇·亨利。这时，弗雷德里克·布朗、维纳和我被留在门外不远的地方，约翰·布朗等人走进屋子，带出一两个人，同他们谈了几句话，然后又把他们带了进去。后来，他们把达奇·亨利的弟弟威廉·谢尔曼（William Sherman）带了出来，把他押到波塔瓦托米河，在那里他被布朗的2个儿子用剑杀死在小溪里。

布朗也曾表示过要杀死达奇·亨利，但他并没有在家中发现达奇·亨利。他还希望在那里找到安德森县的遗嘱认证法官乔治·威尔逊（George Wilson），如果找到了，他也打算把威尔逊杀了。而威尔逊一直在通知自由州的人离开这片领土，连我自己也收到过他的这样一份通知。

布朗希望我带领他的队伍进入我居住的社区，并指出所有他想要处死的支持奴隶制的人。我断然拒绝了，由于我的拒绝，在第一次袭击即将到来的前两天，我留在营地里待了整整一夜。我告诉布朗，我愿意和他一起去莱康普顿（Lecompton）攻击首领，或者在任何开阔的地方与敌人作战，但我不想杀害这些人。那天晚上以及后来发生的事至今仍清晰地印在我的脑海中，而且在那之后我还多次想起来。

我是应我的朋友和邻居詹姆斯·汉威（James Hanway）法官和约翰逊·克拉克（Johnson Clarke）法官的紧急要求作出此声明的，写这份声明时他们一直在现场。在正式签名之前，这份声明也已经在他们的听证会上被宣读了好几遍。"

詹姆斯·汤斯利
莱恩，堪萨斯
1879年12月6日

巴尔的摩选举骚乱,1856 年

19 世纪 50 年代,巴尔的摩的选举暴力达到了顶峰。这座城市的选举骚乱历史悠久,但 1854 年之后无知党的兴起使其严重程度急剧上升。无数的街头帮派——"城市流氓""鲨鱼皮""乱石""血桶"等——被无知党用来恐吓移民。这些帮派发明了几种消灭对手的方法。例如,"血桶"这个名字来源于他们的恐吓手段:他们从当地的屠夫那里取来一桶血,把爱尔兰人扔进血桶里,然后拿着刀子追着他们跑到街上。一名血淋淋的受害者的受难景象对其他潜在的选民来说是一个强大的威慑。另一个团伙的策略是把鞋匠的尖头锥子绑在受害者的膝盖上。有了这些,他们就会骗取那些顽固的移民选民。每当有民主俱乐部或移民团体进行报复的时候,就会引发全市范围的骚乱。

从 1854 年开始,巴尔的摩的选举遵循了这样的模式。通过这些手段,无知党赢得了地方、州和 1856 年的总统竞选。在许多地区,移民被完全禁止投票。1856 年 9 月、10 月和 11 月依次发生了 3 次骚乱,造成十几人死亡,数百人受伤。在 1857 年和 1858 年,骚乱和无知党人的胜利又重演了 2 次。1859 年,一个名为"不分党派的可敬公民"的团体组织了一个城市改革协会,并承诺保护投票。政治俱乐部毫不畏惧地举行了一场"怪兽"集会,他们举着巨大的锥子游行,举着横幅,上面画着标有"改革者"字样的流血头颅。一个铁匠在街上开了家铺子,分发了几百把新锻造的锥子。选举再次发生了骚乱。但这一次,州立法机构介入了,宣布无知党的胜利无效,还组建了一支新的警察部队,并通过了许多改革法案。这些帮派被解散,1860 年的选举得以和平地举行。

以下描述的 1856 年 5 人死亡、45 人受伤的暴乱事件,出自 1856 年 10 月 9 日巴尔的摩的《美国人报》。参见本杰明·塔斯卡(Benjamin Tusca)的《巴尔的摩的无知主义,1854—1860》(1925 年),还有劳伦斯·F. 施梅克比尔的《马里兰无知党历史》(1899 年)。

在昨天早些时候的投票秩序井然,但是今天一整天都很混乱。下午在一些投票站发生了少许争吵和轻微的斗殴。在第二、第十二和第十八选区发生了严重的骚乱,导致多人丧生和受伤,而这些骚乱都源于上述对立方之间高度紧张的关系。

最严重的骚乱发生在莱克星顿(Lexington)市场内及其周边地区。骚乱大约从 3 点开始,持续了大约 2 个小时。导致骚乱的是"新市场消防公司"与"乱石"帮及其他政治团体。事件开始于大约中午时分的第十二选区,当时"民主党人"正努力获得这一区域的控制权。当被击退后,"民主党人"撤退到机房,拿到了步枪和左轮手枪。随后,他们占据了市场房子的位置,开始向投票站猛烈地扫射。枪声吸引了一大群人过来,其中包括来自第十四选区的"乱石"帮。当这些人聚到一起后,遭到了猛烈的攻击,并且攻击持续了很长时间,中间丝毫没有间断过。

这场骚乱最终导致好几人死亡,多人受伤。死者中有一名爱尔兰人,姓名不详,他在帕卡(Paca)街和莱克星顿街的街角被击中,当时他正在弯腰捡一块砖头,子弹打穿了他的左胸。另外一个叫查尔斯·布朗(Charles Brown)的人独自走在街上时被杀。他住在蔡斯(Chase)街,留下妻子和 3 个孩子……

参与骚乱斗争的各方都拼尽了全力去战斗,他们也都自由和充分地利用了提供给他们的武器,但是战斗中的伤亡并不多,这多少是让人吃惊的。"新市场党"占据了市场,并在装完子弹后在机房集合。他们的反对者则聚集在市场南边的格林(Green)街。双方做好准备后,就开始了游击战,从街道的角落和市场的柱子后面互相射击,直到弹药耗尽。随后,他们撤退到集结点,准备再次出击。战斗中人们表现得十分冷静和谨慎,有些参战者表现出的胆识是值得赞扬的。附近的仓库和住宅都已关闭,居民都被安置得很好,远离了这一危险之地。据我们所知,除了一个特殊情况,即参与冲突的人之外,没有人被杀或受伤。

在第八选区附近也发生了一场严重的暴乱。当天早些时候,该选区的外国选民占领了投票站,赶走了几名拿着斯旺票(Swann Tickets)的老居民。我们看到上百人拿着棍棒和砖块在追赶一个身材瘦小的人,他逃进了福雷斯特(Forrest)街和希伦(Hillen)街拐角处的一家杂货店。他的罪行是持有斯旺票。这一消息传到了其他选区后,"美国俱乐部"的一大群人就赶了过来。他们有的沿着法国(French)街走,有的沿着海伦(Helen)街走。但他们还没走到第八选区的投票站附近,就发现自己被数百名愤怒的反对者包围了,而其中很多人都配有步枪。

由于袭击者武器装备更加精良,"乱石"帮在两个地区的人被迫撤退,最后来到了靠近纪念碑的卡尔弗特(Calvert)街的一个站点,在那里发生了持续两个小时的激烈战斗。战场一直延伸到华盛顿纪念碑附近的纪念碑街,广场周边的木制花架被子弹打烂了许多。之后,爱尔兰人在中央街和纪念碑街之间空地上的树后找了个位置,迅速发起了一连串射击……

"民主党人"完全掌握了第八选区的一整天的选票,并竭尽全力阻止他们的对手投票。结果是"美国人"的选票减少,"民主党人"的选票大幅增加,而大量的选票无疑是非法的。这是该选区有史以来投票人数最多的一次,超过300人,但同时至少有200名美国人被阻止投票。

在第十八选区,由于选民人数众多和投票时间有限,出现了很大的混乱。各党派都在努力争取选票,但"美国人"总体上占了上风。划分选区的法案本来可以避免这一困难,但却被反复出现的市议会民主党议员否决。

其他的选区总体上都比较平静。

整个城市都在一片混乱中,直到昨夜很晚才恢复了平静。但据我们所知,并没有发生冲突。

哈珀渡口,1859年

约翰·布朗于1859年7月抵达哈珀(Harper)渡口。他假扮成买牛的人在那里建了一个住所,到了秋天的时候,他的21个追随者也跟了过来。他计划夺取无人看守的联邦军火库并发动奴隶,然后率领一支被解放了的奴隶的军队,沿着阿巴拉契亚山脉(Appalachians)向南挺进,边行进边传播自由思想。为了给这一计划筹集资金,他从北方废奴主义者那里筹集了4 000美元,但是其中一些人对他计划用这笔钱做什么一无所知。

布朗很早就得出结论,只有暴力才能推翻奴隶制。他曾经研究过杜桑·卢维杜尔(Toussaint L'Ouverture)和加里波第(Garibaldi)的战术,但他的行动计划被认为很糟糕。作为布朗的支持者之一,弗雷德里克·道格拉斯(Frederick Douglass)从战术上反对他的计划,因为非常担心布朗会被包围在城里。布朗的大规模多数追随者也认为这是一个糟糕的计划,但他们还是愿意追随他。

10月16日(周日)晚上,布朗和他的手下占领了军火库,并扣押了一些知名人士作为人质。虽然他们说服了一些奴隶加入他们,但他们所希望的大规模起义并没有发生。上午10点左右,当地居民开始攻击布朗在军火库的部队,迫使他们在大楼里设置屏障。枪战持续了一整天,布朗的两个儿子被打死。在罗伯特·E. 李(Robert E. Lee)和J. E. B. 斯图尔特(J. E. B. Stuart)的指挥下,一支海军陆战队来到了军火库要求布朗投降。虽然他的许多士兵都死了或奄奄一息,但布朗拒绝投降。第二天早晨,军队冲进了那座建筑物,布朗被活捉、审判并处以绞刑。他的12名追随者在哈珀渡口丧生,另有5名当地居民和1名海军陆战队员丧生;还有很多人受伤。以下是其中一名名叫约翰·E.丹格菲尔德(John E. Daingerfield)的人质的描述:《在哈珀渡口的约翰·布朗与军火库的战斗:他的一名囚犯的亲眼所见》(《世纪插图月刊》第30期,1885年6月,第265—267页)。

1859年10月16日的夜里,大约12点或1点左右,在通往马里兰的波托马克河(Potomac)大桥上,守门人被许多人走近大门的脚步声吓了一跳。他们携带着马车,一到大门,就命令守门人打开大门。守门人拒绝了,说不认识他们。但是,当他们在和他谈判时,他们扣押了他,用手枪指着他的头,强迫他保持沉默。然后,他们扯下锁,走过了大桥。守门人觉得他们大约有60个人,不过他显然是受了惊吓,说的数字可能并不准确。

他们过桥后,首先占领了巴尔的摩和俄亥俄铁路的车站,当时负责管理车站的是一个非常可靠的黑人,这个黑人就睡在那里。当布朗的人要求进入车站时,黑人拒绝了,说自己是这里的负责人,自己的职责是晚上不准任何人进入。结果他被一枪打死,倒在了地上,一个忠于职守的黑人成了那些以解放非洲种族为使命的人的第一个受害者。

接着,布朗一行人来到旅馆,把旅馆老板抓了起来,并派人守在门口,不让任何人进出。夜深人静的时候,这样做就不会发出什么声音了。接着,他们在军火库和军械库设置守卫,并在所有街道设置哨兵,这样一来,如果一个人来了或走了,不用立刻把他抓起来,而由一名武装守卫看守,让其保持沉默即可。

接下来,他们分散兵力,派库克(Cook)和一些人去抓捕华盛顿(Washington)上校和其他奴隶主。布朗先生一行人则强迫旅馆的人全部起床,并和他们一起走,同时把他们能找到的所有奴隶,包括马车、马匹等都带走……

天快亮的时候,我的一个仆人来到我房间门口告诉我:"街上正在打仗。"我立刻就起床穿好衣服走了出去,因为我的住处就紧挨着街道。我环顾四周,没有看到什么异样的东西。唯一能看见的是一个乡下来的人,他正飞快地骑着马,我猜想他大概损失了几个在桥门口被拦住并打起来的黑人奴隶。

我走向军械库围墙内我的办公室,它离我的住所不到100码。当我继续往前走的时候,我看见一个人从我附近的一条小巷里走出来,接着又是一个,一个接一个,全都向我走来。他们来到我跟前,我问他们这是什么意思。他们说,没什么,只是他们已经占领了政府的工厂。

我说他们说话像疯子一样。他们回答说:"不像你想的那么疯狂,你很快就会看到的。"此时,我还没有看到任何武器。然而,不久之后,这些人就把身上的短斗篷脱了下来,露出了夏普步枪、手枪和刀子。看到这些,我担心会发生严重的事情,我告诉他们我想回到我的住处。他们立刻给枪上膛并用枪指着我,告诉我说我是一个囚犯……

他们说我没有人身危险,他们只是想把我送到他们的上尉约翰·史密斯(John Smith)那里……

一到门口,我就看到确实像要打仗,黑人们都拿着长枪,周围都是拿着长枪的哨兵。当我进门后,我被交给了"史密斯上尉"。

他称呼了我的名字,问我是否认识华盛顿上校和其他人,还提到了一些熟悉的名字。我说我认识,他说:"先生,您可以在那里找到他们。"他向我指了指军火库。

我们没有被看管得很严,而是被允许和他交谈。我问他他的目的是什么,他回答说:"为了解放弗吉尼亚的黑人。"他补充说,他已经做好了行动的准备,到12点的时候,他将有1 500名全副武装的人跟他一起行动。

到目前为止,市民们还没有起来活动,对这次袭击也一无所知。

当市民们知道发生了什么事时,他们中有一些人带着旧猎枪走了出来,结果被隐蔽的人射杀了。所有的商店和军火库都被布朗的人掌握着,他们不可能得到武器或弹药,市民们几乎不拥有任何私人武器。然而,最后他们还是获得了一些武器,一波市民渡过了河,从马里兰这边走了过来,并发动了猛烈的进攻,在几分钟内使所有未被杀死的入侵者撤退到了布朗军械库大门内。然后布朗走进了动力机房,把他的俘虏们一起带走,或者准确地说带走了一部分,因为他从中挑选了一些俘虏。

走进动力机房后,布朗讲了这样一段话:"先生们,你们可能感到奇怪,为什么我从中选择了你们。因为我相信你们是最有影响力的,我现在只能说你将会遭受你的朋友们赋予我的人的同样的命运。"他立刻开始闩上门窗,并在砖墙上凿出射击口。

接着,从外面,从所有能看见窗户的地方,传来了可怕的枪声。几分钟后,所有的窗户都被震碎了,成百上千的子弹从门外飞了进来。这些射击立刻得到了回击,这些回击是从屋内能看得到攻击者的地方发出的。枪击持续了一整天。说来奇怪,虽然墙上嵌着成千上万颗子弹,门上射出的洞大得足以让一个人爬过去,却没有一个人质受伤。

到了晚上,枪声停止了,因为我们周围一片漆黑,所以动力机房里什么也看不见。

从白天到黑夜,我和约翰·布朗聊了很多,我发现他是一个勇敢的人,在除奴隶制以外的所有问题上都很明智。在奴隶制这个问题上,他是一个宗教狂热分子,他认为解放奴隶是他的责任,即使他会为此牺牲自己的生命。

在一场激烈的战斗中,布朗的一个儿子被打中。他倒下了,然后又挣扎着爬起来,说:"我完蛋了。"然后立刻死了。

布朗并没有离开他在射击口的岗位,但是当战斗结束后,他走到他儿子的尸体前,拉直他的四肢,脱下他的装备,然后转向我说:"这是我在这场战争中失去的第三个儿子。"他的另一个儿子早上被人从街上带回来,这个小伙子受到了枪击,也奄奄一息。虽然布朗是一个杀人犯,但我必须承认他不是一个邪恶的人,只是对奴隶制这个问题很狂热。在动力机房里,当他的手下想要向经过的人开枪时,布朗会阻止他们,说:"不要开枪,那个人手无寸铁。"一整天人们都在不停地开火,直到深夜,在这段时间里,布朗的几个士兵被打死了。但是,正如我以前说过的,虽然有很大的危险,但是没有一个人质受伤。

从白天到晚上,人们提出了许多赞成和反对的意见,希望布朗投降,释放囚犯,但都没有结果。

夜里 1 点,李上校带领政府军来到后,马上派他的助理 L. E. B. 斯图尔特送出一面休战旗,告知布朗他的到来,并以美国国家的名义要求布朗投降,建议布朗把自己交给仁慈的政府。

布朗拒绝接受李上校的条件,决心等待进攻。

当斯图尔特被允许进入动力机房时,他带来了一盏灯,他叫道:"你不是堪萨斯州的老奥萨瓦托米(Ossawatomie)·布朗吗,我曾经把你关在那里当囚徒。""是的,"布朗回答,"但是你没有关住我。"这是我们第一次得知布朗的真实姓名……

斯图亚特告诉布朗,自己明天一大早就回来听布朗最后的答复,然后就离开了。

斯图亚特走后,布朗立即动手把门、窗等都堵住,努力使这个地方尽可能坚固一点。

在这段时间里，布朗的士兵都没有表现出丝毫的恐惧，而是冷静地等待着进攻，选择最好的阵地向进攻方开火，并安排好枪支和手枪，以便在打出一发子弹后马上拿起新的枪支。夜里，我与布朗进行了长谈，我告诉他，他和他的手下犯了背叛州和联邦的叛国罪。他的手下听到了我们的谈话，对他们的领袖布朗说："我们待在这里，难道就是在背叛我们的国家吗？"布朗回答说："当然是的。"他的两个手下说道："如果是这样的话，我们就不想再打仗了。我们以为我们是来解放奴隶的，却不知道这就是叛国。"

后来这两个人都是在布朗被抓时在动力机房被杀的。

早晨，当斯图尔特中尉来听对投降请求的最后答复时，我起身走到布朗身边，听他如何回答。

斯图亚特问："你准备好投降，把一切交给政府了吗？"布朗立即回答："不！我宁愿死在这里。"

布朗的态度没有流露出丝毫的恐惧。

斯图亚特闪开身子，发出了进攻的信号。进攻者立刻开始用大锤砸门。

当士兵们发现门很难砸开后，就搬来一架长梯子当攻城槌，开始撞击大门，而里面的人不停地向外射击。我去帮忙设置过房屋屏障，去加固过门锁扣，这样我就可以在士兵进来时立刻把锁扣移除。但是当攻击开始的时候，我不在门口，无法够到那些固定装置，直到用上了梯子。我迅速去解除了锁扣，然后用梯子敲击了两三下后，引擎部分向后转了一下，形成了一个小缝隙。海军陆战队格林（Green）中尉趁机通过这个缝隙挤了进来跳上了引擎，并且在枪林弹雨中站了一秒，以寻找约翰·布朗。当他看到布朗时，他跳了大约 12 英尺，用刀向下刺向布朗，随后在刺到布朗身体的一半时，把布朗从地上完全挑了起来。布朗向前倒下，头夹在两膝之间，格林在他头上打了好几下，我想每打一下，他的脑袋都会裂开。

那时我离布朗只有两英尺远。当然，我尽快离开了大楼，直到一段时间后才知道布朗没有死。格林的刀刺入布朗的腰带时，似乎没有刺穿他的身体。刀弯成两段。布朗头部被击中而没有死亡的原因是格林用刀的中间以及刀柄击打，只造成了头皮受伤。

当怀斯（Wise）州长来调查布朗时，我听了关于布朗的所有的问题和回答——他比任何律师都更谨慎地保持缄默，同时也没有表现出丝毫的不尊重。怀斯州长对关于布朗的回答感到惊讶。

在就美国政府和弗吉尼亚州谁对这些囚犯有管辖权发生了一些争论之后，布朗被带到查尔斯顿监狱，经过公正的审判，最终被处以绞刑。

新奥尔良政变，1874年

1866年新奥尔良暴乱之后的几年里，武装团伙在路易斯安那州游荡。该区军事长官菲利普·谢里丹（Philip Sheridan）准将估计，这10年里，在博西尔（Bossier）、卡多（Caddo）、圣兰德里（St. Landry）和格兰特（Grant）的可怕屠杀中，有3 500多人被杀或受伤，其中大多数是黑人。

1872年，在对州政治控制权的斗争陷入僵局后，暴力开始转向反对州本身。那一年，共和党候选人威廉·P.凯洛格（William P. Kellog）遭到了持不同政见的共和党人以及支持约翰·麦克纳利（John McEnery）的民主党人的联合反对。选举被欺诈和胁迫弄得一团糟，根本无法确定谁赢了，但双方都宣称自己获胜了。1873年1月，当白人和黑人武装队伍在街头游行时，两位候选人都宣誓就职，并建立了相互竞争的立法机构。3月，麦克纳利试图召集一支国民卫队，但效忠于凯洛格的新奥尔良警察驱散了麦克纳利的立法机关。凯洛格派系后来成了事实上的政府。

该州的白人组织了"白人联盟"，这是一个准军事组织，致力于为白人夺回权力。他们的人数最终超过了25 000，其中包括许多有声望的公民和州的大宗财产持有者。1874年9月，在凯洛格州长的命令下，一批准备运给白人联盟的步枪被没收。该联盟的领导人召开了一次群众大会，抗议这种侵犯他们携带武器权利的行为。白人联盟军事团队要求凯洛格辞职。凯洛格拒绝了，同时命令他的副官詹姆斯·A.朗斯特里特（James A. Longstreet）集结国民卫队，与A. S.班杰（A. S. Badger）将军领导的警察厅合在一起保卫政府，然后将海关作为避难场所。

在运河街举行的会议上，大约有5 000到6 000人宣布同意麦克内利担任州长，D. B.佩恩（D. B. Penn）担任副州长。在麦克纳利缺席的情况下，佩恩接管了叛乱部队。他发布公告，号召所有路易斯安那人拿起武器，支持他"把篡位者赶下台"。9月14日下午2点，白人联盟占领了市政厅和电报局。他们随后对警察和国民卫队采取行动。在一场短暂而血腥的枪战中，他们击溃了凯洛格军队，并发动了一场政变。白人联盟16人死亡，45人受伤，朗斯特里特—凯洛格部队则有11人死亡，60人受伤。

与此同时,凯洛格发了电报给格兰特(Grant)总统,后者命令联邦军队镇压叛乱。这一切都是和平进行的,因为麦克纳利反对抵抗联邦军队。凯洛格于19日恢复了职务。尽管白人联盟被暂时击败,1874年的事件仍标志着重建政府的开始。1876年,联邦政府拒绝使用武力支持路易斯安那州的激进共和党人,政府崩溃了,重建工作也结束了。

以下关于白人联盟之战的叙述发表在新奥尔良的《共和党人报》上,并转载于斯图尔特·兰德里(Stuart Landry)的《自由广场之战》(1955年)。参见奥蒂斯·辛格尔特里(Otis Singletary)的《重建时期的黑人国民卫队》(1957年)、艾拉·罗恩(Ella Lonn)的《1868年之后路易斯安那州的重建》(1918年)、C.万恩·伍德沃德(C. Vann Woodward)的《重聚与反馈:1877年的妥协与重建的结束》(1951)、弗雷德里克·威尔逊的《联邦政府对国内动乱的援助,1787—1922年》(第67届国会第2届会议第263号参议院文件)以及阿尔斯·弗蒂尔(Alcee Fortier)的《路易斯安那州的历史》(1904年)。

这一情况是当时在杰克逊广场向班杰将军报告的,那里有他几乎全部的部队。他有1门加特林机枪和3门小型黄铜榴弹炮。几名警官负责使用这些武器,他们看上去显然都全副武装,士气高昂。与此同时,白人联盟的各个连,拿着各种各样的武器,出现在街上,占领了城市的各个地方。全副武装的士兵有3 000人。波德拉斯(Poydras)街和圣查理斯(St. Charles)街的街角是联盟党大司令官奥格登(Ogden)将军和他的参谋人员选定的,联盟党的行动也是从那里开始的。4点左右,从十字路口运来的木材、箱子、铁板等组成的路障在营地街对面竖起来。

4点前几分钟,班杰将军下了行军的命令。他们在大堤附近开始行动,直到接近运河街尽头时,才遇到抵抗。到达河堤后,炮兵——3门铜管炮和2门加特林炮——部署完毕,步兵也被派去支援他们。此时,似乎没有有组织的敌人攻击他们。他们来到了靠近铁屋的空地上,几乎就在同时,炮火从干草和棉包后面向他们袭来。在运河街、普通街、格雷维亚(Gravier)街和十字路口,到处都是游荡的市民,一听到枪声,他们就朝一个方向冲去。

警察恰好在很暴露的位置上,被至少600名躲在一捆捆棉花和干草后面的人包围。但是他们的注意力转向了堤防上面,因为那里似乎有更强大的敌人。于是班杰将军骑在马上,举起帽子,下令开火。第一次开火时,四散逃跑的市民都找地方躲避,大家都向小街逃窜。紧张的情绪蔓延到了营地街,人们不知道该往哪条路走。许多人说,"这是一场虚惊,它只是用来赶走马车和汽车的"。但此时的战斗正空前激烈地进行着。第一次开炮时,所有的棉花和干草似乎都被点着了。警察只能把他们的头和胳膊当作目标。班杰将军骑上马,鼓励他的部下,但他好像有护身符保护,而他的部下每秒钟都有几个人倒下。没有人会在得到支持的时候退缩,但是他们几乎看不见的敌人的炮火把他们炸死,就像小麦被收割机卷走一样。

1/5的士兵躺在防洪大堤上,死伤惨重。没有足够未受伤的人来支援炮兵,而站在大炮跟前的人还不能让大炮发挥一半的火力。虽然几乎看不见敌人倒下,但从士兵前面的战壕传来了噼啪声和熊熊燃烧的烈火声,他们后面和上面的屋顶和窗户也响起了枪声,每一声就有一个人倒下,大多数还能走路的人都抱着受伤的人去找那座铁建筑。除了雷伊(Rey)和约瑟夫(Joseph)的指挥部,他们都有点脱离了主战场,士气低落。每个人都被火药熏得发黑,浑身血污。约翰·麦凯恩(John McCann)中士,一个备受瞩目的人,在那里拿着他的温彻斯特步枪,战斗到最后一颗子弹,随后他腿部受伤。班杰仍旧骑在马上,向他的士兵们大喊着。格雷(Gray)上尉与每一个阵亡或受伤的炮兵待在一起,在没有支援的情况下,冷静地装填弹药,就像他在军械库检查弹药一样。

战斗持续了不到10分钟,警察就被击退了。从屋顶、窗户和有利位置发出的炮火成倍增加,到达海关大楼的人中只有2个人没有中弹。

当最后一批士兵散去时,仍然引人注目地骑在马上的班杰将军成了100支比利时步枪的射击目标,当格雷把他枪里的子弹射出时,人们看到班杰将军也倒下了。二等兵西蒙斯(Simons)轻微受伤,他叫一个人去把班杰将军带走,但炮火一直没停。几乎所有人都受伤了,没有人可以帮助他。主力部队撤退到海关,剩下2门加特林机枪和1门12磅重的火炮落在敌人手里。

其余的警察带着所有的枪撤退到杰克逊广场站,在街上警戒,时刻准备迎接进一步的抵抗。

当海关大楼附近响起枪声时,在波德拉斯街的预备队封锁了朱皮德拉斯(Tchoupitoulas)街、杂志街、营地街和卡伦德莱特(Carondelet)街的交叉路口。桥梁被毁掉,马车被从铁轨上取下,用来建造路障。

这时,几乎所有的商业场所都关闭了,城市的中心地区处于高度紧张的状态。但是未参与战斗的平民没有受到很多打扰,他们可以随心所欲地来回走动。当然好奇心使许多人进入危险的阵地,特别是在运河街,有几名手无寸铁的人受伤或被打死。

负责指挥白人联盟的是奥格登将军,他身下的马遭到枪击,他也险些受了重伤。

由于战斗整体上的混乱局面,人们发现要在报告中列出一份准确的伤亡名单几乎是不可能的。

A. S. 班杰将军,因其自强的精神和不屈不挠的勇气而受到所有人的爱戴和钦佩,他被3支火枪击中,不过只有腿部是唯一受伤严重的部位,其膝盖以下的骨头严重骨折。

战斗结束后,死伤人员被转移到海关。艾姆斯(Ames)和舒梅克(Schumaker)医生被安排照顾这些伤员。

第二部分　经济暴力

波士顿的面包骚乱，1713年

1713年，波士顿严重的食物短缺导致市政委员向马萨诸塞州议会请愿请求援助。"在这个人口稠密的大城市物资短缺的威胁"，他们说，已经导致"许多穷人的生活必需品的价格高涨，让目前即将来临的这个冬天的形势变得非常严峻"。因此他们询问是否可以"采取快速的措施，以阻止这些产品的出口，因为我们担心现在良好的海外市场前景会鼓励和促进这些产品的出口"。1713年5月19日，一群波士顿人因为一些大商人出口玉米而愤怒，发动了暴乱。

为了应对这一问题，殖民地政府授权行政委员们没收粮食并以固定价格出售。12月10日，一艘载有320蒲式耳小麦的船被扣押，船长被命令"将数量不等的货物交给几位面包师"，"上述面包师也被要求用同样的材料烤面包（而且要尽可能稳妥地进行），以便为城里的私人家庭提供面包这种生活必需品来赚取收入"。

这篇关于骚乱的简短叙述出自塞缪尔·休厄尔（Samuel Sewell）的《日记》，刊登在《马萨诸塞州历史学会收藏丛书》第5卷，第6册，第384—385页。另见波士顿登记处的《与波士顿早期历史相关的记录》的第11部分，《波士顿市记录专员的报告，包含波士顿行政委员记录，1701—1715》，第194—215页。

5月20日，周中。大雨阻碍了我的返程。7点左右我去了塞勒姆（Salem）的兄弟酒吧，在那里住宿。由于这个原因，我没有卷入那天晚上在波士顿发生的200多人的骚乱。在骚乱中他们撬开了亚瑟·梅森（Arthur Masonry）的仓库，想在那里找到谷物，并在那里打伤了副州长和州长，以及牛顿（Newton）先生的儿子。这件事是由于贝尔查（Belchar）上尉送印第安玉米到库拉索岛（Curacao）导致的。行政委员希望他不要去送，但是贝尔查上尉告诉行政委员们，他将做出最顽强的抵抗！如果他们拦下他的船,他将阻止3倍于这批谷物的粮食进入。

桅杆树骚乱,1734年

殖民地的伐木者对英国的法律很不满,因为英国的法律要求新英格兰森林中最珍贵的树木必须用箭头标记,并保留用作皇家海军的桅杆。但是许多伐木工人无视这条规定,随意砍伐树木。1734年,英国总监督官丹尼尔·邓巴(Daniel Dunbar)调查了新罕布什尔州埃克塞特(Exeter)附近最明目张胆的盗猎行为。尽管居民们拒绝帮助他,他还是在殖民地的磨坊工厂里发现了皇家树。回到朴茨茅斯(Portsmouth)后,邓巴雇了10个人帮他没收盗伐的木材。1734年4月23日,他的小部队到达了埃克塞特。那天晚上,镇上的人袭击了邓巴的手下,狠狠地揍了他们一顿。第二天总监督官又带着更多的人来,捣毁了一个较大的磨坊工厂。于是镇上的人用小型武器击退了入侵者。邓巴也是殖民地的副州长,于是他呼吁通过立法来惩罚这类犯罪行为,但是,立法的主体很大程度上是由从事木材贸易的人组成的,因此,最后立法机构只做出了一个模糊的道歉。当地的治安法官中的许多人也是磨坊主,他们也拒绝起诉镇上的人。立法机关的公告来自《1722至1737年有关新罕布什尔州的文件和记录,第4部》,第678页。参见约瑟夫·J.马龙(Joseph J. Malone)的《松树与政治》(1964年)和罗伯特·G.阿尔比恩(Robert G. Albion)的《森林与海洋的权力》(1926年)。

1733年4月23日晚上9点多,大批不怀好意的人聚集在新罕布什尔州的埃克塞特镇,他们以蛮横的、乱哄哄的和最暴力的方式闯进了埃克塞特塞缪尔·吉尔曼(Samuel Gilman)上尉的家中(他在这个镇里有一套公共房产),然后开始殴打并辱骂(原文如此)里面的人。这些人是被尊敬的国王陛下的树木总监管官大卫·邓巴先生雇佣并部署在这里以协助他执行上述公务的。他们当中有很多被殴打、虐待,几乎死里逃生(由上述省份的治安法官以国王陛下的名义调查后的结果)。这一事件对国王陛下而言是一件非常耻辱的事情,违反了所有法律和人性的基本规范,应该受到各类地方立法权威的批评和唾弃。因此,为了找出并给予犯罪者、教唆者如此卑鄙的违规行为应有的惩罚,也为了不让这里总是充满巨大的仇恨,并让国王陛下相信这样的恶行被这里的人所普遍憎恶,所以在众议院投票决定,州长阁下和御前会议诚挚地要求对该事件进行严格的调查,以便作出最公正的审判并向国王陛下交差,使得有关的人无法再逃脱他们所应有的惩罚。

新泽西佃农暴动,1745—1754年

1664年,约克公爵将新泽西的领土授予约翰·柏克莱(John Berkeley)和乔治·卡特雷特(George Carteret)勋爵。同年,由于不知道公爵的授权行为,公爵所任命的殖民地总督理查德·尼科尔斯(Richard Nicholls)又将这些土地授予了成批的定居者。相互对立的主张导致了长达80年的争斗。土地的领主坚持收取租金,而以伊丽莎白镇和纽瓦克为中心的定居者则拒绝支付租金。这一法律纠纷持续了几十年,而定居者从印第安人那里购买额外的土地所有权(土地的领主不愿意卖出)的做法又使得问题更加复杂。但大多数定居者的诉讼都失败了,于是领主们得以推进大量的收回土地的诉讼。到18世纪40年代,愤怒的定居者组织了一个委员会,向国王提出诉求,但毫无效果。1745年9月,拥有印第安人领地所有权并且长期占有其土地的塞缪尔·鲍德温(Samuel Baldwin)被捕并被送进了纽瓦克监狱。一个同时代的人说:"认为这些人的意图就是要毁灭他们(因为他们很清楚,如果他们起诉就会成功,这是他们做出威胁的结果)……于是他们走进监狱,打开门,把鲍德温接了出来,让他平平安安地回家了。"这一行动引发了长达十年的骚乱和越狱行为,但这些行为很少有像第一次那样和平。1746年,总督宣称这些骚乱为"严重的叛国罪",但是议会很少向他提供足够的援助来维持和平。不过,随着时间的推移,骚乱变得不那么频繁。到1754年,经过一系列的调整,骚乱完全停止了。

以下是1746年1月15日关于第二次越狱的叙述,这次越狱是为了释放那些因第一次越狱而被监禁的人。这一叙述出自新泽西州议会发给纽卡斯尔公爵和贸易大臣的《1745年9月19日至1746年12月8日骚乱的情况》,刊载于《新泽西州档案馆》第一辑,第401—404页。参见加里·S.霍尔维兹(Gary S. Horowitz)未发表的博士论文《新泽西州土地暴动,1745—1755》(俄亥俄州立大学,1966年)以及唐纳德·L.凯默勒(Donald Kemerer)的《通往自由之路:新泽西殖民地的自治斗争(1703—1776年)》(1968年)。

1745年1月15日,埃塞克斯(Essex)的警长根据上述授权令……以前述记

录的名义逮捕了罗伯特·扬(Robert Young)、托马斯·萨镇特(Thomas Sarjeant)以及尼希米·鲍德温(Nehemiah Baldwin)三人,然后建议他们根据授权令和文书的要求做出保证——刚才提到的两位,即约恩与鲍德温,假装说他们在城里没有朋友去做这件事(即提交保释金),却说叫他们的朋友来——萨镇特在纽瓦克镇有个兄弟愿意为他做保证人,但萨镇特却完全拒绝做出保证。所以警长决定把他们交到纽瓦克监狱。该警长是该县的警长,也是国民卫队的上校,于是他命令分属于纽瓦克两个连的两名军官,各自召集15人到那天晚上来守卫监狱。这件事虽然费了很大的力气,但最终还是找来了人——而且警长和他们一起看守了一整晚。

1月16日早晨,负责看守的几个卫兵想要离开,但是警长不同意,说要等到由其他人来替换,他们才可以离开。警长派卫兵的长官去找人来,却一个也没有找到,于是这些卫兵只能继续站岗。

16日早上10点左右,警长命令在场的几个人协助他把其中的一个囚犯(鲍德温)带到最高法院的法官面前。但是因为他们没有马,没办法去,而且警长知道他们都不想来帮自己,于是警长竭尽全力找了能找到的所有人。最终,约翰逊(Johnson)少校、艾萨克·里昂(Issac Lyon)、丹尼尔·哈里森(Daniel Harrison),还有另外两三个人一起押解鲍德温去最高法院。但是他们还没走到2英里远,就遭到了一大群人的袭击。这群人拿着棍棒和其他武器,用最暴力的方式解救并带走了犯人,虽然他们在袭击开始时被击退了1英里远。

随后,警长和他的助手们回到监狱里以确保另外2个人的安全。为了做到这一点,他一共布置了2个上尉、3个副警长、5个治安官、2个警察以及大约26名全副武装的士兵。但到了下午2点钟,聚集在镇上的人数达到了200左右。应警长的要求,两个法官来到集会的人群面前,询问他们以这种方式集会的意义。他们说他们想要回另外两个囚犯。法官试图说服他们解散,但是毫无效果。于是,一名法官要求所有人肃静,另外一名法官宣读了由乔治国王作出的反暴乱的第一个宣言,并告知了人们如果这样做的后果是什么。但是集会的人根本就不关心宣言的内容,也根本不在乎法官对他们说的话。

警长手下纽瓦克连队的两个新上尉带着鼓,要求所有属于他们连队的人跟着鼓声一起行动以保卫监狱。但是尽管有许多人在现场,却没有人跟随他们。就在此时,一个叫阿摩司·罗伯兹(Amos Robards)的纽瓦克人跨上了他的战马,在说了几句类似的话后,奔腾而出。"那些在我的名单中的人,跟我来"——

他们所有的人,或是大部分的人,都跟了上来。之后,他们的人数达到了大约300。

罗伯兹和其他几个人从聚集的人群中走出来,来到看守监狱的警长面前,说他们想知道他要在什么条件下释放囚犯。警长说他们需要保证在下一届最高法院出庭,否则就不行。如果他们愿意的话,警长一方就派最高法院的二审法官邦内尔(Bonnell)先生来确保他们的安全。

罗伯兹一行随后回到了人群中,在下午4点到5点之间,所有的人都下了马,朝监狱奔来,他们挥舞着棍棒,大声叫喊着。

军官们命令卫兵迎击他们。当对方走到距队伍10码远的地方时,军官们让士兵们站起来拿出火枪,扣上装满了火药和子弹的火枪的扳机准备射击。

人群继续向前行进,直到靠近卫兵后,才开始拿起棍棒打他们,卫兵(没有接到开火的命令)用枪进行了回击。双方都有人受伤,但无人死亡。人群打破了卫兵的防线并挤到了监狱门口,警长拿着一把出鞘的剑站在那里,挡住了他们,直到人们对他猛击了好几下之后,才把他从监狱门口那里赶了出来。随后,他们用斧子和其他工具砸开了监狱的门,把两个囚犯带了出去。还有另外一个因欠债而被关起来的犯人也被放走了。骚乱者说,如果他们坚持到第二天,应该有3到4倍的人来帮助他们。

纽约佃农叛乱,1766年

虽然封建制度在美国从未成功建立起来,但一些大地主却努力获得了一些准封建的特权。在纽约,这样的阶级出现于17世纪。通过欺骗印第安人以及利用他们在殖民政府中的影响力低价购买土地,一些家族积累了大量的土地:菲利普斯伯勒(Philipsborough)拥有15.6万英亩土地,海兰德·佩塔特(Highland Patent)拥有20.5万英亩土地,伦斯勒埃尔威克(Rensselaerwyck)则拥有100万英亩土地。这些庄园主通过向皇室支付微不足道的土地退出租金,换取各种巨大的权利,包括刑事管辖权、地方官员和神职人员的任命权以及在某些情况下作为代表参加殖民地大会的权利。他们很少出售土地,而更倾向于进行短期租赁。他们的租户通常以实物支付租金,偶尔也以服务形式支付。人们认为这种制度,正如总督威廉·特赖恩(William Tryon)所说,是"一种创造永远服从的方法"。

然而,新世界的佃户们却对这样的制度感到极度不满,而且有些人认为大地主们对租金的要求是不公正的。佃农们以各种方式对这种制度进行了抵制。有些人从印第安人那里买了新的土地所有权,特别是,如果土著人在第一次出售时被骗了,他们会试图就土地所有权问题在法庭上进行抗争。然而,他们无一例外地失败了。一些人援引了关于殖民地边界的不确定性的相关条例:当两个殖民地声称要占领同一地区时,租户会站在政府一边,因为政府会给予他们更好的条件。事实上,许多边界争端掩盖了地主和租客之间的斗争。但由于大领主通常控制了司法,这些法律策略往往是徒劳的。1750年以后,越来越多的农民开始使用暴力维护他们的权利。

1766年,纽约的佃农暴动达到了高潮。1766年6月26日,奥尔巴尼(Albany)县的警长试图压榨约翰·范·伦斯勒(John Van Rensselaer)土地上的定居者,结果遇到了一支60人的武装队伍。他们打了起来,7名国民卫队士兵受伤,1人死亡;3名农民被杀,多人受伤。还有一次,一支200人的队伍,"因为租约已经到期,除非庄园的主人同意他们不再支付房租、税金等,也不再雇用其他佃户,否则他们就去谋杀庄园的主人,铲平他的房子"。但是这群人被沃尔特·利文斯顿(Walter Livingston)领导的武装团体驱散了。在波基普西(Poughkeepsie),1 700名全副武装的佃农关闭了法庭,冲破了监狱。还有一群人向纽约市行进,威胁要烧毁农村大贵族的住宅,但被国民卫队驱散。尤其令农民失望的是,"自由之子"组织拒绝支持他们。

之后地主们向政府请求帮助,政府宣布起义的领导人犯了严重的叛国罪,并派士兵去捉拿他们。后来,零星的战斗仍在继续,但政府力量最终占了上风。这些佃户被士兵掳掠,运动被镇压,许多佃户被驱逐,很多人逃到了佛蒙特州。下面两篇关于6月26日战争的不同报道摘自1766年7月14日的《波士顿地名志》和1766年7月7日的《纽约公报》。参见欧文·马克(Irving Mark)的《殖民时代纽约的土地冲突,1711—1775》(1940年)以及斯托顿·林德(Staunton Lyndon)的《利文斯顿庄园的佃农起义》(《纽约历史学会季刊》,第67期,1964年,第163—177页)。

第一篇

星期三有一个快递员来到城里……我们从他那里得到了以下的详细情况。位于谢菲尔德(Sheffield)以西的一个叫贵族镇和一个叫斯宾塞(Spencer)镇的地方,大巴林顿(Great Barrington)和斯托克布里奇(Stockbridge)的居民向斯托克布里奇的印第安人购买了他们现在拥有的土地。根据本省法院的一项命令,这里定居了大约 200 户人家;约翰·范·伦斯勒先生自称他拥有该土地的所有权,并且因为当地的居民不愿成为他的佃户,他就非常恶毒地对待他们,同时还宣称,他是根据纽约政府的特许权利而享有这些土地的。几年前,范·伦斯勒还曾召集了一些人去欺压穷人,推倒了穷人的房子,杀死了一些人,并且把另一些人囚禁了起来,不断地骚扰和伤害他们。上个月 26 日,伦斯勒带着 200到 300 人过来,他们带着火枪、手枪和剑,因为他们得到消息说,当时有 500 名全副武装的人来攻击他们,但其中大约四五十名居民除了拿着棍棒外,并没有别的武器。居民们来到一道栅栏前,试图与对方达成和解。但是,当伦斯勒的人来到栅栏前时,奥尔巴尼县警长赫曼纳斯·舒勒(Hermanus Schuyler)拿起手枪向他开了枪,另外 3 人也拿起火枪向他们开了枪。居民们想和伦斯勒的人对话,但他们不肯听。据一些认识警长的人说,是警长命令那些人开枪,打死了一个越过篱笆的人和一个同样在篱笆内的居民。看到这种情况后,那些没有武装的大部分居民撤退到森林里,但有 12 个人带了 6 件小型武器和一些弹药在他们所在的房子进行了防卫。伦斯勒的人在房子里打死了 1 个人,居民也打伤了对方几个人,其余的人把伤者带走后撤退,最后剩下 7 人。据后来的记述,攻击者当中没有一个人死亡。警长没有出示任何文件,也没有任何授权令,而居民们继续待在那里,也没有在栅栏那里作出任何挑衅性行为,直到他们回到房子里之前,他们中无人携带任何枪支或剑。在行动中,一名在栅栏旁边的居民的腿断了,攻击者试图抓住他并把他带走。他请求他们的怜悯并说他宁愿死也不愿被带走。之后一个攻击者说"你会死的",攻击者拿出手枪,向躺在地上的居民开枪。据说当攻击者离开时那个受伤的居民还活着,但没活太久。这场战斗发生在距离哈德逊河 16 英里的地方。人们担心荷兰人会把他们的自卫看作谋杀,这让他们一直很惊恐。

第二篇

[摘自 6 月 27 日一封来自奥尔巴尼附近克拉韦拉克(Claverack)的信]

在过去的几个月里,一群暴徒经常聚集在伦斯勒庄园的东部地区。上周他们出现在利文斯顿先生家,想对他提出一些要求,但他不在家。随后,他们回到了距离克拉韦拉克大约 2 英里的范·伦斯勒先生的儿子家,但伦斯勒先生的儿子也不在家，于是他们对伦斯勒先生说了一堆侮辱性的话，说如果他没有在约定的第二天跟他们见面的话，他们会再来找他。26日，奥尔巴尼的警长带着105名手下前去驱散聚集在庄园内一所房子里的骚乱者，据说这些骚扰者大约有60人。当警长向房子走去时，骚乱者向他开枪，并射掉了他的帽子和假发，但他毫发无伤地逃脱了。双方互相开了很多枪。国民卫队中有一位来自克拉韦拉克的名为科尼利厄斯·腾·布罗克（Cornelius Ten Broeck）的先生被打死，7人受伤。暴徒中有3人被杀（其中2个是头目），许多人受伤，其中包括站在后面的诺布尔（Noble）上尉（他是主要的煽动者之一）。骚乱者撤退到诺布尔上尉家，在那里筑起一道护墙，直到警长一行人走后才离开。伦斯勒上校的马在他身下被打死了。后来，警长他们到波基普西去请正规军来帮忙驱散这些人，可是正规军都到菲利普斯·佩特街（Philipse Patent）的彭德加斯特（Pendergast）家去了。

谢斯叛乱，1786—1787年

为了尽快还清马萨诸塞革命战争的债务而征收的高额税收加剧了战后的经济萧条，并给该州的农民造成了沉重的打击——抵押贷款被取消赎回权，债务人被监禁，有些人甚至被卖为奴隶。1785—1786年，仅在伍斯特（Worcester）郡就有4 000起债务诉讼。监狱里的94人中有72人是债务人。当农民们开始组织起来反对债务诉讼时，他们遵循了熟悉的革命模式。首先，他们在1786年8月召开地方会议，向马萨诸塞州法院递交诉状。当他们的请愿未能使法院合法关闭时，他们决定用武力关闭法院。在前大陆军军官丹尼尔·谢斯（Daniel Shays）和卢克·戴（Luke Day）的领导下，马萨诸塞州西部的数百名农民迫使法院暂停。10月，战争部长亨利·诺克斯（Henry Knox）说服国会授权在斯普林菲尔德（Springfield）兵工厂驻扎一支分遣部队，表面上是为了打击印第安人，实际上是为了镇压叛乱。到了11月，他们的活动在马萨诸塞州东部被中止，但谢斯等仍然控制着内陆部分。12月26日，他们关闭了斯普林菲尔德的法院，谢斯的1 000人的军队威胁着由威廉·谢伯德（William Sheperd）少将控制的军火库。本杰明·林肯（Benjamin Lincoln）将军前去协助谢伯德，谢斯本以为卢克·戴会一起协助出击，但是该情形并没有出现，结果谢斯的军队被炮火打得溃不成军。为了尽量减少伤亡，谢伯德没有追击。残余的叛军只能在寒冷的冬季雪天中进行游击战。到了3月份的时候，战争就结束了。

几名被捕的谢斯叛乱的领导人（但谢斯从未被逮捕，他30多年后在纽约死于贫困）被威胁施以绞刑，但最终被释放。起义引起的恐惧减轻了那些试图建立一个比联邦更强大的国家政府的任务。

对斯普林菲尔德兵工厂袭击的叙述来自乔治·R.米诺特（George R Minot）的当代叙述：《1786年马萨诸塞起义的历史以及随之发生的叛乱（1788年）》，第108—112页。关于叛乱，请参阅理查德·莫里斯（Richard Morris）的《马萨诸塞州的起义》[丹尼尔·亚伦（Daniel Aaron）编，《危机中的美国》，1952年]、玛丽恩·L.斯塔奇（Marion L. Starkey）的《一次小叛乱》（1955年）以及罗伯特·A.菲尔（Robert A. Feer）未发表的博士论文《谢斯的叛乱》（哈佛大学，1958年）。

起义军集合了不少军人，因为人数庞大，且有大量前大陆老兵参与，所以这支军队不可小觑。当月24号，谢斯给戴发了一封信，通知戴说他打算第二天进攻斯普林菲尔德东边的哨所，希望戴的军队能与他一起从两面夹击对方。不知是因为戴觉得不方便参加25日的进攻，还是因为他希望获得谢伯德将军投降的全部荣誉，总之，戴推迟了进攻时间，而起义军本来是非常期待他能按时参加的。戴给谢斯的回信是他不能在提议的那天参与袭击，但会在26号予以协助。幸运的是，这封回信被谢伯德将军截获了。因此，谢斯误认为戴理所当然会在25号那一天配合他的行动。而与此相对照的是，戴只是向谢伯德将军发出了一份无礼的呼吁，说那些武装起来的民众只不过是为了自我保护，这在性质上是对第一原则的坚持，并以最专横的方式提出以下要求：

第一，斯普林菲尔德的军队应当放下武器。

第二，军队的武器应存放在公共商店，由适当的工作人员保管，并在战争结束时归还物主。

第三，军队人员应该在获得假释后返回各自的家园。

同一天，谢斯从维尔巴拉哈木（Wilbraham）向林肯将军发出一份请愿书，在请愿书中他说，他不愿意发生流血冲突，他发自内心地希望获得和平，所以他提出，在法庭下一次开庭以及他们的诉求被听到之前，所有的叛乱分子都应该免于受到惩罚。他还提出应当释放那些被政府抓捕的人，让他们免于受到惩罚。这些条件应该通过总督公告的方式来获得保障：叛乱者应该回到他们的家园，等待宪法解除他们所承受的难以忍受的负担。写这份请愿书的时候，林肯将军离斯普林菲尔德只有两天的路程。如果这个问题的目的确实是为了和平的话，是有足够的时间来答复的。

谢伯德将军及其部下断定起义军会动用全部力量发起进攻，他们的处境非常令人担忧。他的军队在数量上明显低于敌人，虽然他有大炮，不过在这样突然紧急的情况下，他不占什么优势。但是林肯将军不认为对方会对他们发动袭击，虽然谢斯的确拥有更多军力，获取成功的机会更大。因此，25日布鲁克斯（Brooks）将军被要求尽快与米德尔塞克斯（Middlesex）的国民卫队一起赶往斯普林菲尔德。

正当形势危急之时，25日下午4点左右，谢伯德将军发现谢斯正沿着波士顿大道向国民卫队驻守的兵工厂挺进。谢伯德将军知道这将会是战斗中第一次流血的重要时刻，因此多次派他的助手和另外两人去打探敌人的意图，并提醒他们这样做很危险。他们带回消息，说对方的目的就是占领兵营，对方很快就将会推进到距离兵工厂不到250码的地方了。于是谢伯德将军再次告知对方，国民卫队是根据政府和国会的命令驻扎在那里的，如果他们靠近，就会遭到射击。听到这些，对方的一个首领回答说，这就是他们想要的，并且又向前推进了100码。这时，谢伯德将军就要迫不得已开火了，但是他还是没有放弃良知。他命令先朝对方头顶的天空开枪。然而这非但没有让他们停下来，反而加快了他们往前推进的步伐。最终，国民卫队只好将大炮对准了对方纵队的中央。这一举动并非没有效果，起义者的背后传来了有人被炸伤亡的哭喊声，整个队伍都陷入了极度的混乱之中。谢斯试图整顿他的队伍，但没有成功。他的部队匆忙撤退到距离作战地点大约10英里的勒德洛（Ludlow），最终队伍中有3人死亡，1人受伤。

国民卫队拥有如下优势：一是敌人的撤退就如同他们糟糕的进攻一样混乱；二是地形特征的优势。如果国民卫队发起追击的话，他们可以杀死大部分起义军。但是指挥官的目的与其说是消灭这些被哄骗的逃亡者，倒不如说是为了吓唬他们。

巴尔的摩反银行骚乱，1835年

1834年3月24日，马里兰银行倒闭，储户损失了200万到300万美元。然而，正如《奈尔斯每周记录》（*Niles Weekly Register*）所指出的，巴尔的摩（Baltimore)人民"以惊人的温顺忍受了这一切"。银行的事务被交由受托人处理,但在17个月的时间里,他们既没有做出解释,也没有进行会计统计。在这一段时期,一场激烈的"小册子战争"开始了,很明显,这是一场"巨大的骗局"。1835年8月6日,在一本特别糟糕的小册子出版3天后,一群人聚集起来惩罚骗子。他们的第一次袭击是针对被控告一方的房屋,但只打破了这些房屋的窗户。参与袭击的人群规模并不大,在市长的命令下被驱散了2次。但有谣言说还会有更糟糕的事情发生,于是市长召集了一些有威望的市民开会,讨论如何应对进一步的骚乱。8月8日,市长组织了一个由市民组成的国民卫队。当天晚上,在暴徒摧毁了一所房子后,国民卫队与暴徒发生对抗,有10到20人被杀,大约100受伤。8月9日,市长对"使用致命武器"的行为表示谴责,并释放了前一晚被国民卫队带走的囚犯。当晚,许多房屋被毫无防备地洗劫一空。然而,当一位银行董事的妻子告诉暴徒有一所房子归她所有而非她丈夫所有后,暴徒们就离开了。之后一整天,都没有发生针对骚乱者的战斗。第二天,反攻开始了。在一次"所有珍视他们的权利并愿意保护他们的居民"的集会上,年长的塞缪尔·史密斯(Samuel Smith)将军被选为志愿军的领袖,这一武装团体负责维持城市的治安秩序,使得城市终于恢复了往日的平静。

下面的叙述来自1835年8月15日的《奈尔斯每周记录》[参见J. T. 沙夫(J. T. Scharf)的《马里兰历史》,1879年]。

本月的3号(星期一),如前面记录所提到的,另外一个重要小册子出版了——上面有波特尼(Poultney)先生的某些评论,这被认为是随后发生的骚乱的诱因——近乎"狂乱"的状态很快显现出来。但我们仍不知道这件事会发展到一种极端,他们也没有(如我们仍然认为的那样)如紧急情况所需要的那样,采取谨慎和适当的措施来应对一开始的麻烦。

本月6日(星期四)晚上,一小群人聚集在纪念碑广场上里弗迪·约翰逊(Reverdy Johnson)先生豪华住宅的对面。不过,在打破了几块玻璃之后,他们在市长的要求下散去了。

7日,也就是星期五的晚上,市长来到纪念碑广场上,城市法警、保安员和许多市民也出现在现场以表示对他的支持。人群比前一晚要多得多,打碎的玻璃也多了很多。市长和刚好来到这里的华盛顿的W. 琼斯(W. Jones)将军向他们发表了讲话。人群恭敬地听取了他们的发言,大约在11点散去。但是骚乱者的阴谋此时已开始酝酿。许多亲市长一方的市民混入人群,尽一切可能了解骚乱者的情况,他们听说骚乱者打算在第二天晚上先对约翰逊先生的房子发起一次猛烈袭击,然后在袭击完查尔斯(Charles)街约翰·格伦(John Glenn)先生的房子后结束当天的活动。因此,当天晚上大家都心怀焦虑等待着……

星期六晚上7点左右,市长事先已经召集了相当多的市民,并派数百名市民驻守在纪念碑广场上通往里弗迪·约翰逊家的每条大道。每个市民配备了一名官方工作人员或佩戴了徽章,其中还大约有30名骑马的卫兵。天黑时,广场上已经聚集了许多人。骚乱的中心主要集中在通往广场的北卡尔弗特(North Calvert)十字路口的巴尔的摩街。这里的人群一次又一次向警卫发起冲击。碎砖块和石头像冰雹一样落在卫兵身上,最后又被卫兵砸了回去。有些卫兵被严重砸伤。然而,他们仍然坚守岗位。一大波暴徒发现无法进入约翰逊的家,就跑到北查尔斯街没有人看守的约翰·格伦的家,开始向窗户和前门投掷石块和飞弹。这所房子是用砖砌成的,建得很结实,门上有一道屏障,以防备敌人的袭击。不一会儿,几名骑马的警卫冲过来向攻击者开枪,迫使攻击者停止了对房屋的攻击。然而,攻击者很快又继续攻击这所房子,经过近半个小时的持续进攻后,房子被占领了,里面所有的家具都被打碎,扔到街上,彻底损毁。

昨天不知什么时候,打砸活动又开始了,许多年轻的男子冲进房子,整个下午持续地打砸木制家具,捣毁堵在外面的墙。二楼和三楼的前墙有一部分被推倒了,房子看起来就像一片废墟。

驻守在城市不同地点的守卫们发现自己受到了极其猛烈的攻击,马上拿起了步枪。星期天早晨1点钟左右,一个由25(或30)名全副武装的市民组成的队伍,向查尔斯街的骚乱者进发。石块如阵雨般向他们投掷过来,作为回击,他们向骚乱的人群开枪射击。据我们所知,他们装上子弹后开了好几枪。警察和卫兵也在几个驻守点向攻击者开了几次枪。据说,总共有8到10人死亡以及受了重伤。受伤程度较轻的人数要多得多。目前还无法确定有多少人和谁被杀。一些受了致命伤的人最终还是死去了。

昨晚(星期日)天黑时,里弗迪·约翰逊家再次遭到袭击。当时没有人进行抵抗。据推测,有几千人在现场观看。没过多久,袭击者就进了屋子,把屋里的家具、一间非常宽敞的法律藏书室和里面的所有东西都扔了出去,并在房屋前燃起了篝火。房子的整个内部饰品也都被扯了出来,扔在了火堆上。

大约11点的时候,房前的大理石门廊和前墙的一大部分被拆除。不过,在此之前,马里兰银行的受托人之一、位于南街的约翰·B. 莫里斯(John B. Morris)的房子也遭到了袭击。他的住所被破门而入、一扫而空——家具和其他物品堆积在街上并被烧毁。在这个过程中,房子里面也着火了,R. 约翰逊的房子也因为靠近门口的篝火而差点被点燃。在这起火灾中,消防车迅速到达了现场,火也被扑灭了,邻近的居民没有遭殃。

从约翰·R. 莫里斯的家离开后,他们又来到市长杰西·亨特(Jesse Hunt)先生的家。他们砸开门,取出家具,扔在门前烧毁。他们还破坏了埃文·T. 艾莉科特(Evan T. Ellicott)的家具,并严重破坏了他在普拉特(Pratt)街的住所。之后他们来到了在北卡尔弗特街休·麦克艾德里(Hugh McElderry)的新房子。房子正在装修,他们打破了前面的窗户,进入房子后开始破坏。就在这时,房子的建造者来了,他说房子还没有建完,还没有交钥匙,这样破坏房子的所有损失都可能由他来承担,这会彻底毁了他。这一点得到确认后,骚乱者就停下手来散去了。据后来的信息显示,他们都是马里兰银行的董事。

他们还袭击了威利(Willey)上尉在富兰克林街的五金店,并开始毁坏里面的东西,但在林奇(Lynch)先生的紧急请求下停止了破坏,林奇先生向他们保证,店主是他而不是威利先生,而且威利上尉已经出城了。

欣策(Hintze)医生的家也遭到了袭击。但是他的夫人出来宣布财产是她自己的,是她从她父亲那里继承的——他们听从了她的请求,没有造成任何破坏就离开了。

本津格(Bentzinger)上尉的房子也遭到了袭击,他所有的家具都被毁了。对他,以及对威利上尉和欣策博士的袭击,都是因为他们反对骚乱者。而且,后来我才知道,还有 30 多人因为同样的原因而被袭击。警长也在其中。

约翰逊先生和格伦先生非常珍贵的图书室都被毁了,每一个图书室都价值数千美元。他们所有的葡萄酒和许多其他珍贵的物品,都被骚乱者掠走并被低价出售!

到了星期天,垂头丧气的人们只能在一旁看着,浑身发抖。没有人觉得自己是安全的——因为所有的一切都没人管了。无政府主义占了上风,法律和法官们都不起作用了!

但星期一早上,情况发生了变化。因为民众不仅要保卫自己的财产,而且还不得不保卫自己的生命——显而易见,需要有一个普遍而又让人沮丧的决定才能要达成这两个方面的需求。事情又回到了原来的样子——没有了法律,就需要有一个领导者来帮助人们从混乱中恢复秩序。塞缪尔·史密斯将军成了最合适的人选——他在交易所被大批集会者选为主席,他接受了人们对他的信任。尽管他已经85岁了,但他仍以青年人的热情接受了这一职责。他告诉集会的人们,解决问题的时机已经过去了,现在是该采取行动的时候了。

联邦的旗帜升起后,人们在旗帜的指引下游行到公园,在听取了史密斯将军和其他人具有建设性的简短的讲话之后,他们迅速撤退,并准备立即服从指挥。此时的命令是武装起来,到市政厅去。消防队也被召唤出来,并成批地出现在街面上。

星期一晚上,一大批全副武装的市民来到了市长办公室,他们和消防员一起驻守在城市的不同地方,随时准备行动。当晚一切都特别平静。街道像坟墓一样死寂——除了侦察不同区域的武装部队沉重的脚步外。

纽约抢劫面粉骚乱,1837年

1837年的恐慌局面让很多人痛苦不堪,因为生活必需品的价格飙升到了令人望而却步的高位。在纽约,面粉从1835年的每桶5.62美元涨到1836年的每桶7.75美元,到1837年再涨到12.00美元。肉类、煤炭和房租的价格也同样大幅上涨。1837年2月的一天,一张到处张贴的告示上写着:"面包、肉、房租和燃料!它们的价格必须降下来!无论晴雨,星期一下午4点在公园里集合!……邀请所有决心抵抗垄断和勒索者的朋友参加。"罗克福克(Locofoco)(又译摩擦火柴党)领导人亚历山大·明(Alexander Ming)、摩西·雅克(Moses Jacques)和约翰·温德(John Windt)的签名出现在这张告示的底部。罗克福克党是民主党中的一个反垄断派别,他们认为大萧条是由纸币引起的,为了结束这种局面,只能使用硬通货(硬币)作为交换媒介。2月13日,为响应罗克福克党的号召,一群人聚集在一起。但其他一些发言人,既不满意罗克福克党的提议,也不满意他们向州议会请愿寻求援助的策略,而是呼吁对当地面粉商人进行攻击,他们说,这些人囤积面粉是为了抬高价格。一个叫伊莱·哈特(Eli Hart)的商人,在他的仓库被破坏后,第二天就公开否认了这一指控,将粮价上涨归因于"全国粮食极度短缺"。

这场骚乱是美国历史上最早的穷人掠夺富人财产的暴乱之一,许多保守派认为这是一场革命的开始。《纽约商业登记册》评论道:"无论谁翻开1789年法国大革命的历史,都会发现'死亡舞蹈'是由吵着要面包、列队行进、对面包师犯下暴行的暴民们发起的。"下面的描述来自纽约的一份报纸——《商业登记册》，后转载于《奈尔斯每周记录》。赫齐卡亚·奈尔斯（Hezekiah Niles）评论说，他之所以要刊登这份记录，"是为了让未来的历史学家能够追溯这个共和国的下坡路"(《奈尔斯每周记录》，第51期，1837年2月25日，第403页)。

下午4点钟，几千人聚集在市政厅前——可以肯定的是，他们都是城市中的乌合之众——他们的内心充满了愤怒，也充满了暴乱和革命的一切因素。摩西·雅克被选为该集会的主席。但是在这种情况下秩序并非最重要的。事实上，会议被分成了不同的小组，每一个小组都挑选出了一些煽动者，为了自己的目的，他们在小组讨论中喋喋不休地长篇大论。

在这些演说者中，小亚历山大·明（Alexander Ming, Jr.）是最引人注目的一位。他是一位爱国者，曾多次被提名为该市注册办公室的候选人之一。他针对目前状况的演讲相比较于其他演说家而言表现得没那么狂热和富有煽动性，他主要围绕着货币问题——即推行他的同事本顿上校的改革提议——建议人们抛弃银行券，只收取和使用贵金属。他的长篇大论明确提出了一套决议，其中最核心的一项提案是向"立法院"请愿，希望禁止所有100元面值以下钞票的流通。这位杰出的本顿观点支持者被暴民们高高举起，傲然地朝坦慕尼（Tammany）堂走去。

然而，还有一些发言人直接来到会议上，用最激愤的语言谴责地主和面粉所有者，指责他们将租金和粮食的价格定得过高。其中有一位演说家，在他的演讲过程中一直煽动听众的情绪直到他们的内心充满了愤怒，然后公开煽动民众去报复最主要的面粉代理商——伊莱·哈特先生。"同胞们！"他叫道，"哈特的店里现在有5.3万桶面粉，我们去给他8美元一桶，如果他不接受"——说到这里，有人拍了拍这位演说家的肩膀，他突然压低了声音，用这句话结束了他的发言："我们就平静地从他那儿离开。"

但是，暗示本身就够了。一大群人朝哈特的商店走去。哈特的商店位于华盛顿的戴伊街（Dey Street）和科特兰特街（Courtlandt Street）之间。这家商店是一座很大的砖房，有3扇又宽又结实的铁门。得知暴徒要来了，商店的职员锁好了门窗，但还没来得及关上中间的门，门就被打开了，至少二三十桶面粉滚到了街上，桶盖被压扁了。此时，哈特与一群警察赶到现场。警察们在戴伊街遭到一伙暴徒袭击，他们的棍棒被抢去，被砸得粉碎。这时暴徒人数不多，警察们成功地进入了商店，并在短时间内中断了破坏行动。

市长随后来到了骚乱现场,试图告诫那些被蛊惑的群众,他们的行为是愚蠢的——但是毫无效果。他们的人数在迅速增加,市长受到了群众手中各种各样的飞弹的攻击,愤怒的他不得不撤退。随后大批增援的暴徒赶到了,警察们被赶出了现场,商店也被攻占了——第一扇铁门从合页上被拆了下来,用作攻城锤。破坏者立刻冲了进去,阁楼的窗户和门都被砸开了——暴徒们又打砸破坏起来。

几十桶、几百桶的面粉从门口滚到街上,有的从窗户里接二连三地被扔出来,那些掉下去时没有碎的桶盖立刻就被砸得凹陷进去了。和面粉掺杂在一起被丢在街上的还有共计上百袋的麦子,袋子里面的小麦也被丢在铺着石块的地面上。大约有1 000蒲式耳的小麦和四五百桶面粉就这样被胡乱地、愚蠢地、邪恶地毁掉了。破坏主义者中最活跃的是外国人——事实上,这次集会的大部分人都来自外国。但是,大概还有5 000个或1 000个人,正等在那里,教唆和煽动人群。

在一桶桶和一袋袋小麦纷纷被倒在地上、毁损破坏的情况下,许多妇女加入进来,她们就像那些在战斗中剥去死者衣服的老妪一样,往别人给她们的箱子和篮子以及围裙里装面粉,然后带走。有人看见一个叫詹姆斯·罗奇(James Roach)的男孩站在楼上的窗台上,把一桶又一桶的面粉扔到街上,每次扔的时候都大叫:"面粉8美元一桶!"更糟糕的是,早在袭击开始不久的时候,就有人闯进了哈特先生的账目室,把他的书和文件弄出来,扔得到处都是。这可能是他最大的损失。

此时,骚乱现场已经夜幕降临,但破坏活动直到大批警察赶来才停止。不久之后,又来了几支部队。劳恩德(Lownds)法官和布拉德·古德(Blood Good)法官搜查了几家商店,几名暴徒被逮捕,并被押往布莱德维尔(Bridewell),由警察局的鲍耶(Bowyer)负责。但是在去监狱的路上,鲍耶和他的助手们遭到攻击,鲍耶的外套被人从背后撕了下来,几名囚犯被劫走。不过,后来有几个人又被抓了回来。

就在哈特商店的破坏活动结束之前,有人大喊了一声"米芝"(Meech),一伙暴徒因此穿过克恩迪·斯雷普(Coenties Slip)街,去攻击米芝公司。但是在路上,他们先看到了S. H. 赫利克(S. H. Herrick)商店,于是他们立刻向该商店发起攻击。一开始,他们用暴风骤雨般的碎砖块和棍棒砸碎了窗户,随后将门也撞破了。大约二三十桶面粉滚到街上,有十几桶的桶盖被撞扁。

在这里进行打砸破坏活动的暴徒人数相对较少,他们很快就停了下来——可能是因为有消息说大批警察正在赶往那里。另一种说法是,他们被劝诱停止恶行,因为主人保证,如果他们不浪费面粉的话,他会把面粉全部送给今天的穷人。然而,尽管如此,警察们还是迅速赶到了现场,在那些迅速聚集起来的市民的帮助下,这些卑劣的乌合之众被全部驱散了——大约三四十人在两个破坏点被抓获。然而,不幸的是(即使不全是),他们的头目(如果不是一个人)几乎都逃跑了。

寮屋居民骚乱,1850年

19世纪40年代,加利福尼亚的大片土地被投机者从墨西哥人手中买下。然而,那些在发现黄金后涌向加州的人,往往无视所有合法的土地所有权,选择定居在他们喜欢的地方。一些土地所有者通过诉讼成功地赶走了这些寮屋居民,但在1850年,这些寮屋居民成立了一个协会,挑战既有所有权的合法性,并且越来越多地反对土地的缺席所有权。

1850年5月,一个名叫约翰·F. 马登(John F. Madden)的寮屋居民被成功起诉,法院下令将他驱逐。寮屋居民协会谴责法院的命令,指出对于土地的不可剥夺的权利是"国家、自然和上帝"所赋予的,并发表了一份宣言,称他们"有意诉诸武力解决和保护他们的权利,如果必要,宁肯付出生命的代价"。全副武装的协会成员守卫着马登的房子,但警长设法赶走了马登,并逮捕了一些寮屋居民。8月14日,一群全副武装且有组织的寮屋居民试图夺回有争议的土地财产。接下来发生的枪战在下面的第一个文档中有详细的描述。第二段讲述了第二天发生的事情,当时警长听说这些寮屋居民试图动员矿工去萨克拉门托(Sacramento)游行,于是去逮捕了一些寮屋居民。这两篇报道都来自1850年8月15日和16日的萨克拉门托《每日时报》,转载于威廉·J. 戴维斯(William J. Davis)的《加州萨克拉门托县的插图历史》(1890年,第27—28,30页)。也可以参阅乔赛亚·罗伊斯(Josiah Royce)的《萨克拉门托的寮屋居民暴乱》(《大地月刊》,第4期,1885年9月,第225—246页)。

2点钟的时候,一群约40人的寮屋居民走到I街脚下的防洪堤上,企图重新占有那儿大片的土地,那是他们一伙人最近占领的地方。他们全副武装,很显然他们的目标是要解救一天前因为在12日早上参与暴力抵抗法律程序的骚乱集会而受到指控且被送上监狱船的两个人。在移走地上的一些木材后,这群寮屋居民接下来的企图被制止了。市长哈丁·比格洛(Hardin Biglow)要求所有善良的市民协助镇压带有威胁性的骚乱,于是大批市民聚集到了现场——有几个市民带着武器,向监狱船走去——但在那儿没有举行游行活动。

　　那些寮屋居民按照军事命令撤退,从I街走到三街,然后走到J街,最后走到四街,后面跟着一群人。市长在此接见了他们,命令他们交出武器后解散。他们拒绝这样做,并立即向市长开了几枪,其中4枪命中。市长从马上摔了下来,被抬回了住处,虽然没有丧命,但伤势严重。J. W. 伍德兰(J. W. Woodland)当时手无寸铁地站在市长附近,腹股沟中了一枪,几分钟后就去世了。一个叫杰西·摩根(Jesse Morgan)的人[据说来自俄亥俄州的米勒斯维尔(Millersville)]刚到不久,就有人看见他用枪瞄准了市长,此时一颗子弹穿过杰西·摩根的脖子,他应声倒地而亡。詹姆斯·哈帕(James Harper)在支援警长时受了重伤,但并无生命危险。我们很难对接连发生的可怕事件提供确切的细节。从验尸官的检查看来,那群寮屋居民到了第四街的拐角上,按规定站好了队伍,警长还没有拿出武器,就挨了好几枪。还有人作证说看见了那个向伍德兰开枪的人。一个叫马洛尼(Maloney)的爱尔兰人是寮屋居民的骑马首领,他胯下的马被打死了。他试图逃跑,但被人追赶到一条小巷,随后头部中枪,倒地死亡。罗宾逊(Robinson)医生是他手下的一名武装人员,身体下部受伤。克罗威尔·黑尔(Crowwell Hale)公司的黑尔(Hale)先生腿部受了轻伤。罗杰斯(Rogers)的儿子(一个小男孩)也受了伤。我们还听说了其他一些消息,但不能保证这些消息的准确性。几位先生发誓说他们看到罗宾逊医生故意瞄准市长,于是他被逮捕并被关进了监狱。一位名叫亨利·A. 考尔菲尔德(Henry A. Caulfield)的爱尔兰人被指控对市长和伍德兰采取了类似的行动,于当天下午晚些时候被捕。

　　这些可怕的场景的发生比我们用来描述它们的时间要短得多,一切很快就过去了。在这之后,理事会会议召开,市民们聚集在第二和J街的角落以及城市的其他地方,然后组织成一队队人群以防止进一步的暴乱。在听到汇报说寮屋居民在城堡处增加了兵力后,一群骑马的人在警长的指挥下迅速向那里赶去,但是目无法纪的暴民不知去了何处。侦察兵被派往各处搜查,但是没有发现他们任何的踪迹。与此同时,又有几支队伍排成一列,向城市的各个地方行进,并在不同地点建立了集合点。准将A. M. 温(A. M. Winn)发布了一份公告,宣布该市处于戒严之下,命令所有守法的公民组成志愿连队,并尽快向总部报告他们的组织。晚上,整个城市完全恢复了平静。离开了参议员后,副州长麦克道戈尔(McDougal)想要去见见这些淘金者,他今早会从贝尼西亚(Benicia)带一支小分队过来。此外,一支500人的特警队也被安排在夜间执行任务。

在我们所记录的可怕的连续暴力事件中,又一个阴郁灰暗的日子到来了。一个牺牲者的葬礼仪式刚举行完,就有第二个人倒在了神圣的职责祭坛上。该县的警长,约瑟夫·麦金尼(Joseph McKinney),昨晚被杀了。他曾和大约20人结伴到布莱顿(Brighton)去逮捕据他所知与14日骚乱有关的人。当到达帕维琳(Pavilion)并且确定了他要找的一队人都住在附近的艾伦(Allen)的旅馆后,他安排了对附近房子比较熟悉的摩门(Mormon)岛的麦克道尔(McDowell)去那里观察一下然后再回来。然而,警长没有等他,很快就骑马到了门口,警长要求艾伦及其他人投降,但他们拒绝了。随即警长的人就开了几枪,麦金尼先生受了致命伤,几分钟后就死了。与此同时,几个和他一起的人进入了聚集了十几名寮屋居住者的酒吧。后者中有3人当场死亡。艾伦虽然受了伤,但还是逃脱了。3个囚犯被带进了城里。我们听说,第四名囚犯和1名非法移民也被带走了。

铁路工人罢工,1877年

1877年大罢工是对工业化带来的新经济环境的第一次大规模抗议。在快速发展的经济中,最先进的部门是铁路,而1873年的严重经济萧条对铁路工人的打击尤为沉重。1877年,铁路公司下令削减铁路工人10%的工资,并计划通过将每列火车的车厢数翻倍来削减雇员人数。1877年7月17日,在西维吉尼亚州的巴尔的摩市和俄亥俄州的马丁斯堡(Martinsberg)铁路线上开始了一场罢工,然后罢工自发地沿着铁路线蔓延开来。国民卫队被召集去清退马里兰坎伯兰(Cumberland)铁轨上的罢工者,但是他们拒绝了。巴尔的摩的州政府被要求派遣国民卫队,但巴尔的摩的工人大量聚集,阻止载有国民卫队的火车离开。那天有12人被杀,人群放火烧毁了巴尔的摩站和俄亥俄站。

当罢工蔓延到宾夕法尼亚铁路公司时,类似的但更血腥的场面在匹兹堡(Pittsburgh)重演。首先,匹兹堡国民卫队拒绝放开被他们的朋友和亲戚封锁的铁路,随后,铁路官员从费城召集了国民卫队。罢工者得到了广大民众的支持,甚至市里的商人和成千上万的男女老少也到车站去对抗费城的军队。当国民卫队拿着固定好的刺刀向前行进时，人们拿起石块向他们砸去。于是他们向人群开枪，打死了 10 到 20 人，炸伤了 60 到 70 人。数千名愤怒的人随后袭击了国民卫队，国民卫队撤退到铁路回旋仓库，随后仓库被人群点燃。军队逃离了燃烧的仓库，但当他们离开时，遭到了来自窗口、门口和屋顶的射击。然后，人群放火烧毁了他们能找到的所有铁路财产，包括 104 个火车头，2 152 节车厢，以及整个车站。

随着罢工的蔓延，海斯（Hayes）总统的内阁勉强决定反对将宾夕法尼亚州定为暴动州及招募 7.5 万名志愿者。最后，除了新英格兰和南部地区，全国所有的铁路都被袭击。但是，由于没有有效的铁路工会，只有薄弱的政治组织且缺乏中央控制或计划，一个又一个城市的罢工者被国民卫队和美国军队击败。罢工最后失败了。

许多人认为，铁路工人罢工是外国的阴谋所致，是共产主义者和社会主义者的活动，因为它们希望在美国城市复制巴黎公社的模式。新闻界和商界要求制定针对劳工的阴谋论法律，并要求制定针对罢工的其他法律保障措施，最重要的是增加武装力量。许多国家的城市都建立了军械库，国民卫队组织也得到了重组和加强。宗教报刊《独立报》（The Independent）指出，如果普通警察无法阻止骚乱，"那么子弹、刺刀、罐子和葡萄……就成了一时的补救办法。……暴徒比疯狗还坏"。

以下关于匹兹堡罢工的描述来自罗伯特·M. 布林顿（Robert M. Brinton）少将在宾夕法尼亚大会调查委员会的证词（《调查 1877 年 7 月铁路骚乱委员会的报告》，1907 年，第 10 页）。关于罢工，参见罗伯特·V. 布鲁斯（Robert V. Bruce）的《1877：暴力之年》（1959 年）、杰拉德·M. 格罗布（Gerald M. Grob）的《1877 年铁路工人罢工》（《中西部期刊》，第 4 期，1954—1955 冬季，第 16—34 页）以及菲利普·斯拉那（Philip Slaner）的《1877 年铁路罢工》（《马克思主义季刊》，1937 年第 2 期，第 214—236 页）。

皮尔森（Pearson）将军命令我将部队向 28 街迁移。当时，我对他们说，在来的路上我就看到山上挤满了人。如果他们命令我去，我想让他们跟我一起出去看看现场的情况。我在那里完全是个陌生人，我想他们一定是得到了错误的信息，因为他们说布朗（Brown）将军的一个旅已经搜查了那座山。我在车站也见过卡萨特（Cassat）先生，我说如果我们去清退铁轨上的罢工者，你能把你的火车挪开吗？他说我们可以，我们已经派人去移动双车头了。很快，皮尔森将军命令我到第28街去。于是我命令一队人马沿着自由街前行。皮尔森将军让我沿着铁路走，我照办了，并携带了加特林机枪。我们走到28街附近的十字路口，穿过一排排对着我们大声喊叫的人。在此之前，当我还在联合站（Union Depot）的时候，有几伙人来找我，他们想知道我是否会向贫穷的工人开火。我没有给任何明确的答案，也不想和他们交谈。我把手下的队伍叫在一起，并告诉他们不管他们对我们做什么——甚至如果他们把唾沫吐在我们的脸上——我也不想浪费一枪一弹。但如果他们尝试对任何个人施加暴力，我们有权保护我们自己，这也是我们应该做的，此时就是开火的时刻。我们在28号街十字路口附近下了车。那里有一大群人，就像你远远看到的那样，我们在铁路那儿就被拦了下来。法夫（Fife）警长和一群人走在我们前面，根据我听到的内容来判断，我想他是想宣读骚乱条例。但他后来就不见了踪影，我再也没见过他和他的副手。皮尔森将军和我们在一起。当时，如果我们不使用武力，就无法通过。我问皮尔森将军有什么方法可以过去。他犹豫了一会儿，然后说必须把铁轨清除掉。人群随后挤进了四组队伍的行列中间，我命令四组队伍向后排成一行，面向后面的一排，从两边把人群向后推开，形成一个空心的正方形。

以下是参议员亚特兹（Yutzy）的问话。

问：你是怎么行军的？

答：右边在前面——即第一团在前面。人群返了回来。我们在把他们拉回那排车厢时遇到了一点困难。那里有相当多的车厢——28街的十字路口被堵住了。站在那儿的人显然已经打定主意要留下来，他们说铁路公司与此无关，他们只是占用了公共地块而已。然后我命令两个连队上前，但发现人数不够。于是我命令另一个连队带上武器突破人群，但还是不行。因此我下令士兵们拿出刺刀冲锋，他们照做了，我看见有一两个人被刺刀刺死。当时人群开始向我们回击，不仅用石块，还有手枪，士兵们按照已经下达的自卫命令开始射击——起初只开了几枪，后来逐渐沿着整个战线开枪。那时，我手下还不到300人。第二旅被留了下来守卫着火车头出发处的停车场。……枪声持续了大约一分钟——实际上不超过一分钟，群众在枪声一响起时就四散逃跑了。我下令停止射击，我的参谋官让射击停了下来，重新组织了有些支离破碎的队伍……当时我对皮尔森将军说，我认为我们应该继续驱赶人群。我想他们应该是去了军火库。不出所料，几个男人走过来对我说，人群去联邦军火库拿武器了。我想当我发现他们已经离开的时候，他们可能就已经拿到武器和弹药了，于是我建议皮尔森将军我们应该跟着他们。他犹豫了一会儿。我认为情况变得更迫切了，我说，你必须做点什么，我不能让我的人在人群拥挤的情况下站在铁轨上，还不允许他们开枪。我们要么离开那儿，要么向人群开火。最后，他说第二旅已被转移到圆形机车库和机器车间，因为他担心这些东西会被烧毁，然后他叫我把全部部队转移进去，总计600人，于是我在傍晚时分赶了过去。我们到了那里。他们告诉我去占领一个圆形机车库还有那里的机器、家具店和木材场，而且布朗将军将赶到28街的另一个圆形机车库。但是直到我看到火焰，我才意识到他还没到。我一到那儿，人群就想要冲进院子，我派了一个警卫去把他们赶走了，其中有两个人在驱赶中被击中，一个胳膊被击中，另一个腿被击中。然后，我放好加特林机枪，准备开火，但我想为了礼貌起见，还是先跟皮尔森将军沟通一下，告诉他我打算怎么做。后来我跟他说了，但他禁止我这么做。人群不断用手枪和步枪向我们射击，还投掷了很多石头。我去找皮尔森将军，对他说："我受不了，我们必须自卫。"他说他要去见市长先生，这比我们的子弹管用得多，因为市长对当时的主要势力有很大的影响力，他还说他不愿无谓地去杀人，等等。此外，我们还缺少弹药供给，我们只有20串子弹，如果想突出重围，我想我们应该备足弹药。皮尔森将军说他会去看看我们有没有补给和弹药，然后就离开了，说他1小时后回来。他穿过木料场，离开了我们。当时，他还叫我打开所有寄给他的急件，我问他是否有什么新指示。他说："我要你守住这个地方。"他走后，我提议用我认为合适的方式守卫这个地方，向门口的暴民开火，把他们赶出去，所以后来就只剩下手枪子弹和几颗散乱的火枪子弹打过来。我们之后继续坚持这种守卫方式，也没有收到来自别的地方的任何信息。我随时都在等皮尔森将军回来。我不想自己承担赶到那里去的责任，或做任何别的事情。凌晨2点钟左右，第三团的斯诺登（Snowden）上校叫我到圆形机车室，他认为是一门大炮在那里，让我看看是不是。那时天很黑。我们看了大概15分钟，刚好一团乌云散去，我们断定那是一门大炮，周围有许多人在练习使用这门大炮。我立即命令斯诺登上校派50人出来，告诉他把大炮放低，然后由我来下令开火。他们很快把大炮放好了，有一个人抓住发射炮弹的绳子。我下令开火，当烟散去时，他们中有11个人倒在了地上。

问：暴徒们有大炮吗？

答：是的。我想，那是他们从哈钦森（Hutchinson）炮台缴获的一门铜炮。我们和那些人战斗了一整夜。他们把装满油的车厢撤下来，并试图纵火，但幸运的是，一些车厢脱了轨，挡住了其他车厢。第二天早上，他们从阿勒格尼(Allegheny)河一侧推下车厢，车厢随着自身重力下行，但我们最终把一堆车轮扔到了轨道上，把车厢弄翻了。车厢燃烧起来。里面满载着威士忌，也可能大部分是高度葡萄酒。我们用灭火器和软管把火扑灭了。后来，我们发现第六师的建筑部分着火了，它与我们所在的建筑通过油棚相通。这个地方着火了，我们所在的大楼也跟着着火了。夜里我与拉塔(Latta)将军做了沟通，因为我发现皮尔森将军没有回来，我告诉了拉塔将军我的情况，第一时间接受了他的命令——或者被称为建议——努力坚持，如果我被迫离开的话，则前往托伦斯(Torrens)车站以东的佩恩(Penn)大道，早上不晚于6点钟会有增援部队。此外，没有成功加入的部分军队——在沃尔斯车站的大约300人——将会与格思里(Guthrie)上校在托伦斯车站会合，然后他们会与我们并肩作战。我们一直等到8点10分，这时烟越来越大，工人们都喘不过气来，随后我们穿过了机器车间。但是我们无法走出门口(常规的那个大门)，因为车厢都倒在地上燃烧着。我走了出去，到了23大街——我认为是，我不是非常熟悉街道——我并不是想离开匹兹堡，而是去了联邦军火库，因为我想那里一定可以找到弹药和可以吃的东西，我们只剩下一个三明治和一杯咖啡了。离开费城后，经过了两个紧张无眠的夜晚，士兵们已经精疲力竭。我们向军火库走去，大概到了宾州大道1/4英里的地方，就遭到了袭击。我走在纵队的前面，没有看到攻击我们的部队，但我立即派了一名参谋到后面去。枪声都在后方，我想应该是有1个人被打死，10到12个人受伤。

问：是在从圆形机车室撤退的时候吗？

答：是的。这些人是从有轨电车、房屋和烟囱后面被射杀的。没有任何有组织的团体或其他大规模团体对我们进行攻击，直到我们接近军火库，这时——我把加特林机枪布置在两个旅之间，以便应对来自后部和前部的袭击——我们用其中一把开火，并驱散了暴徒。我们随后到达了军火库。我走在前面去见司令官，走进大门后，我走到他的房子里，见到了他，告诉他我是谁。我的人已经精疲力竭了，我请求司令官允许我们在院子里列队。士兵们都非常口渴，而场地比较阴凉，我想我们可以在那儿等着，直到我接到皮尔森将军的命令。但是随即我们接到司令官的明确命令，不准我们进去。我不想和他发生口角，所以继续向东走。就在这天夜里，我接到拉塔将军的一封信，说他想尽了一切办法给我们提供补给，但没有成功，因此，我想最好我们还是自己弄吃的。我们到了离夏普斯堡(Sharpsberg)不远的地方,他们告诉我们如果到了那里我们将会有吃的。我决定就去那儿,当我们进入小镇后,我们被告知十四团的两个人曾在山上遭受我们的袭击并严重受伤,那里的人对我们会不友好,于是我决定继续赶路,等待补给。正当我们前行时,我们遇到了两位先生,他们加入了我们的队伍,其中一位,我想他是宾夕法尼亚铁路公司的人,他说我们可以在克莱蒙特(Claremont)下面的一个镇吃点饭,在那里他们会给我们提供咖啡和口粮。但是他们带来的口粮是浆果——不是很适合士兵们吃的东西。随后我们前往克莱蒙特,在那里等待命令。

路易斯安那州制糖业罢工,1887年

路易斯安那州甘蔗田的农村黑人劳工是战后重建时期最悲惨的被剥削群体之一。自1873年大萧条以来,劳工本来就一直很低的工资持续下降。三次罢工都被州国民卫队镇压了。1887年,种植园主平均每月支付13美元的代金券给劳工,并且要求只能在他们自己的高价商店里兑换,或者作为他们拥有的12×15英尺小木屋的租金。当地的一份报纸宣称:"众所周知,这些甘蔗种植园的工人比他们奴隶制时代的父辈更像奴隶。"

1887年,黑人组成了当地的"劳工骑士",许多生产糖的白人工人也很快加入了该组织。当年10月4日,他们要求每天向他们支付1美元现金。农场主们拒绝了,四个教区的9 000名黑人和1 000名白人走上了街头。种植园主的反应很快。尽管罢工是和平的,种植园主们还是说服州长派国民卫队进来。在帕特森维尔(Pattersonville),国民卫队向一群罢工者开枪,造成4人死亡。一些俘虏被带到当地官员那里,但第二天他们就被射杀。在提博多(Thibodaux),对于该地区而言都是陌生人的"最杰出的公民"组织了一支非正式的武装力量,之后该地就被宣布实施戒严。法院下令禁止黑人离开小镇,暴力被故意挑起。根据随后的报告,35名手无寸铁的黑人被杀。在其他地方,两名早些时候在罢工中被监禁的黑人罢工领袖被处以私刑。罢工被瓦解。

下面的描述来自1887年11月26日的一份黑人报纸——新奥尔良《鹈鹕周刊》。参见西德尼·H.凯斯勒(Sidney H. Kessler)的《劳工罢工中的黑人》(《中西部期刊》,第6期,1954—1955年冬季)。

谋杀,邪恶的谋杀已经发生了,受害者都是没有给别人造成任何伤害的守

法的黑人。杀手比迄今为止在路易斯安那州干这种罪恶勾当的人更残忍、更丧心病狂、更肆无忌惮,他们把路易斯安那州拉福什(Lafourche)教区提博多及其周围的黑人像牲畜一样地打死了。

在过去的3个星期里,各种关于糖区工人和种植园主之间存在的纠纷的歪曲报道每天都充斥着公众的生活。奇怪的是,这些报告中除了两篇以外,没有一篇能证明黑人有为了获得他们提出的公正、公平增加工资的要求而诉诸暴力和流血的欲望或企图(从他们的行为可以判断为如此)。来自州不同地区的国民卫队一直在受威胁的地区执行任务,在这段时间内,唯一令人发指的犯罪行为要么来自军队、甘蔗种植园主,要么就是来自他们雇佣的人。在这段时间,黑人都在法律允许的范围内和平、安静地工作和生活,他们只希望得到他们所期望的、要求得到他们所拥有的并完全有权这样做的事情——增加工资。

种植园主拒绝了他们的要求并命令他们离开种植园。在这个时候,尤其是在提博多和侯马(Houma),大部分劳工都参加的一个组织——"劳动骑士"组织——在上述城镇尽可能地租下了所有的空房子,并把无家可归的黑人安顿在那里。这种出乎意料的行为使种植园主和他们的跟班们大为恼火(有些人除外),于是他们便通过武力和其他一些鬼点子来强迫黑人为获取工资干活。

住在提博多的黑人因为坚持他们认为的正义而拒绝加入种植园主。

在这种情况下,种植园主决定杀死他们中的一些人,从而让剩下的人屈服。为了更好地完成这一任务,国民卫队部队被抽调过来,他们刚动身回家,就开始为杀死黑人做准备。上周日晚上11点左右,种植园的马车载着全副武装的陌生人驶进了提博多,来到了弗罗斯特(Frost)的饭店和旅馆,这些陌生人就住在那里。他们是谁,从哪里来,除了种植园主和泰勒·比提(Taylor Beattie)法官,似乎没有人知道;但这是一个事实,第二天(周一),戒严法令就颁布了,这些武装人员被安排上街巡逻,不允许黑人离开或进入城镇,且无不傲慢和专横地针对黑人,并竭尽所能对黑人进行挑衅。就这样持续了两天,即星期一和星期二。他们发现黑人在平时的沉默中很难被激怒,于是决定找个这样那样的借口,以便引发一场杀戮。

借口来了。星期二晚上,巡逻队射杀了他们中的两个人,戈尔曼(Gorman)和莫莱森(Molaison)。他们大叫着:"拿起武器,拿起武器!黑人杀白人了!"一群不明身份的人,后来被确认为什里夫波特(Shreveport)游击队,因为曾经受到拉福什最古老和最好的教区的协助在沃希托(Ouachita)河和红河计划杀死"黑鬼"而闻名。他们来到街上,冲进房子、教堂以及所有能找到黑人的地方,到处扫射。

"6死5伤",日报上写道。但是从一个目睹整个事件的人那里,我们得知至少有35个黑人当场被杀。瘸腿的男人和失明的女人被射杀,儿童和白发苍苍的老人们也被无情地射杀!黑人没有反抗,因为这次杀戮是突发意外。那些没被杀的人逃到了树林里,大部分人躲到城市里避难。

这是在提博多发生的真实事件。读这本书会使每个人热血沸腾——无论黑人还是白人——只要他的身体里还有人性的微光。甚至这会让人觉得,允许这样漠视生命的行为在美国的这些地方发生让人怀疑是否战争①失败了。

美国公民被州法官指使的暴民杀害,而且得不到赔偿!要求提高工资的劳动人民,却被当作狗一样对待!那些在法律面前享有平等权利的黑人在枪口下比农奴表现得更不受尊重!这就是今天路易斯安那州正在发生的一切。

在这样的时刻,这样的场合,谴责的话就像雪花落在熔化的铅上。黑人应该捍卫自己的生命,如果他们必须死去,那就让他们的死直面那些为他们的家园、孩子和合法权利而战的迫害者吧。

霍姆斯特德事件,1892年

霍姆斯特德(Homestead)事件是劳动纠纷中使用武力的一个经典例子。尽管卡耐基(Carnegie)、菲普斯(Phipps)和康普尼(Company)在宾夕法尼亚州的钢铁厂只有25%的钢铁工人是工会成员,尽管工会同意工资标准与钢铁价格挂钩,但公司总经理亨利·克莱·弗里克(Henry Clay Frick)还是出手镇压了工会。弗里克提出了一项新协议,即削减22%的工资并裁掉大量工人。工会拒绝了他的提议。1892年6月29日,弗里克关闭了霍姆斯特德的大钢铁厂,然后雇用了300名配备温彻斯特连发步枪的私家侦探来保护钢铁厂,这样他就可以用非工会工人来重新开工。工人们,不管是熟练工还是非熟练工,不管是工会劳工还是非工会劳工,不管是本国的还是外国的,都以罢工来应对闭厂,并且准备阻止破坏罢工的人进入工厂。他们雇了一艘汽艇在河上巡逻,并组成了罢工警戒队一天24小时巡逻。

---

① 指南北战争。——译者注

私家侦探乘着车厢漆成黑色的专列来到距匹兹堡5英里的地方。在那里，他们被转移到驳船上，驳船沿着莫农加希拉(Monongahela)向霍姆斯特德移动。罢工者事先得到警告，准备用武力去袭击驳船，尽管谁也不清楚是谁开的第一枪。接下来的河战以及私人侦探的最终投降将在下面予以叙述。

工会军队在河上取得胜利后，州长派遣了8 000多人的国民警卫队过来。在他们的保护下，破坏罢工者重新开放了工厂。弗里克随后将罢工者告上法庭，指控他们共谋、暴动和谋杀，提出了大约185项起诉。为了不坐牢，罢工者不得不筹集超过50万美元的保释金。在他们失去工资之后，这种经济上的损失是致命的。11月，罢工开始四个半月后被瓦解了。

以下关于霍姆斯特德之战的叙述，摘自一名私家侦探守卫在调查公司使用私人军队的国会委员会面前的证词。参议院报告第1280号，第五十三届国会第二届会议，第68—72页。另见利昂·沃尔夫(Leon Wolff)的《停摆》(1965年)以及塞缪尔·耶伦(Samuel Yellen)的《美国劳工斗争》(1936年)。

问：你是不是被秘密地从这里转移到霍姆斯特德？

答：这次行程很平静，计划执行很快，也很保密。

问：告诉我们你的路线是怎样的？

答：我们从第5大道的办公室出发，沿着街道走到湖岸车站，在那里我们进入了站台的后门。我们没有走普通乘客入口，而是走了员工入口，所以我们很快就进入了火车的三个后部车厢。我们一进车厢，就有人站在门口，好像是侦探而不是巡警，他们不让我们出去，也阻止任何想进来的外人进入……

我们走得相当慢——火车不是按点运行——很久才到达克利夫兰(Cleveland)……我们在那里等了1个小时，我们的3个车厢和来自东部的另外7个车厢连在了一起。然后，我们整列火车快速地向前行驶，穿过杰斐逊(Jefferson)县到扬斯敦(Youngstown)，再从扬斯敦到贝尔维尤(Bellview)，我们在那里迅速下车。事先，我们被告知做好下车准备——离开车厢。在我们的行程中，我们根本不被允许离开车厢，我们就像囚犯一样。我们没有任何权利。这可能是因为他们害怕工会的人或是间谍提前给霍姆斯特德发电报。他们想在没有流血冲突的情况下进入工厂，但我们实际上没有任何权利进入工厂。然后我们都上了船，总计大约300人。这是2艘有篷的驳船，就像密西西比河上的有篷船……

我们被要求集合、点名、拿上制服，包括外套、帽子、背心和裤子。等我们拿到制服后,我们已经沿着河走了一段距离。我们被告知要保持安静,灯也关了,一切都很安静,直到有人轻轻地吩咐我们起身。我躺了大约1小时,这时船上传来命令叫全体船员准备上岸。接着上尉大声召集会使用步枪的人。我不想使用步枪,然后他说希望有两三个人拿着棍子守门,于是我说我可以去。我翻过桌子,拿到了一根棍子,就像警察使用的那种棍子,去防守边门——主要是防止有人从河里的其他船只上进入驳船。我守在那里,看到那些会用步枪的人被派到船的比较开阔的一端,但直到枪声开始,我才看到他们的踪影。

问:据你所知,后来又发生了什么?

答:我很好奇,想看看河岸上发生了什么事。我守在船在侧门,因为有三四个其他男人害怕携带步枪,他们转而去承担了看门的职责。我被告知去船的另一端看看发生了什么,我看见许多年轻人和男孩在岸上,手持很粗的棍子大声咒骂着。我没看到枪或其他的东西。他们在大声咒骂我们。除此之外,我没有看到其他的东西,然后回来继续守门。没超过两分钟,我就听到了尖锐的枪声响起,有30、40或100个人,还有我们的人,以他们最快的速度奔跑到后面,进入门里躲避,然后他们转过身,连续朝外面射击。天太黑了,我很容易就能看到步枪的火焰。他们开了大约50枪——我很惊讶地看到他们站了起来,因为罢工者也在开枪,但他们似乎并不害怕被枪射中。他们有一个可以躲避的地方。我觉得他们开枪的手法很专业。芝加哥(Chicago)号船内的人很害怕听到步枪的枪声,我们冲过去拿起桌子上已经准备好的步枪。这时候,我想是一个中士,打开了一盒左轮手枪,说:"大家都来拿左轮手枪!"于是此时我有了一杆温彻斯特连发步枪加一支左轮手枪。我喊了一声,想看看有没有人受伤,然后我看到一个处于窒息中的男人。他头部中枪,我想没过多久他就死了。他的名字大概叫克莱恩(Kline)。当然,我们被这样的射击激怒了,但是我还是尽可能地远离了危险。

当诺德拉姆(Nordrum)走过来的时候,我站在那里,他让我跟着他来到纽约(New York)号船上,那里有40个拿着步枪的人,他们站在船边,观察岸上发生的事情。诺德拉姆对岸上的人喊话。他说话声音很大——可以说是命令式的。他说:"不管怎样,我们就要冲上那座山去,我们不希望你们这些人再来找麻烦。"

工人们在工厂的窗户里面。这家工厂被铁板围着。可以看到里面有几个男孩,但大人全都躲起来了。我想我只好上山了,我不太喜欢这样做,因为我觉得那几乎等于必死无疑。我在很短的时间里仔细考虑了一下，我想无论如何我都得去。我站在那里，等着诺德拉姆向山上冲去，我们跟着他，这时他离开了大约有好几分钟。我利用这一点时间环顾了一下"纽约"号船，看看发生了什么事，我看到大约150名"纽约"号上的人躲在离海岸最远的过道里。那里被分成几个铺位。他们躲在铺位里——铺位的床垫底下，他们不希望被要求扛起步枪冲上山。很显然，他们害怕打仗。他们只是看守或巡逻的，不是侦探。现在，持有步枪的大多数都是侦探。一共有40名侦探，我后来得知他们都是平克顿（Pinkerton）（私家侦探）的正式雇员，但其他人只是看守或巡逻的，他们只是被雇来巡逻的，不用干别的事。看到这些人如此害怕，畏缩不前，我们其余的人也感到沮丧，而那些拿着步枪的人似乎也都很害怕。我走到船的尽头，看到岸边有很多人在挥手，所有人都盯着船，看起来非常疯狂。

  我判断我们会有麻烦，于是赶快回到了船的一端，等待诺德拉姆来，但是他没有出现。站在那里大约半个小时之后，我得出结论——因为这里没有一个人命令我们做任何事情，而且据说蒸汽拖船已经驶出来并带走了所有管理我们的人——我认为我需要照顾自己、为自己的生命负责，如果有人说我离开了，不留在那里，我会告诉他们我不打算再为他们工作了。于是我回到了我被派去看守的那扇门那里，在那天余下的时间里，我一直待在那里，直到枪声响起。我觉得，如果船被烧了——估计会有1 000人冲下堤岸，把我们干掉，这是我们一整天都在揣度会发生的事。我决定，如果船被烧了，我就和其他人一起战斗来保命……在这次交火中，还发生了一次战斗。我没有亲眼看见，但有步枪的噼啪声，我们的人用霰弹枪进行了回击。这种情况持续了10分钟，子弹像冰雹一样飞来飞去，满身是血的人朝我们冲过来……

  许多人的情绪彻底崩溃了。他们穿上救生衣，无比慌乱地跳到桌子下面。在当天剩下的时间里，罢工者开始了第二次开火，并且似乎有狙击手向我们射击。一开始他们直接向我们开枪，但过了一会儿，他们又从侧边的过道向我们开枪，他们还会向那些认为自己已经处于安全中的人射击。子弹嗖的一响，就会听到有人大叫一声，你就知道他因为疏忽被打中了。一整天我们都在被狙击手狙击，大约12点的时候，一桶桶燃烧着的石油漂浮到了岸边。他们想把我们烧死，迫使我们爬上码头并在那里把我们击中，但他们没有成功，因为油被海水冲走了。大约1点的时候，罢工者发射了一发炮弹。

  我们听到炮声，以为炮弹会打在我们船的吃水线以下，把我们的船击沉，但爆弹并没有把我们打得很严重。整个下午都是这样。有一颗子弹穿过屋顶和几张小床，打在墙上，弹到了外面，一个人把子弹捡了起来。那是一个铁球，直径约2.5英寸，这个铁球把屋顶撕开了一个洞，但没有造成任何人身伤害，只是使我们的人惊慌失措——这是一种可怕的恐慌，比开火更可怕，因为它使人士气低落。大约在3点钟的时候，我们听到了一些声音。我们以为是大炮，但其实是炸药。后来我才知道，它比大炮还厉害。炸弹把另一艘船击沉了。一根船上的柱子落在我附近，它撞开了通道的门，又撞开了大门。狙击手正朝他看得见的所有人射击。那时大约3点钟。这时，大多数人都主张投降，但那些老侦探坚持说："如果你们投降，就会被像狗一样射杀。最好的办法就是待在这里。"我们不能割断驳船的绳子，因为下面有个陷坑，我们会沉下去。我们的船长和拖船抛弃了我们，把我们丢在那儿等着被枪毙。我们感觉好像被背叛了，我们不知道拖船为什么会开走，也不知道为什么后来拖船又回来了。4点钟左右，不知是谁下令投降，一个在折衷学院学习的医学生传达了命令。他是船上最聪明的人，他是共济会会员，是他争取到了投降的机会。我不知道他是通过挥动旗帜来获得这个投降的机会的。我们最终投降了。他要求用汽船把我们拖走，但罢工工人却不让我们走，而是让我们从车站走。

投降后，我和那些出来的人一起冲上堤岸，我们很高兴能逃掉，也没有想到会有什么麻烦。但我向山上望去，发现我们的人在上山时遭到了袭击，这让我很沮丧。我手里拿着望远镜包，走到离工厂院子一半路程的时候还没有受伤。就在这时，有3个人向我扑过来，把我打倒了两次。其中一个人说："今天早上你杀了两个人，我看到你了。"我把提包丢在了地上，我想那几个人大概是小偷，于是我成全了他们。我以为应该不会再有任何人群了，没想到在前面的矿工房子里出现了成群的矿工、女人，等等。当我们从那里走过去的时候，他们又开始袭击我们。一个男人捡起一块石头，朝我的脑袋扔过来，石头一闪而过。我看到了几个小偷在我正前方，我猜他们是从匹兹堡来的。有一个人用弹弓射击，如果有人拿着提包，他会击中这个人的耳朵而迫使他丢掉提包。我继续向车站走去，两边都是密密麻麻的人，他们拖着我们的人，殴打我们的人。我试图远离人群；我没有提包，我戴上帽子走出了平克顿的队伍（私家侦探），但有人注意到了我。我开始奔跑，大约有100人跟在我后面。我沿着一条小街跑，穿过一个院子。我想我大概跑了半英里，但我已经精疲力竭，没有东西吃，也没有水喝，我的腿已经瘫软，再也跑不动了。一些人从背后抓住了我的外套，大约20或30

个人走过来用脚踢我，用石头反复击打我。我对自己失去了控制能力。我以为我要死了并开始尖叫，有两三个手持步枪的罢工者冲了过来，把人群推开，把我迅速送到了一个剧院，我被安置在剧院里。我发现那里有大约150名平克顿人，我在这里遭受了最后一次殴打。

科达伦事件，1892年

一些最致命的工业暴力事件发生在偏僻的山区城镇，那里缺乏历史悠久的社区和大量中产阶级民众，导致了阶级之间的强烈对抗。在爱达荷州科达伦（Coeur d'Alene）的铅矿和银矿区就曾发生了一起丑陋的事件。煤矿工人组织了工会，强制所有煤矿实行统一的工资制度。1891年，矿主们组建了一个反对势力组织——"矿主保护协会"。1892年1月，该协会向工会提出一项新协议，要求削减25%的矿工工资。矿工们拒绝了，于是他们被全部停工。与此同时，雇主协会宣布："协会决定不再雇用矿工工会的任何成员。"

矿主随后引入了数百名工贼（拒绝和破坏罢工的人），并雇用了武装警卫来保护他们。起初，工人们试图去接进站的火车，并说服罢工破坏者加入他们的行列，但收效甚微。7月7日，霍姆斯特德罢工的消息传来，这让很多人转向了更激进的策略。7月11日，1名工会矿工被平克顿（私人侦探）守卫杀害；随后，矿工用炸药袭击了位于旧金山工厂的警卫营房，造成1人死亡，20人受伤。接着，他们攻击了宝石矿。经过长时间的枪战，5名矿工被打死，14名矿工受伤，他们最后占领了这座矿井。数百名武装矿工行进到该地区的其他矿井，迫使矿主立即解雇所有非工会人员。7月13日，州长宣布该州进入叛乱状态，并派遣由联邦军队增援的爱达荷州国民警卫队进入该地区。工贼被带回来了，600名矿工被围捕并关进牛栏（这种监禁方式成了全国的丑闻），同情罢工者的地方官员被撤职，所有活跃的工会成员被解雇。不过，大多数被监禁的人被法院释放，罢工又重新开始。由于矿主在没有经验的工人的情况下无法让矿厂正常运转，大多数矿主最终承认了工会。只有邦克山（Bunker Hill）和沙利文（Sullivan）这两家公司坚持了下来，但1899年发生了一次针对它们的罢工，重复了早期的暴力模式。以下内容摘自1892年7月14日的《斯波坎（Spokane）周报评论》。参见罗伯特·韦恩·史密斯（Robert Wayne Smith）的《1892年科达伦矿业战争》（1961年）。

这是科达伦历史上最不平静的一天。迄今为止，这些山脉间平静的峡谷中还回荡着步枪尖锐而致命的枪声，峡谷溪的悬崖还回荡着炸毁了贵重资产的炸弹和炸药的爆炸声。

罢工力量与取代他们位置的非工会工人之间长期以来令人恐惧的冲突终于发生了，结果有5人死亡，16人被送往医院。峡谷溪上的旧金山工厂已成为废墟；该宝石矿已向罢工者投降，其员工的武器已被缴获，同时还被命令离开这个国家。由于这些胜利的喜悦，罢工者中的骚动分子准备向非工会人员的其他据点移动，很可能明天就会向沃德纳（Wardner）动手。

今天早上6点左右，宝石镇宝石矿的一名非工会矿工在旧金山矿附近遭到枪击。他跑回了宝石矿，后来因伤重去世。

这一声枪响似乎是非工会军队的信号，他们迅速集结，向矿厂行进，双方展开了激烈的炮火攻击。然而，对被围困的军队来说，进攻的部队太强大了，为了避免更多地流血，他们放弃了矿井，放弃了武器，把非工会人员赶下峡谷，送出这个地区。

与此同时，海伦娜（Helena）公司和旧金山（San Francisco）公司的财产也在同一地点遭到了类似的攻击，结果也一样。矿井和工厂里的人投降了，围攻者随后上山，在电车道上放了许多炸药，希望爆炸后毁掉磨坊。他们这样做是为了报复埃斯勒（Esler）先生对他们的严厉态度，但第一次尝试失败了。然后他们向铁水槽投下一枚炸弹，当炸弹撞到底部时，发生了巨大的爆炸，摧毁了磨坊以及价值12.5万美元的财产。

在这之后，双方达成了休战协议，停止了敌对行动。非工会工人的武器被堆放在一起，双方各派一个人负责看守，但武器后来被罢工者拿走了，矿主声称这违反了协议。

死者、伤者和囚犯随后被安置在一列特殊火车上，送往华莱士。峡谷溪现在完全由罢工者控制，任何人都不允许进入该地区。

在科达伦发生的冲突中，最可怕的是发生在科达伦河上的"七月四日峡谷"悲剧。在把许多在逃的非工会士兵赶到峡谷和河里之后，那些发狂而又群情激愤的罢工者追上了他们，把他们像鹿一样打死了。被打死的人中有宝石矿的工头莫纳汉（Monaghan），他当时正和家人一起出来。他的家人幸免于难，但莫纳汉被赶进了灌木丛，背后中弹。他昨天早上被抓了起来，带回了矿井。人们认为他很快会死去。据报道，在七月四日峡谷已经发现了12具尸体。非工会工人已被全部缴械,只能听凭追击者的摆布。昨天从湖上顺流而下的小船又收留了30多名逃亡者,他们本来已经逃到了河边和灌木丛中。逃亡者讲述了他们可怕的经历。他们中的一些人被人用左轮手枪击打,许多人的贵重物品被抢劫一空。

一个中年男子在传教时从刽子手手中逃脱,他讲述了从罢工者手中逃脱后的痛苦。他要求匿名接受采访,因为担心会遭受进一步的报复。

"枪击开始后,"他说,"我们跑起来,就像许多羊一样。我们完全被吓坏了,目瞪口呆。我向铁轨走去,上了一节车厢。车厢里也挤满了男人和女人。我看见莫纳汉太太蹲在两个座位之间。不一会儿,一个魁梧的家伙拿着一支温彻斯特步枪出现在汽车门口。'滚下车,你这个……你这个……'他说,我们都朝车门跑去。我听见莫纳汉太太在哭,'看在上帝的份上,别杀我。我有两个女儿在这里的某个地方,我把她们弄丢了'。那家伙告诉她她可以留下。这是我在车里最后听到的声音。不一会儿,我就被挤到门外,飞快地跑开了。我们有一队人在一起。很快,枪声开始在我们头上响起,但我们继续奔跑,穿过田野和灌木丛,枪声像冰雹一样跟随着我们。"

"我们的队伍开始分散,然后只有我和另一个人在一起。我们来到一个篱笆前,当我们都挤过一个洞口时,一声枪响从我同伴的耳边掠过,他喊道:'哦,上帝,我中枪了!'"

"过了一会儿,我看见我们的一个人在远处倒下了。我跑过他躺着的地方。他抬头看着我说:'告诉阿伯特(Abbott),我被杀死了。'他是守夜人阿伯特的儿子。我眼睁睁地看着他死去却什么也做不了。夜幕降临时,我们发现自己陷入了一片沼泽,水没过膝盖,完全失去了方向。我不敢移动,怕被发现。夜幕渐渐降临,我们开始行动。天亮时,我们看见一个人带着一条狗。起初我们不敢让他看见我们,但渐渐地,我们的勇气恢复了。我们都快饿死了。我们走到那个人跟前,把我们的经历告诉了他。一开始他不给我们任何吃的,但在我们答应给他3美元后,他把我们带到了他的房子,在那里我们得到了一些面包和牛奶,他划着木筏把我们渡过了河。我们徘徊了一两英里,最后被小船救了上来。"

普尔曼罢工,1894年

普尔曼宫殿车厢公司(Pullman Palace Car Company)为其工人建造了一个

示范城镇,目的是给工人提供舒适的居住条件,但也是为了盈利。其租金比周围社区高出 20% 到 25%,但许多人愿意住在那儿,因为这是需要这份工作的人最好的选择。1893 年的经济大萧条期间,普尔曼有一半的工人被解雇,其余的工人工资减少了 20%,但租金却没有减少。1894 年 5 月初,一个由雇员组成的委员会要求恢复原来的工资,但被拒绝了。5 月 10 日,该委员会的 3 名成员被解雇。5 月 11 日,普尔曼公司的工人举行罢工,要求他们所属的美国铁路工会协助他们罢工。6 月 26 日,美国铁路工会(A. R. U)开始拒绝使用普尔曼生产的车厢。铁路罢工很快蔓延至全国 2/3 的区域。6 月 28 日,始于芝加哥的 24 条线路上的所有交通都被阻断了。工人们让货车脱轨,堵塞铁轨,然后打开开关,把工兵们拉下火车。

铁路组织"总经理协会"说服芝加哥警察驱散示威的罢工者,并让美国联邦执法局任命了由铁路部门支付报酬的 2 000 名协助警员,而警察局长将这些人描述为"暴徒、小偷和有前科的人"。但这些协助警员们无法让列车重新运行。随后,通用汽车管理局(G. M. A)求助于联邦政府。7 月 2 日,前铁路律师兼铁路主管、总检察长理查德·奥尔尼(Richard Olney)获得了一份联邦禁止令,以联邦邮件受到干扰为由,禁止封锁火车。由于禁令被无视,克利夫兰(Cleveland)总统不顾伊利诺伊州州长奥尔特盖尔德(Altgeld)的反对,派遣联邦军队到芝加哥。大规模的街头斗殴爆发,人群焚烧了货运车厢,向火车投掷石块。7 月 6 日,数百个车厢被烧毁,州国民卫队被派往骚乱现场。7 月 7 日,在国民卫队和群众之间的战斗中,4 人死亡,20 人受伤。截止到第二天,芝加哥共投入了 14 000 名警察、国民卫队、军队和联邦法警,罢工被镇压了。尤金·德布斯(Eugene Debs)和其他罢工领导人因藐视法庭和共谋罪被捕,德布斯被判入狱 6 个月。至少其他 7 个州也发生了类似的暴力事件,有 34 人被杀。

7 月 7 日这场战斗的报道摘自 1894 年 7 月 8 日的芝加哥《时报》。参见阿尔蒙特·林赛(Almont Lindsey)的《普尔曼罢工》(1942 年)以及斯坦利·布德(Stanley Buder)的《普尔曼:工业秩序和社区规划的实验,1880—1930》(1967 年)。

昨天下午,宪兵第二兵团 C 连上尉梅尔(Mair)在 49 街和卢米斯(Loomis)街交汇处处分了一群暴徒。协助他们的警察处理完成了国民卫队离开后的相关事宜。但是,究竟有多少暴徒被杀或受伤目前没法确切地知道。暴民抢走了许多奄奄一息和受伤的人。就目前警方、医院和医生的报告显示,共有 2 人死亡,8 人重伤,17 人轻伤。

昨天凌晨3点，一支40人的队伍乘坐工作列车沿着沃巴什（Wabash）路来到69号街。由于在每一个十字路口都遇到了暴徒，抢救队无法开展任何工作，于是他们又沿着西印第安纳线行进。随后他们被转移到大树干线上。当火车在49街和卢米斯街行驶的时候，人群越聚越多，冲突已不可避免。与部队在一起的还有8名警察，他们一整天都跟在火车上。当时，救援人员正在弗雷泽（Frazer）街附近清理翻倒的车厢和被拉出的长钉。3点刚过，这项工作就完成了。士兵和警察都聚集在抢救队员周围，被成千上万吼叫的暴民包围着。这一地点的工作差不多在下午3点半就完成了，人群的情绪已经到了最高点，他们开始向警察和士兵投掷石头。

导致枪击事件的袭击

那辆破损的火车自从开始工作以来，就成了数以百计的各种飞弹的攻击目标。有几名警察和国民卫队的人员被打中，最终他们接到命令，可以在暴徒下一次猛烈投掷石块时予以还击。而这种袭击很快就发生了。火车头和破损的车厢正沿着铁轨慢慢往西移动，这时有一群人聚集在十字路口，点燃了一节车厢，还有一节车厢脱轨了。许多妇女站在聚集的暴徒的最前面。他们的谈话十分卑劣。突然，他们消失了，似乎是接到了暴徒首领的命令，男孩们也逃跑了。有些男性暴徒撤退后准备进行伏击。

显然，这次袭击是有计划的。火车头停了下来，以便人们把脱轨的车厢推上轨道。此时，暴徒向火车头投掷了几块石头和木棍，但没有打到。

接着，一枚流弹击中了火车头，并且弹回来击中了一名警察。这名警察立即近距离向暴徒开枪。暴徒跑到了卢米斯街和主教（Bishop）街之间巷子里的棚屋和马厩进行掩蔽，其他人则跑进了附近的酒吧。这时，从一个棚子里射出了一颗子弹，随之而来的是一阵石头雨。警方开枪予以回击，潜伏中的暴徒进行了回击。

指挥国民卫队的梅尔（Mair）上尉集合了队伍，但一直保持沉默，也没有展开进攻。突然，一块石头击中了一名中尉。血从他的太阳穴上的一个伤口里喷了出来。国民卫队认为再这样拖延下去是愚蠢的，他们迫不及待地等待开火命令。命令终于来了：

"准备，瞄准，开火。"

向叛乱者的第一次扫射

德布斯叛乱中第一次零星的射击声响了起来。有些射击比较散乱。紧随其后的射击都对准了目标。有6个人被子弹击中。一些人尖叫着跑到街上。有3个人倒在暴徒投掷石头的小巷里。

从5 000名暴徒那儿传出了猛烈的吼叫声。如果说暴徒们疯了,实在不足以描述他们真实的状态。事实上,他们就像狂躁分子和恶魔一般,让人充满了未知的恐惧。第二和第三次扫射之后,这一小群士兵才避免了被彻底歼灭的命运。尽管士兵们用最快的速度装满子弹,让子弹一颗颗射了过来,但暴徒的首领们仍像野兽一样从伏击的地方冲了出来,扑向他们。警察把左轮手枪的子弹也都打光了,还在重新装填子弹。

此时,冲锋的命令下达了,任何一时的犹豫都是致命的。暴徒和士兵都冲向十字路口,在那里他们展开了最后的战斗。从那一刻起,士兵只能使用刺刀。士兵们一次又一次地向北边的卢米斯街发起进攻,同时向东进攻49街。暴徒们慢慢失利了。对他们来说刺刀太多了。靠前的暴徒有十几个人被刺刀刺伤,也有人用了很多石块和棍棒。随后,士兵们又开了几枪,暴徒纷纷逃跑。后来他们再次集结起来并向部队发起冲锋,在街上来来回回战斗了好几个回合。警察或警官偶尔开枪,而士兵们只用刺刀进行进攻。

工程师被迫撤退

当战斗还在进行的时候,一群从卢米斯南部赶来的暴民袭击了那辆已经毁坏了的火车头上的工程师。为了拯救自己和他的火车,工程师向西出发,部队也随同前往。一些暴徒认为这是一次撤退,想再发动一次进攻以取得胜利。此时,连队的所有人排成一行,形成纵队,在前面转来转去。最后一次冲突发生后,暴徒被赶到了卢米斯向北差不多一个街区的地方。部队在街道两旁房屋之间扔出的雨点般的石块中撤退,而他们守卫的火车头还在半英里外。最后,他们在阿什兰(Ashland)大道追赶上了火车头。

由于陆军中尉里德(Reed)处于半昏迷状态,而他的几个手下也受伤比较严重,梅尔上尉下令让他们上车,于是他们都上了火车。在警察赶到前,部队带着受伤的中尉,乘着火车全速前进,被送达了第尔伯恩(Dearborn)街站。

警察的生死搏斗

当士兵们离开后,暴民们围拢过来,两个求救信号被发出。

当火车载着士兵丢下警察驶离后,暴民们欣喜若狂,他们从四面八方围拢来。如暴风骤雨般的石块和铁轨上的铁块被投掷过来,十分可怕。警察们背靠着背相互支持,准备与敌人同归于尽。暴徒们面对着左轮手枪的枪口,略有犹豫。手持左轮手枪和警棍的警官瑞安(Ryan)一路打到最近的巡逻亭,叫来了一辆巡逻马车。霍尔斯特德街(Halsted)车站的中尉凯莱赫(Keleher)带了12个人来支援。马车还在路上的时候,暴徒们又把警察包围了起来。一小群警察冒着雨点般的石块,沿着49街慢慢向西撤退,用左轮手枪遏制住了暴民。一部分暴民把注意力转向了抢救队的工作。他们点燃了一节车厢,弄坏了开关,还拆毁了铁轨。随后他们又将火力转向警察。此时,火警警报突然响起,并且伴随着警报,又响起了要求警察协助的呼救。奥尼尔(O'Neil)上尉及13个人作出了回应。

这个时候中尉凯莱赫赶了过来。他发现情况很严重。这些乌合之众的人数每分钟都在增加,一心想要把军官们都杀死。他骑着巡逻马向暴徒冲去,人群被冲开了。当他到达铁路道口时,8个警察正遭到暴徒粗暴的殴打。凯莱赫及其手下从马背以及马车上跳下来,手持棍棒拼命来到了那群军官那里。于是所有人都向后与暴徒激战起来。凯莱赫被人用石头击中,莱昂斯(Lyons)警官抓住了那个人并将他逮捕。这时,奥尼尔上尉和他的人来了。暴徒们看到对方来了更多的增援,暂时退了下来。这时消防警长菲茨杰拉德(Fitzgerald)也因火警警报赶了过来。罢工者包围了他,把他的马推到沟里,把马车弄翻,把他扔了出去。他急忙站起来,拔出左轮手枪,向警察那边冲去。

警察开枪制服了暴民

但是增援部队的出现只是暂时控制住了暴徒。暴徒们捡起地上的鹅卵石,又发起了一次坚决的冲锋。形势太危险,不能再拖延下去了。虽然没有发出开火的命令,但是大家相互传递着信息让每个军官照顾好自己。在必要的情况下,他们一个接一个地近距离向人群开枪。几声枪响后,人群开始动摇,在向着枪口投掷了大量石头后开始撤退。几个被打伤的暴徒躺在地上。警察拿着警棍跟在后面。由于铁丝栅栏把轨道围了起来,而暴徒忘记了。当他们转身想要逃跑时,才发现被困在了围栏里。

警察也没有心慈手软,他们无情地用棍棒把暴徒赶到铁丝网前。暴徒想尽办法逃离。这时奥尼尔和他的人沿49街向西走去,而凯莱赫则向东走。他们一边走,一边把那些暴徒打得团团转。栅栏外的人群在被警察驱赶的暴徒的帮助下集结起来,石头如雨点般地打了过来。

在弗雷泽和49街之间有一家马克斯·普雷贾(Max Preja)开的酒馆。据说他是一名无政府主义者。四处飞奔的罢工者冲进了这家酒馆。奥尼尔和他的人跟了进来。当警察接近酒馆时,附近的窗户被打开,有人从窗户中开枪。子弹打高了。警察开枪予以回击,并砸开了酒馆的门,但如暴风雨般的石块和台球向他们投掷而来。

警察放过了老人和妇女,强迫暴徒上楼。但暴徒从窗户跳了出去。除了酒保,人群被赶上了街头,朝不同方向的街区逃去。

留在地上的伤者

发生战斗的街道就像战场一样。那些被军队和警察开枪打死的人就像木头一样躺在地上。地下散落着被打落的帽子和脱下来的外套,这是那些逃跑时为了减轻身上重量的人遗留的。而在卢米斯十字路口,也就是那8名警察站着的地方,暴徒扔了整整500块石头。在主教街和卢米斯街之间的小巷里躺着"火车头"伯克(Burke),他因身体左侧受伤而奄奄一息。警察把他抬起来时,他只剩最后一口气,当他们把他抬进药店时,他就死了。警察说他是一个给他们带来许多麻烦的家伙。托马斯·杰克曼(Thomas Jackman)就在他身边,腹部中枪,到现在还没有恢复。腿部中枪的亨利·威廉姆斯(Henry Williams)躺在卢米斯街西边,托尼·加加斯基(Tony Gagaski)在他身边,胳膊上有一处枪伤。救护车被叫来了,所有能找到的伤员都被送往恩格尔伍德(Englewood)的联合医院。

惠特兰骚乱,1913年

移民农业工人很少能够让自己避免受到他们极易遭受的剥削。1913年,在加州,他们曾经尝试组织起来,但被残酷地镇压了。

E. B. 德斯特(E. B. Durst),一个加利福尼亚大型农场的农场主,做了大量的广告来招募啤酒花采摘者。后来,他招募了远超他实际需要的人数的采摘者——来自27个国家的2 800名男人、女人和孩子,其中包括叙利亚人、墨西哥人、夏威夷人、日本人、立陶宛人、希腊人、波兰人、印度人、古巴人、波多黎各人。德斯特所拥有的设备最多也只够一半数量的人使用;2 800人能使用的厕所只有9个,工人宿营地周围的田地几天后就变得很脏;那里也没有垃圾清除设施,1英里以内也没有饮用水,而柠檬水则是由德斯特的亲戚在售卖。此外,德斯特还从每1美元的工资中扣下10美分,在采摘季结束时发放。工人若提前离开,他们的这部分工资就被没收了。

在一小部分世界产业工会组织成员的领导下,工人们组织了一次群众大会,并成立了一个委员会,要求改善工作条件。经过激烈的争论后,德斯特扇了委员会主席布莱基·福特(Blackie Ford)一巴掌,并解雇了委员会所有成员。随后,一名警察试图逮捕福特,但由于该警察没有搜查令,采摘者拒绝允许警察逮捕福特。正当采摘工人们举行群众大会的时候,警察带着县警长和副手们以及县里的地方检察官回来了。会议被下令解散。警长再次试图逮捕福特,遭到了愤怒的采摘者的袭击。一名副警长向空中开枪,双方开火。地方检察官,1名副手,还有2名采摘工被杀。

当几百名武装人员和5个连的国民卫队到达农场时,采摘者逃走了。整个州都开始了对采摘工和世界产业工会会员的围剿活动。他们还雇佣私人侦探来扩充警察的力量。许多被囚禁的人遭受了殴打或饥饿。包括福特在内的两名男子被判二级谋杀罪,理由是他们对劳动条件的不满造成了一种有利于暴力的氛围。为了解救这两个人,加州的世界产业工会组织了一次大罢工。虽然宣传活动让农民工的困境被大众知晓,但最终还是没有成功。

以下是1913年8月4日旧金山《纪事报》上的报道。关于加州移民工人和惠特兰(Wheatland)骚乱的进一步资料,参见工业关系委员会的《证词》的第五部分(第4911—5026页)以及卡尔顿·H. 帕克(Carleton H. Parker)的《临时工和其他随笔》(1920年)。

惠特兰,8月3日——今晚5点,小麦田附近发生骚乱,4名男子死亡,数不清的外国啤酒花采摘者受伤。死者有:

E. T. 曼威尔(E. T. Manwell),尤巴(Yuba)县地方检察官。

S. 里尔登(S. Reardon),尤巴县副警长。

身份不明的黑人啤酒花采摘者。

身份不明的波多黎各啤酒花采摘者。

伤者包括：

警长乔治·H.沃斯(Geoge H. Voss)，腿部和头部中枪且被严重殴打。

奈尔斯·纳尔逊(Nels Nelson)，富有的农民，手臂被子弹击中。

警员 L. B. 安德森(L. B. Anderson)，右臂被子弹击中骨折。

E. 布拉德肖(E. Bradshaw)，旁观者，肘部中枪。

2 名身份不明的女性，中枪且严重受伤。

2 名身份不明的男子受伤。

这场骚乱是由一场工资争议引起的，工人们要求每天采摘啤酒花的工资是 1.25 美元，而不是以前的工资标准，即 1 美元。

在接到第一份汽车事故报告后，一个由 10 名代表组成的小分队迅速从萨克拉门托赶来。尤巴县警长亲自带队出面，试图与罢工者谈判。墨西哥人暴徒中有个情绪激动的人随意开了一枪，结果造成双方密集交火数百枪……

据报道，世界产业工会成员是暴乱的领导者。问题始于德斯特兄弟，他们在牧场雇用了 400 名采摘啤酒花的工人，并且拒绝了员工加薪的要求。

今天中午，德斯特和安德森(Anderson)警官出席了罢工者的会议，当德斯特拒绝增加工资时，罢工者开始辱骂他们。安德森警官试图逮捕其中一人，结果遭到工人的袭击和殴打，他的左轮手枪被抢走。该警官随后打电话给警长乔治·H.博斯(George H. Boss)。

博斯决定率领一个 10 人的小分队过来，在地方检察官曼威尔的陪同下，他们坐着 2 辆汽车去了惠特兰。博斯和他的 4 个副手走近聚集在牧场房子附近的暴徒。警长试图与那些人谈判，并敦促他们停止破坏财产的行为。

据报道，暴徒头目开始辱骂警长，警长威胁要逮捕他。博斯抓住了一个比他的同伙更暴力的人，并把他拖向汽车。他的朋友们扑向警长，把警长打得不省人事。当其他副手开始冲过来时，暴徒中排在最前面的人开了枪。

站在附近的曼威尔当场死亡。副警长 E. 坎宁安(E. Cunningham)也是如此，他是博斯警长的岳父。博斯躺在地上时，有人向他的身体开了几枪，另一名副手也当场死亡。

奈尔斯·纳尔逊是一名富有的农民，也是国民卫队中的一员，他的手臂在排枪射击中被打断了。安德森警官的右臂严重骨折。两名妇女也受了伤，据说是致命伤。

警长坐的那辆车的司机是那辆车里唯一一个幸免受伤的人。他跳上车逃跑了。射击停止后，另一辆车上的人被允许把死者和伤者抬回马里斯维尔（Marysville）。

暴徒和武装团体之间的交火发生在5点左右。大约1个小时后，一辆载着伤亡者的汽车抵达了马里斯维尔。

勒德洛事件，1913—1914年

1913—1914年发生在科罗拉多矿区的勒德洛（Ludlow）罢工是雇主使用武力反对劳工组织的最具代表性的例子之一。勒德洛煤矿主长期以来一直反对成立工会，但在1913年，矿工联合会决定再试一次。工会要求州长为他们安排一次与矿主的会议，但矿主拒绝了。1913年9月25日，工会号召罢工。在要求进行的改革中，有5项只是要求矿主加以重视的州法律。例如，其中一些规定涉及安全条例，而另一些则是要求保障工人的权利，如在自己选择的商店进行交易的权利。为了破坏罢工，科罗拉多燃料和铁器公司从得克萨斯、新墨西哥和西维吉尼亚召来警卫，这些警卫一到那里就由当地警长授予了官方权力，并被派往那些被赶出公司住所、住在工会搭建的帐篷里的矿工中间。他们的汽车上都装有装甲钢板和机枪。1913年10月7日，这些警卫袭击了勒德洛帐篷殖民地，杀死了1名矿工，打伤了1个小男孩。几天后，在沃尔森堡（Walsenberg），他们在一场会议上开枪，打死3人。第二天，1名警卫被杀，矿工们向全副武装的火车头"死亡专列"开火，迫使它撤退。

随后，州长伊莱亚斯·M.阿蒙斯（Elias M. Ammons）派遣了科罗拉多国民警卫队（Colorado National Guard）过来以防止进一步的暴力事件发生。罢工者对他们表示欢迎，因为罢工者认为他们比私人军队更可靠。但在矿主的压力下，州长改变了他的政策。在反工会的国民警卫队指挥官约翰·蔡斯（John Chase）的领导下，军队袭击并逮捕了一些矿工，还对他们的妻子和女儿进行了性骚扰。一段时间后，私人警卫被允许加入国民警卫队，以取代那些想要返回家园的普通成员。1914年4月20日，35名新招募的士兵在中尉K. E.林德费尔特（Lt. K. E. Linderfelt）的指挥下驱车前往勒德洛，用机枪向帐篷殖民地开火。5名男子和1名男孩被杀。林德费尔特接着用煤油点燃了帐篷，11名儿童和2名妇女因窒息而死。3名囚犯被谋杀，其中一人是罢工的希腊领导人路易斯·提卡斯(Louis Tikas)。林德费尔特拿一支步枪砸向提卡斯的头,随后士兵们向他开枪。

这次屠杀激起了矿工们的愤怒反击,他们从一个矿到另一个矿,肆意破坏和杀戮。由工会官员组织的700到1 000名武装罢工者很快控制了大片地区。到4月29日威尔逊(Wilson)总统派遣联邦军队的时候,已经有74人死亡。

威尔逊试图解决罢工问题,但矿区经营者拒绝让步。1914年12月30日,矿工们放弃了罢工。

下面的叙述来自乔治·P. 韦斯特(Geoge P. West)为美国工业关系委员会针对勒德洛屠杀的调查所撰写的《关于科罗拉多罢工报告》(1915年,第101—138页)。另见格雷厄姆·亚当斯(Graham Adams)的《工业暴力的时代》(1966年)。

截至4月20日,科罗拉多国民警卫队甚至都不再提供公平或公正的借口,它在战场上的部队已经堕落成一支由职业枪手和冒险家组成的力量,他们在经济上依赖并屈从于煤炭运营商的意志。这支部队由一名军官控制,他对罢工者的强烈仇恨已经表露无遗,而且他充满了从事敌对行动所需要的胆量和好战精神。尽管勒德洛帐篷殖民地中包括妇女和儿童在内一共有1 200人,而林德费尔特直接领导的军队只有不到35人,但是他们的国民警卫队配备了机枪、强劲的连发步枪以及可以快速增援的由100人组成的"A"部队。就在几周前,勒德洛殖民地曾多次被搜查以寻找武器和弹药,鲍顿(Baughton)少校在这个委员会面前的证词表明林德费尔特认为罢工者没有携带武器……

4月20日,国民卫队摧毁了勒德洛帐篷殖民地,用步枪和机枪打死了5名男子和1名男孩,并用火把点燃了帐篷。营区的11名儿童和2名妇女躲在一个帐篷下面的洞里,因帐篷被烧毁窒息而死。在向帐篷开火的过程中,国民卫队变成了一群不受控制的暴民,将帐篷里所有能引起他们幻想或贪婪的东西洗劫一空。

数百名妇女和儿童被吓得躲进山里或附近的农舍里。另一些人则在帐篷下面的坑洞里或其他隐蔽的地方挤了12个小时,步枪和机枪的子弹在头顶呼啸而过,他们时刻处于恐惧之中。

国民卫队损失了1个人,他在袭击早期颈部中枪。

3名在勒德洛被杀的罢工者是在全副武装的国民卫队的看守下被枪杀的,之前国民卫队将他们俘虏了。其中包括希腊罢工首领路易斯·提卡斯,他是一个非常聪明的人,那天早上他竭尽全力想维持和平,避免袭击,整天都待在帐篷区或附近照顾妇女和儿童。提卡斯先是被科罗拉多国民警卫队中尉林德费尔特手中的斯普林菲尔德步枪枪托击中头部，造成了致命伤害，然后又被国民卫队和矿厂警卫在背后开了3枪。

提卡斯被暗杀以及勒德洛一共13名妇女儿童的死亡，导致了一场反对以国民卫队为代表的国家当局的公开武装叛乱，这次叛乱可能是这个国家所知的与工业冲突有关的最接近内战和革命的叛乱之一。

在科罗拉多州南部的特立尼达（Trinidad）和沃尔森堡（Walsenburg）区，以及峡谷城（Canyon City）和路易斯维尔区（Louisville），罢工者纷纷武装起来，蜂拥上山，决心为死去的勒德洛及其同志报仇。

勒德洛惨案发生2天后，即4月22日（星期三），科罗拉多州负责劳工组织的领导人给威尔逊总统发了电报，通知他，他们已经向科罗拉多州的所有劳工组织发出呼吁，敦促这些劳工组织收集武器和弹药以组建部队。

4月22日（星期三），也就是勒德洛惨案发生2天后，全副武装的愤怒的罢工者占领了从沃尔森堡以南12英里的劳斯（Rouse）一直到勒德洛西南的黑斯廷斯（Hastings）和德拉瓜（Delagua）之间的区域。在这个南北18英里、东西4～5英里的区域内，有许多矿场，它们由警司、工头、矿场守卫和防罢工人员管理。因为他们对妇女、儿童和同伴们的肆意屠杀而被激怒的矿工们一个接一个地对矿场发起了攻击，矿工赶走或杀死警卫，并放火焚烧建筑物。在靠近阿圭拉（Aguilar）的西南燃料公司的帝国矿场，公司总裁J·W.希姆博（J. W. Siple）带着20名男子和8名妇女和儿童，在竖井房和建筑物被烧毁和炸毁后躲在采场内。由于安全承诺问题他们拒绝投降，罢工者将他们围困了2天。直到星期五下午，在蔡斯（Chase）副官的带领下，从丹佛（Denver）来了一批新的国民卫队，他们才得救。

西南（Southwestern）矿、黑斯廷斯（Hastings）矿、德拉瓜（Delagua）矿、帝国（Empire）矿、绿峡谷（Green Canyon）矿、皇家（Royal）矿和布劳德海德（Broadhead）矿的矿楼都被罢工者烧毁了……

周六，罢工者袭击了峡谷城附近的钱德勒（Chandler）矿，该矿位于山麓的另一边，距离以前曾发生混乱的任何地方都有好几英里。该矿场于周日下午被占领，一些建筑物被烧毁。

周一晚上，罢工者袭击了位于丹佛西北部、特立尼达以北约250英里的路易斯维尔的赫克拉（Hecla）煤矿。他们还包围了拉斐特（Lafayette）的火神矿

(Vulcan Mine)，一个靠近北部油田路易斯维尔的营地……

前一天深夜，大约 200 名武装罢工者离开了他们在特立尼达附近的军事基地，越过丘陵，来到位于陡峭山丘环绕的峡谷底部的福布斯(Forbes)采矿营地。他们大多数是希腊人。在国会委员会访问之前的罢工早期，福布斯矿的罢工者的帐篷殖民地位于由他们出租的地块上，曾两次被国民卫队和矿厂守卫摧毁，并有 1 次被机枪扫射，1 个矿工被杀，另有 1 个男孩腿部中了 9 枪。为了报复这些早些时候的袭击和对勒德洛的杀戮，罢工者占据了煤矿建筑周围山上的位置，黎明时分在营地点燃了致命的大火。9 名矿区守卫和罢工破坏者被打死，1 名罢工者死亡。罢工者放火烧了矿区的建筑物，包括一间谷仓(里面有 30 头骡子)，然后撤退到他们在特立尼达附近的营地。

24 小时后联邦军队赶到现场，所有的战斗停止了。

在 10 天的战斗中，包括在勒德洛丧生的 21 人在内，至少有 50 人丧生。

钢铁工人罢工，1919 年

由于摆脱了战时的限制，面对不断上涨的物价和不断上升的失业率，工会于 1919 年发起了积极的工会组织运动。他们的主要目标是那些长期抵制成立工会的大型重工业企业。例如，联邦钢铁公司的埃尔伯特·加里(Elbert Gary)法官就拒绝与工会有任何关联。但是，来自钢厂普通员工的压力导致了罢工的爆发。1919 年 9 月 22 日，超过 25 万名激愤的联邦钢铁工人举行了罢工。

这家钢铁公司用保安和大批引入的"特务人员"包围了工厂。沿着莫农加希拉(Monogahela)河从匹兹堡到克莱顿(Clairton)的 20 英里的范围中，聚集了大约 25 000 名武装人员。罢工会议被解散，骑警骑着马制服了工厂里的一群群罢工者，驱散了纠察队。在宾州的法雷尔(Farrell)，1 名罢工者被打死，20 人受伤。大部分暴力事件是由钢铁公司雇佣黑人罢工破坏者的政策引起的。在多诺拉(Donora)，移民罢工者与黑人打架，2 人被杀。公司官员利用布尔什维克革命引发的国家反共情绪，强调了罢工领导人之一威廉·Z. 福斯特(William Z. Foster)对工团主义的效忠。10 月 4 日，在印第安纳州的加里(Gary)，11 个连的州国民卫队、500 名特警和 300 名特务平息了骚乱，但是第二天又发生了更多的战斗。成群的罢工者冲击了联邦钢铁公司在泰勒(Tyler)街的大门，其他的罢工者袭击了黑人罢工破坏者。联邦军队应召而来，并宣布戒严令。指挥官伦纳德·伍德将军（General Leonard Wood）宣布，他将全力"围捕红色分子"。军方情报人员调查了激进分子对工人的影响，突袭了激进分子总部，逮捕了几十名罢工者，没收了布尔什维克主义的文学作品，并尽最大努力告知公众罢工是一个红色阴谋。大多数媒体都同意这是"一次革命的尝试，而不是一次罢工"。由于失去了公众的支持以及放弃使用武力，罢工被镇压了。在20世纪30年代工业组织协会（the Congress of Industrial Organizations，CIO）兴起之前，钢铁行业一直抵制工会组织。

接下来的第一篇文档描述了小城镇警察行动的宣誓书并对宣誓书进行了摘录，载于威廉·Z.福斯特（William Z. Foster）的《大钢铁罢工及其教训》（1920年，第126—131页）；第二篇文档摘自芝加哥《论坛报》1919年10月5日的一篇关于印第安纳州加里骚乱的报道。参见大卫·布罗迪（David Brody）的《危机中的钢铁工人》（1965年）、《1919年钢铁工人罢工报告》（1920年）、马歇尔·奥尔兹（Marshall Olds）的《关于钢铁工人罢工分析的教会间世界运动报告》（1922年）以及美国参议院劳工教育委员会编的《钢铁工业罢工调查》（第66届国会，第1届会议，1919年）。

第一篇

州警察部队未经请求就被派到安静的钢铁城镇，其唯一的目的就是恐吓罢工者……

从全国委员会拥有的数百份宣誓书中随机抽取的几份宣誓书和摘录介绍了几个地区目前的情况。

约翰·杜班（John Doban）、安迪·尼斯基（Andy Niski）和迈克·胡达克（Mike Hudak）正沿着街道走回家，这时州警察赶来逮捕了这3人，并在迈克·胡达克的头上打了10个洞。他们被逮捕3天。工会支付了每人1000美元把他们保释出来。

巴特勒（Butler），宾州
1919年10月3日

我，詹姆斯·托罗克（James Torok）。
是一名店主。
家住宾夕法尼亚州林多拉（Lyndora）市斯坦达德街（Standard Ave）103号。

大约在 1919 年 8 月 15 日，我看到州警在追赶一个瘸腿的人，他跑得没有警察的马快，警察追上了他，那匹马用头撞了他的背，把他撞倒了。后来有 3 个男人来我的店里买东西；州警骑着马追赶他们，把他们赶回了家。其中 1 名男子停下来说："我得去趟商店。"骑警说："从这儿滚出去，你们这些狗娘养的，否则我就杀了你们。"然后又开始驱赶他们，人们只好都跑回家，不再来商店。

詹姆斯·托罗
霍姆斯特德，宾州

2 名国家警察强行进入了位于宾夕法尼亚州霍姆斯特德第 3 大道 327 号的宣誓证人特拉奇恩·尹陈克（Trachn Yenchenke）的家，来到他睡觉的地方，对他拳打脚踢，对他施以极端暴力，并且毫无理由地抓捕了他。警察不允许他穿衣服，将他半裸着从他的家中拖拽至等待着的汽车中，并违背他的意愿将他运送到了当地警察局。……然后罚款 15.10 美元。

特拉奇恩·尹陈克

在钢铁工人罢工中，摄影师获得了州警察暴行的证据，这是水平最高的钢铁信托的辩护者也无法辩解的——一张典型的对鲁道夫·德雷塞尔（Rudolph Dressel）先生的恶意攻击的照片，他是宾夕法尼亚州霍姆斯特德迪克森（Dickson）街 532 号（外国区）的酒店老板。我引用了后者关于这方面的发言：

我，鲁道夫·德雷塞尔，在上述地址，特此作出这一声明，本声明是出于我自己的意愿，没有征求任何人的意见。9 月 23 日，我站在位于上述地址的我的办公地点前，我的一个朋友阿道夫·库纳蒙德（Adolph Kuehnemund）来拜访我，并向我咨询一些个人事务。正如上面提到的照片所示，我和我的朋友站在那儿，在霍姆斯特德执勤的州警从迪克森街过来。他们骑着马在街上来回走了好几次，最后在我的正前方停了下来，要求我继续往前走。我还没来得及答应，就被州警察打了一下。（上述照片清楚地显示了那位警察的态度，也可以清楚地看到他向我挥舞着恐吓用的棍棒。）

我和我的朋友随后进入我的办公地点，我的朋友几分钟后通过夏季才开的门向外面的街道张望，警察立即冲向了他。因为警察无法骑着马进入我的办公地点，所以他下了马，步行进入了我的办公地点。

我的朋友被发生在我身上的事吓坏了，退到我工作场所后面的一个房间里。该警察和另一名警察一起走进了这个房间,并且毫无理由地打了我的朋友,然后迅速逮捕了他。我出席了他在上述城市在 P. H. 麦克吉尔(P. H. McGuire)议员面前的听证会,然而上面提到的几个警察都没有发表意见,甚至也没有出席。议员问我的朋友他为什么被捕,我的朋友提到我,因为他自己也不知道。议员立即回答说:"我们没有时间听你的证人说话。"于是他被处以 10 美元的罚款并承担相应费用。我的朋友交了 25 美元的罚金,从中被扣除了 15.45 美元。

第二篇

印第安纳州的 11 个连的部队正被詹姆斯·P. 古德里奇(James P. Goodrich)州长紧急派往加里和印第安纳港。他们预计今天早上 6 点到达罢工区。

昨晚,在加里被暴动的罢工者和同情者扫掠了 2 个小时后,他们接到了出发的命令。这是自 9 月 22 日罢工以来最严重的一次。

在 5 000 名罢工者与数百名警察和特别副警长激战之后,数十人被捕,医院里挤满了伤员。

防暴枪平息骚乱

直到两队警察接到命令,拿着防暴枪严阵以待,消防队也准备好了高压水枪时,骚乱才被平息。

在战斗中,双方都没有开枪。罢工者使用的武器是铺路石、瓶子、砖块和棍棒,加里警察几乎都被这些飞弹击中。支持罢工者的人从二楼的窗户将飞弹像雨点般投掷在他们头上。

骚乱是罢工警戒员从群众大会回来后发生的。在大会上,罢工者被告知钢铁厂打算明天镇压罢工,罢工者被激怒了。会议还制定了计划,让所有罢工者及其家人今晚 10 点在加里大街游行示威。

种族问题是一个因素

对种族问题的怨恨也在加剧。离开会场的罢工者走向街上一辆载着罢工破坏者(其中大多数是黑人)的电车,该车要带着他们到联邦钢铁公司的工厂。

司机发动了电车,但是人群在车子周围围拢起来,阻碍车子前行。等到了 14 街,人群迅速膨胀起来,达到了 5 000 人。有人把电车的电线拉了下来,25 名罢工者爬上电汽车,把罢工破坏者揪了出来。

"把他们拽下来,"聚集在电车周围的人群中的一名罢工者喊道。此时,车上有1个黑人抽出了一把刀,另一名黑人则敦促他使用手中的刀。很快,电车的电线杆被弄断了,2个黑人从车上摔了下来。司机和列车员都逃跑了,1个黑人被打得不省人事。其余的黑人试图逃跑,但都被一群大声喊叫着的暴徒困在了中央。

一个黑人副警长挤进了人群中,救出了那个用刀自卫的黑人,把他拖到安全的地方,拿走了他的刀,并打算送他回家。这激怒了群众,一部分人对副警长发起了攻击,其他人则去追赶那名黑人。

5分钟内,暴徒人数从5 000增加到了6 000。在詹姆斯·麦卡特尼(James McCartney)上尉的带领下,警察迅速地赶到了,后面跟着开着汽车的武装商人。与此同时,一大批副警长也赶到了。他们与警察组织起来,向坚守阵地的暴民发起攻击。警察们挥舞着警棍,形成了一个楔子阵型,挤进了人群。暴徒们逐渐被逼退到第15街。

在这个街角,有些建筑正在施工中,一堆砖头堆在空地上。暴徒们将这些砖头投掷到警察队伍中,几个警察受伤了。麦卡特尼上校命令他的手下不要开枪,他奋力冲进了空地。巡逻车和汽车撤到了路边,几十名暴徒被制服,扔进了机器里。他们进行了激烈的战斗,其中有几个人从巡逻车里伸出手去打站在附近的人。

赫林大屠杀,1922年

在美国,两种主要的工业暴力是公共当局(军队、国民卫队、警察、代理私人保安)对罢工工人的攻击,以及罢工者对罢工破坏者的攻击。赫林(Herrin)大屠杀就是第二种罢工的一个例子。1922年4月1日,全国的软煤工人举行罢工。尽管发生了罢工,但伊利诺伊州赫林市的矿工联合会(United Mine Workers,UMW)还是允许露天煤矿的所有者威廉·莱斯特(William Lester)开采煤矿,只要他不立即将煤运出去;一旦罢工结束,这将大幅提升莱斯特的市场地位。到了6月,已经有6万吨煤被挖掘出来,莱斯特等不及了,决定将煤卖掉。他解雇了工会的矿工,从芝加哥的罢工破坏机构招募了50个"工贼",并雇用了武装警卫。但赫林矿上的人对UMW忠心耿耿,因为经过25年的斗争,UMW

让他们的生活大大改善了。这种雇用非工会工人的企图威胁到了他们的利益。由于当地治安官拒绝对他们采取行动，这使他们胆子大了起来。与此同时，UMW 的主席约翰·L. 刘易斯(John L. Lewis)对这些工贼的谴责也支持了他们的行动，于是，工会军队洗劫了当地的五金店并获取了枪支，同时还包围了矿区并开枪射击。6 月 22 日黎明，这些工贼投降了，因为工会保证他们会被安全护送出县城。但当矿工们把这些工贼从现场带走时，矿工们突然变得愤怒和邪恶。一个人喊道，"让这个国家摆脱破坏罢工者的唯一方法，就是杀死他们，不让他们再产生。"不久之后，非工会的负责人被枪杀，一场屠杀开始了。有人被告知可以逃跑，但随后就被射杀了。有些人被捆在一起，当他们倒下时被射杀了。有些人被割断喉咙，有些人则被绞死。总共有 19 人被谋杀。

大屠杀在全国引起了轩然大波，特别是在验尸官陪审团将谋杀归罪于莱斯特和 2 名因谋杀而受审的人被判无罪之后。

下面的报道来自保罗·M. 安格尔(Paul M. Angle)撰写的《血腥的威廉姆森》(1952 年)，该文刊载于 1922 年 6 月 23 日和 24 日的芝加哥《论坛报》。

今晚有 6 名伤者(其中有些已经奄奄一息)，给美联社记者讲述了他们亲眼所见发生在昨晚和今天早上导致数十人死亡的战斗，其原因是有 5 000 名罢工矿工袭击了附近由引进的工人和警卫管理的莱斯特(Lester)露天矿。

被围困的伤员主要做了如下陈述：在战斗中并没有 1 名矿工受伤，许多死者是在他们投降和交出武器后被残忍地枪杀的。

工会矿工并没有反驳这些说法。

几名被从外地招来矿场工作的工人为罢工工人开脱罪责，说要对此负责的是那些"把我们送到这里来，谎称不会有麻烦"的人，那些人说"矿工们不会反对我们来"。

芝加哥人对战争的讲述

约瑟夫·奥洛克(Joseph O'Rouke)，家住芝加哥湖国大道 4147 号，是矿厂的杂货商店店员，他对此做了最生动的描述。当他在讲述这个故事的时候，身上有 6 个疼痛难忍的弹孔。

"我是由位于芝加哥西麦迪逊(West Madison)街的伯特兰(Bertrand)物资公司派到这里来的，"他说。

"我不知道我遭遇了什么。我并不责怪矿工们攻击我们，因为我们在不知不觉中被人愚弄,让他们无法工作。当我们到达矿场时,有人给了我们武器,另外在矿井的一个角落还安放了一架机枪。我们身边一直有守卫人员,他们大多数是芝加哥一家侦探社派来的强壮小伙子。我知道矿工们警告过我们尽快离开小镇,否则我们就会被驱逐。但我们当时不知道是什么意思,也许老板是知道的。昨天下午我们看见矿工们来到时,我们不知道该怎么办。守卫们准备要战斗,而我们大多数工人想投降。"

"一整夜,子弹像雨点般向我们飞来。我们尽可能地寻找掩体,矿工们爬上煤堆和土堤,我们无法看到他们。守卫们一直在射击,但我们大多数人都躲了起来。后来,矿工们炸毁了我们的泵站,我们没有水,我们的食物被放在一辆货车里,而这辆货车也被矿工们控制了。大约在太阳升起的时候,我们插上了白旗。矿工们冲了进来,我们交出了武器。"

"到目前为止,据我所知,我们都没有受伤,尽管我知道有几个矿工中枪了。矿工们迅速散开,把我们3人或6人一组绑在一起。被绑着的人被往各个方向驱赶。其中有一些人试图逃跑,但他们一走开就被射杀了。"

"一名矿工问谁是机枪手。有人把机枪手指给矿工看,这名枪手被当场击毙,尸体被挂在了机枪上。"

捆绑在一起的人被射杀

"他们把5个人和我绑在一起,把我们带到路上,让我们逃跑。我们刚跑开,几百发子弹就朝我们飞来。我们蹒跚着往前走,但最后我们中有3个人倒了下去,拖着其他绑在一起的人也倒下了,我身上也有了好几个弹孔。"

"我躺在那里,这时有人从三四英尺外的地方又朝我们开了几枪。然后一切都暗了下去。后来我醒了过来,请求喝水,但是没有。我记得在路上被拖着走,但我不知道是被什么拖着走的。后来,他们把我们送到了医院。"

2名《论坛报》的代表……目睹了野蛮的罢工群体,他们现在已经完全从合法的囚犯看守转变为猎人,为人形猎物四处奔走。

后来,他们看见2个人被从树林里赶了出来,这2个人衣服被撕破,浑身是血。囚犯们虽然一边恳求着(但显然已经放弃了希望),一边将他们的手高高地举起。

被捆绑、射杀和砍伤

目前还不清楚这两名男子是不是后来走到南区学校并进入赫林公墓的6

名男子中的2名。大家知道,这6个人在公墓里被人从脚上扯下了鞋子和长袜,然后被反复殴打。

一位老妇人从车行道上走出来,恳求地伸出双臂。"哦,你打算干什么?"她问道。一支强壮的臂膀把她打倒之后,游行队伍继续前进。

但这位老妇人是个例外。妇女,甚至是年轻的女性都鼓励他们的男同胞这样做。

"让我们把他们毁灭掉吧,"他们中的一个建议道,随后,被一根3/4英寸粗的绳子捆在一起的6个人被他们扫射倒地。经过检查,6人中有一人仍有呼吸。一个刽子手拿着一把准备好的刀子,完成了子弹未完成的任务。

在哈里森(Harrison)森林的一棵树下被发现的4名男子(第五个人的尸体被挂在树枝上)中的一人,在看到一切即将结束后,给了折磨他的人一块金表和25美元。

"你是个好孩子,"那个折磨他的人嘲弄地说,"快跑吧。"然后这个好人被那个嘲笑他的人开枪打死了。

"成为我们中的一员,继续前进,不要问任何问题",这似乎成了今天以赫林为中心的战区作战的秩序。

芝加哥驱逐骚乱,1931年

1931年,大萧条造成了深重而普遍的痛苦。例如,伊利诺伊州劳工委员会报告称,芝加哥有62.4万人——超过劳动力总数的40%——非自愿失业。至少有1/3的城市人口,数量大约超过100万人,处于极度贫困中。黑人的失业率是白人的3倍。1931年的夏天,每周有超过200个家庭因为交不了房租而被驱逐。有时是自发的,有时是在共产党的领导下,失业者慢慢地组织起来抵制驱逐。大批群众聚集起来让被驱逐的家庭重返他们的家园。基于此,房东们要求芝加哥警方强制执行驱逐令。

1931年8月3日,大约5 000人聚集在一起,其中大部分是黑人,他们的同情者将一位上了年纪的黑人妇女的家具从街上搬回她的公寓。警察赶到并逮捕了几名男子。人群愤怒地向警察逼近,警察向空中开了一枪。在随后的冲突中,由于几名警察遭到粗暴袭击,他们向人群近距离开枪,造成3人死亡,多人受伤。警察声称黑人有武器,但却没有找到武器。后来,2万名白人和4万名黑人参加了大规模的葬礼,反驱逐运动也蔓延到了其他北方城市。以下论述摘自 1931 年 8 月 8 日芝加哥《捍卫者报》的描述。另见毛里茨·哈格伦(Mauritz Hallgren)的《反抗的种子》(1933 年)。

已经酝酿了数周的骚乱在星期一终于达到了高潮。正如许多人预测的那样,一群所谓的共产党人不顾警官和法警的命令,试图将 72 岁的戴安娜·格罗斯(Diana Gross)夫人的家具搬回到她在迪尔伯恩街(Dearborn)5016 号的公寓中,而这些家具正是被携带市法院发出的驱逐令的法警从这间公寓搬出来的。

在过去的 3 个星期里,这个由男人、女人和孩子组成的团体联合在一起,由四五个激进的演讲者领导成立了一个叫作"失业委员会"的组织,给警察造成了相当大的麻烦。他们的总部设在斯德特(State)街 3528 号。

一周前,在沃巴什(Wabash)大街 3638 号,2 千多名顽固分子聚集在一起,拒绝听从警方的命令就地解散,几乎引发了一场骚乱。他们在沃巴什大道游行,宣称要帮助被驱逐的利西亚·琼(Leathia Jone)夫人和她的 4 个孩子。

警察帮助租户

警察局副局长约翰·斯坎伦(John Scanlon)、侦探劳伦斯·拉弗蒂(Lawrence Rafferty)和其他几个在警察局的官员被叫到了现场,他们筹集了 25 美元并交给了弗农(Vernon)大道 3552 号的詹姆斯·达利(James Dailey)夫人,并因此避免了一场严重的危机。琼斯夫人被允许返回她的公寓。

受到这场明显胜利的激励,同一天下午,数百名男女聚集在罗德(Rhodes)大道 3744 号前举行了示威活动,因为那里也有一个家庭被驱逐。这件事没有发展到很危险的地步,人群很快就散开了。

上周三下午,在 29 街和南大路街(Pkwy)举行了另一场示威。警察在附近设置了警戒线,周围很快恢复了平静。人群排成军队队形向南行进至华盛顿公园,在那里不分昼夜地举行各种集会。

不仅是南部,整个芝加哥在星期一的暴动后都情绪高涨,而且到处都有关于另一场种族暴乱即将爆发的传言……

一名受伤的警察——住在东 49 街 430 号的巡警弗雷德·D. 格雷厄姆(Fred D. Graham)讲述了导致共产党人被杀、警察和平民受伤的暴乱细节。

他向芝加哥《捍卫者报》记者解释说,他和他的搭档查尔斯·蔡尔德里斯(Charles Childress)和约翰·哈迪(John Hardy)中尉、约翰·布什(John Bush)

中士及其他几个巡警在接到一群共产党人威胁要把格罗斯夫人的家具搬回公寓的电话后，赶到了暴乱现场。

一名警官说，他们到达后命令人群离开。据说，另一群暴徒从51街冲进迪尔伯恩街，就像科克塞（Coxey）的军队一样，边走边唱，和他们的同伴一起站在被驱逐家庭的门前。这名警官说，情况立刻变得很紧急，状况很严重。当共产党的人数继续增加时，更多的警察被命令赶过来以准备应对各种突发情况。

为了防止发生动乱，格雷厄姆和蔡尔德里斯逮捕了3个据说是团伙头目的人，并把他们送到了警察局。这些警察看到又有一辆巡逻车驶来，就走过去混在了人群中……

开枪射击

为了吓唬人群，蔡尔德里斯说他向空中开了一枪。这名警官说，他转身寻找他的搭档时，看到格雷厄姆躺在地上，血从他头上的伤口流出。他被钝器击中。蔡尔德里斯说，当格雷厄姆倒下的时候，几个暴乱团伙的成员还踢了他的身体两侧和腹部。

蔡尔德里斯跑去救同伴，成功地把愤怒的暴乱者从受伤的警察身上拖了下来。在几英尺之外，两名遭到毒打的警官马丁·恩斯特（Martin Ernst）和约翰·麦克法登（John McFadden）躺在地上呻吟。他们和格雷厄姆被紧急送往慈善医院，麦克法登和恩斯特仍在医院，情况严重。

格雷（Gray）试图抢夺亨利·莱昂斯（Henry Lyons）警官的左轮手枪，但被巡警威廉·乔丹（William Jordan）杀死。而莱昂斯说他杀了佩奇（Paige）。奥尼尔（O'Neil）是被格雷厄姆警官杀死的。

威廉·博伊登（William Boyden），43岁，住在圣劳伦斯大街4937号，他停下来观看骚乱，被流弹击中胸部。他被送进了布里德维尔（Bridewell）医院。他会很快恢复。

在法警哈兰（Horan）的指示下，助理法警J. M. 李（J. M. Lee）下令暂时停止南部的驱逐计划。但据称，驱逐令将继续送达。

南方佃农联盟，1935年

"新政"对农业危机的主要解决方案是削减农业生产，辅以对合作农民的补贴。该计划成功地提高了农产品价格,但在南方,它对许多佃农、分成制佃农和劳动者来说是灾难性的。许多房东把本应支付给佃农因耕地面积减少的补贴占为己有。更糟糕的是,在许多土地面积减少的地方,土地所有者剥夺了佃农和分成制佃农租种土地的权利,使他们沦为临时工,只能靠救济基金吃饭。黑人和白人一起组织了佃农工会。在"新政"时期形成的工会组织并不是第一个这样的案例。在大萧条的早期,阿拉巴马州的一个分成制佃农工会被暴力解散。但最有效的组织工作是在阿肯色州进行的。在诺曼·托马斯(Norman Thomas)和社会党的建议和支持下,两位年轻的社会主义者 H. L. 米切尔(H. L. Mitchell)和克莱·伊斯特(Clay East)组织了南方佃农工会。早些时候,佃农和分成制佃农的组织尝试是在阿肯色州进行的,但遭到了暴力镇压。例如,1919年,菲利普斯(Philips)县的一个黑人联盟遭到了破坏,这种新运动是跨种族的。社会主义者和牧师是其组织者中的佼佼者,到1935年,在80个地方组织中共有1万名成员。他们强调和平行动,并花了很多时间去论证"新政"的农业项目伤害了小农场主。1935年,当地白人和"在外公司"①开始尝试用暴力来破坏工会。尽管一些成员被杀害,还有许多人受到骚扰、攻击和监禁,南方佃农工会仍然坚持继续下去。一场由其成员领导的大罢工取得了一定的成功,但他们从未改变该地区的经济结构。

霍华德·科斯特(Howard Kester)是一位牧师,也是"南方佃农联盟"(Southern Tenant Farmers Union, STFU)的组织者。下面的描述摘自当时的一本小册子,由霍华德·科斯特(Howard Kester)撰写:《佃农起义》(1936年,第82—85页)。参见斯图尔特·詹米森(Stuart Jamieson)的《美国农业中的工会主义》(1945年)以及大卫·尤金·康拉德(David Eugene Conrad)的《被遗忘的农民:新政中佃农的故事》(1965年)。

从工会成立之初起,各种各样针对工会会员的暴力就不断地出现。1935年3月,"恐怖统治"像飓风一样席卷了整个国家。在2个半月的时间里,暴力活动席卷了阿肯色州东北部和邻近的几个州,直至工会似乎要彻底崩溃了。集会被禁止和解散,成员被诬告、逮捕和监禁,一旦诬告罪名成立就被投入监狱;救援被切断;数百名工会成员被赶出他们生活的地区;家家户户的房子都被机枪的子弹打得千疮百孔;教堂被烧毁,校舍堆满了干草,地板也被搬走;全副武装的

---

① 在外地注册或个人在外拥有控制权的公司。——译者注

义警日夜在高速公路上巡逻，搜捕工会领导人；组织者遭到毒打、围攻和谋杀，直到整个国家陷入恐慌之中。从 3 月 21 日到 4 月 1 日这 10 天内发生的几起事件，可以让人们对恐怖活动的程度和性质有一些了解。所有这些事件都被美联社、合众社、联邦新闻界或派往实地的特派记者报道，有意者可对这些事件予以核查。

3 月 21 日

一群由种植园主和骑马的首领组成的大约 40 人的暴徒，由波因塞特(Poinsett)县最大种植园之一的经理、镇上的警察、副警长率领，企图用私刑处死 A. B. 布鲁金斯(A. B. Brookins)——一位 70 岁的黑人工会牧师和国家执行委员会成员。

暴徒们 4 次引诱布鲁金斯离开他在"标记树"(Marked Tree)的小屋，但是都失败了，于是他们把枪对准了他的家，并用子弹将其打了个窟窿。布鲁金斯穿着睡衣逃跑了，而他的女儿头部中枪，他的妻子趴在地板上逃脱了死亡。

3 月 21 日

南方佃农工会主席 W. H. 斯图尔茨(W. H. Stultz)在自家门前台阶上发现了一张纸条，警告他在 24 小时内离开波因塞特县。这张纸条是用打字机写的，上面有 10 个 X 作为签名，并写着："我们决定给你 24 小时离开波因塞特县。"

第二天，斯图尔茨被 A. C. 斯佩林斯(A. C. Spellings)、弗雷德·布拉德舍(Fred Bradsher)和鲍勃·弗雷泽(Bob Frazier)带进查普曼—杜威(Chapman-Dewey)土地公司的办公室，借口是沙纳伯里(Shannabery)警察局长要见他。在办公室里，警卫们把枪放在附近的枪管上，他们试图让斯图尔茨给他们一个杀死他的借口。在被拘留了 3 个小时后，其中一个人告诉他，"如果你不离开小镇的话，我保证你的脑袋将被打爆，身体将被扔进圣弗朗西斯(St. Francis)河。"斯图尔茨是 6 个孩子的父亲，他原本是一个佃农，后来因为工会活动被赶出了这块土地。黑夜骑士恐吓他的家人并试图炸毁他的家，为了让自己和家人免于死亡，他和他的家人在工会的帮助下搬到了孟菲斯(Memphis)。

3 月 21 日

T. A. 艾伦(Rev. T. A. Allen)是黑人牧师和工会的组织者，他被人发现死于心脏中弹,尸体被绑在铁链和石块上,躺在密西西比州赫尔南多(Hernando)附近的冷水河(Coldwater River)中。警长告诉合众社(United Press)的记者,艾伦可能是被愤怒的种植园主杀害的,他们不会对此进行调查。

3月22日

玛丽·格林(Mary Green)夫人是密西西比(Mississippi)县一名工会成员的妻子,她的丈夫积极组织该县的佃农开展活动,当手持武器的义警警员来到她的家中对其丈夫实施私刑时,她因过度恐惧而死亡。

3月22日

一群暴徒威胁前南方佃农工会主席克雷·伊斯特和纽约的玛丽·希里尔(Mary Hillyer)小姐,如果他们在"标记树"的工会会议上发表讲话,就用暴力对付他们。

之后,暴徒将他们两人赶进了工会律师C. T. 卡朋特(C. T. Carpenter)的办公室,包围了大楼并封锁了所有出口。在向市长请求保护后,伊斯特同意与暴徒进行沟通。他被告知,如果再回到波因塞特县,他将被当场击毙。福克斯(Fox)市长最终与暴徒达成协议,暴徒允许伊斯特先生和希里尔小姐离开小镇,但派出了一个武装部队将他们送出了县城。

3月23日

一个由二三十人组成的武装团伙试图在午夜前将工会律师C. T. 卡朋特杀死在他的家中。暴民的首领要求卡朋特投降,但卡朋特拒绝了。卡朋特手里拿着枪,阻止暴徒闯进他的家。他妻子在场,可能阻止了暴民直接向卡朋特射击,但当暴民离开的时候,他们把子弹打进了门廊和房子的两侧,把灯都打坏了。

第二天晚上,一个由义警警员组成的委员会来到卡朋特先生的办公室,威胁说,如果他不断绝与工会的联系,就在那里开枪打死他。卡朋特拒绝了。

《纽约时报》上有这样一篇文章:"一群40余人的黑夜骑士向南方民主党人C. T. 卡朋特的家开火,而卡朋特的父亲曾与李(Lee)将军在南方联盟的军队中作战。"这次袭击是对工会黑人家庭类似袭击的高潮。

3月27日

约翰·艾伦(John Allen)是克罗斯(Cross)县特威斯特(Twist)种植园工会

的秘书,他藏在圣弗朗西斯河附近的沼泽地里,躲过了一群骑马的首领及其副手们试图对他实施的私刑。

在他们疯狂地搜寻艾伦的过程中,发生了多次毒打事件。因拒绝透露艾伦的行踪,一个黑人妇女的耳朵被一个骑马的首领割了下来。

3月30日

一群武装义警包围了一群从"标记树"附近的教堂回家的黑人男女。男人和女人都遭到手枪和手电筒的严重殴打,几十名儿童遭到暴民虐待。

3月30日

在希奇科恩(Hitchiecoon)附近的一所工会正在举行会议的黑人教堂,因被义务警员焚烧而被夷为平地。

3月30日

沃尔特·默斯科普(Walter Moskop)是代表工会在东部巡逻的三人组中的一员,他侥幸从一群聚集在他家附近企图用私刑处死他的暴徒的眼皮底下逃脱。默斯科普11岁的儿子无意中听到了义警们的谈话,并及时通知了他的父亲,让父亲的朋友把他偷偷带出了家。

4月2日

工会副主席麦金尼牧师(Rev. E. B. McKinney)的家被义警成员用机枪射出的250多颗子弹打得满目疮痍。麦金尼的家人和许多朋友当时都在里面。房子里的两名住户受了重伤,一家人被要求在天亮前离开这个县。这群暴徒想要搜寻H. L. 米切尔(H. L. Mitchell)和聚会发起人,据说他们当时正在麦金尼的家中开会。

诺曼·托马斯(Norman Thomas)回到纽约后不久,就在全国广播公司(NBC)的全国转播会上发表了讲话。他以这样一句话开始了他的演讲:"在阿肯色州东部的棉花之乡存在着一种恐怖统治。它的结局要么是完全屈从于美国最卑鄙的剥削,要么是流血冲突,要么是两者兼而有之。……种植园制度包含了西方世界遗留下来的最赤裸裸的农奴制和剥削。"

阵亡将士纪念日大屠杀，1937年

在20世纪30年代，工业组织协会（CIO）在"新政"劳工政策的帮助下，发起了一场强有力的运动。到1937年，一些雇主，尤其是通用汽车（General Motors）和联邦钢铁公司（United States Steel）已经开始接受工会，但很多雇主还没有。小的钢铁公司，如伯利恒（Bethlehem）、共和（Republic）、约恩斯多恩钢管（Younstown Sheet and Tube）以及英兰德（Inland）等，则带头反对工业组织协会。1937年，当钢铁工人组织委员会发起小钢铁罢工时，共和公司决定把不参加罢工的工人安排在工厂内，并雇佣武装警卫，以维持其南芝加哥工厂的运营。芝加哥警察则保护罢工破坏者并破坏了工会的警戒线。在阵亡将士纪念日那天，1 500名罢工者——主要是斯拉夫人、意大利人、犹太人和墨西哥人——聚集在罢工总部附近的一块地里，投票决定游行到共和工厂并进行全体罢工纠察。一支由2 000到3 000人组成的罢工队伍唱着工会歌曲，高喊着"CIO"，在快行进到工厂时被警察拦住了。接下来发生了什么还不清楚——要么是一些罢工者扔石头，要么是一些警察向空中开枪——但警察随后向人群开枪。5人当场死亡，5人重伤后死亡。这10个人中有6个人是背后中枪。总计有58名罢工者和16名警察受伤。

尽管没有发现携带枪支的游行者，但警方坚称他们开枪是为了保护自己免受由"外部煽动者"和"共产党人"领导的嗜血武装暴徒的袭击。芝加哥媒体称赞他们镇压了"杀人暴徒"，遏制了"革命浪潮"。拍摄了大部分骚乱过程的派拉蒙电影公司（Paramount Pictures）对这部电影进行了查禁，因为他们认为这部电影可能"煽动当地的骚乱，甚至可能引发骚乱的示威活动"。参议员罗伯特·拉弗莱特（Robert LaFollette）当时正在调查侵犯言论自由和劳工权利的行为，他认为为了公共利益需要将该电影解禁。他展示了这部影片，该影片有力地驳斥了芝加哥警察局的证词。以下对这部电影的描述是一位记者写的，他参加了1937年6月16日圣路易斯《快邮报》（St. Louis Post Dispatch）的国会放映会。参见唐纳德·G. 索夫恰克（Donald G. Sofchalk）的《芝加哥阵亡将士纪念日事件：群众行动的插曲》《劳工历史》，第6期，1965年冬季，第3—43页）。

华盛顿6月16日——由委员会秘书罗伯特·沃尔夫斯（Robert Wohlforth）带头的拉弗莱特民权委员会的5位代理人，昨日抵达芝加哥，开始调查阵亡将士纪念日的悲剧事件,该事件中共有9人当场死亡或严重受伤,这一事件是由城市警察在粉碎钢铁罢工示威者穿越芝加哥南部共和钢铁公司工厂的行动中造成的。

委员会的代理出现在现场时,恰逢第9名受害者死亡,据报道这是一名17岁的、刚加入纠察队的男孩,他原本希望罢工结束后在工厂找到一份工作。

据悉今天委员会决定加速进行调查的原因是上周在这里私自放映了一段被禁放的新闻短片,该短片真实记录了警察对示威者的袭击。该委员会在纽约拿到了该影片,而在此之前,影片的制作方派拉蒙公司曾宣布因为担心该短片有可能在全国引发骚乱,不会公开放映。

参议员们被震惊了

在此放映的这部电影是极其保密的。观众几乎仅限于该委员会的威斯康星州参议员拉弗莱特(进步党党员,即 Prog.)和犹他州参议员托马斯(民主党党员,即 Dem.)以及工作人员。看了电影的人被震惊了,他们惊愕于电影中的一幕幕场景:几十名身穿制服的警察用左轮手枪近距离向密集的人群开枪射击,在人群中有男人、女人和孩子,然后他们手持棍棒无情地追打那些试图疯狂逃跑的幸存者。

这些可怕的场景以及伴随影片传出的录音重现了警察开火的呼啸声以及受害者的尖叫声,给人以深深的震撼。为了接受调查人员的仔细审查,影片被反复播映了好几次,几乎在每一次播映中他们都发现了更多"可怕"的场景,但这对于识别个别警察与受害者具有特别的价值。很显然,这部影片本身是摄像机在极其困难的条件下进行拍摄报道的一个杰出例子。

对影片的描述

以下对该影片的描述来自一个将该影片看了好几遍的人,他仔细研究了该影片的一些细节,因此其描述的准确性是毋庸置疑的。

第一个场景显示,警察在一条土路上排成了长龙,这条土路斜对角穿过一片大空地,然后转向与共和工厂周围的高围栏平行的街道,距离大约200码。在土路的两边,警戒线延伸到40或50码。警戒防线的后面和远处的街道上,在靠近工厂的地方有几辆巡逻车和许多后备警察部队。

示威人群在空地上散乱地排成一长条不规则的队伍,领头的是2名手持美国国旗的男子。示威者慢慢走近,许多人手里举着标语牌。他们大概有300人——跟警察的数量基本一样,还有大约2 000人的罢工同情者站在远处观看他们的游行。

游行者被警察拦住了

一个生动的特写镜头显示游行队伍的领头者被警察拦住了。旗手也在前面。在他们身后,布满了布告牌。上面写着"来吧——帮助我们赢得罢工!""共和对抗人民"和"CIO"等字样。游行队伍的发言人站在旗手中,他是一位肌肉健壮的年轻男子,穿着衬衫,毡帽的带子上有一颗带有"CIO"字样的纽扣。

他正在与一名似乎是指挥者的警官激烈争论。他有力的手势表明,他坚持要求警察允许他们穿过警戒线,但在呐喊声和谈话的嘈杂声中,听不出来他究竟说了什么。他的表情很严肃,但没有任何威胁或暴力的迹象。那位警官背对着摄像机,做了一个不耐烦的拒绝手势,说了一些无法理解的话。

突然,在没有明显预兆的情况下,可怕的枪声响了起来,走在队伍前面的人像镰刀前的草一样倒下了。摄像机捕捉到大约有十几个人同时倒在了一起。警察手枪击发的声音持续了2到3秒钟。

警察手持警棍冲向人群

警察立刻挥舞着防暴警棍向游行者冲去。与此同时,可以看到催泪弹向示威人群中飞了过去,烟雾笼罩在示威者头顶。大多数人现在都在逃命。唯一可以辨认出的抵抗事件是一名游行者拿着一根贴着标语的棍子,试图挡开一名冲过来的警察。他只成功了片刻,随后就在一阵猛烈的棍击下倒下了。

接下来的场景是该影片中最悲惨的部分。尽管地面上到处躺着死了的和受伤的人,大部分游行者也沿着土路穿过田地飞快地逃跑着,但是仍有一些人,要么是因为愚蠢的坚持,要么是因为他们还没有意识到周围事态的严酷和致命性,依然落在后面,被冲上来的警察赶上了。

成群的警察把这些孤立无援的人团团围住,用一种令人惊骇的专业手法棒击他们。在几个场景中,都可以看到有2到4名警察殴打一名男子。警察挥舞着警棍朝该男子的脸部打过来,就像挥动棒球棒一样。另一个警察则用警棍从该男子的头顶砸下来,还有一个警察抽打他的后背。

被打的游行者试图用手臂护住头部,但只有一两秒钟他们就倒下去了。在其中的一个类似场景中,就在镜头前方,一名警察朝着一个倒下男子的头给了最后毁灭性的重击,然后接着对付下一个人。

在与警察谈判时,站在最前面的是一个女孩,身高不到 5 英尺,体重也不超过 100 磅。她的一只胳膊下夹着一个钱包和一些报纸。在第一声震耳欲聋的枪响之后,她转过身来,发现她的逃跑路线被一堆倒下的人挡住了。她被这些人绊倒了,显然很茫然。

场景切换了一会儿后,她被警察从背后用棍棒迅速击中。她站起来,摇摇晃晃地走来走去。几分钟后,她被推进了一辆巡逻车,血从她的脸上奔流而出,浸透了她的衣服。

落伍者的徒劳逃跑

然而,在此场景之前,还有一个更为恐怖的事件。一个壮硕的中年男子,光头,发现自己远远落在逃跑的游行者的后面。在他和其他人之间,警察如密密麻麻的苍蝇一样多,但他选择了冒险穿过火线。以他的年龄和体格来说,他的敏捷是惊人的,他跑起来像鹿一样。他跳过沟渠,边跑边躲闪。当他奔跑经过警察的身边时,一脸吃惊的警察匆忙挥棒出击。有的打在了他的背上,有的打在他的后脑勺上,但他没有倒下,继续前进。

这一幕充满了可怕的戏剧性。他会成功吗?这种悬念对于观众来说几乎是无法忍受的。看起来他似乎要成功了。但是没有!在他前面的警察现在已经转过身来,正在等他。他仍在拼命地努力奔跑,并向右转弯。同时,他把双手举起来,边跑边举过头顶。

但这根本没有用。右边也有警察。他走投无路。他只好转过身,但仍然高举着双手。蓝衣兵很快就逼近了,警棍从他的头顶、侧面和后方飞了过来。他举起的双臂在猛烈的击打下无力地垂了下来,他扭着身子倒在地上,棍棒继续雨点般地打在他身上。

CIO 的官员报告说,其中一名受害者被送到殡葬机构时,脑浆都被打了出来,头骨也被打得粉碎。

中弹瘫痪的男子

接下来的场景同样令人心酸。一名背部中枪的男子腰部瘫痪。两名警察试图让他站起来上一辆巡逻车,但当他们放开他时,他双腿一瘸一拐地倒在了地上，脸埋在了尘土里，几乎倒在了巡逻车的后部台阶上。他活动了一下头和胳膊，但两腿却软了。他像乌龟一样抬起头，用手刨着地。

一名男子被拖到路边，他的白衬衫前面显然已是血迹斑斑。两三个警察弯下腰来，仔细查看他的状况。其中一人摇了摇头，并把一张报纸塞到伤者的头下面，有一种他快要死了的明显暗示。一个穿着便服的男人走了过来，摸了摸他的脉搏，然后放下手，走开了。另一个穿着警察制服的人，停了一会儿，看了看倒在地上的人，又继续往前走。

用巡逻车装载伤员

镜头转到后面的巡逻车上。头上、脸上、衬衫上都是血渍的人，被运送过来。其中一人显然是腿部中枪，在两名警察的帮助下痛苦地进入了镜头。一位上了年纪的老人，腰几乎全弯下来，一只手托着后脑勺，吃力地爬上台阶，爬了几步后，瘫坐在座位上，双手捂着脸。他的白衬衫的肩膀处被鲜血浸透。

人们在不停地讲话，但很难分辨出讲什么，只有一个例外——从喋喋不休的谈话中，突然冒出了一声清晰而与众不同的喊叫：

"全能的上帝！"

镜头转回至现场中央。地上有一具横躺着的尸体，看起来似乎有一种对死亡的怪异冷漠。那些溃不成军的民众，还在原来那块田地的角落处远远地逃窜，一群警察在后面紧追不舍。到目前为止，我们无法辨别暴力是否已经结束。

后来，一名衣冠不整的警察，敞着外套，脸上挂着怒容，走近了另一个站在镜头前的人。警察浑身冒汗，似乎很累。他说了些难以分辨的话。然后他突然咧嘴一笑，做了个掸掉手上灰尘的动作，大步走开了。

就这样，电影结束了。

第三部分 种族暴力、奴隶起义及其镇压

纽约奴隶起义,1712年

美国的奴隶制总是以暴力为特征,但其中大部分都是奴隶主针对奴隶的暴力。奴隶也使用暴力,包括从全面的反叛到个人为自由而战,但与其他社会相比,由奴隶发起的暴力相对轻微,部分原因在于白人很快就用强大的或恫吓性的暴力(不管是正式或非正式、合法或是非法的),镇压了实际存在的或想象中的暴力威胁。到18世纪时,对反叛的黑人的镇压是极端严酷的。

有关奴隶和奴隶主之间暴力的一个例子是1712年发生在纽约的奴隶起义。一些黑人同印第安人计划起来反抗对他们的奴役。他们发誓要保守秘密,用一个自由的黑人"巫师"给他们的据说灵验无比的粉末擦拭身体。4月6日晚上,他们放火烧了主人的外屋(即屋外厕所),埋伏在那里要杀死来灭火的人。在总督派军队结束叛乱之前,他们设法杀死了9名白人,打伤了其他白人。之后,奴隶们逃跑了,但大多数都被抓住了,也有些人宁愿自杀也不愿被俘虏。经过审判,24人被判处死刑,但总督为其中6人判了缓刑。剩下的18个被审判的人,有些被绞死,有些被严刑拷打,有些被烧死。关于此事有这样的记录:叛乱者将被"用慢火烧死,在火中遭受8到10个小时的折磨,直至死去,烧成灰烬"。1741年,13名黑人被判用火烧死,因为有报道称有奴隶共谋叛乱。

下面的叙述摘自1712年6月23日罗伯特·亨特(Robert Hunter)总督给贸易部长的一封信[见E. B.奥卡拉汉(E. B. O'callaghan)编的《纽约州殖民历史的文献》的第五部分,1855年,第341页]。另外还可参见肯尼斯·斯科特(Kenneth Scott)的《1712年纽约奴隶起义》(《纽约历史学会季刊》,第65期,1961年1月,第43—74页)、T.伍德·克拉克(T. Wood Clarke)的《1741年的黑人阴谋》(《纽约历史》,第25期,1944年4月,第167—181页)以及温斯洛

普·D. 乔丹(Winthrop D. Jordan)的《白人胜过黑人：1550—1812 年美国人对黑人的态度》(1968 年)。

我现在必须向诸位大人汇报这里的奴隶的血腥阴谋,他们想要尽可能多地毁灭这里的居民。他们决定要对他们所遭受的苦难实施报复,因为他们认为这些苦难都是他们的主人带来的(我找不到其他的理由),所以他们采取了这样的方式来执行他们的计划。他们约定在市中心的克鲁克(Crook)先生家的果园集合——有的提供火枪,有的提供剑,有的则拿来刀和斧头。当时是 4 月 6 日,他们约定在当天夜里 12 点或 1 点集合,当时,约有二三十人聚到了一起。一个种植咖啡的黑人奴隶在温蒂尔堡(Vantilburgh)放火烧毁了他主人的房子,然后回到了他的住处,那里还有其他一些人。他们集合在一起手持武器,向着火的地方进发。这时,着火的声音传遍了全城,人们开始涌过来。当有几个人走近时,奴隶们开枪打死了他们。枪声给人们发出了警报,有些人从枪口中逃了出来,并很快就公布了起火的真正原因。当时有 9 名基督徒被打死,大约五六人受伤。在这一灾祸发生后不久,我接到了第一次通知,于是我派出一支由一名军官带领的部队向他们进攻,但奴隶们趁着夜色撤退到了树林里。我让哨兵们第二天在岛上最合适的地方进行搜寻以防止他们逃跑,然后我让西切斯特(West Chester)县和镇上的国民卫队赶到岛上,通过这些手段,以及在镇上的严格搜查,我们找到了所有执行这一计划的人,他们中有 6 人自杀,其余的立即被带到此地的法官面前受审。从《集会法案》得到授权的法官们开庭审理此类案件。在法庭上有 27 人被判处死刑,其中 21 人被执行死刑(其中 1 人是怀孕妇女,她的死刑因此被暂缓执行)。他们有的被烧死,有的被吊死,一个被摔死在车轮上,还有一个被铐在铁链上活活吊死在城里,这是当时能想到的对他们的最严厉的惩罚。

路易斯安那州起义,1811 年

1791 年,海地黑人的血腥杀戮所取得的胜利吓坏了奴隶主和南方白人,因此他们采取了一切预防措施,防止起义蔓延到美国。然而,除了两个例外之外,确实有一些奴隶受到西印度群岛骚乱的影响,不过这些影响都是微小而自发的。其中一个例外是 1800 年失败的加百列(Gabriel)起义,之后作为报复,有三四十名黑人被杀;第二个例外是路易斯安那州 1811 年的起义。

路易斯安那州在18世纪90年代和19世纪早期有过几次暴动恐慌。1795年，在波因特·库比(Pointe Coupee)教区，由于他们领导者之间的争吵，一场计划好的叛乱被发现。西班牙当局派出的军队杀死了25名奴隶，其他的奴隶也被逮捕并受审。在被判有罪的人中，"16人……在教区的不同地方被绞死，剩下的9个人被装上了一艘桨帆船，顺流而下驶往新奥尔良。在船行驶的途中，每到沿河边的一个教区的教堂就把其中一人放下来吊死在树上"。

1811年，新奥尔良以北约36英里的圣约翰(St. John)施洗者教区爆发了一场重大叛乱。安德乐(André)糖料种植园的约500名奴隶打伤了种植园主，杀死了他的儿子。他们还组成了连队，"每个连都有一名军官，敲着鼓、挥舞着旗帜"，向新奥尔良进发。他们一边前进一边招募更多的奴隶，攻击并烧毁了四五个种植园，最后遭到数百名国民卫队和联邦军队的攻击，在1月10日被击败。16个领导人被审判和处决。作为对其他人的警告，他们的头颅被悬挂在新奥尔良密西西比河沿岸的杆子上。

以下叙述首先出现在路易斯安那州《公报》(*Louisiana Gazette*)上，并在1811年2月22日的里士满《询问报》(*Richmond Enquirer*)上被转载。参见赫伯特·阿普特克(Herbert Apetheker)的《美国黑人奴隶起义》(1943年)、弗朗索瓦—泽维尔·马丁(Francois-Xavier Martin)的《路易斯安那州的早期历史》(1882年)、欧文·亚当斯·戴维斯(Erwin Adams Davis)的《路易斯安那的故事》(1960年)以及约翰·S. 肯德尔(John S. Kendall)的"城市的阴影"(《路易斯安那州历史季刊》，第22期，1939年)。

新奥尔良，1月11日

昨天10点钟左右，河西岸的国民卫队追上暴徒，向他们发起了进攻。国民卫队杀了几个人，抓捕了几个俘虏，驱散了整个暴徒团伙。有的暴徒逃到了沼泽地里，有几个人后来投降了，其中有一个叫查尔斯(Charles)的黄皮肤小伙子，他是这伙恶棍的头目，也是安德乐(André)先生的财产。

从各方得到的信息来看，危险似乎已经结束了。这伙强盗还没有制定好成熟的计划，现在采取的措施基本可以确保该地的安宁。汉普顿(Hampton)将军正和一支受人尊敬的部队一起在海岸线附近——这支部队由弥尔顿(Milton)少校指挥，他正带着大约150名正规军向巴吞鲁日(Baton Rouge)进发。我们得到消息，弥尔顿少校即将从骚乱爆发的地方赶过来。毫无疑问，在这之前，整伙暴徒都已被打得溃不成军。

1月12日

来自海岸沿线的报告证实了昨天的情况。军队继续捕杀和抓捕逃犯,其中有10到12人今天早上被带到城里;几天后,种植园主就可以安全地回到他们的农场了。我们预计很快(可能在星期一)就会统计出暴徒造成的破坏的详细情况。

……

摘自1811年1月12日汉普顿将军给克莱本(Claiborne)总督的信,这封信来自戴斯特雷汉(Destrehan)先生的种植园。

"昨天我们跟弥尔顿少校的指挥部取得了联系,他们正从距离令人震惊的暴乱发生地很远的地方过来并四处搜寻逃跑的暴徒。我已告知附近的居民,他将会保护并支持当地居民。我也会允许和我从城市一起过来的各分遣队返回。但是我认为权宜之计是命令一支轻炮部队和骑兵从巴吞鲁日过来并赶到每一个定居点,以粉碎任何可能导致事态升级的骚乱。——这一团伙的头目已经被抓住了。"

1月17日

要得到一份关于海岸上土匪所造成损失的准确报告是非常困难的。他们8日晚上抢劫了安德里(Andry)先生家,杀死了年轻的安德里先生,打伤了老安德里先生。他们在安德里先生的一个商店里找到了一些公共武器,撬开了餐具柜和酒柜并喝得半醉,然后沿着海岸从一个种植园行进到另一个种植园,途中大肆抢劫和破坏。居民们大都逃了出来,暴徒们则继续前行,直到星期三下午4点,他们到达了卡迪特·福捷(Cadit Fortier)先生的种植园,然后在那里停了下来(已经走了5法里),然后开始杀家禽,做饭,大吃大喝地闹事。

警报传到城里时,城里一片混乱。最活跃的市民们全副武装,在警报发出一小时后(尽管天气非常恶劣)开始了行军,他们的部队不超过30人,骑着还不错的马,在沿着海岸前进的过程中不断有兵力加入。在两三法里路上挤满了马车和满载着人群的大车,他们都是为了躲避暴徒的抢夺而逃亡的人——黑人们半裸着身子,趟过没膝的泥水,头上顶着大包的东西,朝城里走去。我们得到的报道五花八门。

当我们到达离福捷先生家 1 法里的地方时,暴徒正在那里大吃大喝。我们的人数已经增加到将近 100 人,但武器和装备都很糟糕。联邦步兵的杜灵顿(Durrington)少校被任命为我们的指挥官——但实际上这只是名义上的,因为他坚决地认为,在天亮之前,我们不应该用仅有的少量兵力攻击敌人。他的这一观点得到了队伍中一些最有见地的人的支持,但是他们的意见没有用,因为一些支持进攻的人已经向前行进了。少校下令准备行动(大约是晚上 8 点),就在一切就绪准备进攻的时候,汉普顿将军到了,他决定在步兵到达之前不进攻敌人。尽管他想尽了一切办法,但直到凌晨 4 点也没有做到这一点。云雾已经散去,月光明亮,天非常寒冷。联邦军队的武器在月光下闪闪发光,大概正是这个原因,暴徒们发现了我们——当我们排成一排从后面向他们进攻的时候,他们拉响了警铃,这群暴徒以异乎寻常的安静向河的上游撤退。

当我们占领了暴徒整夜闹腾的地方时,我们的部队和马匹已经精疲力竭,无法继续追捕逃犯。然而,由于上述国民卫队的加入,加上弥尔顿少校和他指挥的正规军的迅速行动,当天和第二天整个暴徒团伙都被打得溃不成军,暴徒有的被打死,有的被打伤,有的被驱散,一切都平静下来了。

在这桩悲惨的事件中,有 2 个市民落在了暴徒的手里,3 所住宅被烧毁。没有一家糖屋或糖厂未受到骚扰。那些参与劫掠的可怜虫为他们的罪行付出了代价——人们普遍认为,超过 100 人已经被杀害和绞死,还有更多的人将被处决。

1 月 22 日

从福捷先生家到安德里先生家,被杀和失踪的黑人总数上周四已经被精确统计出来了,数据如下:被杀或处决者 66 人;失踪者 17 人;被送往新奥尔良审判者 16 人。共计 99 人。

从以上数据来看,总伤亡情况并不像最初估计的那么大。那些被报告失踪的人应该都死在了树林里,因为巡逻队在树林中看到了很多尸体。

维西起义,1822 年

1822 年 5 月下旬,查尔斯顿(Charleston)的一个名叫德瓦尼·普利欧路(Devany Prioleau)的奴隶告诉他的主人一个所谓的奴隶起义的阴谋。他说另一个名叫威廉·保罗(William Paul)的奴隶泄露了这个秘密。这两个人很快就被逮捕了,保罗还供出了其他几个人。奴隶被一个接一个带进来审问,但他们否认知道任何阴谋。之后,到了6月14日,另一个奴隶证实了保罗的证词,声称起义定于16日。尽管起义实际上没有发生,但仍有10个奴隶被逮捕了,一个迅速启动的法庭听取了针对他们以及丹麦·维西的秘密证词,丹麦·维西是一个自由黑人,21日被捕。7月2日,在被判犯有"最黑暗的罪行"后,维西和其他5人被处以绞刑,而他们都声称自己是无辜的。这时查尔斯顿陷入了恐慌,所有的黑人似乎都是潜在的杀手。奴隶们自己也害怕义务警员的报复,尽管也有些人勇敢地戴上了黑色臂章悼念那些被处决的人。即将发生叛乱的谣言再次传播开来,法庭重新开庭,展开了对奴隶和自由黑人的第二次围剿。一天有22名黑人被绞死,他们的尸体被悬挂在现场好几个小时。在绞死35人之后,法院将另外37人驱逐出境后才罢手。正如法官们向总督解释的那样:"我们认为被判处死刑的罪犯的数量足以说明这个事件的恐怖。"

最近,学者们对起义是否真的是有计划的提出了质疑。理查德·C. 韦德(Richard C. Wade)指出,大多数重要的证词是通过严刑逼供获得的,而且没有提供确凿的间接证据——例如,所谓被贮藏起来的数百支长矛。

下面的叙述摘自一本由美国黑人描述和反思这件事的小册子——《对处死36名爱国者的南卡罗来纳州查尔斯顿起义迟到的反思》(1850年)。参见约翰·洛夫顿(John Lofton)的《南卡罗来纳的起义:丹麦·维西的动荡世界》(1964年)和理查德·C. 韦德(Richard C. Wade)的《维西阴谋:反思》(《南方历史期刊》,第30期,1964年5月,第143—161页)。另可参见同一作者的《城市中的奴隶》(1964年)、文森特·哈丁(Vincent Harding)的《内战前黑人的宗教和抵抗,1800—1860》以及艾略特·路德维克(Elliot Rudwick)编著的《美国黑人的形成》(1969年,第1部,第179—200页)。

这类法律的颁布完全切断了奴隶所有的希望,阻碍了他们通过花费金钱让自己获得自由的权利,给他们获得平静和幸福生活设置了无法逾越的障碍。几年之后,奴隶们因为这类不文明法律的通过被激怒,他们的失望让他们有可能为了做自己生命的主宰而合谋采取行动,以踩在他们主人尸体上的方式来把自己从这个热爱自由的国家的邪恶束缚中解放出来。然而,他们失败了,因为这个群体中有的人成为他们所谓的正义事业的叛徒——这些叛徒把自由黑人试图解放自己的意图以及整个事件告诉了查尔斯顿政府当局。这一及时的消息把这座城市从一场血腥的奴隶斗争中拯救了出来,但也导致了所有爱国人士被抓捕并随即被处决——那是有记录以来最野蛮的处决——尽管他们的事业是神圣的,并且这种神圣是美国独立战争赋予它们的。

在所谓的阴谋被发现并使得一群人被俘之后,对那些勇敢的人进行蔑视性和即审即决的审判是令人难以置信的,它成了棕榈(Palmetto)州永远的污点。由奴隶主绅士组成的法庭开庭的目的很明确,就是根据私刑(Lynch)法官的计划,为维护南方制度而呼喊,并且审判那些有企图的共谋者。像往常一样,当奴隶的权利被认为应该受到限制时,审判过程就变成了一场严肃的闹剧,这就是审判的模式。大业主会被事先选好,准备好对每一个被指控造反的囚犯进行谴责和判处绞刑("这是对奴隶的一种恐吓,可以让他们害怕1/4个世纪",正如一位检察官所说,"奴隶们想要干什么没有什么可怕的,只要它们的主人有能力去对此作出惩罚"),而不需要法律证据来使其罪名成立。囚犯们被以过去最黑暗的年代里最暴虐的方式传讯,在这种环境下,他们成了真正孤立无援的弃儿。没有律师敢公正或专业地为他们辩护。我认为总督和最高法院的一名法官因为发表了反对该市执政党的意见而受到了暴力威胁。

在这样的指控下,一个名叫法罗(Pharo)的犯人扮演了政府的角色——政府承诺给他报酬,并保证他的生命安全。但令人尊敬的法庭却没有信守承诺,在从他的身上得到了所有需要的信息之后,法罗和另外21人在查尔斯顿因共谋罪被判处死刑,随即被绞死。据称,法罗已证明了自己是一个假证人。

所有事宜已经安排好,以方便法庭开庭。囚犯从地牢中被带出,然后被关在监狱的大厅里,没有任何人可以在这样的状况下给予他支持。在这里,法院宣布对他的控告,指控他与其他一个或多个奴隶集会谋划起义,企图推翻查尔斯顿当前的政府——以建立他们自己的统治。被控告的人在被捕后就被切断了所有与他相熟的人的联系,在任何情况下都不准与朋友见面或交谈。他既不被允许见到他的原告,也不能与其当面对质。啊,这种以非基督教的暴行所进行的安排多么残忍!事实上,所有在这种可怕而悲惨的场合下做出的定罪都是尽可能秘密地进行,不仅证据未公开,而且大都不是直接证据。他们把36个勇敢的人送进了预先准备好的、但是受人尊敬的坟墓[革命战争中的艾萨克·海纳(Issaac Hayne)上校死在了脚手架上]。被告人是在没有陪审团的情况下被审判的。噢,不!他被判处了死刑,整个审判过程没有一个人被允许和他说话,除了嘲笑他的奴隶主之外。

在这种可怕的情况下,他被带出监狱等待处决。就算他遭受了如此巨大的灾难,却仍旧没有朋友或亲戚可以来安慰他。不,自然的亲密关系被恶魔般的"官方猎手"无情地切断了,不管是妻子还是孩子都没有出现,啊,没有!任何有色人种都不被允许对他们的家庭表现出丝毫的悲痛。连死的苦楚,即使是出于神的旨意,也被人弃绝。有色人种甚至连穿黑纱以悼念他们逝去的父亲、母亲、哥哥、妹妹、女儿或儿子的自由都没有,因为他们的行为会被解释成对共谋者的同情(这就是年轻人愤怒的原因,他们期待政治进步,知道对黑人的压迫必须结束)并会被相应处罚。

法官们绞死了那些有意谋反的人,鞭打和剥去那些爱好和平的有色人种的黑衣服、黑纱等。这种糟糕的状况持续了几个星期,也许还会持续更长时间。监狱里已经关了很多人,等着轮流上断头台。但是有些市民因为他们的奴隶被绞死而没有得到相应的补偿而遭受了巨大的损失,有些人看到自己的人肉财产被牺牲只是为一些年轻人进入政府铺平道路。而这些人却没有为他们损失的奴隶财产给予足够的补偿。[总督本某特(Ben—tt)是当时的州执行官,他就犹豫过要不要接受支付给他的两个奴隶的 1 万美元的补偿,他的这两个奴隶因为被宣布为阴谋的领导者而被处决。这两个奴隶是比一流奴隶地位更高的人,都是虔诚和经验丰富的人——是两名有独创性的工程师和磨坊工人。据说他们的地位确实高于一般普通的奴隶。]据我所知,其中一名自由农制订了下列计划来摆脱这种情况:

一个勇敢的年轻人通过其建议和热心忠告,使整个城市陷入了混乱。他把人送到乡下去,远离那些传闻中共谋者的住所,并把他的两个奴隶带到庄严的集会法庭,想看看他们穿着乡下的破衣服出现在法庭上会对秘密证据产生什么影响。秘密证人在仔细地审查了带到他们面前供他们检查的人之后,宣布不对他们进行任何指控并将其无罪释放,把他们交还到他们的主人手中。随后,完全相同的奴隶假装有对他们不利的罪名,经过梳洗打扮之后再次出现在法院接受审查。而那个先前曾宣布这些人对国家的任何刑事指控是无辜的、公正的证人,在他们第二次更体面地出现在法庭上时,毫不犹豫地宣布这些奴隶们是阴谋的参与者。

法庭用这种方法侦破假证人是完全成功的,因为这些假证人已经厌倦了自己可憎的工作。法庭同时也延缓了 100 多个按照他们的命令准备上断头台的勇于牺牲者的死刑,这是法庭在查尔斯顿一家公共出版社的出版物上宣布的

（出版物的内容出自当局之手），那出版物的内容我已记不清了。然而，我记起了他们讲的话："包括从前圣多明戈来的一个盲人在内的不少人，都适合上绞刑架，但人道主义的动机阻止了对他们的处决。"据我所知，法院所称的人道主义的动机并不是值得称赞的，因为这不是用来发现假证人或逮捕处决贵族的动机——啊，不！——而是在贪婪地毁灭了36名光荣而勇敢的人的生命后，为了自我保护，以防未来一些受人尊敬的法庭成员所占有的奴隶受到牵连。这可能是影响法庭权力的主要动机之一。

对36名正直可敬之人大规模的可耻的谋杀，主要是为了确保那些"官场猎人"能获得晋升的公众平台。这次谋杀行为在查尔斯顿历史上也是绝无仅有的。22名爱国者被绞死的那一天，或者说因为邪恶的奴隶制度而被牺牲掉的那一天，由于所准备的绳子出现了问题——有的绳子太长，有的没有经过合理调试，导致被绞者无法因窒息而死（他们有的还能发出声音，脚还能接触到地面）——他们受到极为痛苦的折磨，祈求被马上杀死。市卫队的队长于是开枪将他们杀死了，而他们早为这种紧急情况做好了准备，即开枪将奴隶们射杀。

奈特·特纳起义，1831年

在弗吉尼亚东南部南安普敦（Southampton）县发生的奈特·特纳（Nat Turner）起义是白人被杀害人数最多的一次奴隶起义。特纳出生于1800年，在学会了阅读后，他开始沉迷于《圣经》之中。通过钻研《圣经》，他形成了关于反对奴隶制的观点，还获得了足够的知识，这使他成为同伴中的宗教领袖。1828年春，他确信自己肩负着领导一场叛乱的使命。正如他自己所讲述的，他"听到了来自上天的一声巨响，圣灵立刻向我显现并对我说毒蛇被放了出来，基督已经解开了他为人的罪恶所承受的枷锁，我应该拿起它与毒蛇战斗，因为时间马上就要到了，这时第一个应当就是最后一个，最后一个也应当是第一个"。他等待着神发出的信号——在1831年2月12日的一次日食中，他终于得到了这个信号。8月21日，他组织好了自己的部队，准备开始作战。从特纳的主人约瑟夫·特拉维斯（Joseph Travis）及其家人被谋杀开始，奴隶们从一个种植园游行到另一个种植园，特纳身边聚集了越来越多的追随者，不断屠杀白人。到了8月23日，他们已经走了20英里，杀死了至少57个白人。他们前往存放武器的耶路撒冷镇，但也有一部分人去了附近的一个种植园以招募更多的追随者，结果他们在那里喝醉了。剩下的人受到一群白人的攻击,虽然当第二批奴隶回来后,他们受攻击的状况暂时得到了缓解,但当一队国民卫队到来后,他们被驱散了。特纳试图重整旗鼓,但未能成功。对白人的屠杀之后是对黑人的屠杀。成群的国民卫队和义警在附近地区不分青红皂白地杀害黑人。据估计,至少有100名黑人被杀害。特纳逃脱了追捕,但到了10月30日,他最终被抓住。他接受了审判并被处以绞刑,他是他的团伙中第20位被依法处决的人。

以下有关起义的叙述是特纳在被处决前的忏悔(《弗吉尼亚州南安普敦奴隶起义领导人奈特·特纳在监狱中被监禁期间向托马斯·R. 格雷先生所作的完全及自愿的忏悔》,1831年),该文作为附件被转载于赫伯特·阿普特克(Herbert Aptheker)的《奈特·特纳的奴隶起义》(1937年、1968年)。另见阿普特克的《美国黑人奴隶起义》(1943年)、威廉·S. 德鲁里(William S. Drewry)的《南安普敦起义》(1900年)以及马里恩·B. 基尔森(Marion B. Kilson)的《走向自由:美国奴隶起义的分析》(《种族》,第25卷,1964年,第175—187页)……

很快我们就达成了一致,那天晚上我们应该从家里开始[J. 特拉维斯(J. Travis)先生家],然后我们再准备好武器和装备,聚集更多的作战力量,不管他们年龄和性别如何(这是我们始终坚持的)。我们一起吃饭到夜里2点,然后回到家中,找到了奥斯汀(Austin)。他们都来到苹果榨汁机边喝果汁,而我没有。一回到家里,赫克(Hark)就拿着一把斧子走到门口,想要把门砸开,因为我们知道,即使砸门的声音惊醒了这家人,我们也足以杀死他们。但是考虑到可能会把邻居吵醒,我们还是决定偷偷地进入房子,趁他们睡觉时杀了他们。赫克拿了一个梯子,把它靠在烟囱上,我爬上去,打开一扇窗户,进了楼,打开门闩,把枪从原来的地方搬了下来。之后我就意识到我必须开始杀人了。我拿着一把斧子,在威尔(Will)的陪同下,走进了主人的房间。天很黑,我没能一击致命,斧头从主人的头上掠了过去,他从床上跳起来叫他的妻子,这是他说的最后一句话,威尔用斧头砍死了他,躺在床上的特拉维斯太太也难逃同样的命运。杀害这家5口,也就是一眨眼工夫的事,他们没有一个人醒过来。还有个小婴儿睡在摇篮里,我们一开始忘记了。当我们离开了一段距离才想起来,然后亨利(Henry)和威尔返回去把他也杀死了。在这里,我们找到了4支可以用的枪,还有几支老式滑膛枪,以及一两磅火药。我们在谷仓里待了一会儿,排列了一下队伍。我把他们排成一排,让他们完成所有我熟悉的动作,然后让他们到大约600码外的萨拉图·弗朗西斯(Salathul Francis)先生家。萨姆(Sam)和威尔走到门口敲门。弗朗西斯先生问是谁在那儿,萨姆回答是他,他有一封信要带给弗朗西斯。我们听到他站了起来走到门口,并立刻抓住了他,把他从门口拖了出去,在他的头上猛击了几下把他杀死了。他的家里没有其他白人了。我们从那里出发去里斯(Reese)夫人家,在行进途中我们保持着最小的动静。到了她家,我们发现门没锁,就进去了,趁里斯夫人睡觉时杀了她。她的儿子醒来了,但只来得及说了句"是谁"就被杀死了。从里斯夫人家出来,我们赶往1英里外的特纳(Turner)夫人家,并在星期一早晨的日出时分到达了她家。亨利、奥斯汀和萨姆去了蒸馏室。在那儿,奥斯汀找到了皮布尔斯(Peebles)先生,朝他开了枪,我们其余的人来到了特纳夫人的房子。就在我们走近时,这家人发现了我们,马上关上了门。但这一切完全是徒劳的!威尔用斧子劈开了门,我们走了进去,只见特纳夫人和纽瑟姆(Newsome)夫人站在房间中央,几乎吓傻了。威尔用斧头一劈,立即杀死了特纳太太。我抓住了纽瑟姆夫人的手,用我被拘捕时手中的刀在她头上砍了几下,但没能杀死她,因为刀有点钝了。威尔转身一看发现后,随手把她也杀了。杀人之后我们就开始了一场全面的破坏财产和寻找金钱和弹药的行动。到这时,我的队伍已经有15人了,其中有9个人骑着马,动身到怀特黑德(Whitehead)夫人家去了……

  我们的人数此时达到了五六十人,我们都骑着马,拿着枪、斧子、刀和棍棒。——在通往大约3英里远的耶路撒冷(Jerusalem)的路上,快要到达詹姆斯·W.帕克(James W. Parker)先生家的大门时,有人建议我去他家,但我反对,因为我知道帕克先生去了耶路撒冷,我的目标是尽快到达耶路撒冷,但是与帕克先生家有亲戚关系的一些人一致同意去他家,把他们的人找来。于是我和七八个人一起留在大路上的大门口,其他人则穿过空地,走了半英里进入了房子。在等了一段时间之后,我变得不耐烦了,便去屋里找他们。当我们回来的时候,一群白人追上了我们,他们已经沿着我们血迹斑斑的足迹追了上来。一发现白人,我就命令我的人停下来排好队列,因为他们看起来很惊慌。有18个白人从大约100码处向我们走来,这时有一人朝我们开火。……我发现他们中大约有一半在撤退,于是我命令我的人向他们开枪,同时向他们冲过去。剩下的几个人原地不动,直到我们离他们不到50码时,他们才一边开火一边撤退。我们追过去抓住了几个我们本以为已经被杀死的人(实际上他们没有被打死);追了大约200码后,我爬上一座小山,发现他们遇到了另一伙人,他们停下了脚步给枪装子弹……

当我看到他们装子弹时,突然更多的人涌了上来,比我最初看到的还要多,我的最勇敢的几个人受伤了,其他的人被打得惊慌失措,在战场上四处逃散。白人追赶我们,向我们开了好几枪。赫克的马被打死了,我又替他抓了一匹从我身边跑过的马。我的五六个人受伤了,但没有一个被丢弃在战场上……

得州奴隶起义,1860年

1860年7月8日,达拉斯(Dallas)的大部分商业区被大火夷为平地,得克萨斯州的另外7个城镇也燃起了大火,在接下来的几天里,其他地方也烧了起来。有谣言说,这些大火是废奴计划的一部分,目的是解放奴隶和屠杀白人。奴隶们被严刑拷打,并"坦白"参与了一起北方阴谋。人们发现了一封废奴主义者的信,信中概述了一项解放得克萨斯奴隶的总体计划。一些纵火犯被逮捕。8月初,另一场大火摧毁了亨德森(Henderson)镇,烧毁了43栋建筑,造成了22万美元的损失。

随后,整个得克萨斯州陷入了疯狂状态。按照传统,警戒机构(或称为治安维持委员会)被组织起来揭露阴谋者并压制所有异议。例如,沃斯堡(Fort Worth)通过决议,要求准备两份名单,包括"黑人共和党人、废奴主义者或各个阶层的高级法律人士",名单1是所有嫌疑人员,名单2是要立即绞死的人员黑名单。接着就是"审判"和"处决"。据估计,被杀的人数从75人到100人不等,其中大多数是黑人,尽管也有些是北方的白人。警戒主义的恐怖活动持续了整个夏天。

如此剧烈的反应可能是出自南方长期以来对奴隶造反的恐惧。哈珀渡口事件发生在前一年,1860年的竞选活动加剧了南方各州的焦虑。在1856年的选举中,得州也有过类似的恐慌。为了政治目的,分离主义者和布莱肯里奇党(Brekinridge Party)夸大了这场起义的后果(不管是真实的还是想象的),他们利用这场起义来诋毁温和派的贝尔(Bell)和道格拉斯(Douglas),强化反共和党的情绪,并让联合主义的批评者禁声。

下面是一封由南方白人写给北方报纸编辑的信,摘自约翰·汤森(John Townsend)的一本反废除奴隶制的小册子——《联邦奴隶制的毁灭:从中获得安全》(1860年)。更多信息请参阅威廉·W.怀特(William W. White)的《1860年得克萨斯奴隶起义》(《西南历史季刊》,第52期,1949年1月,第259—285

页)以及奥林格·克伦肖(Ollinger Crenshaw)的《1860年南方选举的心理背景》(《北卡罗来纳州历史评论》,第19卷,1942年7月,第260—279页)。

晚间刊物编辑:

由于废奴纵火主义的影响,整个得州的西北、东北和中部地区都陷入一种疯狂的恐慌之中。在您收到这封信之前,我相信您已经看到了达拉斯、丹顿(Denton)、黑杰克格罗夫(Black Jack Grove)以及大的商店和磨坊的大火,损失估计在150万美元到200万美元之间。从那时起,废奴主义者就被发现企图在上述地方以南的其他城镇纵火并在这些地狱恶魔的领导下在黑人中发动大规模起义。在一些种植园里,针对黑人的一些检查发现他们拥有大量的武器和弹药,他们承认这些武器和弹药都是林肯派送来的。每天我们都听到城镇、磨坊、商店或农舍被焚毁的消息。亨德森在第6天被烧成灰烬,而当天是州和县官员的大选日。我们听说还有两三个城镇在同一天被烧毁。妇女和儿童被这些焚烧事件和威胁要造反的黑人吓坏了,有几次他们吓得离家出走,当他们被发现时,几乎成了疯子!整个州都建立了军事连队,我们有一半的公民经常巡逻。但不幸的是,到目前为止,私刑法官只主持过10个白人(北方林肯派)和大约65个黑人的案件,根据他们在叛乱和焚烧中的影响程度,他们被处以绞刑或烧死。他们的计划是烧毁所有的城镇,摧毁武器和弹药,也摧毁乡村仓库、磨坊、农场和玉米仓等。他们在选举日的活动将由约翰·布朗(John Brown)领导,然后向南去往休斯顿(Huston)和加尔维斯顿(Galveston)这两个城市。在那里他们将联合起来,在抢掠和焚烧这两个城市后,这些恶魔的化身承诺黑人们他们已经准备好了许多船只,准备将黑人送往墨西哥,在那里黑人将获得自由。黑人们是如此容易轻信,以至于他们可以被诱导去相信几乎任何事情,而不管这件事情有多么不可能发生。尤其是他们被精明诡诈的白人告知这件事情可以做到,而且白人将继续领导他们去实现这个目标时。但这还没完。我相信北方的教堂是整个事件的根源——事实上狂热分子已经承认了这一点。狂热分子说这次得州突袭是为了报复大约12到18个月前他们的一些卫理公会的弟兄被驱逐出得州,因为他们在得州北部鼓吹和教唆黑人废除奴隶制和纵火。除非教堂发出约翰·布朗的新兵招募,否则孩子们今年冬天就无事可干了(因为他们已经绞死了所有他们能找到的人),学校的男孩们因为热衷于参加绞死废奴主义者的活动,已经完全抛弃了学校教育,他们成立了军队,打算骑着马去参加75或100英里以外由私刑法官的法院宣判的一起案件的执行。现在南方已经形成了一个确定的信念,那就是,如果上帝以他无限的智慧让林肯活那么久,且让林肯当选为总统,那么这个联邦就一天都不能存在下去了。因为他们(南方的人)已经做了决定,他们宁愿手持利剑,誓死捍卫他们的家园,捍卫他们的妻子、孩子和奴隶,捍卫宪法、法律和他们的神圣的荣誉,也不会乖乖地屈从于一个有组织的抢劫制度,一个堕落的、令人厌恶的种族融合计划,因为这个计划是一个导致宪法妥协破裂、把南方完全排除在他们用鲜血和财富赢得的国家共同领土之外的计划。

马歇尔,得克萨斯州,1860年8月12日

种族骚乱

普罗维登斯,1831年

罗得岛(Rhode Island)州于1784年开始解放奴隶。1825年,该州有1 400名自由黑人和4名老年奴隶,但种族偏见仍然存在。黑人被限制做低贱的劳动,受到雇主的剥削,在宗教和教育上被隔离,经常受到身体上的骚扰和羞辱。许多种族暴力事件发生了,包括1824年的"穷困"暴乱,当时普罗维登斯(Providence)附近的一个黑人小村庄被拆毁,许多黑人随后离开了这个州。

一个新的黑人区——雪镇(Snow Town)在普罗维登斯形成了,这里也成为水手们经常去的地方。黑人和下层白人的混居冒犯了其他公民。1831年9月,雪镇的黑人和水手之间的一场战斗从普罗维登斯吸引了大批人过来,一场骚乱开始了。尽管当局试图保持和平,但还是造成了两天的破坏和几个人的死亡,因此国民卫队被召集过来——雪镇的大多数财产都属于有影响力的白人——骚乱被强行镇压下去,共造成4人死亡和14人受伤。

以下报道摘自普罗维登斯《日报》,后转载于1831年9月27日纽约的《美国人》。参见欧文·H. 巴特利特(Irving H. Bartlett)《罗得岛州普罗维登斯的自由黑人》[《黑人历史公报》,第14期(1950年12月),第51页及以后页码]。

罗得岛州普罗维登斯发生致命骚乱——上周有好几个晚上,这个通常秩序井然且十分宁静的城镇被骚乱所侵扰,在此我们向该州表示哀悼。这场骚乱直到星期六才平息下来,造成几名公民死亡。

事情的起因是在星期三晚上,从戈登堡(Göttenburg)来的里昂(Lyon)号船上的几个水手在奥尔尼(Olney)巷与几个放荡的有色人种发生了冲突。结果

是，黑人向白人攻击者开枪，一个刚刚当上一艘印度商船海军二副的22岁年轻人，在偶然经过时被打死了，三四十颗铅弹打中了他的胸部和腹部，他的同伴们或多或少也受了伤。据说这个年轻人并没有参与这场殴斗，只是和他的3个船友一起去找厨师。一个名叫理查德·约翰逊（Richard Johnson）的黑人因涉嫌谋杀这个年轻人被捕。当这个白人的死讯传遍全镇后，一群暴民立刻聚集起来，不顾当局的反对，把奥尔尼巷里的部分房屋及其内部家具拆毁了。

为了防止类似暴行再次发生，也为了维持镇上的安宁，镇议会把守夜人的数量增加了一倍，并调来了巡警，命令他们逮捕一切公然侵犯私人财产的人。警长及其下属、州长和镇议会的议员们以及许多受尊敬的市民也聚集在这里。但事实证明，政府当局为维持秩序所做的努力是不够的。暴民聚集起来，用各种各样的工具进行了有计划的攻击。警长逮捕的几名暴动者被他们的同伴公开解救，并从警察手中强行带走。在这种情况下，总督应县警长的要求，不顾市民当局的全力反对召集了一个连的军队来协助镇压骚乱。命令是在深夜发出的，只有大约35位士兵能赶到。在警长的命令下，这几十个有勇气的人来到现场，在那里遭到了各种各样的飞弹的袭击，有几个人被大石头打伤。一名连队的士兵受了重伤，蹒跚地离开了队伍，另一名士兵浑身是血，而血是从他头上被暴徒进攻时留下的伤口流出来的。尽管受到如此猛烈的袭击，他们还是继续在雨点般的石头下坚守阵地。他们要么立即抵抗，要么撤退，此外别无选择。尽管他们被打伤，甚至被扔向他们的又重又快的飞石所击中而有着失去生命的危险，但为了维护这块土地上的法律，他们仍不愿诉诸枪支等武器，而是忍受着对方的攻击，直至总督命令他们撤退。暴徒们公然蔑视和违抗镇和州当局，不断地进行打砸破坏，直至第二天清晨。不过，还是有一些暴徒被逮捕并被关押进了监狱……

正如大家所预料的那样，到了傍晚，人群又聚集起来了，但是在当局采取了警戒及相对有力的措施后，他们被吓退了。手持一把刀的暴民首领试图激起更大暴乱，但没有成功，于是他们四散而去。然而，正如大家所公开谈论的那样，暴行并没有结束，他们决心在第二天晚上召集一股强大的力量来达成他们的目的。

为了再次击败这些连续第四个晚上发动有计划的攻击的人，政府向那些有武器的市民发出命令，要求他们做好准备。

暴徒根据拟定的计划在傍晚时分发动了第四次攻击，继续毁损建筑物和其他私人财产。在这个不平静的夜晚,掉落在地上的建筑材料摔碎的噪声,混合着人们的叫喊声,甚至能被城镇偏远地区的人们听到,也打破了每一个爱好和平的市民平静的生活,激发了他们去思考无法无天的暴徒不受约束地在这片土地上破坏的后果。因此,警铃一响起,市民们就带着火枪来到暴乱现场,在暴徒的嘘声和嘲笑声中,冲破他们的阻挠并占领了一个山头。随后,一位警长根据《暴乱法》发表了公告,命令暴民解散,并对他们发出了明确的通知,否则的话5分钟内就向他们开枪。但是有一部分人并没有散去,而是撤退到政府控制的地方以西的场地,另一部分人则公开反抗法律和那些支持法律的人,并用暴力袭击了一所离现场不远的房子。于是,警长带着一部分警力去驱散这群暴徒,但在离开这座山之前,由于暴徒不断从西边投掷石头,他们被迫停下来。警察向暴徒们的头顶开了两枪,非但没有任何效果,还导致了他们不断地用石头还击。另一部分军队被派去增援,警长带着第一批人沿着大路走下去保护那些建筑物,一部分暴徒在两边散开,一部分撤退了。

暴徒们在呐喊声和咒骂声中越过了邻近的桥,从后面靠近,把警长他们和主力军隔开,然后不停地向他们扔石头,以致许多士兵受了重伤。此时一个命令清晰地传来,让暴徒远离街道,否则就向他们开火。但是暴徒继续向士兵投掷石块。遭到这样的攻击后,部队决定直接面对暴徒。为了保护那些手无寸铁的人的生命,这已成为最后的必要手段。开火的命令终于发出了,士兵们立即执行。而在这之前,一切恳求,一切命令,一切力量都是无效的。几分钟后,暴民散去,这里恢复了平静。

辛辛那提,1841年

虽然西北部各州也反对奴隶制,但它们更反对黑人。例如,1804年,俄亥俄州的黑人和黑白混血儿被要求必须获得自由证书,否则就要离开该州。他们必须进行官方登记,并且证件齐全,否则任何人都不能雇用他们。1807年,俄亥俄州禁止潜在的黑人新来者进入,除非他们提供500美元的保证金以确保他们有良好的表现。

在俄亥俄州的黑人数量较少时,这些法律并没有严格执行,但到了19世纪20年代中期,随着黑人数量的增加,特别是在肯塔基州河对岸的辛辛那提(Cincinnati),由于该地区有大量有偏见的南部移民白人存在,煽动驱逐黑人的事件就从这儿开始了。此外,辛辛那提的商人担心,如果自由的俄亥俄州黑人窝藏逃亡的奴隶,他们与南方的贸易可能会受到影响。1829年,根据1807年的法律规定,黑人有60天的时间缴纳保证金,否则就得离开小镇。然而,时间还没到60天,白人暴徒就袭击了黑人居住区,大肆杀人放火。之后,1 000多名黑人离开辛辛那提前往加拿大,在安大略(Ontario)省建立了威尔伯福斯(Wilberforce)镇。

尽管如此,在接下来的10年里,来到辛辛那提的黑人还是络绎不绝,并且令与他们竞争工作的爱尔兰工人非常苦恼的是,黑人们发展得很好。1841年,在一系列小规模的种族冲突之后,另一场重大骚乱爆发了。以下报道来自1841年9月6日的辛辛那提《公报》,并被温德尔·P. 达布尼(Wendell P. Dabney)的《辛辛那提有色公民》转载(1926年,第49—54页)。另见卡特·伍德森(Carters Woodson)的《内战前辛辛那提的黑人》(《黑人历史杂志》,1916年1月,第22页)。

从星期五晚上8点左右到昨天早上3点左右,这座城市就已经处于非常危急的状态了,整个城市几乎完全听命于一群无法无天的暴徒,他们的人数从200到1 500不等。

上个星期二晚上,一群爱尔兰人和几个黑人在第六街和百老汇街的拐角附近发生了一场争吵,并且打了起来,双方都使用了武器,但不是枪支。双方各有两三个人受伤。

周三晚上午夜时分争吵再度发生,一群激愤的男人手持棍棒袭击了麦卡利斯特(McAllister)街的一个黑人公寓,要求藏在公寓中的黑人投降,并对房子和所有黑人发出了暴力威胁。附近的几栋房子里住着的也是黑人家庭,有妇女和儿童在里面。暴力的加剧引起了房子内和周围人的抵抗。双方发生了交火,两边都有几人受伤,有人说房子里有人使用了枪支。最终,附近的几位绅士进行了干预,成功地让这里恢复了平静……

星期五的白天又充满了紧张不安的气氛,各种各样的暴力威胁和无法无天的暴动信息传到了警察和黑人的耳朵里。袭击预计将发生在麦卡利斯特第6街和新街的黑人住宅区。黑人们已经全副武装,而这些消息进一步加剧了紧张的气氛。但是,我们并不知道这种状况是否使警察采取了必要的预防措施来维护城市的和平。

晚上8点钟之前,一群暴徒(据我们所知是在肯塔基州筹建的组织的成员)在第五街市场公开集会,警察和市民没能阻止他们。之后这群暴徒故意从集合地点向百老汇和第 6 街行进，他们的人数说法不一，但随着他们的前进，人数有所增加。他们拿着棍棒、石头等武器来到行动现场，大声叫嚷着，咒骂着，攻击百老汇街上的一家黑人糖果店，拆毁了这家糖果店的门窗。这吸引了一大群人。人群发出粗野的叫喊声，鼓励暴民继续向黑人发起全面进攻。大约在这个时候，市长来了，向人们讲话，劝告他们要和平，要服从法律。但野蛮的喊声立刻响起来。"打倒他""把他赶走！"有人喊着，里面夹杂着令人恐惧的咒骂以及鼓动暴徒往前走的叫喊声。

他们拿着石头等向黑人发动进攻，但遭到黑人的多次开枪回击。暴徒四散逃开，但又很快聚集起来，不久又被同样的方式击退。双方都有人受伤或被抬走，据报道有不少人被打死了。黑人们集合了几次，向人群逼近，随意地朝街道上的人群开枪，人们向各个方向四散逃跑。这种状况不断重复着，直到下午 1 点多，有一伙人不顾市长和其他人的劝阻，从河边弄来一只 6 磅重的铁锤，装上锅炉冲床等东西，拖到地上，然后被放置在了百老汇大街上，直指第 6 街。喊叫声还在继续，但枪声停止了。许多黑人逃到山里去了。人群又开始了对房屋的攻击，双方都在开火，并持续了大半个晚上，街道上充斥着关于伤亡的夸张谣言。此外，大炮发射了好几次。2 点钟左右，一部分军队应市长的召唤，来到骚乱处，成功地阻止了暴民。整整一天，包括战斗的地方在内的几个街区都被哨兵包围了并实行了戒严令——把黑人们围在这里，后面又增加了一些没定罪的人，他们是由巡逻的人在白天抓到的。

政府决定把几个男性黑人代表押送至监狱，那里有军队和市民当局的保护，可以确保安全。

在军队和军官的护送下，包括身体健全的和残废的 250 到 300 名黑人好不容易被送进了监狱。当时有一大群男人、女人和孩子（有的很有秩序，有的则很混乱）跟在队伍后面，并且夹杂着震耳欲聋的呐喊声。

他们被妥善地安置在监狱里，与家人分开。人群就这样散开了。当时，有些人认为，他们应该可以安安静静地度过一个夜晚。但是，还有一些人很快就发现这些无法无天的暴民在天黑后将采取进一步的暴力行动。愿意帮助政府的公民被邀请去集会、报名和参加行动。军队被命令赶过来，消防队员也穿着警服出来了。大约有 80 名公民报名当消防局长的助手，在夜间与他们自己选出来的托伦斯（Torrence）法官一起行动。这支队伍的一部分人骑了马，部分马匹和几个连的志愿步兵继续值班到接近午夜。有些人被安排睡在他们的武器上，还有的一直值班到早上，帮忙看守监狱，诸如此类。正如政府所预料的那样，暴民很快组织起来，很早就开始了行动，并且通过分散兵力，在不同地点发动攻击，从而分散了警察的火力。暴民第一个获得成功的目标是"慈善家"印刷公司。他们成功地闯进了公司，把印刷机拆了，然后拿着机器在野蛮的呐喊声中沿着主街一路跑到河边，最后把机器扔进了河里。

军队出现在公司办公室附近的小巷里，暂时阻断了暴民。暴民又从旁边的小道上逃了出来，等军队撤退后，他们又回到办公室继续打砸破坏，直至将其彻底毁损。在城市的其他地方，有几栋黑人占有的房子被破门而入，窗户、门和家具都被彻底摧毁。在这个过程中，暴民最终被警察驱赶了出来，因为筋疲力尽才散去……

纽约征兵骚乱，1863年

1863年7月的纽约征兵暴乱在很大程度上属于种族暴乱，同时被劳工骚乱、不公平的征兵法、不受欢迎的战争、宗教和种族矛盾、阶级对立所放大，而街头帮派和志愿消防员的暴力更是加深了这场暴乱的剧烈程度。这场残暴的国内动乱比美国历史上任何国内暴力事件所造成的死亡人数都要多。

自19世纪40年代以来，种族和经济矛盾一直紧密相连。在此之前，黑人实际上控制了一些职业，比如码头工人、搬运工人、砖瓦匠、理发师、服务员和家庭佣人等。爱尔兰人的涌入（尤其是在1846年之后），导致了黑人和新移民之间的激烈斗争，最终爱尔兰人获胜。许多黑人找不到工作，只能四处游荡，而这常常导致暴力，尤其是在码头上。《解放奴隶宣言》加重了当时的这种敌意。反战的民主党人告诉白人工人，被解放的奴隶都将来到北方，抢走他们的工作。1863年，当《征兵法》通过时，民主党人，如市长候选人费尔南多·伍德(Fernando Wood)预言说，当被征兵者在为结束奴隶制而战的时候，共和党人会让自由人接替被征兵者的工作。然而，同样这些人也预言，黑人将懒洋洋地靠公共救济生活，而白人则要为这些救济纳税。

此外，《征兵法》的一项规定也加深了阶级对立，该规定允许男性支付300美元以免服兵役。事实上，正是对这种不公正的不满引发了这场骚乱，所以这场骚乱一开始，骚乱人员就对征兵总部发起了袭击。随后，暴力事件迅速转向对富人家庭的袭击。在这次骚乱中，种族仇恨所起的作用是显而易见的，因为许多骚乱者是爱尔兰劳工,而许多美国原住民劳工并没有参与暴乱。

暴乱持续了3天。暴徒首先摧毁了征兵总部所在的大楼,然后在街上游行,迫使工厂和商店关闭。暴徒还一路招募工人。他们切断了电报线,毁坏了铁轨。他们打败了第一批来对付他们的部队,并将警长殴打致死。此时,暴徒人数已达数千人,他们分成了几个部分。有的烧毁了大厦,有的在对市长住宅的袭击中被击退,有的烧毁了有色人种孤儿收容所。第2大道上的一个军械库被占领了,因为军械库发生了火灾,许多人死在了里面。随后暴徒袭击了城市官员,还袭击了警察总部,并与警察进行了激战。伴随夜幕降临,越来越多的暴徒将愤怒转向黑人,对黑人肆意焚烧、踩踏、抽打、绞杀和射杀。第二天,暴民与配备大炮的国民卫队进行了战斗。第9大道被设置了路障,拥有大量卡宾枪的联合蒸汽厂被暴民占领,城市里到处都在焚烧和抢劫。第三天,更多的军队被调来,装满了霰弹和葡萄弹的榴弹炮击毙了数十名暴徒。其他暴民则击败了保卫造船厂的国民卫队支队,而此时造船厂正在建造海军舰艇。到了第四天,从葛底斯堡(Gettysburg)回来的联邦军队被调来,暴乱最终被制止。伤亡人数不确定,估计的数字相差很大,从不到20到多达1 000或1 200不等。许多死亡没有报告,可能也有死于骚乱以外的原因。还有秘密埋葬的人数到底有多少也是未知的。验尸官办公室停止了调查,埋葬许可证局也关闭了。被扔进河里淹死的受害者人数不详。受害者的人数可能不少于300,甚至可能更多。从1860年到1865年,该市的黑人人口减少了20%,从12 472人下降到9 945人,很多黑人由于恐惧离开了这座城市。

战争期间,包括纽瓦克(Newark)、泽西城(Jersey City)、特洛伊(Troy)、波士顿(Boston)、托莱多(Toledo)、埃文斯维尔(Evansville)等在内的许多北方城市也都发生了骚乱,通常是由征兵和种族问题共同引起的,但没有哪个城市像纽约那样发生了如此血腥的事件。

下面是3篇关于纽约暴乱的报道。第一篇是美国第12步兵团的H. R. 帕特南(Putnam)上尉所写的官方陆军记录;第二篇是纽约市警察局的B. 富兰克林·赖尔(B. Franklin Ryer)的叙述[这篇文章刊登在1873年出版的乔尔·泰勒·黑德利(Joel Tyler Headley)的《纽约大暴动》的附录中];第三篇是大卫·巴恩斯(David Barnes)关于暴乱中一些黑人受害者命运的记述(《1863年7月纽约征兵暴乱》,1863年)。参见詹姆斯·麦卡格(James McCague)的《第二次叛乱》(1968年)、阿尔本·P. 曼(Albon P. Man)的《1863年的劳工竞争和纽约征兵骚乱》(《黑人历史杂志》,第36期,1951年10月,第375—405页)以及《流血的一周！暴乱、谋杀和纵火》(1863年)。

第一篇　帕特南
星期四晚上的行动

　　大约下午6点,道奇(Dodge)将军和莫特(Mott)上校通知布朗将军说,格兰默西(Grammercy)公园的部队沿着22街行进时遭到一群武装暴徒的袭击。他们被赶了回来,很多死去的士兵被丢在了街上。将军命令我带领我的连队以及第20和28纽约志愿炮兵的一部分前去支援。大约80人被作为步兵武装起来,由B. F. 赖尔(Ryer)中尉指挥。赖尔中尉带着纽约第28炮兵连的罗伯特·F. 乔伊斯(Joyce)中尉和F. M. 蔡斯(Chase)中尉。我的全部指挥人数达160人。

　　我带着部队向格兰默西旅馆走去。在离旅馆不远的地方,我看到一些暴徒从一所房子里对莫特上校指挥的部队开枪。我立即派乔伊斯中尉和几个人去搜查房子。搜查没有结果,那些人已经逃到后面去了。然后我告诉房子里的妇女们,如果再有人开枪的话,大炮就会对着房子开火。然后我们沿着第22街行进,在第2大道和第3大道之间,发现了戴维斯(Davis)骑兵队一名中士的尸体,他是两小时前被杀的。我命令一个车马棚的主人把他的马套上马车,和我一起去运送伤亡者。他回答说,如果他这样做,暴徒会杀了他,他不敢这样做。我告诉他,如果他去,他将受到保护,但如果他拒绝,他将立即被枪杀。马很快就套好了,尸体被装上了马车。这时暴民开始从房子里向我们开枪。我们立即开始搜查房屋,而我的突击队员们把暴徒从窗户和屋顶赶了回去。这些房子从地窖到屋顶都被搜了个遍。那群暴徒进行了殊死的反击,显然他们以为能够打败我们。我们把藏匿在房子中的暴徒都清除了。许多暴徒被杀,另有几个被俘。然后我们行军到第2大道,在那里我们发现了大批暴徒,他们藏在房子里,从房顶、窗户和十字路口向我们开枪。我们很快清除了街道上的暴徒,然后开始搜查房屋。我们搜查了13间房子,打死了里面反抗的人,并带走了剩下的囚犯。但他们中的一些人就像被恶魔附身一样继续战斗,不愿投降。所有这些人都被当场击毙。士兵们缴获了大量的大口径左轮手枪,我让他们留着。这个地方的暴徒都有很好的装备,几乎每个人都带着某种火器,还带着一把短枪,向我们射击。

如果他们冷静沉着，可能会对我们造成很大的伤害。他们疯狂地射击，跑到窗口射击，然后又从危险的地方撤退回来。

我的士兵进入了一所房子，迅速结束了战斗。这场战斗持续了大约40分钟，比我的连队参加的其他所有战斗都要激烈。我的人一个也没死。第12步兵团（我自己的部队）F连的卡德罗（Cadro）中士，一只手受了轻伤。二等兵克劳斯（Krouse）也受了轻伤。

暴徒全部散去后，我们回到了总部。

第二篇　赖德尔(RYDER)

长官：我很荣幸在此递交一份关于我所指挥的在最近纽约骚乱期间行动的报告。

遵照布朗将军的命令，我于本月14日（星期二）下午6时左右，带着我指挥的部队向他汇报。我的部队是由第26和28炮兵连（共100人，装备精良，有步枪）组成。汇报时接到命令，我们要到36街和第2、第3大道去寻回奥勃良（O'Brien）上校的尸体，他是在这一带被杀的。当我们到达那里时，发现尸体被移走了，暴徒也不见踪迹。我立即走回位于桑树街的总部，在12点左右把情况汇报给他们。然后我让我的人穿过格兰（Grand）街，来到渡口附近，然后来回穿过城市这一区域各种狭窄的街道，却没有发现什么任何闲杂人等。我就这样走了4个小时，本月15日凌晨4点又回到总部。

7点钟左右，我又接到命令，要我到32街和第七大道交界的地方去，不管有什么危险，都要平息那里的骚乱。我冒着大雨行军到那里，看到一群（大约两三百名）暴徒，他们正在绞死一个黑人。我一枪都没开，他们立刻就逃散开了。然后我又去了第7大道的军械库，想打听一下接下来可能碰见暴徒的地方。按照桑福德（Sandford）将军的命令，我让我的部队在他的"骑哨"和外围哨兵的防线内行进。然后我奉命到32街和第7大道去平息另一场骚乱——一伙暴徒企图闯进一所有许多黑人家庭避难的房子。我驱散了暴徒，把14名黑人带进了军械库。然后，我派出一半的部队穿过第7大道和第32街，暴徒们正在那里发动进攻，但他们很快就遭到了我的两轮火枪的攻击，暴徒们死伤巨大，随后就撤退了。不久之后，一个暴徒试图从我的一个哨兵手中夺过火枪，但却吃了子弹。当我正与第七大道的暴徒交火时，负责指挥第二排的罗伯特·F.乔伊斯中尉收到消息说大量的滑膛枪藏在百老汇附近远方街的房子里，于是他从他指挥的人当中挑选了15名士兵向那所房子进发。他们越过了路上的各种障碍,成功地拿到了73件恩菲尔德(Enfield)步枪装备。尽管他们在街上受到了500名暴徒的威胁,但还是把武器放到了马车上运回了军械库。大约4点钟的时候,我得到消息说,在第10大道和第11大道之间的42街有一大群人聚集在一起,企图烧掉这一带的建筑。我立刻率领大约50人(其余的人在军械库附近站岗)前往骚乱的现场。当我们到达第9大道和第10大道之间的42街时,我们听到了各种呻吟声和嘶吼声。到了第10大道的拐角处,砖头像暴风雨似的飞来了,还有各种各样的炮弹以及从建筑物的屋顶和窗户里射出的子弹。

我将各排左右轮转,以便从各个方向向街道进行搜寻。我要求暴徒在一分钟内散去,否则我们将开枪,而那里至少有2 000人。当我命令我的部队开火时,他们中的一些人逃开了,但大部分人还在,我至少发射了5轮火枪才驱散了这群暴民。之后,他们又开始从窗户和屋顶向我们射击。从窗户里射向我们的一颗子弹差点夺去了我们一名士兵的生命,因为子弹擦破了他的头,但结果并不严重。然后我命令F. M. 蔡斯中尉带10个人从上到下搜查房屋,他立即这样做了,并抓获了2名囚犯。我最终成功地清理了街道,关闭了房屋,我们待在原地直到不需要部队为止。然后我们动身去了军械库,但还没走过半个街区,一群暴徒就伙同另一群暴徒,冲到街上,似乎试图制服我的部队。我让他们靠得很近,让他们以为我们在后退,然后我突然让部队停下来,面向后面的第二排,朝他们进行了两轮射击。他们立刻散开了。有人告诉我,这是他们最后一次在那个地方聚集。这次冲突中,至少有50人被打死,多人受伤,我带着我的部队返回,他们几乎毫发无伤。把我们的俘房交给了第20分局之后,我又回到了军械库,那里发生了一场轻微的骚乱,我逮捕了2名暴徒,之后我终于得以休息了几分钟。

第三篇　巴恩斯

詹姆斯·科斯特洛(James Costello)(有色人种)。詹姆斯·科斯特洛,西33街97号,于7月14日(星期二)早上遇害。科斯特洛是个鞋匠,是一个工作非常积极的人,勤勉而认真。他一大早就出去办事,有人上前跟他搭讪,然后他被另一个很强壮的人追上了。他沿着街道迅速奔跑,试图逃脱,在几乎就要被追上时,为了自卫,他转身用左轮手枪向那个强壮的人开枪。这一枪被证明是致命的——两天后,这个被击中的人去世了。但科斯特洛立即遭到了暴徒的袭击。他们先肢解了他的尸体,然后把他吊了起来。他们砍断他的尸体,拖过水沟,用石头砸,最后用火烧掉。暴徒随后试图杀死科斯特洛夫人和她的孩子,但她爬上篱笆逃了出来,躲进了警察局。

亚伯拉罕·富兰克林(Abraham Franklin)(有色人种)。这个年轻人,在27街和第7大道的拐角上被暴民杀害了,他是一个安静、不惹人讨厌的人,他的性格无可挑剔。他是个跛子,靠当车夫养活自己和母亲。在袭击发生前不久,他去看望他的母亲,看看他能不能为她的安全做点什么。老太太说她认为自己是绝对安全的,但如果她的死期到了,她也准备好了去死。于是儿子跪在母亲身边,为母亲祈求上天保佑。老太太说,她觉得屋子里好像有几个善良的天使。他刚祈祷完站起来,一群暴徒就破门而入,抓住他,用拳头和棍棒打他的头和脸,然后当着他母亲的面绞死了他。就在他们施暴的时候,军队来了,把他们赶走后砍断绳子,把富兰克林放了下来。富兰克林微微抬起一只胳膊,露出了一些生命的迹象。军队随后离开,继续镇压其他暴乱,但是暴民们又返了回来,又一次把当时可能已经没有了生命体征的富兰克林悬挂起来,把肉一块块切下,用令人震惊的方式把富兰克林肢解了……

威廉·琼斯(William Jones)(有色人种)。克拉克森(Clarkson)街的一群暴徒正在追捕一名黑人,这名黑人为了自卫曾经向一些暴徒开枪。暴徒们此时遇到了一名没有恶意的刚从面包店回来的黑人,这个黑人腋下夹着一条面包。他们立刻开始攻击这名黑人,殴打他,几乎要了他的命,然后把他吊到了灯柱上。他被悬挂了好几个小时。之后暴徒在他身下燃起了火,把他悬挂在那里烧烤,而暴徒们在他们恶魔般的行径中狂欢……

威廉姆斯(Williams)(有色人种)。7月14日(星期二)上午,他在勒罗伊(Le Roy)街和华盛顿(Washington)街的拐角处被人袭击,多名男子扑上去,对他又踢又踩,直到他失去知觉。其中一个凶手跪在尸体上,用刀刺他的身体,但刀太小了,凶手把它扔到一边,举起拳头朝他猛击。另一个人则拿起一块近20磅重的大石头,故意把它一次又一次砸向受害者身上。在迪克森(Dickson)队长的带领下,一队警察赶到救出了这名男子,并把他送往纽约医院。但他只回答了关于他的名字的问题,说出了他的名字"威廉姆斯",此后便一直处于昏迷状态,几天后就去世了。

新奥尔良，1866 年

　　南方的白人还没有准备好接受解放黑人运动中隐含的革命性的社会变化。与安德鲁·约翰逊（Andrew Johnson）政府相一致的是，他们试图以一切可能的方式恢复战前的经济、社会和种族秩序。在路易斯安那州，1864 年的制宪会议只允许白人投票，因此，在 1865 年的州选举中，前南方联盟成员以镇压黑人为政治纲领赢得了选举。正如民主党人在 1865 年的施政纲领中所宣称的那样，"我们认为这是一个白人政府，是为了白人独有的政治利益而建立并延续下去的"。民主党掌权后，颁布了《黑人法典》，把黑人实际上变成了奴隶。激进派意识到，要想在政治上保持可行性，他们必须给予黑人公民权，并剥夺前联盟军的公民权。由于合法性存疑，他们于 1866 年 7 月 30 日在新奥尔良的力学研究所重新召开了 1864 年大会。成群的愤怒的白人和欢欣鼓舞的黑人聚集在外面。在这一天炎热的午后，一个白人报童引诱一个黑人向他开枪。警察没有逮捕黑人，而是开始向所有聚集起来的黑人开枪。白人随后愤怒地袭击了会议大厅，在那里发生的事情是由一个当时在现场的激进分子描述的。当联邦军队到达时，已经有 38 人死亡，146 人受伤。1866 年的选举中，北方激进派利用这一事件控制了国会，并掌握了国会 1867 年的重建方向。

　　1864 年至 1865 年路易斯安那州参议员 J. D. 奥康奈尔（J. D. O'Connell）的证词被提交给调查骚乱的国会委员会（H. R. 第 16 号，第 39 届国会，第二次会议，第 77—79 号）。参见唐纳德·E. 雷诺兹（Donald E. Reynolds）的《重新思考 1866 年新奥尔良骚乱》(《路易斯安那历史》，第 5 期，1964 年，第 5—27 页）。

　　进入大厅时，我发现豪威尔（Howell）法官已经按照总统的临时公告集合起来，或者更确切地说，他们中的一部分人集合起来。我一进去，就看见霍顿（Horton）牧师在祈祷，当时有许多观众。一些熟人邀请我来到里面，他们是大会的成员。我一直待到那儿，直到卡特勒（Cutler）先生（我想是）决定叫警卫官去通知那些不在的人进来。后来他又提出另一项决议，要休庭半小时或一小时——我记得不太清楚——直到警卫官通知大家来。就在这时，我在街上听到了似乎是音乐的声音。我走到一个窗口往外看，一群人正朝大厅走来。他们看起来是一个小型的游行队伍。他们的头上有一面美国国旗，还有一些铜管乐器在演奏乐曲。当我第一次看到这些时，就感到了一种紧张不安的气氛。我听到街上有很大的噪声。紧接着，游行队伍的领头人进入了即将召开大会的大厅，把他们的旗帜和乐器放在大厅里。我向几位先生打听游行的情况，警卫官告诉我，在三天前(27日)举行的群众大会上，那面挂在大厅的旗子被夺去了，他以为他们要把那面旗还回来。大约就在此时，我听到了运河(Canal)街方向传来的枪声，并看到人们向普通(Common)街撤退。当人群撤到普通街的时候，我从大厅的窗户里看见了他们。我看见一名警察跟着人群，手持左轮手枪向他们开枪。街上的人主要是有色人种，他们占据了离大厅很近的那条街上的一堆砖块，开始向警察和同他们一起行动的市民开枪，因为他们正用手枪朝黑人射击。当人群被驱赶回普通街时，我看见两个黑人拿着长枪，好像是马枪，朝警察开枪。这是我看到的唯一向警察开火的武器。大概就在这个时候，警察的人数增加了。我想至少有2 000名警察和市民聚集起来攻击这群有色人种。有色人种开始自卫，直到他们被赶到普通街。然后他们再次集结，将警察赶到运河街。我想他们先是把对方赶到普通街，然后在黑人分散的时候又朝运河街赶了两三次。在这期间，从运河街方向来的人从街上向大厅开了几枪。我看出他们有进入大楼的企图，于是去找了莫勒(Mollere)先生，请他帮我关上窗户。大厅两边的窗户位置刚好可以让站在德利阿兹(Dryades)大街上的人通过窗户进行斜射（这是一栋独立的建筑）。外面的人群变得非常危险，开始向窗户开枪。他们由身穿制服或佩戴警徽的警察组成，有些人脖子上挂着白手帕，有些人的纽扣孔上系着蓝丝带，还有一些人用袖子系着蓝丝带。我清楚地认出了这些记号。在大型火灾和其他可能发生困难的地方，人们通常用这种方式来识别对方——扣上衣服，在脖子上或胳膊上系一块白手帕。莫勒先生帮我把窗户放下来。这时，枪声变得非常危险，我为了自己的安全，不得不远离窗户。黑人被赶回了普通街，之后赶走他们的暴徒又返回，朝大厅方向走过来，到了坐落在普通街大厅一侧的医学院前面的台阶上。他们有的站在该建筑物的棚子上，有的站在篱笆上，而其他人则占据了运河街附近房子的栅栏、棚子以及台阶。对大厅里的人来说，唯一的保护就是躲到窗户之间砖石结构的阴影里，平躺在地板上，以此躲避从窗户射进来的枪弹。有时我能看到子弹射入大厅时撞到了对面墙上。人群就这样朝大厅两边不断开枪，大概打了10到15分钟才尝试进入大楼。那些起初试图保卫大楼的人惊恐地冲上楼梯。第一批冲上楼的是警察和市民，他们向大厅里的人开枪，但没有要求对方投降，也没有给对方任何投降的机会。有些人走到大厅中央，向躺在地板上的人开枪，因为地板上有很多人认为为了安全必须躺在地板上。躺在我旁边的人被警察开枪打死了，我发现待在那里也不安全。于是，我站起来向门口走去。差不多与此同时，菲什（Fish）先生和霍顿先生走到门口。这时一个警察来了，他用手枪对准我开了一枪，但子弹没有打中我。我让霍顿先生别到门口来。霍顿先生手里拿着一块白手帕，请求那些人看在上帝的份上不要杀害他们，并说他们没有武器。大约在这个时候，我看不到菲什先生了，我想他应该是出去了。后来，霍顿先生回来了，给我指了指他胳膊上受伤的地方。我建议他去找赫尔（Hire）医生，把血止住，必要时把子弹取出来。我一直没走，直到第三次袭击的发生。在此期间房间里的一群人冲上了讲台，试图通过位于舞台一侧的接待房间（即总裁房间）跑出来，但是整个建筑这一侧的空间已经被人全部占据了，他们发现根本没有出口可以出去。有几个特别莽撞地跳下去的人倒在了人群中间，当然还没等他们爬起来就死了。我从窗户往外看，看到围墙上的人拿着左轮手枪，等着射杀每一个出现在他们视野里的人。我还看到警察射杀了许多试图逃跑的黑人。第二次进攻时，警察又向黑人和白人逼近，虽然警察没有不加区别地抓人，但却以最快的速度向对方开枪。我看到一个黑人跪在一名警察面前求饶，但警察还是向黑人身体一侧开了枪。我还看见另一个警察对着一个平躺在地板上的黑人开枪。一直以来，我都迫切地希望军队能来平息骚乱，把大厅里的人带走，不管他们是被作为囚犯送进监狱还是被以其他什么方式对待。我别无选择。我宁愿像在其他地方那样尽快进监狱，受到保护，尽管我只是个旁观者。然而，军队很快到来是不太可能了，我建议把大厅封闭起来，直到军队到来。这是我们唯一的机会。我把椅子放在了靠门近的地方。然而，门是开向大厅的，外面的固定装置很快就被扯掉了。除了椅子，我们没有任何保护，但椅子也起不了多少作用，因为外面敌人很容易从椅子中间把子弹射进来。警察又发动了一次袭击并进入了大厅，这时房间里面的人拿起了椅子，把他们赶了出去。就这样他们来回弄了两次。在第五次袭击时，警察又进来了，领头的是一个穿着制服的军官，似乎是个中士。他拿着一块白手帕来到门口，突然打开门，挥动着他的手帕。我以为他们又变成好人了——这样做的意思是他们愿意保护我们。我走到门口，发现S.菲什先生就在门边的过道里，我请他帮助我们把椅子搬走。我问这个警察，他们是否打算保护我们不受那些想杀了我们的暴徒的伤害。他说："是的，我们会保护你的。"我问他是不是认真的，并让他握我的手，他照做了。我当时十分确信他会照他说的做，给我们提供保护。我把椅子拉下来，把有色人种从门口赶走，以免他们的出现激起警察进一步的暴力行为。有色人种非常顺从地朝大厅的另一头走去。当警察走进大厅时，跟我说话的那人后面的一个人上前喊道："是的，你们这些狗娘养的，我们会保护你们的。"我对他们会保护我们的承诺立刻失去了信心，然而没想到的是当他们走进大厅的时候，就连那个向我伸出手握手的人也和其他人一起冲上前去，不分青红皂白地开枪了。其中一名警察用手枪指着我说："你要投降吗，你这个该死的狗娘养的！"然后用左轮手枪指着我的头说："吃了枪子，去死吧，行吗？"我站在离他很近的地方，镇定地把他的手甩到了一边，子弹从我的帽子里面穿了过去。我向门口退去，另一个警察拿着一把长刀向我刺来。我用一把椅子挡住了他，然后回到了房间里。里面的人拿着破椅子和其他能找到的东西再次聚集起来，把警察赶了出去。我想此时大概是3点25分。战斗从一开始一直持续到了这个时候。我协助里面的人把警察赶了出去，跟着他们上了楼梯。当我再次回到房间时，楼梯离我只有10到20英尺远，我发现门是关着的，被人紧紧地顶着，所以我只好待在门厅里。如果你们中有谁参观过这栋楼，你们会记得楼梯的位置是这样的，当一个人走上楼梯时，除非接近楼梯顶端，否则他看不到站在大厅里的人。虽然逃跑的希望几乎没有，但我想还是尽量努力爬下楼梯。当人群又快到达楼梯顶上时，我看到他们脚下有个空地方，于是跳了下去。我猜想下面的那些人不明白这是什么意思，或者以为我是他们中的一员，吓得惊慌失措。他们带着我一起走了出去，却不知道我是谁。我走到街上，看见一排警察像士兵一样列队穿过德利德兹街，朝运河街走去。警察离开了他们的据点，走到大楼的两侧，用左轮手枪对着大厅开枪。我去找了其中两个人，想弄到他们的号码，这样我就能知道他们是谁，但是他们的帽子带上面写着"警察"两个字，但号码却里外弄反了，所以是错的。于是我对他们说，如果他们想从大厅里的人那里得到什么，就应该像男人一样进入大厅，这样向一栋大楼射击是懦弱的行为。他们中有两个人离开了，但有8到10个人继续用手枪射击。然后我离开，沿着运河街和圣查尔斯(St. Charles)街走到贝尔德(Baird)将军的司令部。我告诉贝尔德将军，我刚离开大厅，那里发生了战斗，我请求他看在上帝的份上派军队来。他说军队一到他就派过去。我竭力使他明白立即采取行动的必要性。他告诉我，在军队到来前他做不了任何事，他非常严厉地说，他知道他该做什么。我只好离开了他的总部。我回到家，换了衣服，又沿着运河街走了半小时到45分钟，发现军队恰巧来了，在街上站岗。这就是我所看到的。

维克斯堡，1874年

重建时期是美国国内暴力最血腥的时期，白人为了扭转他们在军事上的颓势，对黑人及其盟友，也就是所谓的提包党人和南赖子，发动了多起国内暴力行动。几乎就在阿波马托克斯(Appomatox)战役之后，暴力就开始了。战败的南部邦联会展开了零星的游击活动、私刑和恐怖主义活动，有时还会发生暴动。第一次大规模骚乱发生在1866年5月，当时孟菲斯(Memphis)的白人枪杀、殴打、抢劫和强奸黑人，焚烧黑人学校、教堂和住宅。1870年10月，在南卡罗来纳州的劳伦斯(Laurens)，13人被杀，数百人受伤。1868年，阿肯色州发生了一场严重的叛乱，白人关闭了法院，压制并打击民事当局，枪杀了数百名黑人。根据一名联邦检察官的说法，在得克萨斯州，从1868年到1870年，每年有1 000名黑人被杀害，这"主要源于对种族的政治仇恨"。在路易斯安那州，菲利普·谢里丹(Philip Sheridan)将军估计，从1866年到1875年，有3 500人被杀或受伤，其中大部分是黑人。仅在1868年，就有1 884人被杀或受伤。在新奥尔良，除了大量的骚乱之外，在农村地区也有可怕的屠杀。1873年，在科尔法克斯(Colfax)，至少有60名，也可能多达200名黑人被屠杀。1868年，在波西尔(Bossier)教区的一次"黑鬼狩猎"中，162名黑人死亡。1871年，在密西西比州的莫里迪恩(Meridian)有25到30人被杀，据估计，1875年发生在密西西比州亚祖(Yazoo)城及其周边的骚乱中，有80人被杀。

黑人并没有默默忍受这些攻击。在重建管辖者的紧急指示下，他们在一些地区组建了国民卫队连，在其他地区也非正式地组织起来自卫。在很多情况下，都是黑人武装联合起来对抗白人。事实上，正是这些反抗刺激了最严重的白人暴力。1874年的维克斯堡(Vicksburg)暴动是黑人抵抗和白人报复的一个例子。当白人用枪逼着黑人共和党警长彼得·克罗斯比(Peter Crosby)交出他的办公室时，冲突就开始了。克罗斯比召集黑人进行自卫，12月7日星期一，大约125名黑人武装进入小镇。吓坏了的白人组织了国民卫队，把克罗斯比关进了监狱。在犹豫了一段时间后，黑人决定回家，但当他们离开时，白人开始追赶并向他们射击。白人杀死了一些黑人，把其余的人驱散了，然后白人在乡间扫荡，用私刑处死或枪杀了至少30名黑人。

以下叙述摘自国会委员会调查的多数派报告《维克斯堡问题》（众议院报告

第 265 号,第 43 届国会,第 2 届会议,第 8—11 页)。参见弗农·莱恩·沃顿(Vernon Lane Wharton)的《密西西比的黑人,1865—1890》(1947 年)、乔尔·威廉姆森(Joel Williamson)的《废奴之后：1861—1877 年南卡罗来纳州重建时期的黑人》(1965 年)、肯尼斯·M. 斯达姆普(Kenneth M. Stamp)的《重建时代,1865—1877》(1965 年)、奥蒂斯·A. 辛格尔特里的《重建时期的黑人国民卫队》(1957 年)以及 W. E. B. 杜布瓦(DoBois)的《黑色的重建》(1935 年)。

7 日(星期一)凌晨 3 点左右,法院钟楼上的守夜人敲响了警报,但后来证明是虚惊一场。7 点到 8 点之间,同一名守夜人 E. D. 理查森(E. D. Richardson)再次拉响了警报,说有相当多的人正在向樱桃(Cherry)街走来,亨特(Hunt)医生告诉了人们来的这些人是谁。不一会儿,法院广场上就挤满了一大群情绪激动的人,手里拿着各种武器。

该市市长奥莱利(O'leary)下令对该市实施戒严,并将武装市民的最高指挥权授予霍拉斯·H. 米勒(Horace H. Miller),后者在最近的战争中在南方联盟一方待过,有一些经验。为什么不把指挥权交给那些州国民卫队的军官呢,如弗隆(Furlong)准将、比尔德(Beaird)上校、弗伦奇(French)上校或其他人,其主要缘由是米勒上校在白人战线中众所周知的公开立场。

米勒上校上任后,首先认定克罗斯比可能是这次行动的负责人,并派人将他看守在法院。然后他派遣了成群的骑兵在维克斯堡巡逻,把所有的黑人赶出街道,这些命令后来被极端残忍地执行了。就这样,在成功稳住了后方之后,这名经验丰富的军官带着大约 80 到 100 名装备精良的士兵从樱桃街出发,很快就遇到了安德鲁·欧文斯(Andrew Owens)领导的一群黑人。米勒首先将自己的部队布置在对面小山的山坡上,中间隔了一个峡谷和桥梁,并让一部分突击手以合适的列队占据整个桥梁,然后骑着马来到了他们之前停下的地方,那儿是一个很陡峭的悬崖,在城市内部一个山的山脊上。

黑人的领头者欧文斯通知米勒上校,他们是遵照克罗斯比警长的命令而来的。米勒说,克罗斯比被抓了,这伙人帮不了什么忙,而且可能会受到很大的伤害。欧文斯随后要求见克罗斯比并听从他的命令,还表示如果克罗斯比同意,他愿意退出。米勒同意了这一请求,欧文斯被押送到法院,在那里他见到了克罗斯比,克罗斯比让他回家。

回到自己人身边后,他告诉米勒上校,他要把他的人带回家。他们很快就从来时的路回去了。

逃离的黑人被开枪射击

证词清楚地表明他们是这样做的，而且他们没有开枪。他们不是按照军令撤退的，而是一群人混杂在一起、乱哄哄地往回走。走了大约半英里后，突然，白人在没有任何军官的命令的情况下向他们开了枪。开枪者是一些骑马的人，这些人当时已经来到了黑人们的一侧，随后把黑人全部围拢起来。所有的白人都冲了上来，拿着精良的武器对付这些毫无抵抗能力、正在撤退的黑人，而黑人们还以为他们之间达成的协议一定会被执行。

欧文斯的队伍里有不超过125名的黑人，而且他们当中不到一半的人除了手枪以外没有任何其他武器。还有许多人完全没有武器。这不是战争，而是一场简单的屠杀，对所有参与其中的人来说，都是无尽的耻辱。进攻没有得到命令就开始了。你们委员会不相信米勒上校会下达这样的命令，但是一开始，那群没有纪律的暴民就完全不受他的控制。

用当时在那片血腥的战场上作战的一位英雄克拉彻（Cratcher）先生的话说，"我们没有任何危险，因为我们用的是长程枪，而他们用的是霰弹枪或近程枪"。

他们自己的哨兵理查森（Richardson）的证词说，他从法院的圆顶上看到了这一切。弗兰西奥拉（Franciola）和欧文斯以及克拉彻的证词表明，在大屠杀开始时，黑人人群离开了战场，并没有要战斗的意图，而白人一方对他们的屠杀是完全不必要的。

从报纸上读到的报道，甚至从一些参与者的证词来看，跨越洛迪（Lodi）桥对樱桃街的战斗来说根本不算什么。在强大的火力压制下领导80或100人从一座裸露的小山下来，然后穿过一座桥去攻占对面的高山和面对自己人数占优的敌人，是一种值得作为共和国纪念日铭记的英勇，但是历史的真相却是，这群所谓的战士在冲锋中根本没有看到任何敌人。而且，除了不小心开枪打到了自己人外，也没有任何白人被杀、受伤或处于危险之中。黑人在遭到射击后四散奔逃，有的单独跑开，有的成群离去，有的偶尔也还击一枪，但都没有造成任何伤害。

对这些出于善意而撤退的人的杀害，是蓄意的、怯懦的，是违反一切和平或战争法则的谋杀。

在这里共有八九名黑人被打死，米勒上校救出了大约20名黑人，他们被当作囚犯押送到了法院。

彭伯顿(Pemberton)纪念碑事件

与此同时,警报传来,有军队正在逼近。这次他们是从杰克逊(Jackson)路过来的。根据你们委员会所能作出的最佳判断,事情的发生经过是这样的:如前所述,一部分人在樱桃街被人袭击和驱逐,来到了彭伯顿纪念碑附近的一个地点。一队来自亚祖河被称为霍金(Hogin)上尉骑兵的白人骑兵,前来帮助保卫这座城市。他们把妻子、孩子和财产都留在了一个黑人聚居地,却没有采取任何保护措施,然后他们前去保卫维克斯堡,而那里实际上已经做好了抵御入侵的所有准备。这种情形只能从实际事件的角度来理解,他们不相信他们的妻子、孩子或财产有任何实际的危险,他们只是打算利用这次暴乱作为政治成功的手段,因为这些离开家庭和财产而去维克斯堡的人都是人民俱乐部或白人阵线成员。在他们毫无防备地靠近这座城市时,一个名叫奥利·布朗(Olli Brown)的男子在伏击中被枪杀,他可能是被不久前在樱桃街公路上受到残酷攻击的一些人射杀的。人们立刻冲了过来,但是杀害布朗的真正凶手逃跑了。由一部分来自城市和一部分来自霍金军队的白人组成的混合部队,向阿斯伯里(Asberry)指挥下的另一支部队发起了进攻,向他们开火并击溃了他们,打死了几个突击队员,而混合部队除了布朗之外,无一伤亡。

但更糟糕、更痛苦的场景依然存在……

米勒上校派出的助手命令他们在街上遇到的所有黑人都离开,在这个过程中,他们射杀了3个没有进行任何反抗的手无寸铁的人。然而,这些他们在维克斯堡的街道上残忍杀害的美国公民,无论是出身、教育还是家庭关系在这个城市中都占有很高的地位。全国各地通过电报获得了该市处于危险之中的夸大声明,美联社负责接收和传播了这些虚假的新闻,全国上下都因为"维克斯堡起义"激愤不已。向被围困城市的人们提供的援助从四面八方到来。12月7日晚上,160名武装人员从路易斯安那州赶来救援。我们下面引用一封来自得克萨斯的电报:

[特立尼蒂(Trinity),得克萨斯州。1874年12月12日。1874年12月12日维克斯堡收]

致委员会主席:

您需要人手吗?能在24小时内召集一群人来消灭你们那里的黑人吗?

J. G. 盖茨（Gates）和
A. H. 梅森（Mason）

不再有法律，不再有秩序。这个城市充满了因愤怒而失去理智的人，甚至更糟。到处充满了暴力，充满了不受控制的怒火。12月7日的那个夜晚是无人管束的无赖们的狂欢夜。体面的人都关起门来，把窗户锁上，而存在于整个城市（尤其是河边的小镇）的各种邪恶和危险的力量完全成了局势的主宰。自治当局未经授权搜查私人住宅，更糟糕的是，他们把搜查武器变成了抢劫和偷窃，粗暴地虐待本分的人——法律的形式和实质都已不存在了，所有这些不法行为都变得合情合理。

一个可怜的老人，处于半疯状态，但对他人没有任何威胁。他静静地坐在邻居的房子里，在惊恐的妇女和尖叫的孩子面前被残忍地枪杀了。他只有一支猎枪，靠打猎和捕鱼维持生计。谁也说不出汤姆·比德曼（Tom Bidderman）与那场战斗有什么关系，只因为他是个黑人，家里还有支枪。于是，他们在从城市赶去恢复乡村秩序的路上，为了消遣就把他杀了。

骑马的巡警作为人民俱乐部的成员，穿过这些定居点，去执行他们地狱般的"正义使命"。

那场非正义的战斗结束后，就在那个星期一的大约中午时分，有5个人骑着马来到离维克斯堡约2英里的罗伯特·班克斯（Robert Banks）的家，他的家离大路不远。他们下了马，吩咐老人勒住马，进了屋。屋里是班克斯太太和其他五六名受惊的妇女，还有小罗伯特·班克斯，一个18岁的男孩。他们问这个男孩是否有武器，男孩给了他们房子里面的一把手枪。然后他们就袭击了这个男孩，当他逃跑时，他们穿过房子追赶他，把他打死了。回来后，他们来到小罗伯特·班克斯的父亲站着的地方，他还牵着马，这些杀害他儿子的冷血杀手命令他走到前面，罔顾他的妻子和母亲的恳求，当着她们的面，把他也杀害了。

一个可怜的老人，名字叫明戈·格林（Mingo Green），他已经非常年迈，身体非常衰弱，不得不用拐杖支撑走路。他是当地有名的劝诫者，碰巧遇到了这些巡逻队，就被处死了，尸体被扔在路上。他的头被一刀砍下，或者正如证人所描述的那样，"他整个头都掉下来了，像瓷碗一样"。

一个叫巴克·沃雷尔（Buck Worrell）的人，性格平和，不爱惹事，住在离维克斯堡大约8英里的地方。他没有被指控与此事有任何关系，但是在之后的星期二，他被这些巡逻队从自己家里追到他的白人雇主爱德华兹（Edwards）先生家里。他在那里向在场的女士们乞求保护。然而他所求助的玛莎（Martha）·爱德华兹小姐却只说她不希望他在她的院子里被杀。巡逻队尊重这位年轻女士的意愿，把他带到路上，当着他妻子的面把他打死了。这是人民俱乐部成员希伯伦（Hebron）的部队干的。

汉迪·希利亚德（Handy Hilliard）与这一事件没有任何关系，与妻儿平静地生活在维克斯堡附近的家中，也被残忍杀害了。

巴克·沃德（Buck Ward）于12月8日（星期二），在沃利斯（Wallis）先生的种植园被人谋杀。

在亚祖河地区，有霍金队长的部队巡逻，奥利·布朗（Oli Brown）是他们当中的一员，当送葬队伍在房子前列队时，可以看到一些黑人站在路的拐弯处。霍金上尉命令他的两个手下向他们冲锋。在这个过程中，其中一个白人，威廉·沃恩（William Vaughn）被杀了。正如委员会所认为的那样，为了报复布朗和沃恩的死，几天后，3个黑人，乔治·谢泼德（George Shepherd）、乔·库克（Joe Cook）和伊曼纽尔·托莱斯（Emanuel Toales），被从他们的家里带走——他们被枪杀，喉咙被割，耳朵被割，尸首未埋，任其腐烂。

还有其他同样令人震惊的案件也已向委员会作了汇报，对此我们必须查阅相关证据，而你们委员会必须认识到，仍有很大一部分案件未被披露。

此外，安东尼·麦克（Antony Mack）的案子也值得关注。这个人被指控参与了杀害沃恩的行动。对他的逮捕令已发出；他在亚祖城被捕，并被交给两个人（其中一个是霍金），然后被带到维克斯堡受审。在去维克斯堡的路上，那些令人尊敬的执法员杀死了他，但是他是在什么地方死的，怎样死的，却没人知道。

下落不明的黑人的尸体

委员会从我们收集的资料中发现，在整个事件中，有2名白人——布朗和沃恩——似乎已经被杀害，还有29名黑人，其中一半以上是被蓄意残忍地处死的。还有多少人躺在藤条下失踪和下落不明，目前无法确定。其中的一个证人说我们（委员会）永远也查不出来，"但我们只要观察秃鹰盘旋的地方，就能找到那些死去的人"。

威明顿，1898年

1894年，民粹主义者和共和党人的融合将民主党人赶下了北卡罗来纳州的权力宝座。黑人不断增加的政治活动是共和党力量的主要来源。1896年，共和党人丹尼尔·罗素(Daniel Russell)当选州长。黑人开始得到一些政府的庇护：有的被任命为威明顿(Wilmington)的海关专员，有的被任命为邮政局长，有的被任命为治安法官，有的被任命为学校委员会委员，还有一些被任命为市议员。1897年，有5人当选为由165名成员组成的北卡罗来纳州众议院的议员。

在1898年的竞选中，民主党人使用了大量的煽动性宣传来反对"黑人统治"。当年10月成立的治安维持组织红衫军(Red Shirts)恐吓并杀害黑人，还威胁将在选举日制造更多暴力事件。著名的民主党人阿尔弗雷德·M.瓦德尔(Alfred M. Waddell)对白人说："明天去投票站，如果你们发现黑人去投票，告诉他离开投票站，如果他拒绝，就杀了他，当场一枪打死他。如果我们必须用枪来做这件事，我们明天就会赢。"11月8日，民主党赢得了决定性的胜利。

两天后，也就是11月10日，威明顿的白人发起了一场暴动，先是烧毁了一家黑人报纸的办公室，然后又发动了一场对黑人的全面屠杀。据估计，死亡人数从20人到100多人不等。白人随后罢免了市长，强迫所有黑人官员辞职，驱逐所有黑人政治领袖，并以武力建立了一个新政府。之后由民主党人控制的州议会完成了以人头税和祖父条款等手段剥夺黑人政治权力的进程。下面是炮手杰西·布莱克(Jessie Blake)(暴乱中的一名参与者)的回忆录，该回忆录让我们得以深入了解白人暴徒的心态。他的叙述被一位富有同情心的听众哈里·海登(Harry Hayden)记录在《威明顿叛乱》(1936年，第1—21页)中。参见海伦 G. 埃德蒙兹(Helen G. Edmonds)的《黑人和北卡罗来纳州的融合政治，1894—1901》(1951年)。

炮手杰西·布莱克慵懒地抽着老烟斗，斜躺在他松树丛中的豪宅"声响木屋"(Woodley-on-the-Sound)的光线昏暗的客厅里。这位年迈的南方军老兵是南北战争中费舍尔堡两次被轰炸后的幸存者，此时他正在招待两位参加最近的世界大战的年轻老兵……

"你们这些孩子太年轻了，对1898年11月10日的威明顿叛乱没有太多印象，"布莱克先生开口说道。布莱克先生是一个不折不扣的反叛者，他至今仍认为南方是为独立而战,而不是为奴隶制而战,他继续使用战前和战后的词"该死的北方佬"(英语),虽然这是一个单一的词,但他甚至没有用大写的"D"来强调这一称呼。

"所以,我要给你讲讲这场叛乱的内幕,"他接着说,"在这场叛乱中,威明顿的白人一夜之间推翻了宪法认可的市政当局,代之以改革的规则,这一切都是合法的,当然也有一些针锋相对的流血事件,但同时他们也把黑人从这个城市和这个州的政治生活中剔除了。这次叛乱是黑人在南方被剥夺权利的开始,也是在南方建立'白人至上'制度的重要一步。"

布莱克先生说:"这次叛乱是这一区域的白人公民对既定政府的有组织的抵抗,这个政府长期以来一直让他们感到恼火,因为它被'提包客'和黑人所控制,而且还因为这里一部分上层人士希望在这个城市、这个州和整个南方建立'白人至上'的制度,从而把当时愚蠢和无知的黑人从他们在政府中在人数上占支配地位的职位上赶走。"

"南方出生的老一代人一筹莫展。他们经历了南北战争的严酷考验,也经历了重建时期的专制(后者是被征服的南部联盟最讨厌的词,仅次于damedyankee,即该死的北方佬),当时未经正当法律程序没收财产成为常规而非例外。他们亲眼看到'40英亩和一头骡子'买了许多黑人的选票。"

"黑人强奸犯袭击南方的女孩和妇女,那些纯洁可爱的女人,是那些生活在迪克西地区(Dixie Land)的家庭的荣耀。这些畜生正在更频繁地犯下这种卑鄙的罪行,而他们中的大多数人却在当权者的影响下逃脱了惩罚。"

"这些南方的老先生们考虑过,只有时间才能消除重建的恐惧,这是胜利的北方人强加给被征服的南方人的条件,但他们不愿意坐视他们的女孩和妇女被野兽般的野蛮人攻击。"

"在北方,北方人中较好的那部分人不希望他们和他们的小伙伴们在这种环境中成长。"

"我不希望南方的女孩在对黑人强奸犯的恐惧中成长为女人。"

"一个由9位公民组成的小组在休·麦克雷(Hugh MacRae)先生的家里开会,并在那里决定,黑人的态度和行动使他们有必要采取一些措施来保护他们在附近的第7街和市场街的家庭和家园。"

"这群公民——以下将被称为'秘密九人组'——将城市划分为若干区域,在每个区域安排一名负责任的公民作为队长,他们指定莱思罗普(Lathrop)先生和曼宁(Manning)先生为联络人。他们是'秘密九人组'中唯一被区域队长知道的人。"

"较优秀的那部分人计划从黑人的傲慢无礼和专制中获得解脱,从他们的贪污和不道德的条件中获得解脱。'秘密九人组'和白人领袖在等待时机,希望会发生一些事情来唤起公民的一致行动。"

"但'秘密九人组'的'观察——等待政策'并没有持续多久,因为在10月下旬时(1898年),《威明顿(黑人)每日记录》的专栏中出现了一篇由黑人编辑亚历克斯·曼利(Alex Manly)撰写的社论,它引起了全州对当时由共和党和融合派掌握的城市和州政府的反感。这篇社论试图以南方妇女的贞洁为代价,为黑人强奸恶魔辩护。"

布莱克先生走到图书室的桌子旁,弯腰拿起一本放在桌子架子上的旧书,然后他读了下面这篇来自《威明顿每日记录》的令人作呕的社论:

贫穷的白人在保护他们的妇女方面很粗心,特别是在农场。他们对自己的行为不以为然,来自本县贫穷的白人的经验告诉我们,该种族的妇女在与有色人种秘密会面的问题上与白人和有色人种妇女会面相比,并没有什么特别之处。

这种会面持续了一段时间,直到女人的迷恋或男人的大胆,使他们在一起引起了人们的关注,而男人往往因强奸而被私刑处死。

每一个被私刑处死的黑人都被称为"高大、粗壮的黑人畜生",而事实上,许多被私刑处死的人的父亲是白人,他们不仅不"黑"也不"壮",而且对有文化和有修养的白人女孩来说,他们有足够的吸引力,让她们爱上了他们,这一点大家都很清楚。

"这篇社论,"布莱克先生用拳头敲打着合上的旧书,有些激动地说,"这是压垮黑鬼先生在南方政治上的一根稻草。"

布莱克先生说:"在选举日和随后的日子里,紧张不安的气氛占了上风。"

布莱克先生说:"种族之间的紧张关系已经到了崩溃的地步,因为两名平克顿侦探(黑人)向他们的白人雇主报告说,在白人市民家中的黑人妇女仆人,已经同意放火烧掉他们雇主的住所,而且黑人男子公开威胁说,如果在政治中提出白人至上的问题,他们将'烧毁整个城镇'。当时的气氛充满了火药味,只要有一点火星,任何一个种族的个人的错误举动,就可以让白人和黑人互相掐架了。"

"选举当天下午,休·麦克雷先生坐在市场街的门廊上。他看到一队'红衫军',50人,眼中带着血丝,骑在火红的、装备精良的战马上。爱尔兰人迈克·道林(Mike Dowling)组织并率领着这一队义勇军。头脑发热的'红衫军'在麦克雷先生的家门口停了下来,而这个头脑冷静的苏格兰人走向这群人,想知道出了什么问题。"

"道林告诉麦克雷先生,他们要去'记录'大楼,要私刑处死编辑曼利并烧毁该建筑。麦克雷先生恳求道林和他的'红衫军'中止他们的计划。麦克雷、道林和'红衫军'的其他领导人来到街对面的萨瑟(Sasser's)药店,在那里,麦克雷先生向他们展示了他起草的《白人独立宣言》,准备在第二天的白人公民群众大会上展示。"

"在麦克雷先生的劝说下,'红衫军'最终放弃了他们的私刑计划,但这是在麦克雷先生用电话给报纸打电话并口述了第二天早上召开市民群众大会的号召之后……"

"1 000多名白人公民,从牧师到商人、从水手到乞讨者的各行各业的代表,参加了第二天早上(11月10日11点)在新汉诺威(New Hanover)县法院举行的群众大会。"

"阿尔弗雷德·穆尔·瓦德尔(Alfred Moore Waddell)上校(一位举止温和的南方绅士,因其极其保守的政治倾向而闻名)被要求主持这次集会。在这次会议上,瓦德尔上校说:'……我们不会生活在这些无法容忍的状况下,因为任何社会都无法忍受这样的状况。我们打算改变这一切,如果我们不得不用(黑人)的尸体来堵塞费尔角(Cape Fear)河的水流!'"

"这一宣言,"布莱克说,"在大规模集会的白人男性中赢得了巨大的掌声。他的演讲,除了我刚才引用的两段外,大部分都是对事实的陈述,但他是一位雄辩的演说家,在整个演讲过程中,人群对这位杰出的须发皆白的南方绅士表示欢呼"(黑人对他的尊敬不亚于白人对他的钦佩,他的品格无可指摘)。

瓦德尔上校在结束讲话时宣布,他衷心赞成休·麦克雷先生起草的一套决议,其中包括后者的《白人独立宣言》。

"这些决议得到了全体与会者的一致通过,随后进行了精彩的展示,全体与会者起立欢呼:'对!对!对!'还有人喊着用'记录'(the Record)和'私刑·曼利'(Lynch Manly)来'熏陶'这个城市。"

布莱克先生然后宣读了如下决议:

"相信《美国宪法》所设想的政府将由开明的人民来管理;相信制宪者没有预料到无知的非洲裔人口会获得公民权;相信参与构建联邦的北卡罗来纳州人

没有考虑到让他们的后代屈服于一个劣等种族。我们,在此签名的威明顿市和新汉诺威县的公民,特此宣布我们将不再受非洲裔人的统治,也永远不会再受非洲裔人的统治。我们之所以忍受这种情况,部分原因是我们感到脱离联邦战争剥夺了我们对许多同胞的公平考虑……"

"瓦德尔上校手持温彻斯特步枪,命令市民们在军械库前列队,有序地前往'记录'工厂,该工厂位于第7大道修女街和教堂街之间的'自由爱情大厅'。当这群沉默而坚定的人沿着市场街行进时,经过了美丽的殖民时代圆柱状大厦——贝拉米之家。在林肯不幸被暗杀后不久,美国最高法院首席大法官萨蒙·P.切斯(Salmon P. Chase)就在这座大厦的阳台上发表了演说,主张黑人享有选举权,从而播下了现在开花结果的白人叛乱的种子。'记录'的印刷机被疯狂的白人破坏了,他们还破坏了其他设备,用于印制南方妇女美德和性格的社论的字模被他们扔得到处都是。他们坚定地支持白人妇女的美好品德以及白人相对非洲人的优越性。一些挂在工厂天花板上的灯被拆了下来,扔在地板上,地板沾满了煤油。集会人群中的一名成员划了一根火柴,结果这幢两层的框架建筑很快就着火了。"

"领导人和大多数公民的目的只是摧毁机器,"布莱克断言,并满怀哲理地补充道:"这一切都证明,一群暴徒,无论多么自律,也不比其最薄弱的一环强大多少。"

"摧毁了邪恶的《威明顿(黑人)每日记录》的工厂和建筑的武装人员被驱散,他们平静地回到各自的家里,"布莱克先生说。

他继续叙述道:

"但在大约一个小时后,两个种族之间的紧张关系随着白人公民威廉·H.(比尔)梅奥[Wiliam H. (Bill) Mayo]被枪杀而被打破,他被威明顿叛乱中的第一枪打伤,当时他正站在他家附近的第3街和哈尼特(Harnett)街的人行道上。梅奥的攻击者丹·赖特(Dan Wright)在中了13颗子弹后,被威明顿轻步兵和海军预备役成员抓住。赖特于第二天在医院去世。"

"接着,'红衫军'骑上了马,黑人也开始奔跑。非洲人,或者至少是那些愚蠢地相信与他们父母以前的主人享有社会平等的可能性的黑人,开始在高加索人(即白人)之前悄悄溜走。他们这些黑人似乎变得很原始,像落荒而逃的猛虎一样,在锋利的刺刀、狂吠的枪口和燃烧的'红衫军'面前咆哮着撤退。"

"6名黑人在第4街和布伦瑞克(Brunswick)街的拐角处被枪杀,这一天(即

1898年11月11日),黑人伤亡人数总共是9人。其中一人在'布鲁克林'(Brooklyn)附近的黑人舞厅'曼哈顿'(Manhattan)向白人开枪,他被击中了15到20枪。后来,这个开枪的白人团伙的一名成员喊道:'我们把他抬起来的时候,米斯托·尼加(Misto Niggah)脸上有一种'自豪'的表情,我敢肯定!'"

"一个'红衫军'说,他看到过6名黑人在费尔角(Cape Fear)木材公司的工厂附近被枪杀,尸体被埋在一条沟里。另一名'红衫军'描述了一名白人男子射杀9名黑人的故事,当黑人从布鲁克林的一个棚户区的门里冲出来并向他开枪时,这名白人男子用他的温彻斯特步枪把他们一个个打死了。另一个故事讲述了一个黑人在走近码头上的两名白人后被枪杀,尸体被扔进费尔角河……"

"其他军事单位来到威明顿,协助白人公民在这里建立'白人至上'的制度,这些军事单位如下所示:法耶特维尔Fayetteville(N. C),轻步兵,金斯顿(Kingston)师,海军预备队,中尉W. D. 波洛克(Pollock);马克斯顿警卫队(The Maxton Guards)、G. B. 帕特森(Patterson)上尉和由H. W. 海因斯(Hines)上尉指挥的桑普森(Sampson)轻步队。远至新奥尔良南部的军事组织都打电报表示,如果战斗需要他们,他们就会来这里。"

"当叛乱全面爆发时,'二十五人委员会'任命弗兰克·H. 斯特德曼(Frank H. Stedman)和查尔斯·W. 沃思(Charles W. Worth)为委员会成员,召集市长塞拉斯·P. 赖特(Silas P. Wright)和市议员委员会,要求这些官员辞职。市长曾表示愿意辞职,但不是在危机期间。然而,当看到白人市民手里拿着左轮手枪走在街上时,他改变了主意。手里拿着帽子的黑人们也突然变得顺从起来……"

"军队在街道上游行,枪炮怒吼,刺刀闪耀,非洲人在白人面前退缩了,因为'白人至上'的新市政当局在一天之内就成立了!黑人统治白人公民的旧秩序已经结束了。"

亚特兰大,1906年

在19世纪90年代,民粹主义运动分裂了南方白人。由于民粹主义者和民主党人有时都可以利用黑人来对付他们的对手,黑人最低限度的政治权利得以维持。民粹主义衰落后,重新统一的白人联合起来,剥夺了黑人的政治权利。许多州仿效密西西比州,在1890年剥夺了黑人的公民权。南卡罗来纳州的本杰明·蒂尔曼(Benjamin Tillman)、北卡罗来纳州的查尔斯·埃科克(Charles Aycock)和佐治亚州的霍克·史密斯(Hoke Smith)等领导人领导了反对黑人投票权的运动。查尔斯·卡罗尔(Charles Carroll)的《黑人是野兽》、罗伯特·W. 舒菲尔德(Robert W. Shufeldt)的《黑人,对美国文明的威胁》,以及在亚特兰大鼓吹雅利安人(Aryan)优越性和黑人统治威胁的前民粹主义者汤姆·沃森(Tom Watson)等人的书籍,都加剧了种族主义情绪。

与此同时,白人媒体以一种煽动性的方式对待黑人犯罪,尤其是攻击和强奸。1906年,这个问题在乔治亚州亚特兰大引发了一场骚乱。9月22日(周六),报纸刊登了关于白人女性遭受最新袭击事件的附加新闻。亚特兰大《新闻报》有5个这样的版面,用大号字体写着"第三次进攻"和"第四次进攻"。事实上,在骚乱前一周发生的12起袭击事件中,雷·斯坦纳德·贝克(Ray Stannard Baker)的调查显示,确实有2起事件发生,另有3起为蓄意袭击,但其他7起是谣言。但人们相信了媒体的说法,于是出现了一波对黑人的殴打和枪击事件。一个平静的星期天之后,周一又爆发了第二次骚乱,布朗斯维尔(Brownsville)郊区的警察逮捕了那些携带武器以防止进一步袭击的黑人。至少有12名黑人被杀,70多人受伤。

以下内容摘自1906年9月23日亚特兰大《宪法》报。参见雷·斯坦纳德·贝克的《肤色探索》(1908年)、W. E. B. 杜布瓦(DuBois)的《亚特兰大大屠杀》(《独立报》,第61期,1906年10月4日,第799—800页)以及《亚特兰大暴动》(第84期,1906年11月3日,第555—566页),查尔斯·克劳(Charles Crowe)的《1906年9月22日亚特兰大的种族屠杀》(《黑人历史杂志》,第54期,1969年4月,第150—173页)。

到了10点钟,街上至少有10 000人,他们越来越乱,一心想搞破坏。

大约就在这个时候,伍德沃德(Woodward)市长再次恳求人群回家。人群向他呼喊尖叫,然后又继续追逐和殴打黑人。

会把他们淹死的

"我会把他们淹死的,"市长说。

他跑到艾薇(Ivy)街和迪凯特(Decatur)街拐角处的火警箱前,打开了总警报器。

很快,以乔伊纳(Joyner)警长为首的整个消防部门都赶到了现场。市长向警长解释发生了什么事,并指示他沿着迪凯特街从艾薇街把消防水管一直铺到桃树街,并迫使人群回到喷嘴口处。

几分钟后管道就铺设好了,倾泻而出的水使人群匆匆退去。他们在尖叫声中转身进入小街。

过了 5 分钟,在埃奇伍德(Edgewood)大街和普赖尔(Pryor)街的拐角处没有水的地方又聚集了一群人,再次开始了对黑人的追袭。

善意的白人建议黑人不要强行进入暴徒控制的地方,但许多黑人似乎不服气,继续前进,他们很快发现,如果听从建议,他们本来可以有更好的结局。

暴徒们从埃奇伍德大街跑到桃树(Peachtree)街,聚集在玛丽埃塔(Marrietta)街角,那里的水也喷不到他们。

此时,暴徒们眼前已经没有一个黑人了,大家都在叫喊着打发时间。

这时,有轨电车开始进站,车上坐着黑人。如果当时能预见到这一点并派警察去接应进站的车辆,把黑人从车上拉下来,骚乱也许就能及时制止了。但这是无法预料的,所以当从佐治亚(Georgia)大道开往格兰特(Grant)公园的 207 路车经过埃奇伍德大道,在玛丽埃塔街的拐角处停下来的时候,这群暴徒发现车里有一半是黑人。

"把他们弄下来,杀了他们。用私刑处死他们。"人群大喊。

司机加快了速度,有那么一会儿,车上的黑人似乎能够逃脱,可以看出他们不那么害怕了。然而,只耽搁了一秒钟,就有人把电车集电杆从电线上拧了下来,接着车窗就被砸碎了,白人用棍棒击打窗户。

有人下令给电车提供照明,灯光一亮,白人和黑人之间就展开了一场激烈的斗争,大约有 6 个白人拿着棍子进了电车。那些黑人在一个微笑着的黑人妇女的煽动下跟白人打了起来,一直打到被制服,然后被拖走。有些人被拖出了窗户,那些黑人妇女几乎连衣服都没穿。妇女的头上被戴了几个袖套之后放了出来,但每个黑人男人都遭到了白人的棍棒殴打,其中一些白人是 12 到 15 岁的男孩。

5 个黑人逃跑

在遭到毒打之后,有 5 个黑人顺着小街逃了出去,其中一个名叫埃文斯(Evans)的 18 岁黑人做出了反抗,但一次又一次被打倒在地。他满头是血,站起身来,想拔出刀来,他挣扎着走到了布罗德(Broad)街和福赛斯(Forsyth)街中间的一个地方。他的命运已经注定了。

"他想砍死一个白人,"一阵喊声响起,当这个黑人努力试图挣脱时,人群继续猛烈地追赶他。他又一次在福赛斯街和玛丽埃塔街的拐角处倒下,接着又一次挣扎着站起来,沿着福赛斯街往南跑。在一个理发店边上他被抓住了,这是他最后的归宿。他再次被殴打,当他挣扎的时候,被差不多20个人包围着,他呻吟了一声,倒在了人行道上。在人群散开之前,鲜血已经顺着倾斜的人行道流下,他倒下3分钟不到就死掉了⋯⋯

几秒钟后,一个黑人被人从车里拖了出来,遭到了殴打。他尝试逃跑,但很快又被人追了上来。他朝福赛斯街狂奔,身后留下一道血迹。就在通往邮局的正门对面的街道上,他又被人包围在人行道上,然后被扔了下去。

"看在上帝的份上,可怜可怜我吧,白人,"这是黑人绝望的呼喊。

"我们会像你们对待白人妇女那样对待你们,"有人回答说。过了一会儿,那个黑人的声音就消失了⋯⋯

当晚最惨烈的战斗之一发生在邮局附近。在这里,暴徒们大喊着杀人,冲进了联邦政府大楼对面的一家黑人理发店。

"抓住他们,全都抓住。"暴徒们以这句话为口号,拿着重重的棍棒、手杖、左轮手枪、几支步枪、石块以及其他各种各样的武器,冲进黑人的理发店。最前面的一排人向店里扔砖头和石头,砸穿了窗户和玻璃门。

扔完这些后,一群愤怒的男人和孩子向理发店猛扑过来,就像要把他们眼前的一切都横扫掉一样。

坐在椅子上工作的2个黑人理发师,并没有要抵抗暴徒的意思。其中一个黑人举起了他的双手,但一块砖头打中了他的脸。与此同时,有人开了枪。两个理发师都倒在了地上。暴徒们仍然不满意,冲进理发店,把理发店弄得一片狼藉。

2名理发师的尸体先是被暴徒用脚踢了半天,然后被拖离了店里。暴徒抓住理发师的衣服,衣服很快就被撕了下来,许多人把这些破衬衫和衣服带回家作为纪念品,或在头上挥舞,以引发更进一步的骚乱。

当被拖到街上时,2名理发师的脸都被严重地毁损了,商店的地板上满是血迹。这些尸体被拖到街对面的电力和煤气公司的新大楼旁。在大楼旁边的小巷里,尸体被扔在一起。

大约在同一时间,另一部分暴徒正忙着对付一个在街上被抓的黑人。这个黑人被一枪撂倒在地，接着人们对着尸体开枪，直到有人为了自身安全要求停止这种胡乱射击，他们喊道："殴打他们，殴打他们。你会用枪误杀其他白人的。"

于是，暴徒们开始殴打已经不可能再挣扎和感受痛苦的黑人的尸体。他们对那个黑人的死感到十分满意，并把他的尸体扔在两个黑人理发师的旁边，他们3个人的尸体就这样堆在那里，成了他们夜间成就的一座阴森可怖的纪念碑，而它差不多就在亨利·W.格雷迪（Henry W. Grady）纪念碑的阴影里。

东圣路易斯，1917年

东圣路易斯（East St. Louis）种族暴乱是由南方黑人涌入本已是工业贫民窟的东圣路易斯，致使缺乏住房、交通和娱乐设施所引发的。但关键问题是就业。许多黑人被急于降低劳动力成本和制止罢工的雇主引进。这年4月，一家铝厂举行了罢工，工会的白人被解雇，取而代之的是黑人。尽管这次罢工被国民卫队、黑人和白人组成的罢工破坏者联合镇压，但工会还是把失败归咎于黑人。5月的一次工会会议要求"东圣路易斯必须仍然是白人的城镇"。随后就发生了一场暴乱，在暴乱中许多建筑物被毁，落单的黑人遭到攻击和殴打。骚扰和殴打持续了整个6月。

7月1日深夜，一群白人开着一辆福特汽车穿过黑人居住区，向住户开枪。当汽车第二次出击时，黑人们进行了回击。之后警察派了一辆警车来调查，不幸的是这辆警车也是一辆福特汽车。一些黑人以为是同一辆车，又朝它开了枪，打死了2名警察。第二天，随着有关枪击报道的传播，一场新的骚乱开始了。有轨电车被拦下，黑人被拖下车，白人们用石头砸他们，用棍棒打他们，用脚踢他们，用枪将他们射杀。成千上万的暴徒游荡在街道上高喊："抓住一个又一个黑鬼，再抓另一个黑鬼。"大多数黑人被吓得什么都不敢做，不过有一次，大约有100名手持武器的黑人把自己关在一幢大楼里自卫。在这一事件中，当白人要求国民卫队保护他们时，国民卫队拒绝了，而是给了严阵以待的黑人安全出城的权利。官方的伤亡报告是9名白人和39名黑人死亡，数百人受伤，但警方估计黑人的死亡人数为100人，超过300栋建筑被毁，4名白人和11名黑人被控杀人。对警察的所有指控（其中一些曾煽动暴乱）都被撤销了，条件是3名警察承认犯有暴乱罪。警察抽签决定谁来进行申诉，其他人则支付了总共150

美元的罚款。

　　下面的叙述来自 W. E. B. 杜布瓦和玛莎·格鲁宁（Martha Gruening），他们受 NAACP 的委托进行调查并撰写了调查报告《东圣路易斯的大屠杀》（《危机》，第 14 期，1917 年，第 222—238 页）。他们报道的许多事件都包含在调查骚乱的国会委员会的证词中（国会授权调查东路易斯骚乱特别委员会的报告，H. R. Doc，第 1231 号，第 65 届国会第二届会议，1918 年 7 月 15 日）。还可参见艾略特·M. 鲁德威克（Elliot M. Rudwick）的《1917 年 7 月 2 日东圣路易斯种族暴乱圣路易斯》（1964 年）。

　　一个黑人的头被一大块石头砸开了一个口子，并被拖到了第 4 街巷口，他的脖子上还套着一根小绳子。当绳子被拉过一个离杆子不远的突出的电缆盒时，有人开玩笑说绳子太软了，每个人都觉得可能会发生什么。果不其然，绳子断了，黑人跌倒在地，那个拉绳子的人也摔倒在人行道上。

　　一位老人从他的房子里出来抗议，他戴着一顶和有轨电车售票员一样但没有汽车服务标志的帽子。"不要把那个人绞死在这条街上，"他喊道。"你们要敢这样做试试！"但这位老人被人愤怒地推开了，一根显然足够结实的绳子被拿了出来。

　　就在这里，我看到了今晚最触目惊心的一幕。为了把绳子套在黑人的脖子上，一个私刑者把他的手指伸进黑人裂开的头皮里，把黑人的头抬起来，他的手完全浸在了黑人的血里。

　　"抓稳了，拉到东圣路易斯去！"一个穿黑外套、戴新草帽的人抓住绳子的另一端喊道。绳子很长，但还不够，没有多少人能抓住它，这一次黑人被拉到离地 7 英尺的高度。尸体被吊在那里……

　　一个体重达 300 磅的黑人从南方货物仓库北面和东面燃烧的房屋中走出来。他的双手高高举起，黄色的脸上充满了对死亡的恐惧。

　　"抓住他，"人群叫喊着。比子弹带来的痛苦还要悲惨的场面发生了。

　　人群中的一个人用他的左轮手枪打中了那个黑人的脸。另一个人把铁闩扔在了黑人的两眼之间。另外有一个人站在旁边，用石头连续猛击他。

　　很快，这名高大的黑人倒在了地上。"就是这样，"一个人叫道。他往回跑了几步，然后用最快的速度冲向趴在地上的黑人，然后腾空一跳。

　　他的脚后跟正好击中了那张伤痕累累的脸。一个女孩走上前来，用脚踢打着这个正在流血的男人。血溅到她的长袜上，男人们大笑着哼了一声。

再多的苦难也不能唤起骚乱者心中的怜悯。伍德(Wood)先生告诉我们，几个黑人在街上被抓住后被暴徒踢死了。当苍蝇落在他们糟糕的伤口上时，匪徒们大口喘着气，不许垂死的黑人把苍蝇赶走；长袜上沾着血的女孩们踢着街上尸体的黑脸。

5点后不久第一批房子就失火了。这是在百老汇大街和铁路大道之间的主街后面。黑人被从燃烧的房屋中"驱赶"出来，拼命逃命，尖叫着乞求饶恕。一个黑人爬进一间棚屋，向白人开枪。警卫们追了上去，见他带着武器，便转身对众人说："他有武器，孩子们。你们去干掉他。一个白人的生命抵得上一千个黑人的生命。"

几分钟后，在距离第一次开火地点100英尺远的3所小房子中的角落里，人群用火柴点燃了匆忙收集起来的柴火堆。这是在国际收割机公司的工厂后面。8个黑人逃进了最后几栋房子，躲在地下室里。当屋顶和墙壁快要塌下来的时候，一个上了年纪的黑人妇女走了出来。她被允许走到安全的地方。3名黑人妇女尾随其后，没有遭到枪击。然后走出来了4个黑人。有人向他们开了百余枪，他们倒下了。没有人敢出去看他们是否死了，因为这个地方已经变得像无人区，子弹飞来飞去，火光四溅。

一个手脚并用地爬过杂草的黑人成了枪击的目标。之后，暴民们火速返回主街，另一个黑人在主街的一辆车上被发现。他被拖到街上，一个暴徒朝他身上开枪。

人群随后转向了黑谷(Black Valley)。火灾在这里造成了最大的损失。火焰很快就熊熊燃烧起来，那些尖叫的暴徒站在街上，被火焰熏得面目全非，但当黑人从燃烧的房子里逃出来时，暴徒向黑人开枪并殴打了他们。

暴徒追赶那些被赶出着火房屋的妇女，其目的不是为了扑灭她们燃烧的衣服，而是在可能的情况下给她们带来更多的痛苦。暴徒们成群结队地站在一起，朝着黑人大笑，同时眼睁睁地看着那些在肉体被烧熟后爬到街上等死的恐怖和痛苦的可怜虫的最后挣扎。

考克斯(Cox)夫人看到站在自由桥附近的人群中有人用屠刀砍下了一个黑人的头。他们自我打趣着，然后大笑着把头扔到了桥的一边，把尸体扔到桥的另一边。

一辆电车开了过来。暴徒迫使坐在里面的人把手伸出窗外。如果是有色人种的手，这只手的主人就被拖出车外，然后遭到殴打、践踏和枪杀。一个12

岁的黑人小女孩晕倒了——她的母亲跪在她旁边。人群向她涌来。当他们散开后，考克斯太太看见那位母亲倒在地上，头上有拳头那么大的一个洞……

考克斯太太还看到一名婴儿被暴徒从母亲手里抢走扔进了火堆，随后母亲也跟着被扔进了火堆。最后这一幕算是暴徒唯一仁慈的举动。

露露·萨格斯(Lulu Suggs)今年24岁，自4月份以来一直住在东圣路易斯。她讲述了看到孩子们被扔进火堆的情景。她说："我的房子和所有的东西都被烧毁了。骚乱发生当晚，我丈夫在斯威夫特(Swift)家。星期一晚上我和大约100名妇女和儿童在一个地窖里待了一整夜。温斯坦利(Winstanly)大道上的黑人学校被烧成了灰烬。当发生大火时，暴乱者会停下来自娱自乐，这时我就探出头来，居然看到孩子们被扔进了火里。星期二来了，随之而来的是士兵的保护。我们逃到了圣路易斯。"

下面是26岁的比阿特丽斯·德松(Beatrice Deshong)的证词：

"我看到暴徒抢劫了黑人的家，然后放火烧了他们。士兵们袖手旁观，看着房子被烧毁。我看到一个黑人被暴徒当场杀死，男人、小男孩、女人和小女孩都想做些什么来伤害黑人。我看到一个黑人妇女被扒掉了腰部以外的所有衣服。我不知道她后来怎么样了。警察和士兵也协助暴徒杀害黑人并摧毁他们的家园。我看到一伙暴徒把一个黑人吊在电线杆上，并向他开了很多枪。我看到一群暴徒追赶一个抱着婴儿的黑人。我看到暴徒一直朝他开枪。我也飞奔着想逃命，就在我几乎精疲力竭时，街区里的一个白人打开了他仓库的门，让我进去躲了起来。我在那里待了一晚上。暴徒们在夜间攻击了那所房子，但我没有被发现，也没有受伤。暴徒们偷走了黑人的珠宝，用斧头劈烂了他们的钢琴和家具。这群暴民似乎被精心安排去做他们不顾一切的事情。我认出了暴徒中的一些富人的儿子和一些银行官员。他们实在是太卑鄙了。"

芝加哥，1919年

第一次世界大战期间，南方黑人大量迁往北方城市，部分原因是战时对劳动力的需求。从1916年到1919年，芝加哥的黑人人口翻了一番，贫民窟不断向白人地区推进。白人——其中许多也是最近从南方移民过来的——十分痛恨这种对他们生活空间和工作的"侵犯"。当战争引起的经济繁荣持续时，各种族生活在不安的和平中，只是偶尔在各自地区的边界线上发生冲突。但是战争的结束导致了工作机会的减少、一连串的罢工以及经常使用黑人作为罢工破坏者。它还带来了新的黑人好战情绪，特别是那些在欧洲城市受到平等对待的退伍军人。暴乱前一天，最后一批返回的黑人军队沿着密歇根大道举行了游行。1919年夏天，芝加哥的紧张局势加剧，许多黑人遭到骚扰、袭击或杀害。6月和7月，24栋黑人的房子遭到破坏。芝加哥警察对黑人毫无帮助，所以黑人们很快就对法律的保护作用失去了信心。

7月27日，一个黑人青年在密歇根湖游泳，游过了当时人们头脑中设定的"白人"海滩和"黑人"海滩的分界线。他在被人投掷了石块后淹死了，但警察拒绝逮捕攻击他的白人——事实上，他们逮捕了一个白人控告的黑人。这随后引发了一场血腥骚乱，7天后才结束。在骚乱中，23名黑人和15名白人死亡，500多人受伤，约1 000人无家可归。同年，南卡罗来纳的查尔斯顿（Charleston）、得克萨斯州的朗维尤（Long View）、华盛顿特区（Washington D. C.）、田纳西州的诺克斯维尔（Knoxville）和内布拉斯加州的奥马哈（Omaha）也发生了严重的种族骚乱。

1919年8月2日，一份名为《芝加哥捍卫者报》（*The Chicago Defender*）的黑人报纸上刊载了以下内容。关于芝加哥暴乱，可以参见芝加哥种族关系委员会编写的《芝加哥的黑人》（1922年）、阿瑟·瓦斯科（Arthur Wasko）的《从种族暴乱到静坐》（1966年）以及威廉·M. 塔特尔（William M. Tuttle）的《劳工冲突与种族暴力：芝加哥的黑人工人，1894—1919》（《劳工历史》，第10期，1969年秋季）。

整整4天，这座古老的城市在种族对立的震荡中摇摇欲坠，在红色仇恨的烈焰中燃烧，就像白天的阳光一样炙热——每小时都有新的杀戮、抢劫、纵火、强奸事件，伤亡人数为40人死亡，500多人受伤（其中许多伤势严重、可能是致命的）。在枪击、刺杀和烧毁建筑物的报告中，明显地透着某种疯狂，这种状况每分钟都在发生。妇女和儿童也未能幸免。交通被中断，电话线也被切断。每条街道和各种空地上都躺着受害者，医院里人满为患。4 000名士兵全副武装，其中有老八团的部队，而警察力量的不足让拯救这个城市荣誉的战斗看上去是徒劳的。

南区的殡仪馆拒绝接受白人受害者的尸体，白人殡仪员拒绝接受黑人受害者。两者都是出于同样的原因：他们害怕暴民的报复。

每隔一段时间就会在一些街道、小巷或空地上发现尸体，但没有人管。巡逻队也无暇顾及，因为他们正忙于将还活着的受害者送往医院。一些受害者被拖到暴徒的"无人区"，然后被丢弃。

骚乱地区的电话线在许多地方被骚乱者切断了，因此很难估算死难者的准确人数。

医院里挤满了伤员

周边地区的其他医院以及位于第36街和迪尔伯恩（Dearborn）街处于"黑人地带"中心的普罗维登医院（Provident Hospital）都挤满了重伤者和奄奄一息的人。每一小时、每一分钟、每一秒钟，巡逻队都在返回，他们卸下了烙印着这场仇恨狂欢的红色符号的人体货物。许多受害者被送到了医院，但却在获得仁慈的救助前死去了。情况已经变得如此严重，以至于学校、药店和私人住宅都被征用。卡车、货车和灵车都被用作了救护车。

恐怖笼罩了整个周一

在周日的骚乱之后，激烈的斗争愈演愈烈。周一早上，白人社区的街道上到处人山人海，一些人拿着枪、砖头和棍棒。一张黑脸出现在了他们附近，这预示了一场死亡的狂欢。这个可怜的人还没来得及得到任何援助，就变成尸体躺在了某个水沟里，他的脑浆洒在了肮脏的人行道上。一些受害者被追赶，抓捕，拖进巷子和空地，然后被遗弃在那里等死。在城市的各个地方，白人暴民把完全不知道发生了什么的黑人乘客从车上拖出来，然后向他们发起攻击。一名身份不明的年轻女子和一名3个月大的婴儿被发现死于第47街和温特沃斯（Wentworth）大道的交叉路口。

这名年轻女子试图登上一辆汽车时，暴徒抓住了她，殴打她，在她的身体上划下一道道伤口，并在电线杆上殴打婴儿的头。一个骚乱者还不满意，把这名年轻女子的乳房切了下来，而一个年轻的白人甚至得意洋洋地将之用一根杆子高高举起来，而人群则欢呼雀跃。这一切发生的时候，有几名警察就在人群中，但直到最后他们也没有做出任何试图救援的举动。

骚乱者在位于霍尔斯特德（Halsted）街以西白人居住区中心的货场附近活动，袭击了数十名下班回家的工人——男女都有。这些暴行开始在黑人社区蔓延，有些歇斯底里的黑人主张要为他们的同伴报仇——很快，他们被暴徒的疯狂所感染，他们冲过街道，开着大功率的摩托车或等待街道上的汽车过来，然后用枪和石头攻击这些汽车。中午过后不久,第22街以南和第65街以北,科蒂奇格罗夫(Cottage Grove)大道以西和温特沃斯大道以东的交通被停止,只有无轨电车除外。进入这个区域的白人受到了裹挟着巨大的愤怒的攻击。

身处暴乱地区的警察完全无法处理这种情况。当警察试图履行其职责时,却遭受了殴打,甚至枪也被夺走。暴徒们的怒火无法得到缓解。虽然也雇用了骑警,但一切都无济于事。

第35次夜间骚乱的漩涡

夜幕已经降临,暴乱有可能会持续一整夜。白人登上月台,通过车窗向乘客射击。一些从汽车上下来的乘客被暴徒从高层建筑物上扔了下来,有的腿部骨折,有的头骨骨折,有的死亡。

东35街的斯泰特街(State Street)和沃巴什大道(Wabash Avenue)之间的街区,可能是当晚发生最多枪击和骚乱的地方,随后警察、白人和黑人之间展开了激战。

当住在阿基拉斯(Angelus)公寓的白人开始开枪,并从窗户向外投掷爆炸物时,暴乱达到了高潮。一名男子头部中枪,但他的名字还没确定就一命呜呼了。袭击发展成一种歇斯底里的战斗狂热,暴民冲进大楼,战斗开始了。

警察也被枪杀。人们看到白人从汽车里、门口和其他地方摔下来,他们有的遭受了枪伤,有的被石头或砖块砸伤。恐怖袭击接踵而来。汽车被拦截,居民被殴打,机器被毁坏。第35街正常行驶的有轨电车被随意破坏,南北向的斯泰特街上的汽车车窗被打碎,白人乘客被殴打。

第35街东西向运行的有轨电车都被拦了下来,因为它们离开附近区域时满身都是弹孔。3点刚过,43街、47街和51街的所有服务都停止了。

商店被抢劫;房子被烧毁

暴徒们厌倦了街头打斗,转而开始纵火抢劫。这实际上是一个不眠之夜,白天发生的一切,激发了人们进行敌对行动的另一种倾向。位于白人社区的黑人房屋被烧为灰烬,房主和住户被殴打,并在失去知觉后被扔进了燃烧的大火之中。与此同时,"黑人地带"地区的暴徒砸碎了斯泰特街白人商店的橱窗,抢劫了店铺。

其他的骚乱者驾驶着马力很大的汽车,带着武器,在黑暗的街道上来回游荡，伺机向街上飞驰而过的白人和乘坐有轨电车的人开枪。

到了午夜时分，在400名警察和第八团几十名穿制服的人的警戒下，斯特艾特街恢复了平静。

星期二的黎明传来了令人悲伤的消息，死亡人数有20人，受伤者达300人。清晨，一名13岁的少年站在第51街和沃巴什大道的门廊上，被一名试图逃跑的白人男子开枪打死，而这名白人男子也遭遇了一群暴徒，然后被打死了。一名身份不明的骑警在迪尔伯恩街第49街区导致一名小男孩身受重伤之后，也被一名身份不明的暴徒开枪打死。

拥挤在环形区工作的工人们遭到了在街上巡逻的水手和海军陆战队员的袭击，据报道有几人伤亡。被激怒的白人骚乱者试图冲进拥有大量雇员的帕尔默（Palmer）家的住宅和邮局，但充足的警力将他们驱散了，后来他们被封闭的政府邮车和其他交通工具偷偷运回了家。白人办事员暂时取代了我们在主要邮局的办事员，我们的人被转移到外围的邮局。持续不断发生的暴力是警察没有预料到的。警察和后备队主要分散在南区的暴乱区，因为这一地区预计很难有任何突破。临近中午时分，那里的警察局的电话被打爆了。

塔尔萨，1921年

1921年5月31日，一名塔尔萨（Tulsa）黑人在被指控强奸后被捕。关于要对他实施私刑的谣言在城市中传播开来，但一群全副武装的黑人出现在监狱里，为这个将要被私刑处死的受害者进行防卫。他们和警察之间发生了枪战，许多白人都疯狂了。黑人撤退到贫民窟进行自卫，而一小群白人袭击了黑人社区。由美国军团（American Legionaries）率领的白人起初遭到了狙击手的阻击，之后慢慢占领了阵地。他们大肆放火，并多次枪杀试图逃离火海的黑人。最后，政府宣布了戒严令，黑人幸存者因为安全缘故被带到拘留营。方圆1英里的黑人区几乎全被夷为平地。官方统计的死亡人数为85人，其中60人是黑人，但救世军（Salvation Army）的首领、负责埋葬和火化尸体的黑人掘墓人小组负责人约翰逊（O. T. Johnson）宣称有150人死亡。

下面的描述摘自1921年6月2日的《纽约时报》。参见艾伦·格里姆肖（Allen Grimshaw）的《社会暴力研究：美国城市种族骚乱》（未发表的博士论文，宾夕法尼亚大学，1959年）、罗兰·L. 吉尔（Loren L. Gill）的《塔尔萨种族暴乱》

(未发表的硕士论文,塔尔萨大学,1946 年)和沃尔特·F. 怀特(Walter F. White)的《塔尔萨暴乱》(《国家》,第 112 期,6 月 29 日,1921 年,第 909—910 页)。

经过 24 小时美国城市堪称有史以来最灾难性的种族战争之后,共有 85 人(或更多)被杀,包括 30 多个人口稠密街区的塔尔萨黑人区被大火烧毁,州国民卫队在今晚实际控制了该地区,骚乱似乎已经到了尽头。

今晚早些时候,官方估计有 85 人死亡,据说其中有 25 人是白人,60 人是黑人。在此之前,警察局长戴利(Daly)发表了一份声明,称他认为最终死亡人数可能是 175,而且有许多人是在大火中丧生的。

在这座城市发生悲剧的日子里,事态发展得很快

一个名叫迪克·罗兰(Dick Rowland)的黑人昨天下午晚些时候被捕了,他被指控袭击了一个白人孤儿女孩。他被带到法院并被关在监狱的楼上。

很显然,关于有人企图以私刑处死他的谣言已经四处传开了,因为大约 7 点钟,载着全副武装的黑人的汽车出现在主要街道上并向法院驶去。

于是,手持武器的白人也开始聚集在这个街区。很快街上就挤满了大喊大叫和挥舞着手臂的人。

第一次枪战发生在天黑后不久,一个黑人被警察拦住并打掉了他的枪。据这名警官说,这黑人试图反抗,于是被击毙了。

与此同时,一大群白人聚集在法院的台阶上,但他们大多数人都没有携带武器。

随着时间的流逝,白人获得了更多的枪支,他们自己也开始跃跃欲试。最后,两派之间开始发生口角。E. S. MacQueen(马克奎恩)侦探试图进行干预。

突然,一声枪响之后,枪声四起,人群慌忙逃散,拿着枪的黑人开始用枪对付逃跑的人群。在这场战斗中至少有 1 名白人男子被打死。

黑人最后沿着博尔德(Boulder)街,也就是在波士顿街上的法院后面的小巷,慢慢撤退。他们边走边开枪。他们一到第 4 街,就发生了激烈的冲突。

据警方称,大约就在这个时候,另一名白人男子被杀。当时一群白人开着一辆汽车经过,误以为这名白人男子是黑人,向他开枪。他当场就死了。

警卫赶到现场

在法院暴乱之后不久,当局意识到仅靠警察无法控制暴民后,在 11 点钟向

罗伯特森(Robertson)州长发出了请求。

州长立即指示查尔斯·I. 巴雷特(Charles I. Barrett)将军采取一切必要措施来解决这个问题。将军的副手命令三个连队的卫兵到这里来,并向附近几个城镇的指挥官下达命令,要求他们一接到通知就赶到这里来。当地的警卫被安排在法庭附近,以防止人群闯进来。

附近的暴徒终于在清晨被驱散,没有发生任何枪击事件。当天早些时候,黑人囚犯罗兰被麦卡洛(McCullough)警长办公室的副手偷偷带离监狱,但他拒绝透露罗兰的行踪。

两军对峙

整个清晨,500 名白人和 1 000 名黑人隔着铁轨对峙。早些时候有人向警察总部汇报说,可以看到 6 到 10 名黑人的尸体躺在一个被称为"无人区"的地方。警方还接到报告称,3 名铁路扳道工和 1 名闸工被枪杀。据说,列车员被杀是因为他们拒绝乘客登上一辆在铁轨间穿行的交换火车头。据报道,1 个工程师已经逃跑了。

白人骚乱者焚烧黑人区的行动很早就开始了,而且一直持续不断。

纵火和一场新的战斗

黎明时分,六七十辆满载着全副武装的白人的汽车在黑人居住区周围围了一个圈,6 架飞机在头顶盘旋,到处是喊叫声和枪声。大约就在此时(六点半),大规模纵火又开始了。几乎与此同时,阿切尔(Archer)街的棚户区的门窗里开始爆出火光。不久,浓密的黑烟笼罩了整个地区。

入侵者显然配备了易燃物品。据警方称,他们总共纵火超过 25 起。

当大火包围房屋时,黑人高举双手飞奔而出,大喊着:"别开枪!"当冲过浓烟时,他们被命令投降,并很快被转移到拘留营。

7 时 30 分在黑人区最北端的斯坦德·帕珀山(Stand Pipe Hill)区发生了一起案件,白人妇女吉尔摩尔(S. A. Gilmore)夫人被人开枪击中了左臂和身体一侧。她当时正站在她家的门廊上,是一个黑人朝她开的枪。最激烈的战斗发生在北部地区,那里有数百名黑人聚集在一个山谷里。有 50 人在一座教堂里筑起了堡垒。

人群对教堂发动了几次大规模攻击,但每次攻击者都不得不在黑人守卫者的火力下撤退。最后,有人用火把点燃了大楼,里面的人开始向外涌,然后边跑边开枪。几个黑人被杀了。

显然，那些黑人不是在等待就是在准备着与白人发生冲突。几乎每隔一秒钟，被烧毁的房子里就会有几箱炮弹爆炸。警方说，I. W. W 和其他不满分子几个月来一直在煽动黑人和白人之间的仇恨……

人们很早就发现有必要为那些从着火的地方逃出来的黑人建立拘留营。

会议大厅被打开以收容遭受恐怖袭击的逃亡者。一清早，黑人就排起长长的队伍，沿着街道向西涌向大厅。许多人穿着睡衣，光着脚。他们凹陷的眼睛诉说着一个不眠之夜，苍白的脸流露出令人揪心的恐惧。

男人、女人和孩子们背着成捆的衣服。他们抢救下来的物品五花八门，在很多情况下，如果不是因为情况严重，这些物品看上去甚至有些滑稽。附近有一个老太婆手里紧抓着一本《圣经》，不远处则有一个披头散发的小姑娘腋下夹着一只白毛狗，在她后面还跟着一个拿着一个大蜡像娃娃的小姑娘。

9 点钟，2 000 名黑人集中在了会议大厅，得到了安全保护。不久，整个大楼和警察局都被填满了。其余逃亡者或战斗人员则聚集在一起，被带到了棒球公园。

底特律，1943 年

1941 年，美国与一支种族隔离陆军和白人海空军部队开战。许多黑人利用战时条件和战时意识形态发动了一场反歧视运动：黑人媒体和黑人组织发起了"双 V"运动，在国内外取得胜利。众多反对歧视的抗议活动在黑人向华盛顿进军的威胁中达到了高潮，直到罗斯福的 8802 号行政命令禁止在国防工业中存在歧视，游行才被取消。在底特律(Detroit)，黑人长期被禁止加入汽车工会，全美汽车工人联合会工业组织协会(United Automobile Workers, UAW-CIO)认为有必要改变这一政策，尤其是如果福特的工厂要成立工会的话。1941 年 4 月，许多黑人支持对福特公司的罢工，福特公司是唯一的开放工厂。罢工成功后，成千上万的黑人加入了 UAW。

这些黑人的行为在白人中引起了强烈的反应。在底特律，住房、工作、工作资历和警察行为长期以来都存在严重的问题。现在，杰拉尔德·L. K. 史密斯(Gerald L. K. Smith)和查尔斯·考夫林神父(Father Charles Coughlin)等右翼煽动者，以及从事暴力恐怖活动的准法西斯主义的黑人军团(Black Legion)的活动，都加剧了这些问题。1943 年 6 月 20 日(星期天)的晚上，在一个游乐园里,一名黑人和一名白人之间发生了一场争斗,随后出现了一系列针对白人和黑人妇女的暴行的谣言。之后底特律就爆发了骚乱。黑人砸毁、抢劫和焚烧白人商店,然后被警察击毙。白人则用铁管、棍棒、石头和刀子攻击黑人。暴乱结束后,34人死亡,其中25人是黑人。

下文来自瑟古德·马歇尔(Thurgood Marshall)的《底特律的盖世太保》(《危机》,1943年8月,第232—233页)。参见阿尔弗雷德·麦克克朗·李(Alfred Mc-clung Lee)和诺曼·D.汉弗莱(Norman D. Humphrey)的《种族暴乱》(1943年)、罗伯特·肖根(Robert Shogan)和汤姆·克雷格(Tom Craig)的《底特律种族暴动:暴力研究》(1964)、哈佛大学斯特可夫(Sitkoff)的《1943年底特律种族暴乱》(《密歇根大学历史》,第53期,1969年秋冬以及伯纳德·斯特恩舍(Bernard Sternsher)的《黑人的萧条和战争》(1969年)。

百丽(Belle)岛是一个市政娱乐公园,成千上万的白人和黑人工人和他们的家人周日会去那里郊游。过去那儿曾发生过种族摩擦的孤立事件。6月20日(星期天)晚上,一群白人和黑人之间发生了纠纷。午夜时分,骚乱得到了控制。在骚乱期间和骚乱得到控制之后,警察搜查了所有黑人的汽车,也对黑人进行了搜查。但他们没有搜查白人。一个即将在下周参军的黑人被逮捕了,因为他的车上还有一个年轻人拿着一把小刀。这个年轻人后来被判入狱90天,直到他的家人找到了他。在此期间,许多黑人被逮捕,并被送往当地警察局。警察在一开始就表明,他们将继续通过搜查、殴打和逮捕黑人来处理种族问题,而对白人则仅仅进行劝导。

骚乱蔓延

午夜过后不久,伍德沃德(Woodward)大道洛克希(Roxy)剧院附近的白人社区爆发了骚乱。洛克希是一个通宵剧院,白人和黑人都是常客。由于缺乏警察的保护,几名黑人遭到殴打,其他人被迫留在剧院里。有谣言在白人中流传,说一个黑人在百丽岛上强奸了一个白人妇女,黑人正在闹事。

大约在同一时间,一个谣言在黑斯廷斯(Hastings)和亚当斯(Adams)的黑人区街道上传播开来,说白人水手把一个黑人妇女和她的婴儿扔进了百丽岛的湖里,警察正在殴打黑人。一个身份不明的黑人在一个夜总会也重复了这个谣言。一些黑人开始攻击该地区的白人,警察立即开始用棍棒和左轮手枪对付他们,黑人们开始打砸黑斯廷斯街上白人商店的窗户。

有趣的是,当黑斯廷斯街商店的橱窗刚开始被打破时,并没有发生抢劫。商人协会的一名官员从周一早上7点开始走遍了黑斯廷斯街,发现没有一家窗户被打破的商店遭到抢劫。因此,很明显,最初打破窗户并不是为了抢劫。

整个周一,警察并没有在商店前安排人手保护它们免遭抢劫,而是不时地在黑斯廷斯街上跑来跑去,在商店前停下来。他们的通常做法是,从巡逻车上跳下来,拔出左轮手枪和防暴枪,向可能在商店里的人开枪。然后告诉周围的黑人"快跑,不要回头"。有几次,跑着的人背后中枪。在其他一些时候,旁观者还要遭到警察的棍棒殴打。在警方看来,黑斯廷斯街上的所有黑人都是"抢劫犯"。这包括刚下班的为战争服务的工人,他们认为许多黑人都有抢劫的罪责,就如在地震期间或者如德国人轰炸英国城镇时那样总会发生抢劫。

汽车绕道冲向暴徒

伍德沃德大道是底特律市的主干道之一。一小撮白人开始在伍德沃德附近游荡,殴打黑人,向载有黑人的汽车投掷石块,拦截街道上的汽车并将黑人从车上拽下来,刺伤和射杀黑人。在这些情况下,警方通常只是试图与这些暴徒"讲道理",在这个阶段暴徒人数并不多。由于警察没有拔出左轮手枪或防暴枪,也没有使用任何武力驱散这些暴徒,结果暴徒的人数越来越多,也越来越大胆,甚至开始在市政厅人行道上攻击黑人,以示他们不仅蔑视黑人,而且还蔑视以市政府为代表的法律和秩序……

在调查暴乱时,我们得到了许多黑人关于暴乱中警察暴行的书面证词。我们不可能将这些证词中的所有事实都包括在内,但也可以举出一些典型的例子。周一早上,一名身穿制服的黑人士兵因病退伍,正沿着布拉什(Brush)街朝伍德沃德大道的一家剧院走去。这个黑人士兵并不知道骚乱仍在继续。当他走到布拉什街的黑人居住区的一个拐角处时,一辆巡逻车开过来,几个拿着手枪的警察下了车,向街角的一小群人喊道快跑、不要回头。几个跑得不够快的黑人被警察用警棍和左轮手枪打死了。这名士兵被一名警察从背后拉住,用钝器击打他的头部。他被打倒在地并昏迷过去。随后,警察回到他们的巡逻车里开车走了。街区里的一位黑人妇女从窗口看到了整个事件,她冲了出去,用一条又冷又湿的毛巾包扎士兵的头。然后,她招呼了2名黑人邮政工作人员,把士兵送到了医院,士兵才得以获救。

在底特律的许多黑人聚居区,还有许多其他类似事件的书面证词,这些事件显然涉及无辜的平民,而这些地方根本没有发生过暴乱。这类案件的特点是,警察把车开到一个角落里,拔出左轮手枪,从车里跳出来,不分青红皂白地殴打黑人,有时还向他们开枪,每次都逼着他们逃跑。与此同时,在伍德沃德大街上,白人平民正在抓黑人,并告诉他们"跑,黑鬼,跑"。至少有两名黑人,"在抢劫时被枪杀",而他们是碰巧在那个时候在该地区活动的无辜的人。

一个在底特律一家银行工作了18年的黑人,在乘坐伍德沃德大街的电车上班的路上,被一名白人暴徒抓住了。在至少4名警察在场的情况下,他被殴打并被捅伤了腰部。在听到暴徒背后传来几声枪响后,他试图跑向两名警察,希望这些警察能够继续"保护"他免受暴徒的伤害。这2名警察,后面跟着2名骑着马的警察,正沿着伍德沃德大街向前走。在这些警察护送该男子时,至少有8名暴徒殴打了他的脸部,但却从来没有人试图阻止他被殴打。走了一小段路后,这个人注意到一辆巡逻车停在街的另一边。在绝望中,他挣脱了2个声称保护他的警察,跑向巡逻车,乞求保护。巡逻车里的警官把他放在后座上开走了,这样救了他的命。

在这一过程里,这名男子不是将被枪杀就是将被刺伤的事实是显而易见的,因为鲜血从他的身体一侧喷涌而出。尽管这一明显的重罪是在至少4名警察在场的情况下发生的,但当时警察并没有做出任何努力来保护受害者或逮捕犯有重罪的人。

除了警察单方面执法的许多案件外,还有两个明显的例子是密歇根州警察和底特律警察对无辜的黑人公民和工人的侵犯。

在基督教青年会的枪击事件

6月22日晚上10点左右,基督教青年会(YMCA)圣安托万(St. Antoine)分会的部分居民回到宿舍。有几个人在从街对面的基督教青年会往家走。州警察正在YMCA的人行道上搜查其他一些黑人,这时两名YMCA的居民被拦下来搜查是否有武器。因为什么也没有找到,这两名居民被允许进入大楼。就在最后一名YMCA成员正要进入大楼时,这名YMCA成员听到身后有人在喊"嗨,雷德利(Ridley)"(雷德利也是YMCA的居民)。另一位居民说他听到有人听起来在喊"嗨,希特勒"。

州警察泰德·安德斯(Ted Anders)拔出左轮手枪,从车里跳下来,跑向YMCA的台阶,他一只脚踩在最下面的台阶上,然后从外面的门开枪。开枪后他立即进入大楼。其他官员随后跟了进去。刚刚进入大楼的朱利安·威瑟斯彭(Julian Witherspoon)躺在了地板上,他被从门外射进来的子弹击中了身体一侧。在 YMCA 内或周围没有任何暴力活动或武器存在的迹象。

拿着手枪的警察命令所有在大楼大厅里的 YMCA 居民举起双手,像罪犯一样靠墙站成一排。在这期间,这些人被军官们称为"黑猴子",还有其他一些难听的称呼。至少有一名男子被打,还有一名男子被强迫将午餐扔在地上。大厅里所有的人都被搜查了一遍。

接待员也被强迫排队。警官们随后走到桌子后面,并进入私人办公室进行了搜查。这些官员还要求接待员打开所有锁着的抽屉,并威胁说,如果他不这么做,就开枪打死他。

威瑟斯彭后来被送往医院,随后不久就出院了。

贫民窟骚乱

哈莱姆,1935 年

1935 年的哈莱姆(Halem)骚乱是种族暴力的转折点。以前的种族骚乱几乎都是由白人发起的,然后是白人与黑人进行战斗。在这次骚乱中,两个种族之间并没有发生冲突,而是黑人抢劫白人的财产以及袭击试图保护白人财产的警察。

在大萧条时期,哈莱姆是一个贫穷和绝望的世界,种族歧视加剧了它的苦难。随着国家经济的崩溃,北部贫民区的状况变得极为恶劣。男人找不到工作,女人拼命地竞争工资微薄的女佣岗位。从哈莱姆区贸易中获利的当地企业也拒绝雇用黑人劳工。——例如,公共事业公司只雇用了 3 个黑人女佣和 2 个黑人检查员。在哈莱姆医院(Harlem Hospital),为数不多的黑人护士在隔离的餐厅用餐。哈莱姆街则只安排白人工人进行道路铺设,大多数工会也拒绝接纳黑人。于是,黑人活动家发起了一场名为"为黑人争取工作"的运动,并对第 125 街仍然排斥黑人的纯白种运动派成员商店进行纠察和抵制,但是他们的努力最终被反黑人运动纠察禁令所镇压。

1935 年 3 月 19 日暴乱的前一周,一名黑人被警察殴打,眼睛被挖出。然后,这个黑人被指控犯有严重的袭击罪,尽管大陪审团拒绝起诉他。到了 3 月 19 日当天,一个名叫里诺·里韦拉(Lino Rivera)的 16 岁黑人从一家克莱斯

(Kress)商店(一家坚决反对雇佣黑人的商店)偷了一把刀,一名警察看到他被人带到地下室。黑人旁观者认为他会被殴打,于是聚集起来,演讲者也开始谴责警察。当演讲者被警察殴打和逮捕后,哈莱姆骚乱爆发了。暴乱者捣毁并洗劫了 200 多家商店,其中包括许多曾被检举的商店。抢劫现象十分普遍,尤其是食品和服装商店。警察开枪打死了一名黑人,但黑人狙击手予以了回击。骚乱造成超过 100 人受伤,超过 200 万美元的财产被毁。

骚乱发生后,拉瓜迪亚(LaGuardia)市长任命了一个委员会调查骚乱原因,其中包括霍华德大学(Howard University)著名的黑人社会学家 E. 富兰克林·弗雷泽(E. Franklin Frazier)。该委员会驳斥了普遍存在的认为共产党人或外部煽动者应对暴乱负责的观点,同时将其归咎于歧视、失业和警察暴行。他们预测,如果这种情况继续下去,3 月 19 日的事件将会重演。拉瓜迪亚市长拒绝公布这份报告,但这份报告最终由该市最大的黑人报纸《纽约阿姆斯特丹新闻报》(New York Amsterdam News)公布出来。

下面是哈莱姆市长环境委员会对暴乱开始的描述,该内容出自《哈莱姆的黑人:关于导致疫情暴发的社会和经济状况报告》(1935 年)。参见罗伊·奥特利(Roi Ottley)的《新世界的到来:美国黑人的内心》(1943 年;1968 年)以及罗伯特·M. 福格森(Robert M. Fogelson)的《以暴力作为抗议》[出自罗伯特·H. 康纳利(Robert H. Connery)的《城市暴动:暴力和社会变化》,1969 年]。

1935 年 3 月 19 日下午 2 时 30 分左右,16 岁的黑人男孩里诺·里韦拉(Lino Rivera)从第 125 街 E. H. Kress(克莱斯)公司后面的柜台上偷了一把刀。正在阳台上的商店经理杰克逊·史密斯(Jackson Smith)和助理查尔斯·赫尔利(Charles Hurley)看到了他。赫尔利先生和另一名员工在男孩从前门逃走之前抓住了他。当这两个人从里韦拉的口袋里掏出刀来并威胁要惩罚他时,男孩在惊恐中试图紧紧抓住一根柱子并咬了抓他的人的手。里韦拉最终被带到前门,骑警多纳休(Donahue)被叫了过去。这名警察又把男孩带回到商店,问经理是否想逮捕他。当经理史密斯先生指示警官放走罪犯时——就像他以前在许多案件中所做的那样——犯罪预防局的一名警官来到了店里。

这起相对次要的少年偷窃案,如果不是后来事件的巧合使它成为点燃哈莱姆区人民对种族歧视的怨恨的火花,它就不会具备后来的重要意义了。巡警多纳休为了避开那些好奇和兴奋的旁观者,带着这个男孩穿过地下室,来到克莱斯公司位于第 124 街的后门。但他的行为被一名歇斯底里的黑人妇女看到,这个黑人妇女认定他们把"男孩带到地下室去殴打他"。同样,被召来为抓捕男孩的人包扎伤口的救护车的出现,不仅似乎证实了她的指控,而当救护车空着离开时,似乎又证实了另一个谣言,即男孩已经死亡。机缘巧合之下,另一件事最终证实了男孩死亡的传言,这使购物者激动不已。一辆通常停在第124街商店对面车库里的灵车停在了商店门口,司机进入商店去看望他的姐夫。这名男孩的死亡传闻,对于被唤醒的黑人购物者来说,现在已经成为一个既定的事实,它唤醒了人们"南方对黑人不公正和不认同"的根深蒂固的意识,甚至唤起了人们的很多这样的回忆。有人听到一名妇女哭诉说,这种待遇"就像在南方,他们对我们实施私刑一样"。这句话中所表达的深刻的不公正感,也反映在逐渐高涨的怨恨情绪中,这种怨恨情绪使成百上千的购物者变成了愤怒的人群。

警察不断地向商店里的人群保证,这个男孩没有受到任何伤害,他们却不相信,部分原因是警察没有有条不紊地安排人群的代表亲自来确定真相,另一部分原因在于警察的态度。根据一名警察的证词,警察允许一个由购物者中的女性组成的委员会去搜查地下室,但一直没有找到这样的女性。另一方面,当人群坚持要知道男孩的命运时,警察告诉他们这不关他们的事,并试图把他们推到门口。这很显然激怒了群众,并被他们解读为压制一个受冤枉的种族的进一步的证据。到了5点半,商店打烊了。

但是商店关闭并没有止住内部流传的谣言。愤怒的购物人群的情绪和态度以令人难以置信的速度传到了第125街。很快,整个哈莱姆都在重复这样的谣言,说有个黑人男孩在克莱斯商店的地下室里被人杀害了。社区反应的第一个迹象出现了,一群人试图在商店附近的一个角落开始一场公众集会。当警察命令这群人离开街角时,这群人在克莱斯商店前设立了一个站点。一个担任主席的黑人介绍了一个白人演讲者。演讲者还没来得及对人群说出他的第一句话,就有人向克莱斯商店的橱窗扔了一枚飞弹,而这是警察要把演讲者从讲台上拖下来并驱散人群的信号。随即,人群重新在街对面聚集,另一个演讲者试图在一根灯柱的门廊上向人群讲话。他被人从柱子上拉下来,与另一位演讲者一起被逮捕,罪名是"非法集会"。警察对其中至少一名演讲者表现出的极端野蛮,似乎是由于这些对黑人发表了贬低和威胁性言论的警察被激怒了,因为白人男子竟敢站在黑人一边。……但是警方的这些行动只会引起人群的不满情绪,这种不满情绪在第125街沿线持续增加。从第125街开始,人群蔓延到第7大道和雷诺克斯(Lenox)大道。随着夜幕降临,砸碎窗户、抢劫商店的势头越来越猛。

从一开始，正如我们所指出的，这次暴乱就是一次自发的和无预谋的行动：首先是克莱斯商店的女顾客，后来是第125街的人群，他们是由于商店里那个男孩死亡的谣言而聚集的。随着基于这个谣言的兴奋热潮蔓延到社区的其他部分，由站在街上的许多失业者和旁观者组成的其他人群自发地涌现出来。整个事件中，这些人群似乎都不受任何一个人的指挥，也不是因为反对法律和秩序而行动的。社会上的人们对谣言表现出的易感性——取决于它在传播时表现出的或多或少的模糊性——是由于多年的失业和对他们作为少数种族所遭受的形式各样的歧视以及由此而产生的不安全感造成的。

虽然很难估计参与骚乱的实际人数，但从现有的资料看来，参与的人数大概有几千人。这些骚乱行为并不是都集中在一个地方，随着谣言的传播，人群不断地到处聚集。当一群人被警察驱散时，他们通常会重新聚集起来。这些人不断地改变他们的行动方式。当砸破商店窗户的砖块引来警察时，人群往往会散去，然后再次聚集，继续破坏财产。砸碎商店橱窗之后常常伴随着抢劫。汽笛的尖叫、手枪的枪声和玻璃的噼啪声使许多人产生了毁灭带来的兴奋感。垃圾、花盆或任何手边的其他东西都被从窗户扔到街上。人们抢劫的财物其实对他们来说也没有什么用途。他们的表现就好像要抓住本来属于他们但却被长期扣留的东西。人群表现出各种各样的需求，这些需求不断改变着他们的情绪。有些破坏是在一种娱乐的气氛中进行的。即使是抢劫，也有很多有趣的故事，有时就像孩子们从一个偶然发现钥匙的壁橱里拿走蜜饯的感觉。在许多情况下，这些人群的情绪取决于警察对他们不守规矩行为的态度。但是，到最后，无论是警察的威胁还是保证都无法抑制这些混乱的爆发，直到人们用尽全力释放他们被压抑的情绪……

瓦茨，1965年

1965年8月在洛杉矶瓦茨（Watts）区发生的起义在城市黑人历史上绝非罕见：它源于巨额救济、通货膨胀严重时期的收入下降或停滞、住房条件恶劣以及警察的区别对待。8月11日，一个所谓的警察暴行事件在瓦茨流传：据说警察在逮捕一名醉驾的黑人司机时过度使用武力。又有谣言说警察用棍棒殴打了一名孕妇。这些谣言引发了充满仇恨和愤怒的暴力骚乱：黑人一开始向警车扔石头，然后开始攻击白人路人，继而抢劫和烧毁白人的商店。但是，在防暴警察和国民警卫队到来之前没有人被杀害。之后,在 6 天的暴乱中,总计有 34 人死亡,1 032 人受伤,4 000 万美元的财产被毁,600 栋建筑被损毁。3 400 多名成年人和 500 多名青少年被捕。大约有 7 000～10 000 名黑人参加了这次暴动。

一个由州长帕特·布朗(Pat Brown)任命、由约翰·麦科恩(John Mccone)领导的研究洛杉矶暴乱的委员会,称这场暴乱是"一场没有理智的毁灭之怒",并暗示暴力事件应归咎于少数罪犯、失业者、过失犯和社会不适应者。但是研究暴乱数据的学生报告说,暴乱者得到了广泛的支持。以下是由麦科恩委员会工作人员编制的 200 页事件年表的摘录(加州州长洛杉矶骚乱委员会的《笔录、证词、顾问报告和精选文件Ⅱ》,洛杉矶骚乱年表,第 28、32—33、43—44、86、173—174、188—189 页)。参见保罗·雅各布斯(Paul Jacobs)的《暴乱的前奏:从底层看美国城市》(1966 年)、罗伯特·福格森(Robert Fogelson)的《白人针对黑人的行径:对麦科恩委员会关于洛杉矶骚乱的报告的批评》(《政治科学季刊》,第 82 期,1967 年 9 月)、罗伯特·科诺特(Robert Conot)的《血流成河》与《黑暗岁月》(1967)以及杰瑞·科恩(Jerry Cohen)和威廉·S. 墨菲(William S. Murphy)的《去烧掉它》(1966 年)。

1965 年 8 月 12 日事件

到中午 12 点 20 分为止,大约有 50 到 75 名年轻人聚集在帝国高速公路(Imperial Highway)附近的阿瓦隆(Avalon)大道两边,向过往的汽车投掷飞弹。为了驱散人群,警察在骚乱区域内使用了配备红灯和警笛的车辆。当警察开车过来时,投掷石块的人群就会散开,但是当警察离开现场后他们又会回来。该地区的一些老人询问道:"那些疯狂的孩子在干什么?"一些成年黑人表达了他们的意见,认为警察应该向那些扔石头的人开火,阻止他们的活动。但是警察没有向骚乱者开枪。据估计,到中午 12 点 30 分为止,70%的骚乱者是儿童,其余的是少年和成年人。他们的主要活动是向白人驾驶的过往车辆投掷飞弹。一名暴徒驻扎在距离阿瓦隆大道与帝国高速公路十字路口的一个街区,那里有一群暴乱骨干分子,当白人驾驶的车辆驶近十字路口时,这名暴徒就向这群暴乱分子发出信号,以便他们向汽车扔掷石头……

当时目击者转述了年轻的黑人暴徒的说法:"我扔石头是因为我厌倦了白人虐待我。""老兄,这就是他们给我们的城区,如果他们不想被杀死,最好别让他到这儿来。""警察认为我们因为他们有枪害怕他们,但是你只能死一次。如果我能打死几个警察，我不介意去死。"

日出时分，在帝国高速公路和阿瓦隆大道的交叉口附近，有5辆汽车在大量的瓦砾、碎砖、石块和碎玻璃中损毁。

为了说明星期四上午聚集的大约400人的情绪，我们引用了人群中年轻人的以下评论：

"为什么，伙计，我应该回家吗？这些警察在我的一生中一直在压迫我。踢我——诸如此类的事情。白人可不是什么好东西。他们整天谈论法律和秩序，这只是他们的法律和秩序，不是我的……"

"——如果非死不可，我不会死在越南，我会死在这里……"

"我没有工作。我已经两年没工作了。他们白人什么都有，我什么都没有。你想让我怎么做？我一看见白人跑过来我就有了兴趣——要是他们今晚进来，我就杀一个。"

"他们总是——凶狠地抽打我们，用手铐铐女人，我看到其中一个——冲到一只猫的头上，把它劈开。他们对待鲜血就像对待泥土一样——他们这么做已经很多年了。你看，当我们还是奴隶的时候——现在还是奴隶的时候，他们是怎样对待我们的……"

"白人让他们的警察把我们关在这里。我们就像猪圈里的猪——然后他们带着那些愚蠢的头盔、棍棒和枪之类的东西进来了——帕克（即警察局长帕克）认为他是谁，上帝？"

8月13日

凌晨1点57分，负责控制周边地区的洛杉矶警长禁止人群靠近骚乱区域的消防队，以保证消防员的安全。

在帝国高速公路1200号街区，3辆汽车和1幢大楼着火。出现在该地区的消防部门的车辆被投掷物击中。

据副局长默多克（Murdock）说，到了凌晨2点，围绕暴乱地区建立的警戒线已经被迫撤去，因为在原来的警戒线之外，又爆发了骚乱。

据报道，东103街2000号街区的一家酒类商店的老板把自己关在商店里，并向试图闯入的人开枪。凌晨2点16分，一群暴徒在120号大街的中央大道上向北行进，他们掀翻并烧毁了街上的汽车。

下午2点百老汇（Broadway）大道和曼彻斯特（Manchester）大道的地方检

察官调查员发现,一辆车上载有 18 至 20 岁的年轻男子。这些年轻人没有被阻拦也没有被拘留,似乎这些年轻人有某种类型的通信系统,因为他们可以看到青少年和成年人使用电话亭。打完电话后,这些年轻人会坐上他们的车,前往其他地方。

瓦茨区第 103 街的商业建筑被烧毁了两个街区,消防员被失控的暴徒赶走。暴徒们完全超出了执法人员的控制,火警警报的数量变得如此之多,以至于火警控制主要是靠视觉巡逻来实现。

下午 2 时 08 分,一名警察在第 108 街和中央大道因警车遭大石块投掷而受伤。该十字路口已无法通行。

下午 6 点到 6 点 15 分之间,警方被派往第 49 街和阿瓦隆大道交界处,那里有 200 名暴徒正在抢劫并掀翻车辆。在百老汇街和第 88 街附近发生了多起枪击事件,有 2 辆车在第 51 街和阿瓦隆大道着火。200 名暴徒向该地区投掷了石块和瓶子。抢劫者完全占领了西夫韦(Safeway)市场……

洛杉矶警察搜查了第 103 街,并布置了固定岗哨。该地区是一片火海,消防部门曾被暴徒赶出该地区,但现在在警察的保护下他们得以返回。警察搜查了百老汇大街,并在这条大街上设立了固定哨所。在第 89 街和百老汇大街交汇处,警察形成了一条小规模的战线,以驱散暴乱者。警察在暴徒的头上鸣枪示警,当时站在人行道上的小里昂·波西(Leon Posey Jr.)被一颗 3.8 毫米口径的子弹击中头部(验尸官随后认定波西的死亡是意外)。

8月14日

上午 5 点保罗·E. 哈宾(Paul E. Harbin)因抢劫被警察开枪打死(验尸官的调查认为这是正当的行为)。上午 5 点 15 分乔治·芬特洛伊(Geoge Fentroy)在第 62 街和南百老汇也因抢劫被警察打死。警方发现这两名抢劫者拿着装满武器的衣服离开大楼,于是命令他们停下来。他们拒绝听从命令。一个嫌疑犯逃脱了(验尸官的调查认为,打死芬特洛伊也是正当的行为)。早晨 5 点半米勒·C. 巴洛斯(Miller C. Burroughs)因为抢劫被警察开枪打死(验尸官的调查认为这是正当的行为)。早晨 5 点半里昂·考利(Leon Cauley)也因抢劫被警察开枪打死(验尸官的调查认为这是正当的行为)。

底特律，1967年

1967年，贫民窟起义在全国爆发。全国民患咨询委员会统计，当年前9个月共有164例民患，83人死亡，7月纽瓦克和底特律爆发的严重民患行为在全国居首。该委员会重申了许多前任委员会关于暴乱背景的调查结果，但得出的额外结论称："白人种族主义是导致自'一战'结束以来我们城市中积累的爆炸性混合局面的主要原因。"它还提到了"针对非暴力抗议的白人恐怖主义"的原因，并称警察是"白人种族主义和白人镇压"的代理人。委员会指出，骚乱者比非骚乱者受教育程度更高，但他们往往处于失业或未充分就业的状况，有种族自豪感，对白人和中产阶级黑人极为敌视，对美国政治制度高度不信任。

7月23日（周日）凌晨3点45分，警方突袭了最初在禁酒令期间成立的5家"盲猪"饮酒和赌博俱乐部，这是今年规模最大的一次底特律起义。82人被警车拖走，但警车被围观群众投掷了石块。到了早晨，人群已增至数千人，并开始砸窗户和抢劫。后来警察也无法控制骚乱，只好请国民警卫队和联邦伞兵过来。但是毫无经验、惊慌失措的卫兵们疯狂向真正的或想象中的狙击手扫射。警察也开始围捕黑人，殴打他们中的一些人以逼供。许多没有受伤的人被带到警察局，然后又因血流不止被送到医院。一名妇女被迫脱光衣服，而警察则拍下照片并对她进行猥亵。尽管有人从屋顶向警察和消防员射击，但在27名因狙击被捕的人中，24人被释放。共有43人在暴乱中被杀，其中33人是黑人。警察打死了20或21人，国民警卫队打死了9人，暴徒打死了2或3人。总计7 200人被逮捕。

以下是《纽约邮报》记者雷·罗杰斯（Ray Rogers）1967年7月29日对一名黑人青年的采访，该黑人青年声称自己是暴乱中向警察开枪射击的人之一。参见全国民患咨询委员会的报告（1968年）。关于底特律的情况来自约翰·赫西（John Hersey）的《阿尔及尔汽车旅馆事件》（1968年）。

一个自称是难以捉摸的底特律狙击手的年轻黑人说，"战争"不会结束，除非"他们把我们都杀了"。

但他昨天坚称，他的活动不是策划好的。

"当暴乱发生时，我和我最好的朋友在那里帮忙。我们喝了一些鸡尾酒。但过了一段时间我们就厌倦了，所以我们决定回家拿枪。"

他咯咯地笑着说:"我们知道他们会试图在事态失控之前破坏这件事,所以我们想给他们一些思考的机会。"

"开枪击中了一两个"

他说:"我们把警察吓坏了,第一天晚上他们就互相开枪。我知道我打中了一两个,但我不认为我杀了他们。我希望我做到了,肮脏的……"

这个年轻人解释说,他和他的朋友在抢劫了一家酒店后,去拿了他的"枪"。

"我们喝了一点。过了一会儿,我们决定去开枪。"

他意识到他可能会被杀吗?

"我没疯——我没疯到要被杀。我只是想报复他们对我们做的事。真的,这就是问题所在。"

"伙计,他们就这样杀了马尔科姆·艾克斯(Malcolm X)。所以我要干掉几个。他们以后可能会抓到我,但别人会取代我的位置——就像这样。"

他解释说,他避开了空降部队巡逻的地区,因为他们反击的力度很大。

"他们也有很多灵魂兄弟,我不想浪费我自己的兄弟。我在追赶那些白种人……"他说。

去世的母亲

他说,他的母亲几年前去世了,留下他和妹妹住在一间破旧的公寓里。

"伙计,那地方太糟糕了,我晚上都不想回家。我姐姐因为一个和我一起长大的人变成了一个皮条客。他说,他听说她周三晚上在抢劫一家商店时被枪杀了。

"这让我很生气。为什么他们要因为有人在暴乱中从商店里拿东西就开枪?而这些白人真不是东西",他一边愤怒地搓着他那又长又有力的手指一边说。

他说,他希望自己拥有比美国 M-i 自动卡宾枪更好的武器,因为他的枪缺乏射程和火力。他最多只能发射一到两发子弹,然后国民警卫队就会进行猛烈的回击。

"但我知道我打中了两个。我看到他们摔倒了。一个是老式的警察,他挺着个大肚子,跑不快。我打他的时候,他大叫了一声,摔倒在人行道上。那些愚蠢的家伙向所有的地方开枪,除了我所在的地方。我躺在一个被烧毁的商店的一些砖块中,这里太棒了,宝贝,实在太好了,我几乎高兴得哭了。"

他说他从来没有随身携带过卡宾枪,每次使用后他都会把它藏在不同的地方。

他笑着说:"他们有两次抓住了我,搜查我,却放走了我。所以我说除非他们把我们都关进监狱或者杀了战争才算结束。我是说我们所有的灵魂兄弟。但他们做不到,因为我们人太多了。"

突然,他开始谈起他早年的生活。

"我和你一样上过学。我相信所有这些东西,然后有一天,我醒来后觉得这些东西应该以后再说,因为这些东西只会扰乱我的思想。我努力工作,做了一些事情来维持生计。我在城里另一头的一个姐姐家养了几个孩子,但我从来没见过他们。我能对他们说什么呢?"

他说,他和他的兄弟付钱给他10岁的表弟,让他在屋顶上监视国民警卫队的巡逻。他们用玩具对讲机与他通话。

"有一段时间很有趣,因为他们唯一能做的就是躺在那里互相吼叫。天啊,太美了,我们控制了局面。"

"我们就像游击队员——真正的游击队员。"

征服的伤亡

帕克斯顿骚乱,1763—1764年

帕克斯顿(Paxton)是萨斯奎哈纳(Susquehanna)河东岸的一个边境小镇,在法国和印第安人的战争中处于危险的境地。帕克斯顿人针对印第安人的袭击进行了激烈的斗争,他们的居民和附近的许多城镇都遭受了伤亡和暴力袭击。像宾夕法尼亚西部的其他定居者一样,他们憎恨东部人在地方政治上的统治,东部人在议会中的代表人数过多,他们被有影响力的贵格会成员的不抵抗哲学所激怒。边境居民(主要是苏格兰—爱尔兰长老会教徒)认为,立法机关不愿发动战争和支持边防军,证明他们对自己的利益漠不关心。帕克斯顿人这一怒火的第一个受害者是康奈斯托加(Conestoga)的印第安人,这是一个对白人相当友好的可怜和无害的部落残余,他们主要靠卖扫帚和篮子以及乞讨为生。12月14日,"帕克斯顿男孩"来到了康奈斯托加,杀死了在那里发现的6名印第安人——3名成年男性,2名成年女性以及1名男孩。根据总督约翰·佩恩(John Penn)的公告,幸存的14名康奈斯托加印第安人被置于该省的保护之下,但"帕克斯顿男孩"冲进了兰开斯特(Lancaster),迅速屠杀了关在兰开斯特监狱里接受保护的康奈斯托加人。得知另一群更大规模的印第安人已经被摩

拉维亚人(Moravians)拉入了基督教,在费城得到了庇护和食物,"帕克斯顿男孩"召集了他们的部队向该城市进军,宣布要杀死这些印第安人。许多费城人对屠杀的消息感到愤慨,对可能发生的敌对行动感到惊恐,准备拿起武器迎接暴乱者。甚至贵格会成员也携带了火枪。本杰明·富兰克林(Benjamin Franklin)和其他公民领袖被派往日耳曼敦(Germanton),与帕克斯顿家族的人会面并说服他们起草一份声明,向总督和议会表达了他们的不满,然后回家。帕克斯顿大屠杀中出现的问题震撼了整个省,并引发了一场声势浩大的小册子辩论。在康奈斯托加的悲剧中,帝国战争、白人与印第安人之间的斗争、殖民地的宗派政治以及革命的前奏都汇聚在了一起。

下面的叙述来自本杰明·富兰克林的一本愤怒的小册子:《兰开斯特县最近的屠杀事件》(1764 年)。这本小册子文献已被编辑,并附有 J．R．邓巴(Dunbar)有价值的介绍[《帕克斯顿文件》(1957 年)];关于这件事,参见布鲁克·欣德尔(Brook Hindle)的《"帕克斯顿男孩"的游行》[《威廉和玛丽季刊Ⅲ》,1946 年 10 月,第 461—486 页]。

这些印第安人是"六个部落"的残余,定居在康奈斯托加,因此被称为康奈斯托加印第安人。当英国人第一次到达宾夕法尼亚时,这个部落的使者带着鹿肉、玉米和兽皮来迎接他们。整个部落与第一个土地所有者威廉·佩恩(William Penn)签订了友好条约,"只要太阳照常升起,河水流动不止",该条约将一直有效。

从那以后,这个条约不断地更新,正如他们所说,他们的关系也不时地变得光亮起来。直到现在,他们和我们都没有违反过这个条约直到……

1763 年 12 月 14 日(星期三),来自一些边境城镇的 57 人,计划要摧毁这个小小的联邦,他们都骑着好马,拿着锁、钩子和斧头,在夜里穿过乡村,来到康奈斯托加庄园。在那里,他们包围了印第安人居住的小村庄,并在破晓时分突然闯入村庄中的小屋。只有 3 个男人、2 个女人和 1 个小男孩在家里,其余的在附近的白人中间,有些人在卖他们做的篮子、扫帚和碗,有些人在其他地方。这些可怜的手无寸铁的人随即被枪杀、刺死或用斧头砍死!头领(Shehaes)和其他人一样在床上被砍成碎片。所有的人都被剥掉了头皮,除此之外还被肢解。然后他们的小屋被点燃,大部分房屋被烧毁。这支部队虽然对自己的勇敢行为感到满意,但又对那些可怜的逃脱了大屠杀的印第安人感到愤怒,随后他们分成几小拨队伍,骑着马,沿着不同的道路回家了。

附近的白人听闻这一事件后十分担心。年轻的印第安人回来后看到他们的父母和其他亲属被屠杀、尸体被几乎烧焦的凄惨场景后也顿时哭号起来,悲愤之情几乎无法描述。

兰开斯特的地方官员被派去转移剩余的印第安人,把他们带到镇上,以防止他们再次遭到袭击,还就发生的不幸向他们表示慰问。地方官员拉着他们的手,安慰他们并承诺提供保护。他们随后被送到了济贫院,济贫院的建筑十分坚固,是最安全的地方……

虽然有(总督)的公告,那些残暴的坏人又集合起来。他们听说剩下的14名印第安人在兰开斯特的济贫院,于是于12月27日突然来到济贫院所在的城镇。他们中的50个人下了马,像以前一样带着武器,直接向济贫院走去,用暴力砸开了门,怒气冲冲地冲了进去。这些可怜的人发现他们没有任何防护,也无法逃跑,而且没有最起码的防御武器后,只好以自己的小家庭为单位聚在一起。孩子们紧紧抱着父母,所有人都跪在地上,哭诉自己的无辜,声称他们对英国人十分友爱,在他们的一生中,他们从未伤害过他们,然而他们还是被斧头砍死了!男人、女人和小孩都被残忍地杀害了!——冷血地杀害了!犯下这些罪行的野蛮人无视政府,无视一切人类和神圣的法律,犯下了残暴的罪行,给他们的国家和民族带来了永远的耻辱。之后这些暴徒骑上马,欢呼雀跃,仿佛他们赢得了胜利,然后毫无顾忌地离开了!

之后,被杀死的人的尸体被抬出来,横尸街上,直到有人在地上挖一个洞将其掩埋为止。

但邪恶是无法掩盖的,罪孽降临在整个土地上,直到杀人的人得到报应。无辜者的鲜血会向上天哭诉复仇。

据说,曾经有人告诉头领谢海斯(Shehaes),恐怕会有英国人从边境进入国家,并杀害他和他的人民。他回答说:"这是不可能的。树林里确实有印第安人,因为我和英国人的友谊,会谋杀我和我的家人,但是英国人会把我裹在他们的旗帜里,保护我免受一切危险。"不幸的是,他错了……

夏安族大屠杀,1864年

沙溪(Sand Creek)大屠杀是美国印第安战争中最血腥和最可耻的事件之一。19世纪50年代以前,从堪萨斯州中部到普拉特(Platte)河和阿肯色(Arkansas)河之间的落基山脉是南部夏安族(Southern Cheyenne)和阿拉帕霍族印第安人(Arapaho Indians)的领地。前往派克峰(Pike'Peak)的淘金热带来了许多移民,也给印第安部落带来了巨大的压力。1859 年,印第安人被排挤到横跨白人移民主干线的一小块领土上。1861 年,政府官员说服印第安人将这片土地卖给了美国,并让他们搬到科罗拉多州东南部一处没有猎物的干旱地区。印第安人声称他们被欺骗了。1864 年,科罗拉多州的一些部落被激怒了,他们发动了一场战争,杀死了许多定居者。处于和平状态的夏安人在"黑壶"(Black Kettle)酋长的领导下放下武器,在联邦军队承诺保护他们对抗科罗拉多国民卫队的地方安营扎寨。但是这些承诺没有兑现。一支由卫理公会牧师 J. M. 奇温顿(Chivinton)上校指挥的科罗拉多国民卫队特遣队,袭击了这个毫无防备的营地,他们拒绝了印第安人的投降,并屠杀和残害了大约 750 名男女老少。士兵剥去死者和垂死的人的头皮,然后割下妇女的生殖器,插在杆子上或戴在帽子上。奇温顿后来说,儿童也必须被杀死,因为"虱子会生虱子"。

当地一家报纸称这一事件为"辉煌的武器壮举",并说士兵们"披上了荣耀的外衣"。然而,国会的一个委员会说,奇温顿"蓄意策划并实施了一场肮脏、卑鄙的屠杀,即使是最野蛮的受害者也会为他的暴行而羞耻"。幸免于难的黑壶酋长悲伤地承认:"我的耻辱和地球一样大。""我很难再相信白人了,"他温和地补充道。他于 1868 年在瓦时塔(Washita)战争期间在他的冬营遭到了来自乔治·A. 卡斯特(Geoge A. Custer)上校的袭击并因此而死亡。

下面的叙述来自约翰·S. 史密斯(John S. Smith)的证词。他是一名印第安人代理人,在夏安族人中很有名,在突袭中也在场,他提交给战争指挥联合委员会(Joint Committee on Conduct of The War)的证词名为"屠杀夏安族印第安人"(Massacre of The Cheyenne Indians)(第 38 届国会第二届会议,1865年)。另见斯坦·豪格(Stan Hoig)的《沙溪大屠杀》(1961 年)和拉尔夫·K. 安德利斯特(Ralph K. Andrist)的《漫长的死亡:平原印第安人最后的日子》(1964 年)。

我去年 11 月 26 日出发去这个印第安人的村庄。我于 27 日到达,28 日一直待在那里。29 日早晨,在拂晓时分——更接近日出而不是天亮的时候——在村子下面 3/4 至 1 英里处发现了大批部队。印第安人发现了他们,跑到我的营地,把我叫了出来,要我去看看他们是什么样的军队,他们要做什么。该民族的首领,"黑壶",也是夏安族的首领,和我们一起在那里扎营。几年前,派往那里的一个专员——格林伍德（Greenwood）上校——曾经送给他一面精美的美国国旗。黑壶把这面美国国旗挂到了他小屋的顶上，国旗下面系着一面小白旗——有人建议他这样做，以防他在大草原上遇到军队。然后我离开自己的营地，开始向离村子最近的那支部队进发，我想我可以去找他们。我不知道他们可能是陌生的部队，我认为我的解释可以使事情缓和下来。威尔逊（Wilson）中尉负责指挥我试图接近的那支部队，他们向我开了几枪，我赶快回到了营地，回到了我的小屋。

之后，我离开小屋出去看看发生了什么事，这时奇温顿上校骑马来到离我营地不到五六十码的地方。他一眼就认出了我。在那个地方他们都叫我约翰叔叔。他说："约翰叔叔，快跑过来。你没事了。"我以最快的速度向他走去。他叫我插在他和他的部队中间，我照做了。另一个认识我的军官——指挥炮兵连的鲍德温（Baldwin）中尉——想帮我弄一匹马。但是当时那里并没有多余的马。他说："抓住弹药箱，跟上我们。"

这时，印第安人已经四散逃跑了。部队在河的两边追赶印第安人。我们一直在河的北岸扎营。我拿着弹药箱跟在队伍后面，有时跑，有时走。最后，在离村子大约 1 英里的地方，军队把一大批印第安人包围在河岸下面。就当军队追上印第安人时，他们开始向军队开火。一些部队已经到达了他们的上方，所以印第安人被完全包围了。这群被包围的印第安人大概有 100 人左右，有男有女，还有孩子。村里的大多数人都逃走了。

当我跟随炮兵连来到这些印第安人被包围的地方时，已经枪声四起了。四五名士兵被打死，有的被箭射死，有的被子弹打死。士兵们继续向这些印第安人开火，直到几乎将他们全部消灭才停止射击。我看到了大约 70 具尸体躺在那里，大部分是妇女和儿童。可能有 30 个士兵，有老有少，其余的是不同年龄和体型的妇女和小孩。

当时的军队非常分散。在主要的战斗中，只有不到 200 人的部队在对付河岸下的这群印第安人。其余的部队分散在不同方向，追击试图逃跑的小股印第安人。我并没有去看他们在河岸边之外的部队究竟杀了多少人。由于上次生病，我仍然很虚弱，我随第一批部队返回了营地。

……

问题：妇女和儿童是被不分青红皂白地屠杀，还是只在他们与战士们在一起的时候才被屠杀？

回答:是的。是不分青红皂白地被屠杀的。

问题:在你看来,是否有野蛮行为发生在那里?

回答:是的,先生。我看到躺在那里的人的尸体被切成了碎片,比我以前看到的任何尸体都要残缺不全;妇女都被切成了碎片。

巴卡鲁(Buckalew)先生

问题:是的。怎样切的?

回答:用刀砍、剥皮、脑子被打掉、两三个月大的孩子——所有年龄段的人都躺在那里,从哺乳期的婴儿到成年的士兵……他们被肢解,躺在水里和沙子里。他们中的大多数人躺在小河的河床上,有的还在垂死挣扎。他们的肢体残缺不全,被沙子和水覆盖着,我很难把他们区分开来……

古奇(Gooch)先生

问题:你看到屠杀过程了吗?

回答:是的,先生。我看到他们倒下了。

问题:当他们被杀的时候就倒下了?

回答:是的,先生。

问题:当他们被肢解时,你看到他们了吗?

回答:是的,先生。

问题:他们是被谁残害的?

回答:被美国人的军队。

问题:你知道这是否在军官的指示或同意下进行的吗?

回答:我不知道。我不认为是有指示……

问题:除了你提到的那些,你还看到了其他的野蛮行为或暴行吗?

回答:是的,先生。我在那里有个混血儿子,他投降了。印第安人逃跑的时候他就知道了。他是混血儿,活命的希望不大。看到他们向我开枪,他和印第安人跑了大约 1 英里。在那里的战斗中,他走回了我的营地,走进了小屋。当时小屋被士兵包围了。他悄悄地进来坐了下来。那天白天和晚上,以及第二天下午,他都待在那里;晚上 4 点钟左右,我正坐在营房里,一个士兵从小屋外面走来,叫我的名字。我起身走了出去。他拉着我的胳膊向奇温顿上校的营地走去,那里离我的营地大约有 60 码远。他说:"我很遗憾地告诉你,他们要杀了你的儿子杰克。"我知道他们对整个印第安人营地的态度,也知道任何抵抗都没有用。我说:"我没有办法。"然后我继续朝站在营火旁的奇温顿上校走去。当我离他只有几英尺时,我听到一声枪响,然后看到一群人跑到我的小屋——他们告诉我杰克死了。

问题:奇温顿上校对这件事采取了什么行动?

答案:在场的安东尼(Anthony)少校告诉奇温顿上校,他听到一些议论,说他们想杀死杰克。他(奇温顿上校)有能力救他,救了他就可以使他成为一个非常有用的人,因为他对夏安族和阿拉帕霍族都很熟悉,他可以当向导或翻译。奇温顿上校回答安东尼少校,正如少校自己告诉我的那样,他不需要接受命令,也不需要提出建议。

伤膝河大屠杀,1890年

平原印第安人(The Plains Indians)是白人控制西部的最后绊脚石。19世纪70年代,当有人试图将他们限制在保留地时,苏族(Sioux)和北夏安族人拒绝了,于是军队被派去围困他们。起初,疯马(Crazy Horse)领导的奥格拉拉(Oglala)苏族人在蒙大拿州的玫瑰花溪击退了乔治·克鲁克(George Crook)将军的部队,而当1876年6月25日乔治·卡斯特(Geoge Custer)中校和第七骑兵队轻率地袭击了小大角(Little Big Horn)的一个印第安人营地后,卡斯特中校和他的225名士兵被疯马、坐牛(Sitting Bull)、加尔(Gall)和其他酋长的联合部队杀死。在接下来的冬天,军队对这些部落进行了持续的围剿,直到军队饥肠辘辘要寻找栖身之所后为止。

特顿(Teton)苏族的7个部落,在1880年约有16 000人,被安置在南达科他州的保留地。在那里,他们面临着一个比军队更致命的敌人:印第安人代理人的"文明化"。1881年,印第安事务专员说:"当我们有能力把他们提升到人性的高度时,却允许他们带着旧的迷信、懒惰和肮脏继续前进,对我们的政府来说将是一种永久的耻辱。"印第安人被迫放弃了与战争有关的习俗,牺牲了以水牛狩猎为基础的传统经济,转而接受政府的救济。他们以前基本保存完好的政治和宗教结构,也遭到了破坏。酋长的权力被削弱了,孩子们被送到白人开办的学校,不愿意送孩子去上学的父母会发现他们的食物配给被中止。苏族的宗教习俗,尤其是太阳舞,被视为"道德败坏和野蛮行为"而取缔,传教士蜂拥而至。这种情况由于政府在土地问题上的欺骗政策而恶化。殖民者要求进一步限制保留地的范围,1889年,国会通过了《苏族法案》,该法案在实施后,将夺走印第安人一半的土地,以换取一些现金报酬、继续提供口粮供给及其他各种承诺。许多苏族人对该法案进行了激烈的抵制,但最后,面对最终被征用的事实,他们同意了。两周后,承诺的口粮标准被削减了,许多其他承诺也很快被证明是空头支票。正如一位印第安人所言:"他们向我们许下了很多承诺,我都记不清了,但他们只遵守了一个——他们承诺要夺走我们的土地,然后他们做到了。"

在如此惨痛的压迫之下,印第安人屈服于压倒性的绝望,转而信奉弥赛亚(Messianic)宗教。一位印第安弥赛亚出现了,他宣扬所有的印第安人将很快获得自由,死去的印第安人将获得重生,白人将离开这片大陆,野牛将再次大量繁殖,旧的生活方式将得到恢复。印第安人所需要做的就是遵循新信仰的信条,跳一种特定的幽灵舞。幽灵舞,在它最终消亡之前传遍了整个西部地区,为苏族人带来了一种特别好战的形式。人们跳起舞来,直到摔倒,然后又起身跳起来,当代理人们试图禁止这种行为时,他们被印第安人用武力警告离开。苏族人相信所有穿鬼魂衬衫的人都不会受到子弹的伤害。虽然苏族人没有采取任何敌对行动,但代理人们非常惊恐,他们召集了军队来镇压这种舞蹈,据说是为了防止暴乱。

当军队到达时,一大群印第安人逃到了荒地(Badland),在那里他们开始连续不断地轮转跳舞。一些首领被劝说叛离新的宗教,另一些则被逮捕。当印第安警察试图逮捕坐牛时,他的部落进行了抵抗,这位伟大的酋长被杀害。最终,除了松脊(Pine Ridge)保护区的部落外,其他的所有部落都被控制了。作为部队的指挥官,纳尔逊·A. 迈尔斯(Nelson A. Miles)将军特别担心由大脚(Big Foot)酋长率领的米尼康尼佐(Miniconjou)苏族人。他们认为大脚酋长怀有敌意,但实际上他患有肺炎,正带领他的队伍前往一个机构投降。大脚的队伍首先被詹姆斯·W. 福赛斯(James W. Forsyth)上校指挥的第七骑兵团(卡斯特的旧司令部)拦截。印第安人立即举起白旗投降。1890年12月29日,这群印第安人的营地被包围,该部落被解除了武装。福赛斯怀疑印第安人在毯子下面藏了更多的武器。当印第安人在接受检查时,其中一名印第安人掏出了一支步枪,然后开火了。有些人声称这名印第安人把枪放在被没收的武器堆上,不小心走火了,有些人则说他是故意向部队开枪的。士兵们立即向印第安人近距离射击,然后大规模的战斗开始了。炮兵部队当时在营地上训练,他们立刻向妇女和儿童开火,许多逃跑的印第安人被打死。据估计,有200至250名印第安人被杀。大多数历史学家都追随迈尔斯将军,称这是一场"大屠杀",并以"应受谴责"的行为解除了福赛斯的指挥权。但是,战争部长随后恢复了福赛斯的职务,并将事件完全归咎于印第安人,18名士兵还获得了国会的荣誉勋章。这场大屠杀标志着苏族在精神和肉体上遭受了毁灭性打击,也标志着印第安战争的结束以及白人征服印第安人的完成。

1940年,詹姆斯·麦克格雷格(James MacGregor)记下了幸存者的这两段描述:《从苏族人的角度看伤膝河大屠杀》(1940年,第103—107,127—128页)。参见詹姆斯·穆尼(James Mooney)的《1890年鬼舞宗教与苏族爆发》(美国民族学局第十四次年度报告Ⅱ,第1892—1893页,1896年)、罗伯特·M.奥特利(Robert M. Utley)的《苏族最后的日子》(1963年)、伊莱恩·古道尔·伊士曼(Elaine Goodale Eastman)的《鬼舞战争和1890—1891年的伤膝河大屠杀》《内布拉斯加州历史》,第26期,第26—42页,1945年)、梅勒·J.马特斯(Merril J. Mattes)的《伤膝河之谜》(《平原人类学家》,第5期,1960年,第1—11页)以及阿尔文·M.小约瑟芬(Alvin M. Josephy, Jr.)的《美国的印第安遗产》(1968年)。

杜威(Dewey)的胡子

威廉·卑尔根(William Bergen)译

我是在这里的一支队伍中的一员。我们正朝离豪猪(Porcupine)县不远的地方走去,这时我们遇到了一名士兵,他拿着一面用棍子拴着的休战旗。我们安静地往前行进,无意去惹麻烦。后来我了解到这名士兵是一名军官,他来到大脚(大脚是我们队伍中的一个同伴,已经病了4天了,而且身体有出血的迹象)的身边,我在他后面一码的位置跟着他,想知道他的意图是什么。这个军官问大脚:"你就是那个叫大脚的人吗?你能说话吗?你要去哪里?我正要去找我们在这里驻扎的人。"军官接着说,他听说军队已经离开了夏安(Cheyenne)河且正在寻找他。"我见过你,我很高兴遇到了你。我要你们把枪交出去。"大脚回答说:"是的,我就是那种人。"军官想知道他这话是什么意思,于是翻译告诉他,他是一个爱好和平的人。高鹰说:"你要求我把枪给你,但我要去一个地方,到了那里我就放下武器。"

"现在,你在草原上跟我们会合,等着我把枪给你。我有点担心这件事可能会有一些猫腻,可能会有一些不公平的事情发生。我们有很多孩子。"军官说他们会带来一辆马车,现在想让大脚上车,他们会把大脚带到驻扎的地方。不一会儿,一辆马车停了下来,他们用毯子把大脚裹了起来,把他放在车上,然后开始向营地进发,我们也跟着去了。现在看到这些房子的地方,也就是在商店的一侧,就是我们宿营的地方,而另一边是士兵们宿营的地方。晚上,他们把一些火腿、糖和硬面包放到中心地带,说应该有人来发这个,于是妇女们都来到宿营中心,我就是那个向她们分发东西的人。我们听到一头骡子在叫,然后听到士兵们从南向北绕了一圈。我还忘了一件事,我想再说一下。那天晚上,我注意到他们在那里架起了大炮,还拖来了很多弹药。我是亲眼看到他们这样做的。在我们宿营后不久,周围就驻扎了卫兵。他们一直在巡逻。我还注意到那天晚上在商店旁边有一些篝火,他们是印第安童子军。第二天早晨,军号响了起来,响声重复了一次后,我看见士兵们骑上马包围了我们。尽管他们已经包围了我们,我们也注意到了这些奇怪的行为,但我从未想过有什么不对劲。我还以为我们马上就能开始和代理机构的合作了呢。后来公告要求所有的男性都到宿营中心参加会谈,会谈结束后他们将前往松脊代理机构。因此他们都来到了宿营中心。不久之后,我也跟着来到了他们集合的宿营中心。我到了那里,环顾四周,人们都呆呆地坐着。大脚从他的帐篷里被拖出来,坐在他的帐篷前面,那些年长的人都围着他,就坐在他附近的中心位置。翻译说那个军官说昨天我们答应给他一些枪,他现在就去拿。我不记得有多少士兵,但是这些士兵有的爬到了马车上面,有的在拆东西,还有的手里拿着斧头和其他东西,后来他们把这些东西带到了放置枪支的地方。有些印第安人远远地站在东边,他们手里有枪,但一开始并没有被发现。因为他们远离士兵所在的地方,所以后来士兵们把他们喊过来将武器搬到中间放好并把枪放下。其中一个人手持着枪,枪口朝着宿营中心的方向。这个人说:"昨天我们已达成共识,等我们到达代理机构之后再放下枪,但现在你们就要我们的枪。"这个印第安人朝置枪支的地方走去,一名士兵从东边向他走去,另一名士兵从西边向他走来。即使如此,他仍然不以为然,丝毫不害怕。如果那些士兵没有攻击他的话,他大概就会把他的枪放在该放的地方了。然而那些士兵却抓住他,把他押向了东边。即便如此,他仍旧不以为然。他的枪并没有指向任何人。他的目的是要把枪放下。然而他们却冲了过来,抢了他要放下的枪。就在他们将他的身体扭转了一圈后,枪声响了起来,而且声音很大。我不知道是否有人中枪,但随后冲突爆发了。休战旗就插在我们坐的地方,可他们还是向我们开火了。冲突之后,几乎所有人都倒下了。我在那里站了一会儿,有一个人向我走来,我认出他是一个叫"高鹰"(High Hawk)的人。高鹰说,他们已经开始往这边走了,我们也走吧。于是我们开始爬向一座小山。就在此时,士兵们开始向我们射击,高鹰中弹倒下了。我赶紧后退,但我也中弹了。我当时孤身一人,我试着努力照顾好自己。他们把我的妻子和孩子都杀了。我看到有人躺在地上,中弹身亡。我尽我所能绕过他们,下到峡谷里,但又跌倒了。我说过我第一次摔倒的时候中枪受伤了。我爬上峡谷,看到他们正朝那个方向行进。我看到地上到处躺着女人和孩子。他们有的爬上了峡谷的一处堤岸,我发现有许多人都躲在那里。我们打算穿过峡谷,但是被士兵包围了,所以我们只能待在那条河道里。就在附近有一个带山脊的小山丘,他们放了一门大炮,对准我们的方向,并向我们开火。我看到一个人被大炮击中,这个人的名字叫"鹰羽射手"(Hawk Feather Shooter)。

鲁格·菲瑟夫人(Rough Feather)

本·亚美利加·霍斯(Ben American Horse) 译

我和大脚的队伍一起从樱桃溪开始出发。我们要去松脊探亲。我现在已经73岁了,但我还记得很多发生过的事情。我是个寡妇,和父母住在一起。士兵们在豪猪县附近碰见了我们,在他们和大脚谈过之后,我们继续前往伤膝河,士兵们在那里扎营,我们也在那里扎营。第二天早晨,当我们正准备开营时,士兵们命令印第安人带着他们所有的枪到营地中央来。之后,士兵们来到印第安妇女所在的地方,搜查了帐篷和马车上的武器。他们让我们交出斧头、橇棍、刀、锥子等。就在这时,我听到了一种可怕的声音,我一时昏了过去。清醒过来后,我看到几乎所有躺在地上的人都在流血。后来我可以走动了,于是跑到一个被切断的河流堤岸,躺在那里。我看到其他一些印第安人向峡谷跑去,于是我也跟他们一起跑,但是士兵们不断向我们射击,子弹在我们周围飞来飞去,有一颗子弹从我双腿中间穿过,但我一次也没有被击中。我的父亲、母亲、祖母、哥哥和弟弟都被杀害了。我两岁的儿子嘴部中枪,后来也死了。

我们有10匹马、挽具、马车、帐篷、水牛长袍,我还有一条很好的纳瓦霍毛毯。所有这些财产都被政府或其他人抢走或丢失了。我的人生经历了一段艰难的时期,你可以看到,我现在也很艰难。天气很冷,这是一栋老房子,我感冒了。我们很难得到柴火,因为我们必须走很远的路才能弄到。

我在蒙大拿州的时候,他们和卡斯特打了一场大仗,印第安人赢了,很多士兵来了,我们逃到了加拿大。那时我只有10岁,对那件事知道得不多,但我记得听到了很多枪声和战斗的呐喊声。一段时间后,我们去立岩(Standing Rock)保留地待了4年,然后我去"玫瑰花蕾"待了一段时间,然后去了大脚宿营的樱桃溪。

我在大屠杀两年后嫁给了鲁格·菲瑟,他也在那里,他曾在你们召开的伤膝河会议上做过陈述。他看到许多受伤的印第安人，所以他找了一队人和一辆马车，把一些受伤的亲戚带到松脊，把他们安置在用作医院的教堂里。政府是否应该为他们对我们所做的一切而赔偿我们呢？

菲律宾的暴行，1897—1902 年

1898 年，美国和西班牙开战，表面上是为了解放古巴，结束西班牙人在古巴犯下的暴行。美国最终吞并了菲律宾，但也犯下了一些暴行。1898 年 8 月，海军上将乔治·杜威（George Dewey）的亚洲中队（Asiatic Squadron）摧毁了马尼拉湾的西班牙舰队，西班牙驻军投降，马尼拉城被占领。西班牙人对菲律宾游击队的恐惧加速了投降，因为游击队的领导者——年轻的埃米利奥·阿奎那尔多（Emilio Aguinaldo）将军，在杜威的支持和帮助下从流放中被带了回来。由于阿奎那尔多的军队有可能自己占领马尼拉，美国的进攻因此加速了。同年 6 月，阿奎那尔多成立了一个省政府，宣布菲律宾从西班牙独立出来。当他和他的追随者在 1899 年 1 月得知美国和西班牙在一个月前签订的《巴黎条约》（Treaty of Paris）中包括了将菲律宾割让给美国的条款时，他们感到被出卖了，于是很快就发动了一场反对美国的武装叛乱。但是，正如菲律宾委员会主席威廉·H. 塔夫脱（William H. Taft）所说，"我们打算无限期地留在那里，以实现我们为他们做的这件好事"。在随后于 1901 年夏天爆发并在一年后才正式结束的游击战中，美国最终不得不使用了 7 万人的部队，并承受了比西班牙战争更多的伤亡（4 300 人死亡）。战争打得异常激烈，菲律宾的战士和平民也遭受了令人震惊的损失。对于美国的反帝国主义战争批评者来说，特别令人不安的是关于美军暴行和酷刑的报道。对于经历过越南战争的这一代人来说，其中一些指控，尽管有军方的审查并在许多情况下被国会调查所证实，对我们来说仍十分熟悉，且这些行径让人十分沮丧。从对亚洲人民的傲慢和居高临下的态度，到使用酷刑、建立集中营、焚烧村庄、肆意处决战俘和平民，美军的这些表现的确让人情绪低落。1901 年 3 月 23 日，阿奎那尔多因为别人的诡计被俘后，战争渐渐平息，但反对美国当局的零星起义持续了多年。1906 年，摩洛（Moro）部落的人发动叛乱。伦纳德·伍德（Leonard Wood）将军领导的美国军队包围了他们的据点并将他们全部杀死（包括 600 名男子、妇女和儿童死亡），美国只损失了 15 人。西奥多·罗斯福总统还向伍德及其部下表示祝贺，称"为你和他们捍卫美国国旗的光荣而战"。

以下是3名美国士兵在"参议院菲律宾问题委员会听证会"上的证词(第57届国会第一次会议,1902年,第1539—1541、2061—2062、2550—2551页)。关于暴行问题,参见墨菲尔德·斯托利(Moorfield Storey)和马绍尔·P.里查克(Marcial P. Lichauco)的《美国对菲律宾的征服》(1926年)、詹姆斯·H.布朗特(James H. Blount)的《美国对菲律宾的占领》(1913年)、利昂·沃尔夫(Leon Wolff)的《棕色小弟弟》(1961年)、亨利·F.格拉夫(Henry F. Graff)主编的《美帝国主义与菲律宾起义》(1969年)以及马克·吐温(Mark Twain)的《马克·吐温自传》(1924年,第2册,第186—200页)。

D·J·埃文斯(Evans)的证词

问:委员会想听听你关于战争行为的意见,以及你是否目睹了菲律宾群岛土著人遭受的暴行。如果有,是在什么情况下发生的?

答:该案涉及他们在伊洛科斯诺特(Ilocos Norte)的伊利卡诺(Ilicano)省给当地土著人施加的水刑。

问:是在吕宋岛的最北部吗?

答:是的,长官,有2名和美国军队在一起的土著侦察兵。他们出去带了几个叛乱分子回来。据他们自己承认,他们是起义军,除此之外,他们身上有这个地区大多数起义军身上的印记,即左胸上的一个小烙印,一般是用加热后的钉子或弹头烙出来的。他们试图从这些人身上进行突破……

问:你说这是一种什么样的烙印?

答:用钉子头或子弹头打上的小烙印。

问(参议员贝弗里奇):皮肉上有疤吗?

证人:有的,先生。

他们试图让他说出其他叛乱分子当时的位置:我们知道他们在哪里,但我们不知道如何去找他们。他们在山上,恰好只有一条路可以走到他们那里,可那次我们没能到他们那儿去。这些起义人员拒绝讲述这条路,于是他们就遭受了所谓的"水刑"。首先是一个美国人——我是说美国人的一个侦察兵——抓住一个起义人员的头,把他的头往后推。然后美国人拿着一个番茄罐,把水灌进这个起义人员的喉咙里,直到他再也坚持不住。在这期间,一个土著人拿着一根藤鞭,大约有我的手指那么大,打他的脸和裸露的背,每打一下,他的身上都会有一道很大的伤痕,而且会流一些血。当这个人再也喝不下水了,他们把他的嘴塞住,让他站起来,把他的手绑在身后,让他靠在柱子上,让他不能动弹。然后有一个人,一个美国士兵,身高超过6英尺,非常强壮,用最大的力气和最快的速度打了这个人的腹部。美国士兵一直不停地打他,似乎永远停不下来。

问[参议员埃里森(Allison)]:用他的手?

答:用他紧握的拳头。他一拳正好打在他的肚子上,这让那个人非常难受。他们持续了打了很长时间,最后我以为那人快要死了,但我不相信有那么严重,因为最后他告诉他们他会坦白,在那以后他就被带走了,我再也没有看到他。

问:他说了吗?

答:我想是的,因为我再也没听说过他遭受什么水刑。

威廉·刘易斯·史密斯(William Lewis Smith)的证言

问:你可以陈述你是否目睹了所谓的水刑。

答:是的,先生。

问:你在哪里看到的?

答:在伊格巴拉镇(Igbaras)

问:什么日子?

答:1900年11月27日。

问:是谁造成的?

答:镇长和两个当地警察。

问:你是否看到了不止一次的施暴?

答:我在第一次看到了一部分,第二次则看到了全部。

问:描述一下你第一次看到的情景。

答:我们大约在天亮时到达镇上。天刚破晓。我们在全城都设立了岗哨,所以没有人可以从城门离开,之后我们就去了驻地。我们连的一个分遣队驻扎在那里。我们加入的连队由十八步兵团的康格(Conger)中尉指挥,以"戈登童子军"闻名。我们接着去了营房,我是被派去请镇长到营房来的一名安保人员。在路上,我们遇见了镇长,然后我们走到镇上的牧师的家里去找牧师,但牧师不在家。

镇长后来去了营房。当我回到营房时,一些男孩正围坐在一起。我上了楼,首先看到镇长被剥光了衣服,他除了裤子什么都没穿。他的衬衫和外套都被脱了,双手被捆在背后,康格中尉站在他旁边,还有一位名叫莱昂斯(Lyons)的医生。我们停了下来，看到他们就上前给他上所谓的水刑。水是用一个大水箱装着的，我估计这个大水箱——至少有 100 加仑。我不知道当时水是否满了，但这个水箱大概能装下两桶水，我想大概是这样。他仰面躺着，而这四五个被称为"戈登童子军水上救护队"的人把他按住。水是通过打开的水龙头输送的。我们不能近距离看是怎么回事，因为如果我们在那里聚集，所有的军官都会叫我们过去。我们必须上楼进入警卫室……我们会时不时地来看一下。

第二次是在他坦白了他们想要的东西之后我看到的——我不知道他是否坦白了，我只看到了其中的一部分——但是在楼下他们通过翻译向他进行了询问。当时他们都站在他旁边，他们问他当部队到达镇上的时候，他是否向叛乱分子发出了消息。在此期间，一个本地警察透露说他有，是这个警察亲自派他来的，所以为了从他那里得到这个消息，康格中尉叫来了水刑兵。这次是用注射器注射的。两个男人走到他们的鞍囊旁边，拿了两个特制的注射器、一个大灯泡、一个普通的注射器，还有一个大约 2 英尺长的普通软管。其中一支插在他的嘴里，另一支插在他的鼻子里。我们都可以站在那里看到。医生说要拿一桶水，这时他们把他一起带进了大楼。格伦(Glenn)上尉也在那里，他说："不，在外面就行了。"所以我们当时都有机会目睹了这一幕；由于水似乎没有达到预期的效果，医生站在他身边，然后说给他倒杯盐。其中一个人上楼去拿了一杯盐，把它倒进了水里。翻译一直站在那里，在他喝了一段时间后，他按他们的要求坦白了。他说他愿意带我们去，后来我们跟着去了，在那里待了大半天，但没有找到叛乱分子。这就是我看到的水刑。

问：那个城镇后来怎么样了？ 在格伦上尉的命令下，该城镇在 8 点左右被烧毁。康格中尉率领他的士兵——也就是第十八步兵团——烧毁城镇。第 26 队的麦克唐纳(Mcdonald)上尉带人走到城郊。我们等他们开始烧城之后才在另外一端开始烧，这样当地人就有时间在他们的建筑被烧毁之前逃出来。

问［参议员杜波依斯(Dubois)］：是你自己烧的吗？

证人：我确实放火烧了一些建筑物。

问［参议员罗林斯(Rawlins)］：他们是如何被占领的？

答：当地的男人、女人和孩子都无一幸免。他们几乎所有的建筑都是用竹子和亚答树叶建造的，你只需点燃这个尼帕屋顶，房子就会在短时间内消失。

问：家具和家居用品后来怎么样了？

答：他们没有很多家具或家居用品。他们睡在地板上。只有好一点的家庭才有床。大多数人睡在地板上。当然,他们仅有的几张桌子和长凳都被毁了。他们只有时间保住他们当时穿的衣服。

问:对于谁的建筑应该被烧毁,谁的不应该被烧毁,有什么区别对待吗?

答:教堂被保留下来,我们的人住在里面的宿舍,还有5座大房子也保留下来了,它们不是用竹子建造的,而是用木料建造的。在城镇的其余部分被烧毁后,这些建筑被留给妇女和儿童居住。

问:我想你已经说过,这种水刑是正规军的康格中尉指挥他的侦察兵实施的吗?

答:是的,先生。他下令的指示是说"水兵"——我只听他说了这些。然后其他人接着干了剩下的活。有两个人站在旁边,格伦上尉和莱昂斯医生也站在旁边,目睹了2次水刑。

问:你把镇长送回来之后,也就是这座城镇被烧毁后,他怎么样了?

答:他被带到伊洛伊洛(Iloilo)接受审判。我不知道他被判了什么刑。

问:他多大了?

答:我想他是个四五十岁的人。反正应该有45岁了。

问[参议员迪特里希(Dietrich)]:你说镇长在第二次接受水刑后,作为向导向你们指出了叛乱分子的位置?

答:是的,在山里。

问:他怎么走的,步行还是骑马?

答:骑马。

问:他看起来状态很好,是吗?

答:是的,先生。

问:水刑似乎没有给他造成太大的伤害?

答:是的,没有。水挤出来之后,似乎并没有对他造成很大伤害。他们用一只脚踩在他的肚子上,把水挤了出来。

问[参议员贝弗里奇(Beveridge)]:主要的效果是恐吓,不是吗?

答:是的,先生。

问:这是两年前的事?

答:是的,先生。

问[参议员卡伯森(Culberson)]:什么主要影响?

答(参议员贝弗里奇):水刑的主要效果。

问(参议员贝弗里奇):你知道土著人对美国军队的暴行吗?

参议员罗林斯:我反对这个问题。

证人:不,先生,我不知道。

主席:你还见过其他水刑的案例吗?

证人:没有,先生。

理查德·T. 奥布莱恩(Richard T. O'Brien)的证词

问(参议员贝弗里奇):你枪法不错吗?

答:不好,先生。

问:我们的士兵有枪法好的吗?

答:有,先生。

问:队里有枪法好的吗?

答:是的,先生,他们都是快枪手,大部分都是。

问:他们只打了一次?

答:不是,先生。

问:你有不止一个弹匣?

答:是的,先生。

问:你刚刚对着那个男孩打了一枪就走了?

答:是的,先生。有人把住在房子里的人带了出来,把这些人带到了门口,带到了街上,但命令是怎么下达的,谁下达的,我不知道,整个城镇都受到了攻击。我看见一个老头儿走到门口往外看。他腹部中了一枪,跪倒在地,转过身就死了。

问:你当时也在开枪吗?

答:是的,先生。

问:是有命令让你开枪吗?

答:是的,先生。

问:谁命令你开枪的?

答:我不知道,先生。

问:就像你对那个男孩开枪一样,你又开了很多枪?

答:没有,先生。

问[卡马克(Carmack)参议员]:发出的是开火的命令。继续把整个事情讲一遍。

证人：之后，两个老人手拉着手走了出来。我想他们都超过 50 岁了，大概在 50 到 70 岁之间。他们举着白旗。但是他们也被打死了。在城镇的另一头，我们听到了尖叫声，有一个女人在那里。她被烧死了，怀里抱着一个婴儿，地板上躺着另一个孩子。婴儿在她怀里，躺在地板上的孩子我想应该是 3 岁左右。他们都被烧死了。我不知道她是精神涣散还是被逼疯了，她留在了房子里。

主席：那是什么部队？

证人：M 部队，第 26 军。

问[参议员帕特森(Patterson)]：当时 M 部队有多少人？

答：我不知道，先生。

问：有多少？

答：差不多有 100 个。

参议员杜布瓦：对不起，我没听清那个城镇的名字。

证人：拉钉(La Nog)。

问(参议员贝弗里奇)：在哪里？

答：大约 16 英里处。

问：在哪个岛上？

答：班乃(Panay)岛，位于伊格巴拉斯(Igbarras)的东北部约 16 英里处……

问(参议员卡马克)：你进城的时候有下达过关于囚犯之类的命令吗？

答：没有，先生。关于这个命令的发布，当他沿着土著人队列前进时，会有这样的说法——"不抓俘虏"。但没有人知道这个是从哪里来的。

问(参议员贝弗里奇)：你从哪里得到的命令？

答：从队伍的最前面开始往后传达。

问：你认为这很不寻常吗？

答：没有，当时我们不觉得。

问：你问过这个命令是从哪里来的吗？

答：没有，先生。

问：是你的中士给你下的命令吗？

答：我不知道，先生。

问：这是真的吗？答：命令是从上往下传达的。是的。

问：你服从了吗？答：是的。

参议员帕特森:这条命令的结果是什么?

证人:嗯,如果有战斗,战斗就会继续下去,直到所有人都逃跑或被杀……

问(参议员黛德丽):不久前,当你谈到其中一场战役时,你说在激烈的战斗中很难进行近距离观察。在战场上观察东西是很困难的,不是吗?

答:是的,先生。

问:这两个老人被杀的战斗是在哪里进行的?

答:在拉钉。

问:那里有多少叛乱分子?

答:据我所知,没有叛乱分子,因为菲律宾人没有开枪。

问:那里有多少美国士兵?

答:我说不上来,因为有一些人驻扎在琴巴尔(Guimbal)。

问:你当时在场吗?

答:我在拉钉。是的,先生。

问:你看到这些人被杀了吗?

答:是的,先生。

问:你说他们升起了休战的旗帜?

答:他们举着白旗——类似一块白布搭在竹竿上。他们手拉着手走了出来。手紧紧握在一起。

问:你向他们开枪了吗?

答:没有,先生。我没有。

问:你看到其他人向他们开枪了吗?

答:是的,先生。

问:谁?

答:我看到有人朝那个方向开枪,但我不知道他们是否直接向那些人开枪。

问(参议员贝弗里奇):你能说出你看到的开枪的人的名字吗?

答:不能,先生。我只知道康威(Conway)中士……向麦克唐纳(Mcdonald)上尉报告说他又杀了两个黑鬼。

第四部分　宗教和种族暴力

对贵格会教徒的迫害，1656—1661 年

虽然清教徒已经逃离了宗教迫害，但他们无意在新世界建立一个宗教信仰自由的政权。生活在他们中间的人被期望单独以清教徒的方式进行礼拜。起初，在美洲的大地上，清教徒的父辈们设想将警告后的放逐作为处理异教徒和不守规矩者的方法，这就是对罗杰·威廉姆斯（Roger Williams）和安妮·哈钦森（Anne Huchinson）的惩罚。

事实证明，由于贵格会的狂热坚持，贵格会教徒很难做到这一点。他们来这里住，如果被驱逐了，他们还会经常回来。迫害似乎只会吸引更多的人，结果是他们不断地涌入。1656 年，第一批贵格会教徒——来自巴巴多斯（Barbados）的 2 个女人——被关进了监狱，她们被脱光衣服以寻找巫术的迹象，她们的书在集市上被没收并烧毁。最后，她们又被运回到巴巴多斯。随着贵格会教徒不断到来，人们采取了更严厉的惩罚对待他们，如鞭打、割耳朵、打烙印和舌头打孔等。1658 年，普通法院决定使用死刑，但这只吸引了更多的自愿殉教者。1659 年，3 名贵格会教徒被判处死刑。其中一位名叫玛丽·戴尔（Mary Dyer）的，在最后一刻幸免于难并被放逐，但她再次归来，最终于 1660 年被处以绞刑。1661 年，第四名贵格会教徒被处以绞刑。这时，仍有 28 名贵格会成员被关在监狱里。一些清教徒领袖一想到要无限制地执行死刑，却仍不能保证成功地打击贵格会成员的入侵，就不免有深深的无力感，一些法官对死刑判决也变得犹豫不决。与此同时，英国恢复了君主制，英国贵格会教徒爱德华·伯勒（Edward Burrough）赢得了谒见查理二世的机会，向他讲述了马萨诸塞州的迫害情况。国王听了之后很同情贵格会，召集了他的王公大臣说："大臣们，这是我们新英格兰的好臣民。我会阻止迫害他们，让他们向英格兰上诉。"于是处决（但不是

所有较小的迫害)都被停止了。直到1674年,波士顿贵格会才开始和平地做礼拜。1697年,他们终于在那里建造了第一个贵格会会堂。

以下是贵格会成员给查理二世的请愿书,乞求他代表他们对马萨诸塞州的法律进行干预,该请愿书被转载并引入约瑟夫·贝塞(Joseph Besse)的书中(《被称为贵格会教徒的苦难汇编》,伦敦,1753年,第26—27页)。从社会学立场对贵格会迫害的暗示性讨论请参阅凯·埃里克森(Kai Erikson)的《任性的清教徒:离经叛道者社会学研究》(1966年)。另见乔治·毕晓普(George Bishop)的《受主之灵审判的新英格兰》(1703年)和布鲁克斯·亚当斯(Brooks Adams)的《解放马萨诸塞州》(1887年)。

他们在英国持续遭受了严酷的迫害,这个过程中,对他们的普遍偏见也蔓延到了国外,尤其是英国在美洲的种植园中。那里的谎言和诽谤已经预示着他们的到来,并使那些当权者对他们心存不满。因此,在新英格兰,由于无法忍受英格兰主教给他们带来的痛苦,一帮狂热分子从那里逃了出来,后来这帮人被赋予了权力并拥有了政府的领导地位,而他们对这个民族的残忍程度却远远超过了其他人。在他们第一次到达那里后不久,这个民族的人就遭受到野蛮对待,一些受难者起草的一份摘要对此进行了详尽的描述,并由爱德华·伯勒交给了复辟后的查理二世。

内容如下:

新英格兰的专业人士,只为向耶和华行使他们的信仰,并遵从和支持真理。在耶和华的光照下,他们发现了真理,以下是对神的一部分苦难的宣告。

1.两个诚实无辜的女人被剥得一丝不挂,被人以如此不人道的方式搜身,失去了任何尊严。

2.在那个国家的12个陌生人(但在这个国家属于自由出生的人),遭受了23次鞭打(行刑的鞭子用三根绳子做成,两端打结),他们的刽子手抽打时用尽了全身力气。这些人被鞭打的次数达到了370次。

3.这个国家的18个生在英国的自由公民,挨了23次鞭打,鞭数共计250下……

5.有两个人被人用绳索殴打,总计打了139下,其中一个人快死了,他的身体大部分被打得像果冻一样。他们的一个医生,也是教会的成员,看到他以后说,如果他能恢复,那将是一个奇迹,医生预计他的肉会从骨头上腐烂,后来他因为要死了而被放逐。有许多证人可以证明这件事……

10. 有一个人的脖子和脚跟都被铐住,长达 16 个小时。

11. 其中有一个人在被打了 30 多鞭后,右手被烙上了字母 H。

12. 冬天有一个人被关在一个露天监狱里,锁在一根大木头上长达 20 天……

14. 有三个人在监狱里被刽子手割去了右耳,监狱的门被闩上,在这个过程中没有一个朋友被允许在场,尽管他们非常渴望见到……

18. 还有 3 个耶和华的仆人被他们处死了,都是因为他们顺从真理,为真理作见证,反对波士顿的邪恶统治和法律……

"啊,国王,这就是我们一直耐心地忍受着的苦难,我们不是因为违反了任何公平或正义的法律,而仅仅是为了我们对上帝的良知……"

"啊,国王,我们确信,如果你通过严厉的斥责来阻止这些血腥的罪犯的血腥诉讼,那么在未来的时间里你将不会后悔,因为你这样做将使许多诚实的人都对你产生好感,而这种仁慈将获得祝福。这也是获得繁荣的方法:我们是这些事情的见证者。

"除了长期的监禁和残酷的鞭打,我们的耳朵也被割掉了。"

约翰·鲁斯(John Rouse)
约翰·科普兰(John Copeland)

焚烧乌尔苏琳修道院,1834 年

19 世纪 20 年代后期,大批爱尔兰移民来到东海岸城市,贫民窟开始增多。爱尔兰人别无选择,无论工资多么低,他们都只能接受。但这仍引起了本地工人的不满,因为这对他们的工资水平构成了威胁。新教教众长期以来把天主教和专制等同起来,并谴责天主教徒对罗马的顺从。当时的一些作家甚至宣扬爱尔兰人的天主教使得他们成了美国民主制度的威胁。到 19 世纪 30 年代早期,一些团体开始组织起来反对这种所谓的威胁。为宣传反对天主教,新教协会于 1831 年在纽约成立。在马萨诸塞州,公理会总协会(General Association of Congregational Churches)敦促牧师们将国家从"教皇制的堕落影响"中拯救出来。

在天主教学校的问题上,宗教、种族和阶级的紧张关系达到了顶点,特别是在波士顿。对修道院学校的陌生感引起了各种各样的关于不道德行为的猜测以及耸人听闻的谣言,比如从神父家到女修道院的秘密通道,忏悔者对女学生的性虐待,以及在修道院墓穴中埋葬私生子等。

1834年,马萨诸塞州查尔斯敦(Charlestown)的乌尔苏琳(Ursuline)修道院的一位情绪不稳定的修女伊丽莎白·哈里森(Elizabeth Harrison)离家出走,请求当地居民帮助她。不久,她经再次考虑后要求重新入学,并被带了回来。尽管查尔斯顿的行政委员们拜访过她,并对她想留下来的选择感到满意,但仍有谣言说她是被迫回去的。一则公告上写着:"拿起武器!! 拿起武器!! 勇敢而自由的人们。拿出复仇之剑!! 不要在那座邪恶的修女院里留下一块石头,它以神圣的宗教为幌子,出卖了女性的贞操和自由。当波拿巴在欧洲开设修女院时,他发现了一串串婴儿的头骨!!!"8月11日,由查尔斯敦的卡车司机和新罕布什尔州的砖瓦匠领导的暴民洗劫并烧毁了这座修道院,如下面的文件所述。参见伊弗雷姆·塔克(Ephraim Tucker)的《烧毁乌尔苏琳修道院》(《伍斯特古物收藏协会》,第9卷,第40—41页)、奥斯卡·汉德林(Oscar Handlin)的《波士顿的移民》(1941年)以及雷·艾伦·比灵顿(Ray Alan Billinton)的《新教十字军:1800—1860》(1938年)。

9点过后不久,闹事的人开始聚集起来,他们有的步行,有的坐车,从四面八方赶来。还有一支大约四五十人的队伍说着暴力和威胁性的话语走到大楼前面。该机构负责人对他们说,她想知道他们想要做什么,她得到答复说他们想进去看看那个据说被藏起来的人。她回答说,他们的行政委员当天已经访问了这所房子,可以给他们提供令人满意的信息,他们中的任何一个人在第二天合适的时间过来都可以亲自看一看。

不久之后,同一批人,或者另一批人,带着更多的人,走近修道院,说了更多威胁和粗俗的话语。上面提到的那位女士再次向他们提出抗议,并表示想知道他们的行政委员是否在现场。他们中的一些人回答说有一个人在那里,并提到了他的名字。然后这个人上前宣布自己在现场,说他到这里来是为了保护修道院。她询问他是否已促使董事会的其他人出席。在得到否定的回答后,她回答说,她不会把机构交给他保护,如果他到那里是为了保护修道院里的人,他应该采取措施驱散暴徒来证明。

从各种证词看来,他确实试图劝阻骚乱者放弃他们的计划,他保证说,行政委员已经看到了那位被认为藏起来的修女,有关她的报道是不真实的。但是他的断言得到的只是不信任和侮辱。暴民们继续在现场吵吵闹闹,在这种态势下,这位地方法官竟然回家睡觉了。

11点钟左右,阿尔瓦·凯利(Alvah Kelly)的土地上燃起了一堆篝火,这里与修道院东边边界毗邻,离修道院大约270码远,篱笆被拆了用来点火。这被认为是所有参与这一阴谋的人聚集在一起的信号。

然后,在查尔斯顿和整座城市,钟声响起,仿佛是火警,大量的人群从四面八方赶来。攻击立即开始了,人群打破栅栏,用石头和棍棒砸向窗户和门。

修道院遭到袭击时,院墙内约有60名女童和10名成人,其中一人得了严重的肺痨,另一人正遭受抽搐的折磨,而那位成为引起这场骚乱的直接原因的不幸的女性,则在一夜的躁动中处于神志不清的状态。

这次蓄意袭击的袭击者并没有发出任何警告,发动袭击的那些恶棍也不知道他们的飞弹是否会杀死或伤害这座神圣住宅里无助的囚犯。幸运的是,懦弱带来了怜悯和男子气概所不能得到的东西:在第一次袭击之后,因为害怕有什么秘密力量藏在修道院里,或埋伏在那里出其不意地袭击他们,袭击者暂停了片刻。就在这段时间里,修女设法把她的小批信众和受惊的姐妹们带到花园里去。但是在这一切还没完全就绪时,暴徒们发现除了妇女和儿童之外没有什么人可以对抗自己,于是他们恢复了勇气,在所有的人都能逃脱之前,闯入了这栋建筑物。……暴徒们占领了整所房子,大声喊着去拿火把……

随后,他们从路上拿起了三四个火把,或者确切地说,像火车头一样的火把。暴徒们一抵达,就进入了大楼的每一个房间,把他们发现的每一个抽屉、桌子和箱子都翻了个底朝天。他们把所有的家具都砸烂了,还把很多家具从窗户上扔了下来。昂贵的钢琴和竖琴以及其他有价值的乐器在野蛮的愤怒中成了牺牲品,孩子们的宝贝玩具也在主人匆忙的逃亡中被遗弃了,被遗弃的甚至还有基督教崇拜的器皿和象征物。

在这样洗劫了建筑物中的每一个房间之后,暴徒经过一番考虑,在大约1点钟的时候开始为放火做准备。为了达到这个目的,他们在几个房间的中央放置了破损的家具、书籍、窗帘和其他易燃物品。仿佛是对上帝和人类的嘲弄,《圣经》在他们的欢呼中被扔在最初点燃的火堆上。随后,暴徒把宗教仪式用的法衣和祭坛上的装饰物扔了进去,并且不断重复着各种叫喊声。直到把十字架扯下来,扔进火焰中,作为这恶魔般的行动的最后胜利,然后他们才停下来。

但是破坏活动并没有就此结束。修道院失火后不久,那些暴徒就跑到附近的图书室,或者说是主教的厢房,把书和画像猎物一样从窗户里扔给了外面的人,然后也将它们一起烧毁了。

过了一段时间,他们又走到以前也是修道院的庄主院。他们先用石头和棍棒对门窗进行了同样的攻击,想看看里面的人是否有什么可怕的,并故意把火把照在那房子上。虽然天已经黑了,三栋房子都被烧成了灰烬,但他们不愿留下任何一件与这所房子有关的东西,因此这所大谷仓连同里面的东西,也同样被烧毁了。然而,他们还不满足于此,他们打开了教堂的坟墓,抢走了存放的圣器,从棺材里扯下了盘子,露出了里面正在腐烂的遗骸。

这一幕幕懦弱而又大胆地侵犯人类应该持有的神圣和宝贵的东西的过程,是在有权力的人和众多善良的公民面前发生的,没有人举起一只手来保护无助的妇女和儿童,或维护上帝和人类的法律。这是最令人羞愧的地方。在这里,暴力、亵渎和掠夺大获全胜。

反摩门教骚乱,1838 年

从约瑟夫·史密斯(Joseph Smith)1830 年在纽约西部创立摩门教(Mormon)开始,摩门教的早期历史就是一个被迫害和逃亡的故事。摩门教徒最初是为了寻求和平而搬到俄亥俄州的,但在 1832 年和 1833 年,他们在那里被涂上柏油,插上羽毛,遭到殴打和枪击,家园也被摧毁。他们在 1838 年再次迁移,这次来到了密苏里州,但很快他们再次遭到攻击。密苏里州州长宣布:"为了公众利益,摩门教徒必须被视为敌人,必要时必须被消灭或驱逐出州。"1838 年 10 月 30 日,由三个州国民卫队首领领导的暴徒袭击了霍恩磨坊(Haun's Mill)的一小群摩门教徒,杀死和打伤了大部分人。

摩门教徒后来逃到伊利诺伊州的迦太基(Carthage),但那里的迫害仍在继续。1844 年 6 月 27 日,史密斯专横地命令摩门教徒摧毁了一家批评他的地方报纸,史密斯和他的兄弟因煽动暴乱被判入狱。他们在那里被一群暴徒杀死了。之后,摩门教徒在杨百翰(Brigham Young)的带领下进行了最后一次长途跋涉,来到犹他州。

下面这篇由杨伯翰的哥哥约瑟夫·杨(Joseph Young)撰写的关于霍恩磨坊大屠杀的记述,摘自约翰·P. 格林(John P. Greene)的《关于根据"灭绝令"将摩门教徒或末世圣徒逐出密苏里州的事实》(1939 年)。参见弗恩布·罗迪(Fawn Brodie)的《没有人知道我的历史》(1945 年)。

大约 4 点钟,我抱着我的孩子坐在我的小屋里,我的妻子站在我身边,门开着。我把目光投向肖尔(Shoal)溪的对岸,看到一大队武装人员骑着马,正以最快的速度向磨坊方向前进。当穿过矗立在草原边缘零散的树木时,他们似乎形成了一个三角形站位,在前面组成了一个前锋。这时,大卫·埃文斯(David Evans)看到了他们人数的优势(据他们自己说,他们有 240 人),于是他挥舞着帽子,呼吁停战。但是他们并没有注意到这一点,而是继续往前行进。他们的首领康斯托克(Cornstock)先生开了一枪,在这之后大约停顿了 10 到 12 秒,他们突然瞄准了我们的朋友为安全而逃入的一个铁匠铺,并发射了大约 100 枪。他们冲到铺子里,木头之间的裂缝足够大,使他们能够直接瞄准那些在那里躲避凶手的人。几户在店铺后面搭帐篷的人家暴露在敌人面前,里面的人在枪林弹雨中向树林四散逃去。

在注视了这一血腥的场面几分钟后,我发现自己也陷入了极其危险的境地,子弹已经打到了我住的房子里,我把我的家人交给上天来保护,然后离开了对面的房子,沿着从铺子里逃出来的 3 个弟兄的足迹,走上了一条通往山上的路。在往山上爬的时候,我们被暴徒发现了,他们立即向我们开枪,直到我们到达山顶。在下山的时候,我躲在一片灌木丛中,一直到晚上 8 点,这时我听到一个女人的声音低声叫着我的名字,告诉我那群人已经走了,没有危险了。我立即离开灌木丛,去了本杰明·刘易斯(Benjamin Lewis)的家,在那里我找到了我的家人(他们逃到了那里),他们很安全。我的 2 个朋友都受了致命的伤,其中一个在天亮前就死了。

我们在这里度过了一个痛苦的夜晚,对前一天晚上的情景进行了深刻而可怕的反思。天亮以后,在那场可怕的大屠杀中死里逃生的大约四五个人,还有我,迅速赶到磨坊了解我们的朋友的情况,我们早就预料到了他们的命运。

当我们到达霍恩先生家时,发现麦里克(Merrick)先生的尸体躺在房子后面。麦克布莱德(McBride)的尸体在前面,从头到脚都是血肉模糊。丽贝卡·贾德(Rebecca Judd)小姐告知我们她是目击者,麦克布莱德是被自己的枪打死的,在他放下枪之后,又被来自戴维斯(Davies)县一个叫罗杰斯(Rogers)的人用玉米刀砍成了碎片。罗杰斯在大河上经营着一个渡口,此后他多次吹嘘自己的这种野蛮的行为。我们在房子里发现了约克(York)先生的尸体。在查看了这些尸体后,我们立即去了铁匠铺,在那里发现了我们的 9 个朋友,其中 8 个已经死了;另一个尚未死亡的是印第安纳州的考克斯(Cox),他在死亡的痛苦中挣扎,不久后也死了。我们立即把他们抬到了埋葬的地方,这是对逝去的朋友最后的善举。我们并没有按照惯例进行仪式,也没有按照礼节进行安葬,因为我们还处于危险之中,每时每刻都害怕会被暴徒开枪打死。我们担心这些人可能正埋伏在那里,准备一有机会就干掉我们这几个在前一天的屠杀中幸运地保住了性命的人。不过,我们在干扰中完成了这项痛苦的任务。这一天埋人的地方是一个拱顶,原来是用来挖井的,我们把朋友的尸体放在了里面。

在那些被杀的人中,我想提到华伦·史密斯(Warren Smith)的儿子萨迪厄斯(Sardius)·史密斯,他大约9岁,由于害怕爬到了店铺的风箱下面,他一直待在那里,直到大屠杀结束被卡罗尔(Carroll)县的格莱兹(Glaze)先生发现。格莱兹用步枪指向男孩的头,然后把他的头的上半部分打掉了。卡罗尔的斯坦利(Stanley)先生事后告诉我,格莱兹在全国范围内吹嘘他这一恶魔般的谋杀和所谓的英雄事迹。

在这场肆无忌惮的屠杀中,死亡和受伤的人数为18或19……

为了完成他们的破坏活动,这群由戴维斯(Davies)、利文斯顿(Livinton)、雷(Ray)、卡罗尔和查里顿(Chariton)等县的人组成的杀人犯,在该地区的一些主要人物的带领下……继续抢劫房屋、马车、帐篷、被褥和衣服,赶走马匹和马车,使寡妇和孤儿的生活必需品被一扫而光,他们甚至还剥掉了被害人身上的衣服!

费城原住民暴动,1844年

费城中部主要居住着美洲本土的新教徒,其工业郊区则居住着许多天主教移民工人。在19世纪20年代和30年代,这两个团体经常因为选举以及种族和宗教纠纷而发生冲突。19世纪40年代早期,公立学校使用新教《圣经》的问题成为争论的焦点。当费城的天主教主教说服学校当局也同意使用天主教《圣经》时,许多新教徒被激怒了。

1844年,在肯辛顿(Kensington)郊区,一群美国新教徒宣布他们将在爱尔兰人的据点——第三区举行集会。5月3日和5月6日,爱尔兰人赶走了这群不速之客。第二次事件发生后,整个城市一片哗然。街头演讲者开始谴责天主教徒,一份本土刊物也宣称"教皇的血腥之手已经伸出来让我们毁灭",并敦促新教徒武装起来。5月7日,一群新教暴徒高喊:"杀了他们,杀了他们。血债血偿!"他们游行到爱尔兰人居住区,烧毁了30多所房屋和公寓以及2座教堂。

至少 14 人被杀或受伤。

7月5日,有传言说在另一个叫作南华克(Southwark)的郊区的圣菲利普德内里(St. Philip de Neri)教堂里存有大量武器,同时在教堂外面聚集了一群暴徒。一个委员会在教堂里发现了枪支和弹药,并试图隐瞒消息,但消息还是传开了。最终,国民卫队阻止了暴徒对教堂的袭击。到了7月7日,暴徒听说持有武器的爱尔兰志愿者——希伯尼亚绿党(Hibernia Greens)——在教堂里,于是要求他们离开。当志愿者们离开时遭到了暴徒的嘲笑,于是志愿者开枪进行回击。双方后来都带着增援部队返回教堂,并且都带来了大炮。暴徒们使用大炮向爱尔兰人射击,爱尔兰人也用大炮予以了回击。在这次暴动中,至少有13人被打死,50多人受伤。两个大陪审团把所有责任都归咎于爱尔兰人,但全国各地的许多人都谴责本土主义者的暴力行为和对财产的破坏。

下面的叙述来自一个天主教徒,他在年幼时目睹了这些事件,并在30年后写下了这段文字,发表于《美国天主教历史研究》第13期(1896年4月)第60—64页,题为《1844年费城反天主教骚乱》。另见雷·A. 比灵顿(Ray A. Billinton)的《新教十字军,1800—1860》(1938年)以及伊丽莎白·M. 格芬(Elizabeth M. Geffen)的《19世纪40年代和50年代费城的暴力》(《宾夕法尼亚历史》,第36期,10月29日,1969年)。

我们不再渴望光荣的7月4日,而是害怕它的到来——因为许多人害怕发生在5月的可怕的暴力场面再次上演。第二天一早,我们得知毗邻的圣菲利普教区的牧师(其教堂位于南华克人们思想最偏执的地方,周围有最无知和最鲁莽的新教徒)在前一天光天化日之下公然将武器和弹药运进教堂,而这一神圣的建筑本来是由被称为"希伯尼亚绿军"的志愿者占据的。那是可怕的一天,是的,真的很可怕,让人焦虑不安。晚上,谣言四起,许多人心惊胆战,许多人低头祈祷。

在至尊宝血节(Most Precious Blood),我和我的姐妹们献上了我们的圣餐,希望上帝能保护我们的教堂和我们的家园。在这个恐怖的季节里,我们首先想到的不是我们自己或我们的家,而是我们的教堂。从我们自己的角度来评判,如果上帝的圣殿得以保留,天主教徒们也会心怀感激地看着自己的家园化为灰烬。8点半的弥撒结束后,我们来到了那座设防坚固的圣殿。头天晚上情绪激愤的人群已经散去了,除了我们和其他几个充满好奇心的母亲的不幸后代外,这条街空无一人。如果南华克市政府(其办公室就在"拐角处")能在附近派驻十几个警察,那么在1844年7月6日就不会有暴徒聚集了。

我们的顾虑被教堂宁静的环境打消了,我们照例在圣玛丽教堂的座位上做晚间弥撒。我们的座位在祭坛的南侧,可以看到大部分会众。一切都是照常进行的,直到升座时才听到一群暴民靠近的惊呼声。许多人的脸色都变了……

我注意到,大部分坐在教堂长凳上的人立刻安静且恭敬地靠近门边站了起来。呼喊声越来越近——是一位市议会的成员,在头天晚上,当军事指挥官下达向暴徒开火的命令时,他走到炮口前取消了这一命令,然后他被俘虏并关在了"和平之神"的房子里,现在他已经被释放并被暴徒带到了他在圣玛丽教堂附近的住所。叫喊声越来越近,主礼人尽管也很恐惧,但却没有表现出来,因为"战斗之神"就在他面前。然而叫喊声还是越来越近了,当他们从教堂后面走过时,庄严的《悲惨世界》已经唱完,迪蒙提(Di Monti)用D调唱的抚慰人心的《诺比斯夫人》的节奏在我们焦虑的耳边回荡。骚动渐渐消退,当人们高呼《弥撒礼成》时,一切还在……

此时,圣菲利普教堂附近一片躁动不安。皇后街和通向教堂的所有街道都挤满了骚乱的人群,人们认为给暴徒做出些让步是明智的。于是双方举行了一次会谈并达成一致——让占据教堂的希伯尼亚绿党的志愿者放下武器撤退出去。然而,双方都没有遵守该协议。而且不幸的是,当人们走到第二街和凯瑟琳(Catherine)街时,被那群乌合之众的无情嘲讽激怒了,他们转身朝暴徒开枪。因为相信"谁打了就跑,谁就能再打"的谚语,所以他们拼命逃命,狼狈地四散逃去。有些人一直跑到日耳曼敦(Germantown)、马纳扬克(Manayunk)、诺里斯敦(Norristown)等郊镇才停下来,因为对他们来说安全比难闻的气味更重要——据说,其中两人一直拖着疲惫的脚步走到了纽约。

一些疯狂吼叫着的暴徒追赶着这些勇士。一个叫加拉格尔(Gallagher)的可怜的家伙被追到了离暴乱现场大约有半英里远的第6街和小街。当他气喘吁吁地跑进一所房子时,好心的屋主把他藏在两张鸭绒床之间。猎犬在搜寻过程中由于闻不到气味,就像驯养的野狗一样准备退场了,但是突然,他身上的军装闪了一下,吸引了一只狗的注意,它的咆哮声很快就唤醒了其他人。很快,他的脖子就被套上了一根绳子,他被拖下了楼梯并且沿着街道拖行了整整3/4英里,一直到了克里斯蒂安(Christian)街和第4街。那里正在修建一个涵洞,那些没有人性的恶棍把大鹅卵石砸在他身上,每隔一段时间就有七八个很肥胖的人跳到他身上取乐。他们两次把他吊在灯柱上,对他进行了两个小时的难以形容的折磨。后来他被救了出来,抬到了宾夕法尼亚医院。第二个星期天,我没有在他身上看到明显的伤痕。有人评论说,两次骚乱不可能杀死一个爱尔兰人……

这些勇猛的"绿衣少年"的开枪射击成为袭击教堂的信号。10分钟后,教堂内部就被损毁了。刘易斯·C.莱文(Lewis C. Levin)的妻子、女儿和继女一直被我们的一位神父安置在教堂中。莱文登上神龛前的圣桌,发表了一番长篇大论,其中的亵渎和嘲弄之词足以让人想起法国大革命时期。

指挥军队的卡德瓦拉德(Cadvalader)将军把他的司令部设在码头对面第3街的老吉拉德(Girard)银行。他和他的两名军官没有携带武器并且身穿便装,进入了教堂的一辆马车并成功地从暴徒身边穿过。但是,一个老妇人突然认出了他们。她是一位天主教徒的妻子,但她没有意识到她应该保持沉默。顿时,人群中响起了"老卡德瓦拉德!血腥的卡德瓦拉德!爱尔兰的卡德瓦拉德!"的呐喊声和嘘声。接着四五百人开始追赶马车。马车车夫拼命地驾着马车奔逃,就在他们从第2街转入松树(Pine)街的时候,一个强壮的苏格兰裔美国人一把抓住了马,迫使马车停了下来。此时,我的长兄——沉睡于他心中的天主教精神由于迫害被唤醒了,而我善良的母亲还以为已经安全地把他锁在二楼的密室里——爬上了管道,在用眼睛看了看周围的情况后,他进入了现场。虽然他是个瘦弱的年轻人,但他抓住了来自格拉斯哥的那位先生的喉咙,把他摔倒在地,而那些高贵的畜生则疯狂地冲了上去。亨利(Henry),亨利,你为什么如此鲁莽?由于人们普遍认为我哥哥是反天主教的,熟人们都围着他,本来他也会成为暴徒的受害者,但是他的坏名声使他最终幸免于难。

大多数暴徒都去追赶指挥官了,他们一直追到了第3街和云杉(Spruce)街。云杉街和胡桃(Walnut)街之间的第3街当时是用木块铺成的,马在这平坦的路面上跑得很快,这群暴徒担心河岸入口放置了大炮,于是放弃了追赶。

他们停下来,商量下一步的行动。一部分人提议攻击威灵巷子(Willing's Alley)里的耶稣会(Jesuit)教堂,但它离总部太近了。另外一些人建议攻击圣玛丽教堂(St. Mary's),但大多数人希望回到他们之前行动的地方。就像所有管理良好的暴徒一样,大多数人的意见占了上风……

在这期间,骚乱者并没有闲着。他们到所有的商店去采购,把包括火药、子弹、铁钉、铁链等在内的所有可以用来装填大炮的东西都收集了起来,等待夜晚的到来。

那是一个比平常更黑暗的夜晚,月亮都羞于看到这样的行为,星星也如此。

通常在这个时间,煤油灯已经点亮了,但这些煤油灯很快就被附近的暴徒掐灭了。这时,军队驻扎在教堂里,四周都有守卫,以防暴徒重新占领教堂。可怜的士兵! 他们处于极其艰难的境地。周围所有建筑物的屋顶上都站着男人、女人和男孩,他们拿着枪支、石头和热水,准备向暴徒开火和倾倒。他们在灯光下勇敢地站立着。当皇后街和前街的暴徒可以在黑暗中轻松瞄准时,士兵们唯一能对准的是暴乱者的大炮在黑暗中喷出的火焰。暴乱者本来要在前街给大炮装弹,之后却突然转到皇后街瞄准、开火,而且几乎就在士兵们看到火焰之前,点火的人就已经回到了前街……

7月7日凌晨,疲惫不堪的群众看到胜利不属于他们之后,逐渐散去。到了4点,士兵们睡在了皇后街、第2街和第3街的人行道上,或者一起聊天,分享由邻居提供的点心……

一连几个星期,费城笼罩着一片阴云。城市仍处于戒严之中,通往天主教堂的街道由士兵把守,对行人造成了很大的不便,因为那时我们没有公共汽车,也没有有轨电车,大多数人只能步行。

霍博肯五旬节骚乱,1851年

19世纪的体育协会(Turnverein)是一个结合了体操和政治的德国社团。这些社团由弗里德里希·路德维希·雅恩(Friedrich Ludwig Jahn)于1811年在柏林创立,他们除了教授体育科目,还教授自由主义,有时甚至是社会主义理想。"有健全的身体才有健全的精神"是他们的座右铭。它的第一个美国分支机构成立于1824年,1848年德国移民进入美国后,该组织获得了蓬勃发展。到1856年,这一特纳(Turner)组织(即体育协会)已经遍布美国28个州。

19世纪50年代,体育协会逐渐承担起另一项职能:保护德国人免受本土主义者的攻击以及(讽刺的是)防止保守的爱尔兰天主教移民的攻击,这些移民因为体育协会的自由主义而憎恨他们。在一些城市,体育协会成立了准军事部队。1851年,在新泽西州的霍博肯(Hoboken),一群德国工人和他们的家人,也包括许多体育协会的人,在野餐庆祝五旬节时,遭到一群暴徒、本土主义者和移民的袭击。纪律严明的体育协会的反击引发了一场激烈的混战,造成1人死亡,数十人受伤。

以下描述摘自1851年5月27日的纽约《先驱论坛报》。参见卡尔·维特克(Carl Wittke)的《革命的难民：在美国的48名德国人》(1952年)。

对德国人的袭击，有几人被杀——这是一件令人紧张不安的事——军队出动

昨天是本市德国居民庆祝五旬节的日子——在德国这是一个在树林里庆祝的节日。大批德国人(大概总共有1万到1万2 000人)，早上到达了霍博肯，他们在公园里列队，展示着他们民族的旗帜。当天他们租了一个位于路的西边的"板球场"，这里离村子有一段距离。板球场的树下，有一个供演说家演讲和乐队伴奏的平台，旁边设了一个卖啤酒和点心的摊位。在场的所有人似乎都玩得很开心，啤酒从桶子里汩汩涌出，数百人欢快畅饮。

一切都过得很平静，直到下午快结束的时候，城里来了一帮叫"矮子"(Short Boys)的恶棍，他们带来了一些麻烦。作为一个有组织的团体，这些恶棍在过去的一段时间里让这个城市蒙羞，这次他们和一些目无法纪的人一起来到了现场，他们有的来自霍博肯，有的来自河的这边。他们很快就在节日现场制造了一场骚乱。根据不同的说法，他们总共约有40人，有些是德国人，有些是爱尔兰人，有些是美国人。他们带着武器，显然是为了攻击而来的。他们在没有受到任何挑衅的情况下就开始侮辱妇女，掀翻茶几，毁坏商贩的财产。这是下午3点半左右在赛马场发生的事情。庆祝节日的德国人看清这些人的目的后，起初决定避免冲突，因为在场的女士和儿童很多。但这些暴行是不能容忍的，他们把这些闹事者赶走了。闹事者向"极乐世界"(Elysian Field)方向退去，德国人紧随其后。在"矮子"团伙进入了麦卡锡(McCarthy)看守的那所宅子后，一场正式的战斗开始了。德国人已经被激怒了，他们把"矮子"团伙赶出了房子，开始破坏家具。据悉，房子的看门人和他的妻子遭到了袭击，并被赶了出去。麦卡锡撤退到房子里一个地方，在那里他有一把已经上膛的双管枪。他开枪打死了两名德国人，然后用枪将另一名德国人打翻在地，使其受了重伤。房子里到处弹痕累累，里面的一切都被彻底摧毁了。

被赶出了"极乐世界"之后，这帮恶棍在德国人的追赶下向村子里退去，在整个过程中一直边跑边打。体操协会[Zurn-verein(sic)]积极参与了这场冲突，并被列为仇恨的特殊对象。到达村庄后，这些恶棍得到了来自河这边的其他人和一群14到16岁的男孩的增援。傍晚时分，他们聚集在渡口前，阻止参加节日活动的德国人上船。在一个多小时的时间里，他们切断了一切通信联系。大约6点半左右，由体操协会、音乐协会(Liederkfranz)、社会营(the Social Batallion)和其他协会组成的游行队伍,在大量德国人和他们的家人的陪同下,从树林里走出来,准备返回城市。队伍的最前面还没有到达奥托农舍(Otto Cottage),就遭到了一阵石头的袭击,那些和恶棍们在一起的男孩们一直攻击那些女学生,许多女学生被打得鼻青脸肿。队伍停了下来,体育协会走在前面,向暴徒冲去,想拼出一条通往渡船的路。于是一场激烈的战斗开始了,这场战斗整整持续了2个小时。暴徒们都携带着火枪、手枪、剑、棍棒和弹弓,德国人在第一次进攻之后进入了附近的德国啤酒厂,也把自己武装了起来。已知有2人被杀,一个是体育协会的人,另一个是团伙中的一名大约18岁的爱尔兰男孩。还有一个叫加比(Gabi)的体育协会的成员是匈牙利人,他的腿部中了铅弹。

在游行队伍到达之前,所有正在返回途中的德国人都遭到了不分青红皂白的袭击,有一些人在和女士们一起行走时被撞倒。有时他们在被打之前会被问及是否德国人,如果有人对他是否体育协会的人的问题做出肯定的回答,那么一颗火枪子弹就会射向他。据说,一个名叫贝纳(Beiner)的德国人的房子遭到了袭击,家具也被损毁。许多人受了重伤,有些人还受了致命伤。许多人身体的不同部位被刺伤,或被石头打伤。有一个人的头被一根大杆子割伤,杆子的末端布满了可怕的尖刺。这是这一带发生的最残酷、最血腥的战斗。县警长很早就到了现场,试图平息骚乱。他向这儿的警察当局提出了两项请求援助的申请,但由于某种原因被拒绝了。随后,县警长命令市民们协助他并下令军队从泽西城赶来。为了阻止这场战斗,法官勃朗宁(Browning)和一个名叫希基(Hickey)的人受了重伤,据说他们很难康复了。县警长的头部也受了重伤。在从泽西城来的军队到达之前,骚乱基本上已经结束了……

被逮捕的人数接近40人,其中大部分是德国人。他们手脚被捆住,关进了卑尔根(Bergen)县的监狱。国民卫队们一直警戒到11点半,这时一切似乎都平静了下来,于是他们就离开了。今天凌晨1点,当我们的记者离开时,村庄的所有地方都没有骚乱的迹象,暴乱的双方都回到了城市。要确切查明伤亡人数是不可能的。前者肯定有4人,后者可能有50人,其中一些人将无法康复。12个或15个恶棍受了重伤。

路易斯维尔,1855年

19世纪50年代,大量的德国人移民到美国,有许多人去了中西部,特别是去了密西西比河流域的城市，包括肯塔基州的路易斯维尔(Louisville)。德国移民中有一些人是激进分子，在 1848 年革命失败后被迫离开。他们提倡妇女普选、所有官员直接选举、废除国会祈祷、废除死刑，号召为殖民者提供公共土地以及坚持废除奴隶制和黑人平等。他们中还有一些人是天主教徒，人们对他们有很大的偏见。1854 年，路易斯维尔的反德本土主义者成立了一个无知党。作为回应，德国人组织了一个叫做"无知"(Sag-Nichts)的组织。在选举期间，这两个团体经常为控制选票而争斗。1855 年 8 月 6 日，无知党在黎明前了占领了投票站，并在警察和富有同情心的地方官员的帮助下，把移民从投票队伍中拉出来并殴打他们。枪战从中午开始，蔓延到了整个城市。到晚上，已有 20 人死亡，许多人受伤。

下面的描述摘自路易斯维尔的《信使》，来自一本名为《反无知党》的杂志，后转载于 1855 年 8 月 10 日的《纽约时报》。参见查尔斯·E. 德斯那(Charles E. Deusner)的《无知党在路易斯维尔的暴动》(《肯塔基历史学会》，第 61 期，1963 年，第 122—147 页)。

昨天，我们确定了选举的形式。根据法律规定，投票开始了，除了少数例外，那些"愚蠢的人"被授予了特权，以行使他们的选举权。也许，从来没有比这更大的闹剧(或者我们应该称之为悲剧)上演过。成千上万人因直接恐吓行为而不能投票，其他人则因担心后果而不能投票，还有许多人则因缺乏适当的投票设施而不敢投票。事实上，在这一天里，整个城市都处于武装暴徒的包围之中，机关报和无知党的民众领袖们的煽动性呼吁将他们的卑劣激情激怒到了极点。

周日晚上，大批人员被派往第一和第二区查看投票是否正式开始。这些人(美国执行委员会)得到了必要的补给，他们在昨天早上应该是处于非常正常的状态，确保自由人的权利得到尊重。事实上，他们履行了他们的重要职责，其方式足以使他们永远受到亡命之徒的赞美！他们开放了投票站；他们为自己的党派提供了投票的方法和手段；他们对所有不能显示出这一迹象的人都拳打脚踢，粗暴凌辱。事实上，他们把选举变成了一场完美的闹剧，这次选举没有一个值得称道的阶段，也没有一个有资格的阶段。

我们不知道他们的行动计划是何时或如何制定的。事实上，我们并不愿意知道这种暴行——如此背信弃义又如此卑鄙的暴行——是何时构思的。我们只是为肯塔基州的土地成为这种暴行的现场而感到羞愧，而它的子民也参与了这个邪恶的骗局。

我们不可能知道这场骚乱是何时或如何开始的。黎明时分，投票站已被美国人的党派控制了，为了执行他们事先安排好的游戏，他们使用了各种策略或手段来阻止那些不能向"投票监察人"表明他在无知党问题上有正确认识的人投票。我们亲自见证了该党在某些选区的程序，我们认为有权就这些问题发言。在第七选区，我们发现，从早上开始的3个小时里没有"张贴"字样的人是不可能毫无困难地投票的。在第六选区，一群恶霸是选票的主宰。我们看到2名外国人被赶出投票站，被逼着走钢丝，被无情地殴打，被石头砸，被刺伤。一位曾是这一地区的名叫W.托马森（W. Thomasson）的国会议员对此事进行了干预，呼吁发狂的人群停止他们的破坏和暴力行为，结果托马森被人殴打。他灰白的头发，他所做的长期的公共服务，他的男子气概，他的彻底的美国精神，对那些疯狂的暴民都没有任何作用。在第六区还发生了其他严重的打架事件，我们现在没有时间提及。更为严重和不光彩的骚乱发生在上层区。所投的票只是其中的一部分，而且几乎完全是一边倒。在大炮、步枪和左轮手枪面前，一群手无寸铁的安静的平民根本无法与疯狂的暴民对抗。所以投票是单向的，结果就摆在公众面前。

就像我们在其他地方说过的那样，早上的时候一个住在第九街和市场街拐角处的名叫乔治·伯格（George Berg）的木匠在汉考克（Hancock）街附近被杀。一个曾是高尔特之家（Galt House）的名叫菲茨（Fitz）的德国合伙人也被严重殴打，所幸没有生命危险。

下午，谢尔比（Shelby）大街从主街一直延伸到百老汇大街的部分发生了一场大骚乱。我们无法查明有关骚乱的具体情况。大约十四五个人被枪杀，包括威廉姆斯（Williams）警官、乔·塞尔维奇（Joe Selvage）等。还有两三个人被杀，许多房屋（主要是德国人开的咖啡馆）被侵入并遭到抢劫。大约4点钟的时候，一大群来自城里不同地方的人，带着猎枪、滑膛枪和来复枪，开始攻击谢尔比街的天主教堂，巴比（Barbee）市长下令逮捕了他们，暴徒返回到了第一选区投票。不久，又来了一大群人，后面跟着一些拿着步枪的男人和孩子。1小时后，格林（Greene）路口附近杰斐逊（Jefferson）大街上的一家大啤酒厂被放火烧了。

在城市的下半区域，骚乱的特点是血腥程度更高。下午晚些时候，3个爱尔兰人在第11街上行走时遭到袭击，其中一人被击倒在地。随后出现了一个十分可怕的场面，爱尔兰人从他们在主街的房子的窗口处开火，反复进行扫射。一名住在河边叫罗兹（Rhodes）的人被楼上的人开枪打死，格雷厄姆（Graham）

先生也遭受了同样的命运。一名爱尔兰人用手枪对着一名男子的后脑勺开枪，结果他自己被人打了一枪后吊了起来。然而，他竟然在遭受了这两种惩罚之后活了下来。木匠约翰·哈德森(John Hudson)在骚乱中被枪杀。

黄昏过后，第 10 街和第 11 街之间的一排木屋被纵火，这是著名的爱尔兰人奎因(Quinn)先生的财产。火焰蔓延到大街上，12 座建筑物被毁。这些房子主要是由爱尔兰人租住的，任何一个房客冒险出去躲避烈火时都会立即遭到射杀。被杀的确切人数是未知的。我们听说有 5 人被烧死，他们因为被枪弹打成了重伤，无法从燃烧的建筑物中逃脱。

对于美国人的党派昨天白天和晚上所犯下的所有暴行，我们现在没有时间写了。暴徒们在满足了自己的血腥欲望之后回到了第 3 大街，直到午夜还在《时代与民主党人》报的办公室前示威游行。愤怒的人群最终在打碎了几块窗玻璃、烧毁了办公室的招牌后才心满意足地离开了。

今日凌晨 1 点，一场大火又在城市的上半区域肆虐。

关于昨天白天晚上的事情，我们现在没有时间也没有心思去评论。一想到那些被杀害和被掳掠的人、被烧毁的房屋，我们就感到恶心，而这些却标志着美国人昨天的胜利。不少于 20 具尸体成了这一伟大成就的战利品。

山地草场大屠杀，1857 年

1846 年，摩门教徒从伊利诺伊州移民到犹他州，并在杨百翰(Brigham Young)领导的公共神权政治中发展壮大。他们在 1849 年成立了德塞里特(Deseret)州，并在 1850 年被美国接受为犹他州领土的一部分。但是到了 19 世纪 50 年代，人们越来越认为摩门教徒不仅是不道德的狂热分子，而且过于独立于联邦政府之外。摩门教徒经常骚扰或无视联邦官员，而且他们不能容忍犹他州的非摩门教少数族裔。1857 年，布坎南(Buchanan)总统被摩门教媒体的挑衅言论激怒，决定以一种强有力的方式维护联邦权威。5 月 26 日，他下令向犹他州派遣 2 500 名士兵。

摩门教徒们吓坏了，他们担心自己会被杀害，他们的社区会被摧毁，他们的妻子会被蹂躏。杨百翰颁布了一项公告，禁止武装部队进入他们的领土。他宣布摩门教徒将战斗到底——"在山上，在峡谷里，在平原上，在丘陵上，沿着溪流，在小河旁"。当政府军队进入犹他州时，摩门教的圣徒们与军队展开了战斗,并在他们被迫撤退的地方焚烧庄稼。摩门教徒大获成功,在到达盐湖城之前,政府军队被迫进入冬季营地,以便在那里为春季战斗做准备。

正是在这样的背景下,山草地大屠杀发生了。一队由 140 名移民组成的驶往加利福尼亚的马车队正通过该地区。马车队中的一些人辱骂了印第安人,把牛群赶到了摩门教徒的田地里,并侮辱了摩门教徒的妇女。9 月 7 日,印第安人袭击了马车队。在他们击退印第安人并设置马车路障之前,有 7 名移民被杀。接着,一场围猎开始了。3 名移民溜出去寻求援助,但被印第安人杀死了 2 名,第三名被一名摩门教徒杀害。印第安人请了一个兼职的摩门教传教士约翰·李(John Lee)帮助他们。李召集了大约 50 名摩门教徒,他们决定帮助印第安人杀死所有的移民,以防止谋杀前三人的事件被人知道,因为这会导致更多的联邦军队被派过来。李本人在下面描述了这个残酷的计划,以及它的血腥执行——120 名男子、妇女和儿童遭到了屠杀。尽管这被杨和摩门教长老所否认,但这一事件还是激起了整个国家的反摩门教情绪。

大屠杀发生后,布坎南总统命令再派 5 个团去对付摩门教徒,成千上万的摩门教徒逃离了犹他州。对摩门教徒很友好的费城律师托马斯·L. 凯恩(Thomas L. Kane)表示想充当调解人,布坎南接受了,双方的敌意幸而得以消除。凯恩前往盐湖城与杨百翰商议并达成了协议:华盛顿在世俗事务上是至高无上的,但在教会事务上摩门教徒是不受干扰的。李最终受审并被判犯有谋杀罪。1877 年,即事件发生 20 年后,他在大屠杀发生地被处决。

关于这份文件,请参阅《摩门教揭秘:已故摩门教主教约翰·D. 李不平凡的生活与忏悔》(1877 年)中的《忏悔录》,第 236—245 页。也可参见胡安妮塔·布鲁克斯(Juanita Brooks)的《山草地大屠杀》(1962 年)。

那时我被告知了整个行动计划……移民们将在受到我们保护的承诺下被引诱离开他们的据点……我承诺摩门教徒将保护移民不受印第安人的伤害,并将他们安全地带到锡达城……

就像兄弟们所说的那样,我们约定当我达成了完整的协议和条约后,马车将开始向汉布林的牧场(Hanbulin's Ranch)运送武器、伤员和孩子。妇女们步行,排成纵队跟在马车后面,男人们要跟在女人们后面排成纵队行进。约翰·M. 希格比(John M. Higbee)少校和他的卫队站在离营地大约 200 码的地方,排成两列,整齐地站着,两列之间留出大约 20 英尺的空间,这样马车就可以从他们中间通过。车夫们要一直往前走,不能在部队前面停下来。妇女们也不能停在那里,而是要跟着马车走。军队让男人们停下来几分钟,等女人们走到前面埋伏着印第安人的雪松林中。随后队伍继续行进,士兵们排成了一列纵队,每个士兵走在一个移民的右手边,与此同时,士兵的左臂上挎着枪,以备随时使用。队伍继续前行,直到马车来到了印第安人的埋伏区,妇女处在印第安人的中间。然后希格比下达命令说:"履行你们的职责吧。"按照计划,士兵们要开枪射杀所有的男人,印第安人要杀死所有的妇女和大孩子,我和车夫们要杀死车上的伤员和病人。两个骑马的人被安置在附近,去追上并杀死所有从第一次袭击中逃脱的移民。印第安人要杀死妇女和年龄较大的孩子,这样就可以确保没有摩门教徒会因为使无辜的人流血而有罪——如果这群人中有人会无辜死去的话。我们领头的人都说整个队伍里没有无辜的人流血死去……

贝特曼(Bateman)拿着一面白旗向移民营地走去。当他走到畜栏的一半时,一个移民者遇见了他,后来我才知道这个移民者叫汉密尔顿(Hamilton)。他们聊了一会儿,但我一直不知道他们之间当时说了些什么。

贝特曼修士回到了司令部,说移民们会接受我们的条件,按照我们的要求投降。

于是希格比少校命令我去畜栏商谈条约并监督整个事情。我再次接到命令,要把所有的武器和弹药都搬上马车,把孩子、病人和伤员都安置在马车里,这是在会议上商定的。

当我进入防御区时,男人、女人和孩子们惊恐万分地围了过来。有些人觉得他们获救的幸福时刻已经到来,而其他人虽然深感痛苦,而且都流着眼泪,却用怀疑和恐惧的眼光看着我。这时我的心情可想而知(但我怀疑人类的力量根本无法想象我所感受到的悲惨),我的感受无法用语言来描述。我的处境是痛苦、艰难和可怕的,我的脑子好像着了火,我的神经有一瞬间的松弛。但当我想到我所扮演的残酷的、非男人的角色时,人性回来了。然而,我对我的领袖的虔诚信仰迫使我只能去扮演我被命令去做的重要角色。我只是一时犹豫。然后,我感到责任迫使我服从命令,我放下了我的弱点和人性,成了我的上司和领导者手中的工具。我催促人们,让马车向锡达城驶去。当我们走出畜栏时,我命令马车向左转,这样队伍就在我们的右手边。丹·麦克法兰(Dan McFarland)骑马走在妇女们前面,把她们领到军队前——军队仍然像我离开时那样整齐地站在那里。妇女和大孩子按照指示走在前面,男人跟在后面。走在最前面的男人距最后面的女人大约50码。

部队让妇女和儿童赶快往前走。当士兵们从她们身边经过时,她们向士兵们欢呼,看上去她们相信士兵们的行为是诚实的。之后,希格比命令他的士兵排成单列,按照之前的命令就位(也就是走在移民的右边)。就在我们驶进大路的时候,我听到部队和移民所在的地方响起了一排枪响。我先是听到一声枪响,然后马上又听到了另一声。

麦克默迪(McMurdy)和奈特(Knight)立即停下了他们的队伍,因为他们和我一样也接到了希格比的命令——一听到部队的枪声就立即动手,打死车上所有的伤病员。麦克默迪走在前面,他的马车上大多装着武器和小孩子。麦克默迪和奈特下了马车,每人都拿有一支步枪。麦克默迪走到奈特有伤员和病人的马车前,把步枪举到肩膀上说:"哦,主啊,我的上帝,接受他们的灵魂吧,我这样做是为了你的王国。"然后,他开枪击中了一名头枕在另一名男子胸部的男子——子弹把两个人都打死了。

我也向马车走去,打算履行我杀人的职责。我拔出手枪,上了膛,但不知怎的,枪过早地响了起来,子弹向着麦克默迪的大腿上射去,划破了他的鹿皮裤子。麦克默迪转过身来对我说:

"李大哥,冷静点,你太紧张了,你差点杀了我。保持冷静,没有理由紧张。"

然后奈特用他的步枪射杀了一个人,他朝那人的头部开了一枪。奈特还砍下了一个14岁左右的男孩的脑袋。当时那个男孩跑向我们的马车,奈特于是用枪托打了他的头,击碎了他的头骨。这时,许多印第安人上了我们的马车,所有的伤病员几乎一瞬间都被杀死了。我看见一个从锡达城来的名叫乔的印第安人,他跑到马车跟前,抓住一个人的头发,把他的头抬起来,看着他的脸。那人闭上眼睛,乔一枪爆了他的头。印第安人接着检查了车上所有的伤兵和尸体,看是否还有活着的,所有有生命迹象的人都被子弹射穿了头部。我没有杀死任何一个人,但这是一个意外,因为我本来打算去完成我负有的那部分杀戮的职责,但当我从差点杀死麦克默迪的紧张情绪中恢复过来时,整个杀戮行动已经结束了。尼菲·约翰逊(Nephi Johnson)的证词并不是真相,他说我割了一个人的喉咙。

就在伤员全部死亡之后,我看见一个11岁左右的女孩浑身是血地从军队袭击移民主力的方向朝我们跑来。在她离我们不到60码的地方,一个印第安人开枪打死了她。那是我看到的最后一个被杀的人。

我在绕过了几个女人的尸体后回到了弟兄们身边。在其中一个地方,我看到六七具彼此靠得很近的尸体,他们所有的衣服都被印第安人扒了下来。

我沿着移民被杀的那条路线走着,在妇女们躺着的地方附近,又看到许多赤裸的尸体躺在田野上。我看到了 10 个孩子,他们被杀的位置离得很近,年龄从 10 岁到 16 岁不等。妇女和儿童的尸体沿着草地散落在很长的一段路上,之后我才来到男人被杀的地方。

当我到达死者躺着的地方时,我才得知那些命令是如何被执行的。希格比少校说:"小伙子们的表现令人钦佩,他们瞄得很准,除了两三个外,所有的外邦人都在第一时间倒下了。"

他说有三四个人跑出了一段距离,但是骑马的人很快就追上了他们并割断了他们的喉咙。希格比说,印第安人在他们的行动中做得很好,他们用了不到一分钟就完成了任务。我发现最初的命令是被严格执行的。

奥兰治骚乱,1871 年

1690 年 7 月 11 日,奥兰治(Orange)—拿骚王室的威廉(William Nassau)王子在博因(Boyne)战役中击败了詹姆斯二世(James Ⅱ),此后的几个世纪里,对这一天的纪念活动在爱尔兰的新教徒和天主教徒之间引发了多次流血冲突。这种仇恨随着爱尔兰移民来到了美国,1870 年和 1871 年纽约都爆发了奥兰治骚乱。1870 年共有 5 人死亡,多人受重伤。第二年发生了一场更加暴力的骚乱。爱尔兰希伯尼协会(Irish Herbernian Society)的人公开宣布他们打算破坏奥兰治人的游行。新教徒要求警长詹姆斯·凯尔索(James J. Kelso)保护他们,但詹姆斯拒绝了,并发布了一项名为"防止游行队伍的形成或进展"的禁令,因为他认为游行有可能导致暴力事件。现在的问题涉及了对市政府的控制问题。《纽约时报》抗议道:"市政府觉得他们的主人太过分了。他们现在正式宣称,这座城市完全掌握在爱尔兰天主教徒手中。"事实上,一位领头的希伯来人欢呼雀跃地宣称凯尔索的命令是"有史以来给予爱尔兰人的最大让步"。双方都准备再次开战。在游行的前一天,纽约州长和市长推翻了警察的命令,说奥兰治教徒的游行将受到保护。700 名警察(其中许多是爱尔兰天主教徒)和 5 000 名国民卫队护送 100 名新教游行者沿着第 8 大道行进。尽管天主教神职人员敦促他们的教区居民不要靠近,但希伯来人还是出来骚扰游行者。当游行队伍到达第 24 街时,有人开了一枪,国民卫队予以了还击(尽管他们没有得到这样做的授权)。在随后的战斗中,2名国民卫队士兵被打死,24人受伤,37名骚乱者被杀,67人受伤。

下面的叙述来自骚乱后不久写的一本支持奥兰治的小册子:《公民权利:纽约市的希伯来人暴动》(1871年,第20—24页)。参见乔尔·泰勒·黑德利(Joel Tyler Headley)的《纽约大暴动》(1873年)。

7月12日那个致命的早晨到来了。在极度和平的时期,纽约市看起来就像一个即将被胜利的敌人聚集力量准备进行最后攻击的地方,而这一切最终以流血和死亡而告终。这种最可怕的紧张气氛来自一群残暴的外国暴徒,他们从旧世界移植了他们的偏执和他们对自治的无能,决定在养育他们的家园重新战斗——对于一个热爱自由的美国公民来说显而易见的东西,他们却什么都不知道,跟着他们的领导者他们什么都没学会,什么也没有实践过,这被千万次地证明了。

坦慕尼协会(Tammany)领导人的懦弱,其官员的犹豫不决和无能,带来了可怕但注定悲哀和耻辱的结果。霍尔(Hall)市长对暴徒的软弱无力和退让妥协,当然只会促使他们做出更不顾一切的决定,因为这是一件必须用蔑视来征服的事情。让步只会让海拉头的怪物感到高兴,给它力量。但是,让步这一致命错误在被激怒的公众的愤怒要求下得到部分补救之后,几乎同样愚蠢的错误管理导致了同样痛苦的结果。

骚乱者在清晨进行的威胁性示威表明,人们愤怒的呼喊并没有像它吓到坦慕尼协会那样完全地遏制他们。在受威胁的地区或较多爱尔兰人居住的地方,一些义愤填膺的团体聚集在街头巷尾。在这些群体中,妇女最显眼,她们激烈地谴责奥兰治人、警察和士兵,儿童(男孩和女孩)都聚集在她们身边,对自己的危险和周围人绝望的决心都一无所知。这些人一般都很粗暴,沉默不语,显然对他们的掠夺机会被他们选举为市长和总督的人强行夺走而感到愤怒。

一群6到8个人的匪徒一条街一条街地扫荡着,渴望着打斗或抢劫。在几个希伯来人的集会上,许多人都带着步枪,却没有遭到警察的干预,甚至连斥责都没有。在城市的非中心区,骚乱者一大早就开始向南行进,迫使所有在途中的工人停止行动并加入他们的行列。有一两起事件是针对去年暴乱期间保护过奥兰治派的人的房子而发生的,但由于暴乱者没有领导者,他们在将威胁付诸行动之前就逐渐散去。暴乱者袭击了一两个已知储备有武器的军火库,但几个意志坚定的警察的抵抗吓住了暴徒。那些暴乱者是非常恶毒和凶狠的,但很明显他们不拥有他们所吹嘘的那种组织。他们的游行活动在 10 点之前就已经非常具有威胁性了,于是警察被迫查封了希伯尼大厅。谢勒(Shaler)将军从布鲁克林召集了一个团的部队,那里和泽西城一样,相对安静。

大约到中午的时候,人们知道了一个事实,那就是奥兰治军已经决定从他们在第 8 大道和 29 街的寓所出发恢复游行,于是城里各个地方的暴乱者开始朝那里聚集。许多人成群结队地穿过主要街道,且未被人驱散。此前曾有一大批警察被派去保护奥兰治旅馆,这使得暴乱者只能与之保持一定距离。当天晚些时候,5 个团的部队前往同一地点,到了 2 点钟的时候,整个旅和一大群警察来到了第 8 大道,结果被愤怒的暴徒围困在了街道上。

两点钟刚过,奥兰治旅馆的主人就召集大家开会,准备在街上列队游行。会上通过了一项决议,认为在场的女士们按原定计划参加公开示威是很危险的,决议要求她们移走任何可能挑起攻击的门房或其他标志,悄悄回到自己的家中。随后,一位成员向至高无上的神灵发出了令人感叹的呼吁,请求神灵帮助和保护那些为了坚持原则而冒着殉难危险的人。

奥兰治人在街上出现后不久并准备在行军队伍中就位时,第 29 街的暴徒开始叫嚣,警察立刻把他们赶跑了。随后,第 28 街也以同样的方式被警察清理了,警察们表现得非常好。但是暴徒们很快又回到了他们被驱赶出来的地方,准备继续哄闹或者使用更暴力的示威。游行的队伍还没出发,街上的房子里就响起了几声枪响,警察开了一枪予以回击。当队伍的头部到达第 23 街,奥兰治人在第 24 街对面遭遇了真正严重的状况——他们遭到了来自第 24 街拐角处一栋公寓的射击。但是他们总共开了 6 枪,而且没有一发子弹对部队或警察产生影响。然而,第 84 团立即向这所房子和大街及沿街的人群开枪,他们先前在大街上就装上了子弹(主要是为了恐吓暴徒),但他们开火的后果是致命的。与此同时,在奥兰治人后方的第 9 和第 6 团也开始乱开枪,扫射了第 25、26、27 和 28 街,处于最后方的第 9 团在第 29 街向第 8 大道开了几枪。第 6 团、第 9 团和第 84 团的部队在开枪之后一时陷入了混乱,但在军官们的指挥下,他们很快排好队继续前进,暂时把伤亡者留在原地。正如所预料的那样,从第 25 街到 28 街的小街上开枪的人都被清理了,那些暴徒毫无廉耻地抛弃了他们的朋友。

冲突就此结束。那些蔑视法律并造成这一切破坏的卑鄙小人发现当局是认真的,他们懦弱的精神在他们内心颤抖,这使市长和凯尔索警长的犹豫和顺从变得加倍可憎,因为这说明他们在适当时候的一点坚定是多么容易,而这本来可以使得这个城市避免任何形式的暴乱。

洛杉矶的反华暴乱,1871年

1848年,随着金矿的发现,加州很多以男性为主的营地和城镇对矿工、厨师和洗衣工产生了迫切需求,于是许多中国人来到了这里。19世纪60年代,大规模的农场和铁路雇用了数百名中国人。到1870年,加州的中国人更是达到了5万之多,几乎都是单身男性。

随着华人社区的壮大,白人开始反对华人社区的拥挤和气味,反对他们的卖淫和赌博,反对他们的外来习俗以及他们所谓的君主主义。华人的合同工制度是一群工人一起被雇用,这对加利福尼亚人来说有一种奴隶制的味道,他们担心会出现一种种姓制度进而加强土地和铁路的垄断。在一次反华会议上,一些标语牌宣称:"我们不要奴隶和贵族。"偏见既有经济上的,也有文化上的。华人被迫忍受低工资和低水平的生活,并使工会化变得困难。一份有关劳工的文件警告说,如果资本家被允许引入华人劳工,"平衡就会被破坏,资本胜利了,美国的贫穷劳工必将屈服于这种不神圣的牺牲"。白人开始鼓动限制移民,政客们也开始做出回应。斯坦福(Stanford)州长在1862年说:"每一个人都应该用各国合法的手段阻止劣等民族在我们这里定居。"该运动逐步发展壮大,并在1882年成功地说服国会通过了一项排华法案,该法案禁止10年内的中国移民。

随着政治运动而来的是一场始于19世纪60年代晚期的暴力运动。沿着加利福尼亚海岸,街上经常发生针对华人的袭击事件,新移民在抵达码头时经常被人用石头砸死。对立的华人团体(或称帮会)有时会相互争斗,这样的争斗在1871年的洛杉矶引发了一场血腥的反华骚乱。帮会打架时,警察试图阻止,但2个华人团体(帮会)都向他们开枪,结果造成多名警察受伤,1名平民死亡。之后,这些华人把自己关在他们的辖区[也就是所谓的"黑鬼巷"(Nigger Alley)里],愤怒的白人暴徒包围了辖区。为期一天的杀戮开始了,18名华人被枪杀或被处以私刑。1873年的大萧条更是加剧了这样的暴力,整个19世纪70年代早期,加州的大部分地区持续不断地发生暴力事件。1876年和1877年,一波劫掠和骚乱席卷了该州,一座座城镇的白人劳工烧毁了华人的住处,驱逐并杀害了许多华人。

以下内容摘自1871年10月25日洛杉矶《每日新闻》。参见保罗·M.德法拉(Paul M. De Falla)的《西方天空的灯笼》(《南加州历史学会季刊》,第42期,1960年3月和6月,第57—88页,第161—185页)、C. P. 多兰(Dorland)的《1871年洛杉矶华人大屠杀》(《南加利福尼亚历史学会年鉴》,第3期,1894年,第22—26页)以及桑德梅尔(Sandmeyer)的《加州的反华运动》(1939年)。

昨天在"黑鬼巷"发生了两家对立的华人团体之间的冲突,双方当时都使用了手枪。昨晚5点钟左右他们又发生了冲突。昨天的这一棘手事件已经提交给了法庭,人们认为这件事将会得到妥善的处理。然而,昨天下午进行初步审查的格雷(Gray)法官从法庭出来后,两家华人团体再次发生了争吵,并再次诉诸枪支来解决问题。第一声枪响后,警察和市民立即赶到现场,并试图逮捕参与混战的各方。这些不法之徒不但不投降,反而立刻转过身来,将他们的左轮手枪瞄准了企图逮捕他们的人。人群逃散的速度比聚集的速度快,但是两个华人仍然站在他们的一个窝棚的门口,向撤退的人群开枪。其中一位名叫比德尔兰(Bilderain)的军官,同另外两个军官和一些志愿者一起,试图勇敢地进入这个窝棚,结果比德尔兰右肩中枪受了重伤。他的弟弟,一个大约15岁的男孩,右腿膝盖中了一弹。一位非常有名且受人尊敬的名叫罗伯特·汤普森(Robert Thompson)的公民被叫去帮忙。当汤普森试图进入窝棚时,一名华人两手各拿一支上膛的手枪。他把这些枪指向汤普森的胸前,然后开枪,其中一颗子弹射入了汤普森的右胸,在大约一个半小时后汤普森殒命于此。这一次又一次的枪声也成了邻近商店关闭铁百叶窗的信号。

之后,成群结队的人聚集在街角,在很短的时间内,整个街区都被包围了,谁也逃不出来。一帮男人沿着"黑鬼巷"的东侧和桑切斯(Sanchez)街的西侧穿过洛杉矶大街,在广场周围形成了一条不间断的防线,把桑切斯街和"黑鬼巷"的两端连了起来。紧张气氛达到了顶点。暴徒们陷入绝望,进入失控状态。

当时并没有明确地进行组织,只是有几个人似乎达成了一种共识,要把封锁的房子里的人赶到街区的一端,让他们逃到广场上——那里派驻了来围堵他们的人。

抓捕——俘虏被处以私刑

队伍刚排好,有人看到这些华人避难的窝棚中有一名被困的人正设法从洛杉矶街逃走。叫喊声响了起来,这个人很快就被一个叫罗姆·索尔托尔(Romo Sortorel)的人抓住了。这个人当时拿着一把短柄斧,显然是下定决心要从窝棚里闯出去。被捕时,有人试图用刀刺他,他却割伤了索尔托尔的手。把他抓起来的其他人,想把他关进监狱。愤怒的暴民跟了上去,"绞死他!""把他从哈里斯(Harris)那里带过来""枪毙他"之类的呼声四面八方响起。警察们把这名被困的华人安全地带到了到庙(Temple)街和春(Spring)街的交汇处。结果他们被包围了,这名华人被强行带走,从庙街拖到了新高街。在这条街的拐角处,有人用一个栅栏的推拉门搭起了一个方便的绞架。一根绳子很快就准备就绪了,在这个华人的哀嚎、群众的呼号和诅咒中,他被吊了起来。然而,绳子突然断了,但旁边还有一根绳子,于是他很快又被吊上了横梁,身体在那里摇摆。

众人被激怒了

回到现场后,警长努力组织了一队人马看守这个地方。第二天早上,他们准备用更有效的手段抓捕那些留在房子里的人。但是他们所有的努力都失败了。人们爬到华人的窝棚顶上,用斧子劈开窝棚,用手枪向窝棚里射击,希望能把华人从窝棚赶出去。在街区的中央,华人住宅的后面,有一个畜栏。昨天晚上畜栏里有七八匹马,当时有人发现有几个华人躲在马背后面,其中4个人被当场击毙。有的人想把这块地方用火点着了,把他们烧死。尽管有人反复喊着"把这些人烧掉",但是善良的想法还是占了上风,放火的想法被更多的人拒绝了。显然,对火灾的恐惧占据了大多数人的思想。但是尽管如此,他们还是尝试两次把火球扔进敞开的大门和屋顶上的洞里,但很快火球就被扑灭了。

在这3个小时里,城市的这一区域"一片混乱"。吆喝声、喊叫声、咒骂声和枪声在周遭的空气中回荡。最后有人提出了一个新奇的想法,即用消防员的水管朝华人撤退的地方喷射水柱,试图用这种方式把华人赶出去。他们也这样做了,但没有成功,因为人们很难进行一致的行动。

肃清

大约9点半光景,有个人大胆地走进一间屋子,不一会儿就带着一个被困的华人出来了。人群立刻抓住了这个华人,急匆匆地把他送到洛杉矶街商业街以南的地方,这时这儿只有几辆空马车。很快,一根绳子系在了这个华人的脖子上,把他从地上吊了起来。据我们所知,进一步搜查的结果是另外14人被抓捕了,他们也受到了同样的刑罚,其中4人被带到新高街的处决地点,另外10人被带到了洛杉矶街和商业街。这些场景就在洛杉矶街头上演,那里的住宅在人行道上有一个突出的遮阳篷。6个这样的华人——其中一个还是个孩子——被从遮阳棚上一字排开,3个挂在一起。旁边的一辆空马车上还有4个人挂在车边。暴民们怒不可遏,他们一抓到这些俘虏,就把绳子套在他们的脖子上,拖着他们沿着街道走到刑场(在那里死了的人已经超过了活着的),他们的生命就此结束。由于无辜者可能被当作有罪的牺牲品,有人试图阻止这一做法,但被压制住了,这类人道主义者受到了威胁,暴徒宣称要在他们面前悬挂的一排可怕的受害者中给他一个位置。这就是笼罩在这些人身上的可怕仇恨。昨晚,那些被枪杀的人的尸体散落在街上和人行道上……

正如可以预料的那样,小偷们并没有闲着。在打开了华人的房子并完全控制了里面的人之后,他们开始打起了主意,以便获得所有他们可以得到的东西。"随便去拿,孩子们。"一个正在积极付诸实践的人大胆地提出了这样的建议。然而,当他准备离开时,人群把他赶了回来,并强迫他把拿走的东西交出来。

当时有报道说,在这场混战中,大约有40名华人的反对派(也就是裕兴公司)潜逃了,他们渡过洛杉矶河,往东去了。

截至发稿时,据报道,监狱里有17具尸体,3人受伤,还有大量妇女和儿童被拘留。

"黑鬼巷"及其附近现在一切都很平静,一支强大的特种部队将在今晚余下的时间里进行警戒。

岩石泉大屠杀,1885年

怀俄明州的岩石泉镇(Rock Spring)是一个由联合太平洋铁路公司经营的煤城。1875年以前,那里的煤矿一直是白人劳工在开采。1875年白人劳工罢工,要求增加工资,于是该公司引进了150名华人,解雇了罢工工人并重新开放了矿山。白人和华人在一起和平地工作了10年。但到了19世纪80年代中期,劳工运动蓬勃发展,劳工骑士团成员迅速增加。当骑士团于1883年在岩石泉镇成立当地的工会时,由于华人拒绝加入工会或罢工,致使他们组织矿山的企图受阻。1885年9月2日,郁积已久的仇恨爆发了,一场大屠杀造成了28名华人死亡,15人受伤,数百人被赶出城。大多数侵害者本身就是移民,主要是威尔士人、康沃尔人(Cornishmen)和瑞典人。当地大陪审团没有提出起诉。

许多逃离的华人都是在克利夫兰(Cleveland)总统应州长请求派遣的联邦

军队的增援下才得以逃脱的。后来士兵们护送他们回到岩石泉镇,他们很快又回到矿井里工作。联合太平洋公司开除了据信参与了大屠杀的 45 名白人。

中国政府要求对暴徒进行惩罚,并要求赔偿。国会于 1887 年批准了赔偿。以下文件为目击证人拉尔夫·兹威基(Ralph Zwicky)向国会赔偿正义调查委员会提交的声明(众议院第 2044 号"向某些中国公民提供赔偿"报告,第 49 届国会第 1 次会议,1886 年 5 月 1 日)。参见《怀俄明编年史》,第 12 卷(1940 年 1 月和 4 月),第 47—55,153—160 页。

9 月 2 日上午,我们的办事员从 6 号矿发来报告说,煤矿里发生了白人和华人矿工的斗殴事件。几个华人工人受了重伤并离开了矿井。

大约半小时后,6 号矿井的一队武装人员沿着铁轨向镇上走来。在横跨苦溪(Bitter Creek)桥时,这些人停下来举行了一次会议。在几位市民的劝说下,他们把武器留在了附近的商店里,并继续向镇上和前街行进,他们一边走一边喊着:"白人加入进来。"他们的队伍很快有几个商人和其他矿区的矿工加入。之后有消息传来:"矿工会议将于晚上 6 点召开,以解决华人问题。"很快,这些人就分散在不同的酒馆里。这些人肆无忌惮地喝着酒,很明显,所有的商店和酒馆都达成了一致,当天不售卖高浓度的酒。很多人都在谈论让华人离开营地的事情,但没有几个局外人当真。下午 2 点左右,同一群人拿着步枪又从商店前走过。他们穿过铁路,朝华人区走去,想把华人赶往唐人街。

很快,暴徒们来到了唐人街外围的房屋旁,他们大约有 150 多人,其中一半携带着温彻斯特步枪。他们在那里停住了脚步,似乎在协商了什么事情。过了一会儿,几声左轮手枪的枪声响起。我不知道枪是白人还是华人开的,但我开始意识到情况的严重性。起初看来不过是无知的人们的疯狂嬉闹,现在却变成了对无辜者的非人道屠杀。骚乱者们小心翼翼地前进。接着是枪声,一声又一声地响起来,随后是一排齐射。那些华人像一群被猎杀的羚羊一样,毫无抵抗地四散逃跑。然而,对逃亡者的枪声一浪高过一浪。几分钟后,小镇东边的山丘上到处都是被猎杀的华人。与此同时,一所华人的房子起火了,很快被烧成了灰烬。有些房子可能是被其他房子蔓延而来的火点着的,但也很明显,有许多房子是被单独放火的。枪击和焚烧一直没有停歇,直到华人都消失了,最后有一半的房屋被大火烧毁。

快到 5 点钟的时候,骚乱者再次向镇上走去,穿过苦水溪,在岸边停下,那儿有一家华人的洗衣房。骚乱者们包围了洗衣房,并向屋顶开了几枪。很明显,一个可怜的华人被藏了起来,因为左轮手枪的枪声使人群小心起来。他们又向房子里开了好多枪,才结束了他们的血腥杀戮。那个可怜的华人被打中了后脑勺。骚乱者随后向市镇中央桑基(Sonquie)的家走去。所有的华人都走了,他们命令桑基的妻子离开小镇。骚乱者从这里出发,来到了1号矿井。一些可怜虫在那里寻求庇护,但他们随后被赶了出去。骚乱者向空中开了几枪。那是一个公共场所,所以骚乱者很难瞄准,而这一状况可能挽救了那些华人的生命。骚乱者随后去找工头埃文斯(Evans),让他乘第一班火车向东离开小镇,同时也给了威廉·H.奥唐纳尔(William H. O'Donnell)同样的命令,他是华人工头,受雇于贝克维斯奎因公司(Beckwith, Quinn & Co.)。

第一次行动结束了,骚乱者散去吃晚饭了。但很明显,他们的邪恶已经不可遏制,只有通过进一步的破坏才能平息下来。夜幕降临后不久,他们就开始向剩余的华人房屋开火,并一直持续到午夜。很多尸体在不同的方向被发现。已知的死亡人数总计达21人。在3号矿,属于华人庇护所的39间房屋被烧毁。6号矿井有5栋房子被烧毁,镇上也有1栋房屋被烧毁。

新奥尔良的反意大利暴乱,1891年

1890年10月15日,新奥尔良警察局长被谋杀。因为他一直在调查这座城市的意大利黑手党,所以意大利黑手党被怀疑是凶手,19名意大利人被指控犯有谋杀罪。尽管有强有力的有罪证据,但这些意大利人的律师能力突出,最终为他们赢得了无罪判决。1891年3月14日,一群知名市民召集了一次大规模抗议集会。超过6 000名市民前来聆听愤怒的演讲。一位民事领袖、律师威廉·帕克森(William Parkerson)对人群说:"当法律无能为力时,人民授予的权利就会归到人民手中,他们有理由做法院没能做到的事情。"帕克森随后带着50个人来到监狱,在当局的支持下,他们杀死了11名意大利人。其中大多数意大利人是在监狱里被枪杀的,但也有一些人被拖到外面,被人群施以私刑。

其中3名受害者是意大利公民,意大利政府正式对他们的死亡提出抗议,并召回了意大利大使。在美国向意大利支付了12.5万里拉的赔偿后,双方达成了和解。许多新奥尔良的市政领导人否认对意大利人有任何敌意,但在1891年前后,路易斯安那州又发生了反意大利的暴力事件。3个意大利人在1896年被处以私刑,还有5个在1899年被谋杀。

以下是暴徒头目威廉·帕克森在接受纽约杂志《纽约美国画报》（1891年4月4日，第320—322页）采访时所作的描述。参见肯德尔（J. S. Kendall）的《谁杀死了警长？》（《路易斯安那历史季刊》，第22册，1939年4月，第492—530页）以及 J. A. 卡琳（Karlin）的《1891年新奥尔良私刑与美国新闻界》（《路易斯安那历史季刊》，第24期，1941年1月，第187—204页）。

"你的名字现在在公众面前很显眼，"记者给他让座时说。

"是的，我们在那个周六有30分钟的一个体验，"他笑着说，"最美妙的是，一切都结束得那么快。相比于其他事情，这件事情确实更归功于我。"

尽管他也认为自己的工作是一项公共服务，但他还是一点一点地倾吐了自己对骚乱爆发的看法。

"我没有采取主动，"他在回答问题时说。"我不知道是谁干的。这都是别人做的。周五早上，我在一幢遥远的大楼里出庭处理一些事务，在宣判意大利人无罪后，我回到了这间办公室。当我到这里的时候，我发现有很多市民在等我，他们中有些人的年纪都可以当我的祖父了。后来进来的，大概有六七十人。他们正在谈论这个令人发指的判决，并告诉我他们来是要我采取一些措施纠正它的错误。经过15分钟的谈话后，我们休会了，随后那天晚上又再次见面会谈。我和这个案子没有任何关系，只是出于一名好公民应有的兴趣，到法庭上看一两次情况如何。那天晚上，我们在一个年轻人的房间里见面，他的名字我不想透露。我们约有150人，都是早晨到这里来的。我们站起来，像沙丁鱼一样挤在一起。他们让我当主席。大家又谈论了一些关于判决的事情，并再次呼吁我参与。我们都没有喝任何东西，房间里也没有点心。我们都在第二天早上报纸发表的呼吁书上签了字，要求公民在星期六上午10点在克莱（Clay）雕像前集合，我们将准备执行他们的指示。"

"意思是你们准备杀死囚犯。"

"我们理解，这就是公众的心声。星期六8点45分我来到我的办公室，9点45分开始在我们朋友的房间集合。我提前到了一会儿。我们四五个人从那里走到雕像前，发现雕像前有成千上万的人在咕哝抱怨着。我们在栏杆外绕了两三圈，以便让我们自己的人能有机会加入进去。然后我穿过了栏杆的大门，登上了台阶。我一脱帽，人们就开始欢呼起来。我不记得具体说了什么，但我做了一个简短的演讲，告诉他们我们有责任要履行。这是我承担过的最可怕的责任，法律失败了，我们准备做他们想要的任何事情。他们喊道，'来吧！'"

"你从中明白了什么?"

"我们要进监狱。"

"有人说过这些话吗?"

"哦,大家都知道。在周五晚上的会议上,他们试图让我进监狱,但那天晚上我拒绝做任何事。后来我们从雕像出发向监狱走去,我领头,人群跟在后面。我们得走大约1英里,一路上从小街走来的人们纷纷加入队伍中来。女人们在哭喊,男人们在欢呼。这是我见过的最可怕的事情,人群安静而坚定,没有任何混乱。我们中途在朋友的房间停了下来,发现那儿有我们需要的枪。我拿到了我自己的枪。我估计,大约有150支温彻斯特步枪和霰弹枪分发出去了。我从来不带左轮手枪,但那天早上我在口袋里放了一把。我还带了一支温彻斯特步枪。但是此时我并没有携带任何武器。在监狱门口,莱姆·戴维斯(Lem Davis)(我记得他应该是叫这个名字)走到门口。我要求让我们进去。他说他不能交出钥匙,我们说,如果他不交出,我们就闯进监狱。他仍然拒绝,于是我命令人群做好破门而入的准备并派人去取一些火药,还派了一支分队准备从侧门进入。侧门离我大约一个街区远,那是一座巨大的建筑物,占地面积很大。同时,我们找了些木头来砸大门。虽然没有成功,但侧门却被强行打开了。然后我绕到侧门,派了3个人站岗,其中一个是本市的法律官员,我告诉他们谁可以进去,并要求人群保持秩序。站岗的人都手持温彻斯特步枪。

人群主要由律师、医生、银行家和社会名流组成。这是我见过的最听话的一群人。他们完全服从我,就好像我是一个军事指挥官。如果有什么乌合之众,那也都在外面。我们的本意并不是要打死他们中的任何一个,但当我的人在里面的时候——大约有50人——他们非常愤怒,第一次尝到血腥的滋味后,我就不可能阻止他们了。"

"如果你不想开枪,那你为什么要拿枪?"

"因为我们不知道我们会遇到来自负责这件事情的官员的什么样的抵抗。我们是想进监狱的,必要的话,我们早就把它烧掉了。"

"你亲手杀过人吗?"

"没有,我没有开一枪。事实上,在前一晚的会面中,我曾说过应该放过玛特朗加(Matranga)和另一个人,因为贝克(Baker)法官宣布这两人是无辜的,我们完全相信贝克法官的正直。我说过,如果有必要,我会用自己的生命保护这些人,事实上他们也没有受到伤害。"

"在监狱里射杀那么多手无寸铁的人,难道你不觉得这根本不是一种勇敢的行为吗?"

"啊,"年轻的律师平静地说,"我们当中任何人都是有勇气的,这一点是毫无疑问的。当然,攻击一个没有武器的人并不是一件勇敢的事,但我们把这些人看成是爬行动物。为什么?因为我被告知,在星期五的判决之后,码头上的意大利水果和牡蛎船在星条旗上挂起了意大利国旗,囚犯们自己也吃了一顿牡蛎晚餐。"

"你后悔你的所作所为吗?"记者停了一下问道。

"一点也不,"帕克森马上说,"这是一种非常紧急的情况,比在纽约、辛辛那提和芝加哥发生的任何事都要严重。我的行动并不是因为对轩尼诗(Hennessy)有情感上或个人利益上的需求。我很了解他,曾请莎士比亚(Shakespeare)市长任命他。他是个好人,也是个能干的军官,我们觉得他被杀后谁也不知道谁会成为下一个。当黑手党只杀死自己的成员时,我们没有诉诸暴力。但轩尼诗之死冲击了美国制度的根基。黑手党的恐吓和我们陪审团的腐败只能用强有力的措施来对付。此外,我不承认任何凌驾于人民之上的权力。根据我们的宪法,人民拥有至高无上的权力,当作为代理人的法院不能执行法律时,权力就该回归于人民。在这种情况下,我认为我们代表的是人民——也许不是整个美国的人民,而是路易斯安那州的人民……"

"佐特套装"骚乱,1943 年

1943 年 6 月 3 日至 6 月 7 日的晚上,人群袭击了洛杉矶的墨西哥人和黑人,尤其是那些穿着"佐特套装(zoot-suit)"的年轻人。6 月 7 日,一群由 1 000 多名士兵、水手和平民组成的暴徒闯入电影院、有轨电车和民房,把墨西哥人拖到街上,剥光他们的衣服并殴打他们。而在这段时间里,警察却一直袖手旁观,甚至还逮捕了受害者。

这些骚乱是由一群水手被一群墨西哥青年袭击而引发的。南加州长期以来存在着的墨西哥人和白人之间的紧张关系被媒体和警方的态度进一步加剧。特别是《赫斯特(Hearst)》报社,他们习惯于把每一件对墨西哥人不利的事件作为头条。1942 年,战争情报办公室向《赫斯特》报社提出抗议,指出墨西哥是我们的盟友,于是《赫斯特》报把"墨西哥人"换成了"穿佐特套装的人"。这个词原先指的是一些墨西哥人穿的精致服装，当时变成了所有墨西哥年轻人的代指。

城市里的大部分地区都纵容了这次暴乱。洛杉矶县监事告诉记者："结束无法无天的状态需要更多的军事行动。"地方检察官宣称，"佐特套装是颠覆性人格的公开暗示"，洛杉矶市委员会裁定穿佐特套装为轻罪。

以下是对这次暴乱的描述，来自凯里·麦克威廉姆斯（Carey Mc-Williams）的《从墨西哥向北》（1949年）。

6月7、8日两天，真正严重的骚乱开始了。媒体把最初的骚乱描述为由水手、士兵和海军发起的侵犯行为，现在又发出了可怕的警告，称墨西哥的佐特人计划大规模报复，这让公众舆论陷入了疯狂。为了确保发生骚乱，媒体还精确地指出了墨西哥人预期采取报复行动的街角，并仔细说明了预期采取报复行动的时间。实际上，这些故事不过是宣布了一场骚乱并邀请公众参与罢了。《每日新闻》的头条是"佐特人计划袭击更多军人。将用破碎的瓶颈刺破受害者的脸，用榔头敲碎水手的脑袋"。出于对陆军、海军和海军陆战队安全的担忧，《先驱快报》警告说："佐特人……将有500人参加。"

6月7日（星期一）的晚上，成千上万的洛杉矶人响应媒体提前12小时的通知，参加了集体私刑。一群由数千名士兵、水手和平民组成的暴徒在洛杉矶市中心的街道上游行，他们开始殴打他们能找到的每一个穿佐特服的人。暴徒们挤进一些重要的电影院，命令管理人员打开影院的灯，然后在过道里走来走去，把墨西哥人从座位上拖出来。有轨电车被叫停，墨西哥人、菲律宾人和黑人被从座位上拉起来推到街上，然后遭到疯狂殴打。如果受害者穿着佐特服，就会被剥光衣服，赤身或半裸地扔在街上，身上鲜血直流，伤痕累累。这群暴徒沿着主街从1街一直走到12街，在黑人居住区的边上停了下来。得知黑人准备热烈迎战他们后，暴徒们掉头穿过墨西哥社区东部散布恐慌和恐怖。

以下是《东区日报》编辑阿尔·韦克斯曼（Al Waxman）所写的众多目击者的描述之一：

在第12街和中央大街交汇处，我看到了将永远留在我记忆中的一幕。警察挥舞棍棒，军人与平民打斗。警方正在大规模逮捕罪犯。

4个男孩从台球厅出来。他们穿着佐特服，这已经成为战斗旗帜的象征。警察命令他们进入逮捕车。1个男孩拒绝了。他问道："为什么要逮捕我？"警官用警棍在男孩头上迅速地击打了3下作为回答，男孩倒了下去。当他趴在地上时，脸上又被踢了一脚。警方很难把这个男孩的身体搬到车上，因为他只有一条腿,戴着一个木头假肢。警官不知道自己袭击的是一个残疾人。

在下一个街角,一位墨西哥母亲喊道:"不要带走我的孩子,他什么也没做。他只有15岁。不要抓他。"她的下巴被一根警棍打了一下,差点把抱在她怀里的两岁半婴儿摔了下去……

我急匆匆地跑回东区,以确保这里的一切都很平静。这时,我发现一队军人正在对东一街进行系统的巡视。他们刚从一家鸡尾酒吧出来,那里有4名男子正在接受治疗。3辆载着洛杉矶警察的汽车在现场,但士兵们没有受到骚扰。在街上更远的地方,几个男人拦下了一辆有轨电车,迫使司机打开车门,开始检查男乘客的衣服。"我们在找佐特服来烧,"他们喊道。警察也没有干预。在半个街区外,我请求当地警局的人阻止这些活动。"这是卫队的事,"他们回答说。

整个晚上,墨西哥社区都处于疯狂的混乱之中。数十名墨西哥母亲正试图找到她们的孩子,数百名墨西哥人在每个警察局和中央监狱周围徘徊,试图获得失踪家庭成员的消息。男孩们走进警察局说:"以流浪罪或其他罪名起诉我,但不要把我送到外面去!"他们指着街上的其他孩子,这些孩子年纪最小的只有十二三岁,他们遭到了殴打,被剥光了衣服。根据我当时帮助准备的书面证词,应该说实际上只有不到一半的受害者穿着佐特服。一名黑人国防工作人员,工作服上戴着国防工厂的识别徽章,被人从一辆有轨电车上带走,他的一只眼睛被人用刀挖了出来。洛杉矶所有的报纸上都刊登了大幅半页的照片,照片上的墨西哥男孩被脱光了衣服,蜷缩在人行道上,身上血流不止,而周围是一群爆发出嘲笑声的男女。正如阿尔·韦克斯曼最真实的报道,鲜血"洒在了城市的街道上"。

6月7日午夜,军事当局认定尽管有1 000名预备役军官被征召,但当地警察完全无法或不愿意处理这种情况。整个洛杉矶市区被宣布为军事人员"禁区"。此命令立即减缓了暴乱的步伐。卫兵和海岸巡逻队开始行动后,骚乱平息了下来。

第五部分　反激进分子和警察暴力

纽约反废奴主义骚乱，1834年

废奴主义者的领导人经常遭到围攻，他们的出版社被砸，房子被烧毁。西奥多·韦尔德(Theodore Weld)多次遭到石头、棍棒和鸡蛋的袭击。亨利·B.斯坦顿(Henry B. Stanton)1840年前曾无数次遭到围攻，加里森(Garrison)在波士顿的大街上被拖来拖去，塞缪尔·梅(Samuel May)被人用石头砸死，英国废奴主义者乔治·汤普森(George Thompson)在康科德(Concord)侥幸逃脱了一群暴徒的袭击，以利亚·洛夫乔伊(Elijah Lovejoy)在伊利诺伊州的奥尔顿(Alton)被谋杀。有时，抗议活动还会演变成全面的暴乱，仇恨往往发泄在黑人身上。国会通过了压制性法律，其中包括禁止在邮件和限制规则中发送废奴文字，以全面禁止在众议院讨论奴隶制的言论。

1834年7月，纽约的反废奴暴乱开始于对废奴主义者刘易斯·塔潘(Lewis Tappan)商店的攻击，后来转移到几所赞成废奴的教堂。暴徒投掷石块，拆毁了黑人的房屋、学校和教堂，并毁坏了价值约2万美元的财产。此外，他们还攻击了妓院和破旧的房屋，因为里面的居民没有在窗户上点燃蜡烛来表示对他们活动的认可。

以下内容摘自1834年7月12日纽约《商业杂志》，被1834年7月15日的奥尔巴尼·奥古斯(Albany Argus)转载。参见艾琳·克拉托(Aileen Kraditor)的《美国废奴主义的手段与目的》(1969年)、路易斯·菲尔(Louis Filler)的《1830—1860年的反奴隶制十字军》(1960年)、琳达·科贝尔(Linda Kerber)的《废奴主义者与融合：1834年纽约市种族暴动》《纽约历史》，第48期，1967年，第28—39页)以及伦纳德·L.理查兹(Leonard L. Richards)的《财产和地位的绅士》(1970年)。

今天最坏的预期都变成了现实。5个小时以来,我们的城市一直是一群愤怒的暴徒的猎物,或者说是很多群暴徒的猎物,他们从四面八方赶来进行破坏。守夜人和军队的一切努力,都无济于事,既无法阻止破坏活动,也几乎无法延缓其进展。值班的士兵大概不下1 000人,其中包括两个骑兵中队,但由于暴徒们一致认为士兵在州长不在场的情况下向他们开火是违法的,因此他们对士兵们的到来与其说是战栗不如说是嘲笑。如果这种印象是错误的,就应该立即消除。事态已发展到如此地步,必须采取严厉措施,否则我们的政府就完蛋了。

塔潘先生的商店在昨晚9点半被一群男孩和成年男性袭击,他们投掷了大量的石头并打破了上层的窗户,但没有试图强行开门,因为暴徒们怀疑在门后有他们不希望看到的东西。事实是,他们把自己置于法律的约束范围之外,可能要感谢比他们自己更好的一种灵魂使他们没有受到应有的对待。

守夜人第一次出现时,他们四散开来,后来他们以方阵站立了一段时间后就离开了,不到11点他们全都撤退到其他作战地点去了。在投掷的这些石块中只有一枚打破了百叶窗。

到了10点到11点之间,一大群暴徒聚集在莱特(Laight)街考克斯博士(Dr. Cox)的教堂,砸碎了教堂的门窗。随后他们从教堂走到考克斯博士居住的查尔顿(Charlton)街,但是有一支强大的守夜队在街的东头排成一排以阻止人员进入。在查尔顿街停留了一段时间后,暴徒们来到了春(Spring)街,并袭击了拉德洛(Ludlow)牧师的教堂。当他们敲打教堂的门窗时,一队看守人员赶到,暂时制止了他们的行动,并将其中一两个领头人拘留了。然而,他们的同伴很快就解救了他们,殴打了守夜人并对其中一部分人施以虐待。然后,他们又开始了破坏活动。他们把门撞破,把窗户砸得粉碎,随后进入了教堂。他们在很短的时间内把教堂的内部破坏殆尽,摧毁了他们所能摧毁的一切。毗邻的会馆也遭遇了同样的命运。这时来了一小群骑马的人,但由于人数悬殊,这群骑马的人不敢行动,当时的暴民达到了几千人,他们只好策马飞奔而去,没有进行干预。为了防止他们返回,暴民们用马车和木块在教堂的街道两边竖起了一道坚固的栅栏。11点半左右,一支强大的骑兵和步兵队伍到达了现场,他们疾驰着冲向第一道栅栏,这道坎破了后他们又进入了第二道栅栏,有几匹马在他们穿过这道坎前倒下了。然后,他们驱逐了街道中央的暴徒,步兵占领了教堂,但教堂的内部已经几乎被摧毁了……

于是他们和暴民达成了一项协议,规定军队离开现场后,暴民立即解散,之后军队就出发了。但是暴民们没有履行他们那份协议,而是回到了教堂,敲响了钟以示胜利,然后又开始破坏剩下的东西。大约 20 分钟后军队又回来了,占领了教堂。大约午夜时分,暴民开始散去,但他们既不是自愿的,也没有完全散尽,并且表现出可能会再次发动攻击的迹象……

大约 11 点,另一群暴徒袭击了位于中心街的圣菲利浦(St. Philip's)非洲圣公会教堂——该教堂由黑人牧师彼得·威廉姆斯(Peter Williams)主持——并几乎将其完全拆毁,其中还有一架精美的风琴。随后他们把家具扔到街上焚烧殆尽。

位于安东尼街的非洲浸信会教堂的窗户也被打成了碎片。

被用作卫理公会教堂的位于奥兰治(Orange)街的非洲校舍也被完全拆除。

在奥兰治和桑葚(Mulberry)街,以及安东尼(Anthony)和沃克(Walker)街之间,位于五点(Five Points)街附近,几所黑人居住的房子都受到了严重的甚至彻底的破坏。暴民强迫住在房子里的人在窗户上放灯,只要看到有黑人或者没有灯光,破坏活动就开始了。有一次一个黑人妇女拿着灯走到窗前,突然有一颗飞弹飞来,把她击倒在地,灯也灭了……

9 点钟左右,五点街的一伙暴徒开始对贝亚德(Bayard)街附近奥兰治街上的一幢小木屋发起进攻,那是一个名叫马什(Marsh)的黑人开的理发店。不久,暴徒就把房子的正面和内部全都拆毁了。这位黑人勇敢地守在自己的房子里,用手枪向攻击他的人开了 3 枪,最后一枪不幸打中了回家时从街道对面经过的伊利沙·斯宾塞(Elisha Spence),他的腿受了重伤。骚乱者随后加入了伦纳德(Leonard)街的骚乱主力部队。一支强大的守夜人队伍不久赶到了现场,毫不费力地把暴徒赶跑了,并驱散了更多的围观人群……

一位名叫菲利普·马克斯(Philip Marks)的守夜人在春街教堂附近与暴徒发生了冲突,他的腹部被铺路石严重扎伤。他被带到守望所,当我们询问他是否伤得很重时,他回答说:"是的。"不过我们希望不是很危险。第三区警卫亚彻(Archer)上尉受了重伤。据报在同一次交战中有一人被一名守夜者打死,但我们相信这会被证明是一个错误的消息。一区督察员劳森(Lawson)先生被一名看守误击,身受重伤。双方都有许多人或多或少地受了伤。在军队到来之前,春街教堂附近的冲突异常激烈。

一艘蒸汽船上的一名黑人在为一名乘客搬运行李箱,他在完全不知道发生了什么的情况下被一小部分暴徒袭击了,行李箱被抢走,他自己也遭到了令人发指的殴打。事后,行李箱被归还了。此外,还有许多黑人受伤,其中一些伤势严重。

许多黑人到公园里的看守所寻求保护。

暴民中有一部分是水手。

时间太晚了,我们没有时间发表评论——只是想说,岁月不能冲淡我们城市所遭受的深重伤害和耻辱——我们呼吁每一位善良的公民通过他力所能及的一切手段,发挥他的影响力,以防止这些暴力事件继续发生。如果能做到这些,居住在纽约就是一件很幸运的事情了。

汤普金斯广场,1874 年

在 1873 年大萧条期间,失业工人组织起来请求政府援助,特别是对为他们创造就业机会的公共工程项目的援助。1873 年 12 月,纽约市成立了一个名为"安全委员会"的组织,其成员中有社会主义者、改革者和工会主义者。但当这群人向市政府请愿请求援助时,当地官员拒绝与他们会面。该委员会随后计划从汤普金斯广场(Tompkins Square)游行到市政厅,但警方拒绝发放游行许可证。他们被告知:"你们拥有与任何人所拥有的相同的权利,但我们希望避免……引起商界和公众的不满。"随后,该委员会要求获得在汤普金斯广场举行示威的许可。在集会前一晚,警察官员还是做出了拒绝这一许可的决定,但直到第二天早上他们才通知委员会。在 1 月的一个冰天雪地的日子里,狭小的汤普金斯广场公园挤满了 7 千多名工人,其中大多数是移民,还有许多妇女和儿童。10 点 30 分,一队警察出现并开始用棍棒殴打示威者,骑警也不断向人群发起冲锋。

对该事件的处理反映了巴黎公社所引起的恐惧。警察局长艾布拉姆·杜尔耶(Abram Duryee)十分高兴地说:"这是我见过的最壮观的场面,警察冲破并驱赶了人群。当他们举着棍棒冲锋陷阵时,他们展现了完美的秩序。"纽约和全国各地的媒体都很高兴。编辑们主张对激进分子和失业者进行彻底镇压。一位编辑说:如果共产主义精神再次出现,城市应该"让警察用棍棒把它打死,或者让军队用枪把它打死"。失业人员组织并提出公共工程计划的企图不久就停止了。

以下描述来自当时就在汤普金斯广场现场的塞缪尔·龚帕斯(Samuel

Gompers),从那里发生的事情中他得出的结论是激进的抗议方法不会成功。(《70年的生活和劳动》,1925年)。参见赫伯特·古特曼(Herbert Gutman)的《1874年1月13日纽约市汤普金斯广场的"暴动":对其原因及其后果的重新审视》(《劳工史》,第6期,1965年冬季,第44—70页)。

　　第二天一大早,人们就开始聚集在广场上。我10点刚过就到达了广场。这里曾经是一个操场,虽然已经有点年久失修了,但一般仍用于劳动人民的集会和演讲。公园周围有一道高高的铁栅栏,但大门很宽。不久公园里就挤满了人,通向公园的大街上也挤满了人。人们很安静。没有什么显示出政府官员与民众有矛盾的迹象。这次集会是纽约失业者痛苦和贫困的明证。卢西安·萨尼亚尔(Lucien Sanial)和P. J. 麦奎尔(McGuire)为这次特别集会编辑了一篇文章。这篇文章在失业者、劳动人民和市政当局中广泛散发,其中载有工人们提出的方案。《火山报》也刊登了这篇文章并高调在售。70年代早期的纽约每个人都知道一个叫汤姆·里·约翰(Tom-Ri-John)的人,他是一个共产主义者、社会主义者或者说是某种形式的改革家。与此同时,汤姆也是一位新闻改革家,《火山报》就是他经营的。该报纸用鲜黄色的纸印刷,文章用红色的墨水书写。根据家庭责任的分配,卖这些报纸是汤姆·里·约翰太太的事,她的工作服(男性服装)是用来引起人们注意的,而她总是带着的大棍子和拐杖,这是她用于自我防卫和支撑的工具。这对夫妇有3个孩子,名字分别是亚拉普特(Eruptor)、维苏威亚(VesuVia)和伊曼斯佩特(Emancipator)。

　　大约10点30分,一支警察分队包围了公园。他们刚站好,一群工人就从A大道往公园走来。工人们打着一面横幅,上面印有"第10区工会劳工"的字样。就在他们进入公园后,警长带头向他们发起了攻击。紧随其后的是拿着警棍骑马的和步行的警察。在没有任何事先警告的情况下,他们向毫无防备的工人劈头盖脸地打过来,他们打倒了旗手并用他们的棍棒不分青红皂白地打在他们能触及的所有人的头上。

　　不久之后,骑警冲进第8街的人群,把他们撞倒,不分青红皂白地袭击男人、女人和孩子。这是一场残暴的狂欢。我被夹在街上的人群中,直到从地窖跳了下去才勉强保证了脑袋不被砸坏。警察的攻击持续了一整天——只要警察看到一群衣衫褴褛的人站在一起或一起走动,他们就会发起攻击。劳雷尔(Laurrell)来到汤普金斯广场,他的背部遭到了警察的殴打,疼痛一直持续了几个月。

在接下来的几天里，警察对病人、瘸子和无辜的旁观者施暴的令人作呕的故事接连发生。骑警和警卫多次冲过挤满了人的街道。时至今日，我一想起那疯狂的场面，就会因那天警察的暴行感到血脉贲张、愤慨不已。他们指责共产主义正在抬头，以此为他们的行为辩护。

国际劳动联盟的回答是他们被乔治·布莱尔（Geoge Blair）和工人联盟的其他人出卖了，布莱尔等告诉当局他们野心勃勃地试图建立公社，而且这一指控直到多年后在中央工会中经过磋商及布莱尔被免除责任后才消失。布莱尔是做箱子生意的，当时经营着一家合作社。他是一个热心的劳工骑士，当然，这在当时是一个完全秘密的机构。我一直认为他忠诚于劳动者最大的利益。对于任何企图把劳工运动变成滑稽歌剧的企图，他都不乐意看到。他可能要求警察保护工人，但我完全相信他没有辜负他人的信任。

汤普金斯广场暴行之后是一段时期的极端镇压。纽约警方借用了欧洲大陆的间谍手段。私人室内会议被入侵，并以驱逐在场人员的方式草草收场。警察以此方式挫败了几次抗议警察暴行和维护合法集会自由权利的会议。

埃弗雷特大屠杀，1916 年

美国很少有激进组织像世界产业工会这样令人恐惧。世界产业工会的意识形态是革命和工业工会主义的混合体，他们很少讨论基本的问题——更高的工资或更短的工作时间，除了在某些地区（尤其是西北部）以及特定类型的劳工（尤其是移民伐木工）外，他们也从来没有很多追随者。西部和西北部的商人经常组织起来反对世界产业工会，最常见的方式是不允许他们举行街头集会。作为回击，世界产业工会组织了"言论自由"的斗争。大量的世界产业工会会员会去一个城镇举行会议，然后被逮捕，直到他们把监狱全部塞满。通常这种策略会带来与地方官员的某种和解。在 20 世纪早期的加利福尼亚有许多这样的斗争，而 1909 年"言论自由"运动扩展到了西北部的斯波坎（Spokane），1911 年扩展到了华盛顿州的阿伯丁（Aberdeen）。

1916 年 8 月，当该组织会员们试图支持华盛顿埃弗雷特市（Everett）的卵石加工者的一次罢工时，他们遇到了特别激烈的抵抗。街头演讲者被逮捕，并被押送到西雅图。会员们租了一艘船试图在镇上登陆，但被该镇官员和商业俱乐部的商界领袖组织的武装代表抓住后驱逐出境。10 月 30 日，他们再次做出尝试。武装代表迎上他们的船，用棍棒和枪托殴打这些游行示威的人，然后把他们赶到郊区，强迫他们遭受了一顿棍棒攻击。当当地居民组织了集会来抗议暴力时，"世界产业工会"宣布他们会参加。他们组织了另外一支280人的远征队，租用了"维罗纳"(Verona)号汽船，向埃弗雷特进发。这次有7个人被杀，多人受伤。

以下描述来自沃克·C.史密斯(Walker C. Smith)撰写的《维罗纳的航行》（《国际社会主义评论》，第17期，1916—1917年，第340—346页）。参见罗伯特·L.泰勒(Robert L. Tyler)的《森林的叛逆者：西北太平洋的世界产业工会》（1967年，第62—84页）、梅尔文·杜博夫斯基(Melvyn Dubofsky)的《我们会成为所有人》(1969年)和诺曼·H.克拉克(Norman H. Clark)的《埃弗雷特，1911年及之后》(《太平洋西北季刊》，第57期，1966年4月，第57—64页)。

5名工人和2名义务警员死亡，31名工人和19名义务警员受伤，4到7名工人失踪（或可能被淹死），294名男性工人和3名女性工人被关进监狱——这是华盛顿州埃弗雷特阶级斗争的结果。11月5日，星期天。在过去的6个月里，几乎每天都有报道表明埃弗里特当局的性质，但开放商店的拥护者和反对言论自由的人直到"维罗纳"号汽船的艰苦航行才暴露出他们赤裸裸的丑陋。直到那时，至暗俄罗斯(Darkest Russia)"血腥星期天"的名号才被剥夺。

11月5日周日凌晨，"维罗纳"号汽船从西雅图出发前往埃弗雷特，乘客名单上有260名世界产业工会的会员。紧随其后的"卡莉斯塔"号(Calista)轮船上，还有38名世界产业工会的船员，因为他们在拥挤的"维罗纳"号上找不到空房间了。大联盟(One Big Union)的歌声在普吉特湾(Puget Sound)的水面上响起，这表明他们当时并没有实施暴行的念头。

这支十字军队伍此行是为了响应志愿者进入埃弗雷特提倡言论自由和组织权利的号召。他们认为他们的人数众多，可以阻止任何试图妨碍当天下午在休伊特(Hewitt)和威特莫(Wetmore)大道举行街头集会的行为（因为这一消息刊登在了之前在埃弗雷特发过的传单上）。他们的任务是公开且和平的……

当唱歌的人和其他乘客一起挤到栏杆附近以便能更快到达陆地时，麦克雷(McRae)警长对他们喊道：

"你们领头的是谁？"

每一位世界产业工会的人都毫不含糊地回答道：

"我们都是领导者！"

麦克雷气愤地从枪套里抽出枪来，威吓地挥舞着，喊道：
"你们不能在这里下船。"
"我们怎么不能呢！"那几个人一边回答，一边走向已经落下了半截的跳板。
一连串的枪响把他们吓得踉跄后退，许多人倒在甲板上。麦克雷挥动左轮手枪的动作，显然是事先约定好的屠杀开始的信号。

据许多目击者说，船上仅有的几名武装人员随后拔出左轮手枪进行回击，这引起了封锁码头的懦弱的杀人犯的惊愕。工人们一直坚守着，直到左轮手枪里的子弹都打光了。他们没有后备弹药。这些手无寸铁的人寻求掩护，但遭到了来自义警威力强大的步枪钢质软鼻子弹的猛烈攻击。由于人群突然向船的离岸一侧冲去，使船倾斜了大约30度。从南边的码头和停泊在那里的满是疮疤的拖船上射出的子弹显然参与了他们的破坏活动，因为有人看到许多人落水，水面被他们的血染红了。但第二天打捞港口时并没有发现尸体。据国际码头工人协会（International Longshoremen's Association，ILA）和官方报纸《太平洋海岸码头工人》（Pacific Coast Longshoreman）报道，在拖船"爱迪生"号（Edison）上，一名黑白混血工贼厨师小心翼翼地瞄准了船离岸一侧的船员，然后一枪接一枪地射击。这个人甚至没有副警长的徽章来给他的谋杀提供一个合法的身份。两个码头和船上的持枪者很可能有一部分是他们自己交火的受害者。

经过10分钟的持续交火，数百发子弹被耗尽。由于工程师欧内斯特·斯凯尔格伦（Ernest Skelgren）在没有舵手的情况下成功地把船从码头倒回了海里，这才阻止了他们对手无寸铁的人的进一步屠杀。因为只要船还在附近，义警就会继续射击。

成千上万的埃弗雷特市民在山顶上俯瞰现场，目睹了整个事件。他们一致认为是义警组织的暴民挑起了这件事，义警组织要负全部责任。

克利夫兰"五一"暴乱，1919年

在第一次世界大战之前的10年里，社会主义政党是一支至关重要的政治力量，其势力之大足以让候选人参加地方、州和全国的选举。1912年，近90万人投票给尤金·V.德布斯（Eugene V. Debs）竞选总统。当美国在1917年参战时，社会主义者和世界产业工会一致反对战争。此外，他们的抵抗赢得了支持，社会主义候选人在1917年的市政选举中表现出色。但是对于那些支持战争而满腔爱国热情的人来说，所有的战争反对者都是在背叛美国。1917年6月，国会通过了《间谍法》，1918年5月通过了更为严厉的《煽动法》。全国各地的社会主义会议遭到突袭，社会主义者被殴打，被涂上柏油和羽毛，有时还受到折磨。根据新法律，移民被围捕并驱逐出境，超过1 500人被捕，其中包括尤金·德布斯、维克多·伯格(Victor Berger)和世界产业工会的领导人"大比尔"(Big Bill)海伍德(Haywood)。雇主们利用战时的混乱状态来镇压激进的劳工组织者，比如在俄克拉荷马州塔尔萨(Tulsa)石油区，17名世界产业工会的成员被涂上沥青，插上羽毛，然后被运走。

1918年11月战争结束后，反激进情绪继续高涨。1919年，在全国范围内举行五一节庆祝活动是社会主义者战后第一次主要的实力展示。但是只要有庆祝活动，就会有针对社会主义党人的暴力袭击。在波士顿，人群袭击了五一游行的人群，造成1人死亡，数人受伤，并摧毁了当地的社会主义总部。警方逮捕了116名游行者，但没有一名袭击者被捕。在纽约市，暴徒破坏了社会主义呼叫办公室(Call)和俄罗斯人民之家(Russian Peoples' House)。俄亥俄州克利夫兰市(Cleveland)的游行队伍遭到胜利贷款组织的工作人员和退伍军人的袭击，整个城市一片混乱。社会主义党办公室被毁，1人死亡，40人受伤。与此同时，106名游行者被逮捕，但没有袭击者被捕。

以下关于克利夫兰暴乱的叙述摘自1919年5月8日的《俄亥俄社会主义者报》。参见小威廉·普雷斯顿(William Preston Jr.)的《异形与异类》(1963年)、詹姆斯·温斯坦(James Weinstein)的《美国社会主义的衰落，1912—1925》(1967年)和国家民事自由局编撰的《1917年4月1日到1918年5月1日战时控告与暴徒暴力》(1918年)。

5月1日(星期四)下午，克利夫兰社会主义党人举办的最盛大的游行以红色暴动和流血收场。数百人被逮捕，数十人被送往医院，其中包括17名警察。更多只是轻伤的人被朋友带回了家。骚乱在市区持续了两个小时。当人数高达35 000名的第一支游行队伍进入商业区中心的公共广场时，枪声响起，警察用警棍击碎了几十人的头和拳头，整个城市陷入混乱之中。

和平快乐的游行者

分成5个部分的35 000名社会主义者及其同情者，包括只做日间工作的面包师工会、机械师、当地的木匠、工人疾病和死亡福利基金的成员,在阿克梅(Acme)大厅附近汇合,开始向公共广场行进。他们中很多人手里拿着小红旗,举着的横幅上写着释放政治犯、从俄罗斯撤军等字样,还有类似字样的一些徽章。在游行队伍的前部的人还举着印有国徽的大红丝绸旗帜。

每个人脸上都洋溢着幸福的微笑,为工人的事业欢呼,新时代的精神在每个同志的笑容里表露无遗。游行队伍是由快乐的男人、女人和孩子组成的,欢快地庆祝我们的国际节日。

第一次骚乱开始

当游行队伍经过苏必利尔(Superior)街的东9街时,人行道的士兵冲进了游行队伍,从游行队伍手中扯下了红旗。几分钟后,从这里到广场上的苏必利尔街一片混乱。

当游行队伍的先头部队到达广场时,聚集在广场上的数千人发出了震天的欢呼声。与此同时,那些扛着社会主义旗帜的人却遭到人群中另外一些人的攻击并且把他们的旗帜夺走了。当即将作为主要发言人的卢森博格(C. E. Ruthenberg)出面为社会主义党人说情时,他被逮捕了。广大群众的掌声还没有停下来,就有一排骑警冲进混乱的人群中,不分青红皂白地向人群中的男人和女人挥舞着棍棒,数千人的喉咙里发出了恐惧的尖叫。瞬间,喧闹声四起。军用卡车、坦克、警车和救护车在人群中胡乱冲撞,在试图驱散人群的过程中碾压了许多人,造成多人受伤。载着警察和骑警的汽车在人行道上横冲直撞以驱散人群。为了安全,人们只好沿着街道和小巷逃往安全地带。

工人反击

当警察随意地用棍棒敲击社会主义者的头时,一些人开始赤手空拳或拿着他们能找到的武器进行反击。骑警被从他们的坐骑上拉下来,有一些警察被殴打到失去知觉。不过,很快人群就从广场上散去了,但整个下午,由于暴徒搜寻社会主义党人,邻近的许多街道都发生了小规模的骚乱和战斗。

地方总部被拆除

在市中心的骚乱中,位于普洛斯贝克特(Prospect)和波利瓦路(Bolivar Rd.)的地方总部遭到了破坏。暴民冲进了地方总部,几乎将其彻底摧毁。窗户被砸碎,家具被做成引火的木柴,成千上万的书籍和小册子、记录和文件被带走或毁坏。破坏活动结束后,这里变成了一片废墟。

森特罗利亚,1919 年

战时的反激进情绪在对抗世界产业工会时达到了顶峰。由于反对战争,他们很多人被称为叛徒和德国间谍,并因此激起了民众对他们的不满情绪。发生在华盛顿森特罗利亚(Centralia)的事件,是许多反世界产业工会情绪爆发的典型例子,尽管其结果比大多数情况都富有戏剧性。1918 年,当世界产业工会第一次出现在森特罗利亚时,他们的行为被谴责为对爱国情感的侮辱。一些参加红十字会游行的人袭击了新开放的世界产业工会大厅,痛打了世界产业工会会员并把他们赶出了城。第二年,世界产业工会计划返回,森特罗利亚的商人们在州雇主协会的敦促下事先做了准备,成立了一个公民保护联盟。1919 年 9 月,世界产业工会重新开放了大厅。11 月,保护联盟的一个秘密委员会与美国军团的一个单位一起,安排在世界产业工会总部举行停战日游行。当军团士兵们到达大厅时,他们散开队伍并发起了冲锋,等在大厅的世界产业工会人员立刻开火,当场打死 3 人。之后,大厅被摧毁,森特罗利亚和整个州的世界产业工会被围捕和监禁。其中一个名叫卫斯理·埃佛勒斯(Wesley Everest)的世界产业工会会员被从森特罗利亚监狱带走并处以私刑。

下面的描述摘自沃克·C. 史密斯(Walker C. Smith)于 1925 年出版的世界产业工会小册子《森特罗利亚》。参见罗伯特·泰勒(Robert Tyler)的《森林的叛逆者:西北太平洋的世界产业工会》(1967 年)。

奇哈利斯(Chehalis)分队再次穿过大厅并继续向前行进。森特罗利亚分遣队在指挥部的指挥下,直接停在大厅前。秘密委员会的成员马歇尔·科米尔(Marshall Cormier)骑着他的栗色的马,占据了一个有利位置,恼怒地对奇哈利斯的游行者喊道:"你们这些家伙是怎么回事?你们不参与吗?"他随即用尖锐的口哨示意,人群中立刻传来了喊叫声,"加油,孩子们!去抓住他们!"暴徒们冲进世界产业工会的大厅,砸碎窗户,破门而入。随后,世界产业工会的人员进行了防卫。

格里姆(Grimm)腹部中枪,在无人协助的情况下踉跄地来到附近的一家商店,随后被送往医院,但后来死在了医院。有人说他临死前发表了一份声明,对自己的行为表示了歉疚。

麦克艾尔弗赖斯(McElfresh)头部中枪,一命呜呼。关于他的情况,有关证词再次出现了矛盾,一些人声称麦克艾尔弗赖斯是在卫斯理·埃佛勒斯(Wesley Everest)开枪将他打倒后被从世界产业工会大厅的门口带走的。

卡萨格兰达(Casagranda)是在游行路线外的大厅附近被枪击中的。在发动袭击的一方中也有几人受了轻伤。

比克福德(Bickford)医生在审讯时的证词,已经在这几页里提过了,另一名游行者哈罗德·Y. 贝尔(Harold Y. Bell)医生的陈述证实了这一点。贝尔说他听到喊叫声,看到队伍溃散,跟着人群一起向世界产业工会大厅走去。

"我觉得就在同时我听到了枪声。这些人几乎是边走边开枪。"

从一个偏向于控方的人那里得到的证据表明,呐喊声和队形的溃散发生在开枪之前。同样支持控诉方的比克福德提出了一个至关重要的事实:突袭大厅是森特罗利亚游行示威者心中最重要的想法,并且他主动提出带领游行队伍。

如以前一样,大厅被捣毁了,除了世界产业工会秘书办公桌上的记录以外,里面的东西也全部被破坏,之后这些记录被交给了检察官艾伦(Allen),当时他站在第二大道和塔楼(Tower)大道的街上,眼睁睁看这些财产被毁。

伯特·福克纳(Bert Faulkner)在第一次冲击被枪击阻止后试图离开大厅。也有人躲在大厅后面一个废弃的大冰箱里,后来向当局投降。唯一的例外是卫斯理·埃佛勒斯——他是一个安静、冷酷、顽强的退役军人,似乎根本不知道什么叫恐惧。

埃佛勒斯从后门离开大厅,边走边开枪。在暴徒们从惊讶中回过神来之前,他已经穿过了他们的后方。他用一支还在冒烟的左轮手枪威胁着追赶他的人,然后沿着小巷快步而去,步枪子弹在他周围呼啸而过。暴徒们把埃佛勒斯误认为是布里特·史密斯(Britt Smith),即世界产业工会秘书——阴谋家们对他有很深的怨恨。在被追赶中埃佛勒斯停下来装弹,然后继续奔跑,直到到达河边。他试图涉水过河,但发现水太深了。他转身面向攻击他的人,涉水上岸,站在那里等着把最后的弹药放在已经滚烫的枪里。他提高了嗓门,宣布他愿意向任何合法的当局屈服,接受逮捕。但这只是一群暴徒与身处困境的他的对峙。在追赶的队伍中,有一个身穿军装的人走在前面。埃佛勒斯仔细瞄准并向人群开火。人群停了下来,但那名男子继续前行。埃佛勒斯又两次向这个追过来的人开枪射击。戴尔·哈伯德(Dale Hubbard),这次袭击中主要阴谋者的侄子,倒在了他的脚下。作为勇敢者的游戏,这位已无防备能力的退伍军人只能等待着暴民疯狂的"伙伴"的到来。

埃佛勒斯的监狱生活充满了拳打脚踢和咒骂。他的门牙被枪托塞进了喉咙。一根绳子绕在了他的脖子上,但埃佛勒斯却带着他在整个突袭过程中一直表现出的蔑视态度说:"你们没有勇气在白天用私刑对待一个人。"

卫斯理·埃佛勒斯被处以私刑

然而,晚上的情况却不一样了。在牢房里埃佛勒斯被殴打致残,流血不止。对于他而言时间过得很慢。那天深夜,城市的灯光突然熄灭了。市监狱的外门被砸碎。没有人阻止私刑者。埃佛勒斯摇摇晃晃地站了起来,对其他囚犯说:"告诉那些男孩,我为我的阶级而死。"

一场短暂的挣扎。不停的殴打。一阵拖拽的声音。大马力汽车的呼啸声。然后,黑暗的城市突然恢复了光明。

汽车到达了奇哈利斯河大桥。钢架的一端系着绳子,另一端套在埃佛勒斯的脖子上。半昏迷的他被甩出了桥面。短暂等待以后,埃佛勒斯被打捞上来,他仍然有生命迹象。一根较长的绳子绑在第一根绳子上,刚刚残忍的过程又重复了一遍。随着埃佛勒斯的死亡,尸体被抬起来,在食尸鬼们再次将尸体从桥上抛下之前,第三根绳子被系上。一辆汽车的前灯对准了死者,清楚地照射出一些比他的同类更邪恶的虐待狂的嘴脸,在开往大桥的路上他们用一些锋利的工具把埃弗里斯特的性器官几乎从身体上扯下来。在那刺眼的车灯的映照下,可以看到尸体被子弹打得浑身是洞。

后来绳子被割断,他残缺的尸体落入江中。

迪尔伯恩大屠杀,1932 年

1932 年 3 月,底特律因劳工骚乱而暗流涌动,其中大部分是针对福特汽车公司的。3 月 7 日,一群由共产党组织的 3 000 到 5 000 名失业工人从底特律市中心游行到迪尔伯恩(Dearborn)的福特工厂。他们打算要求福特公司让所有被解雇的工人都获得工作机会,立即支付 50% 的工资,每天工作 7 小时,停止生产线上的加速生产,拥有两段 15 分钟的休息时间,黑人享有平等的雇佣权,以及在福特医院享受免费医疗等。迪尔伯恩的市长,亨利·福特(Henry Ford)的堂兄弟,命令警察局局长(福特雇佣的前侦探)在迪尔伯恩边界线前制止游行者。游行者不顾他们的阻止命令,成功地到达了福特工厂。警察用消防水管、手枪和机枪把游行者从福特工厂赶走了。4人被打死,20多人受伤。3月12日,被杀害的人被装入棺材中,上面挂了一幅巨大的列宁画像,还有一条横幅上写着"福特用子弹换面包"。超过30 000人参加了葬礼。《底特律时报》说:"杀害无辜工人……是对美国制度核心的一次打击。"

以下内容摘自1932年3月8日《纽约时报》。参见欧文·伯恩斯坦(Irving Bernstein)的《荒年》(1966年)以及凯斯·斯瓦德(Keith Sward)的《亨利·福特传奇》(1948年)。

今天,将近3 000名底特律失业者和共产党人一起在迪尔伯恩的福特汽车公司工厂门口参加了一场暴动。他们的示威活动在一场激烈的战斗中达到高潮,4人死亡,至少50人受伤。

失业者计划通过一个委员会要求福特公司的官员给他们提供工作。示威活动开始时很平静,但在结束之前,迪尔伯恩的人行道上沾满了血迹,街道上到处都是碎玻璃和被子弹击中的汽车残骸,福特工厂就业大楼的每扇窗户几乎都被打破了……

一名受伤的示威者称,计划于周日晚间完成的游行从一开始就井然有序。按照计划,求职者们当天下午2点左右在福德(Fort)街和奥克兰(Oakland)大道上集合,出发前往2英里外迪尔伯恩的福特工厂,他们打算派一个官员委员会去工厂,要求该公司立即雇用大量的失业者。

示威者举着要求工作的横幅和标语,有序地沿着福德街走到了米勒路(Miller Road),在那里停下来举行了一个简短的会议。会议很快就结束了,他们再次继续前进,沿着米勒路向迪尔伯恩市边界走去。

在那里,他们遇到了一个迪尔伯恩的警察小队,要求他们返回底特律。

游行者不顾警告,冲过了城市防线,战斗立刻爆发了。警方向人群投掷了一连串催泪弹,导致游行队伍的先头部队只能沿着胭脂(Rouge)河和铁路撤退。

风带走了催泪瓦斯的烟雾

但在几分钟内,警察就用光了他们的催泪弹,更麻烦的是,当地常刮的大风很快吹散了空气中的催泪瓦斯烟雾。

游行者迅速利用这一形势开始了第二次冲锋,向警察投掷石块和锯齿状的冰冻泥浆块。

警察一边躲避飞弹一边拔出枪,威胁地指着愤怒的暴民。游行者又一次散开了,这次是沿着米勒路到迪尔伯恩路,在那里他们遭到了更多瓦斯弹的袭击,这些瓦斯弹是在他们第一次撤退的间歇被送到现场的。

与此同时,迪尔伯恩的消防队员们已经驻守在主厂房前 3 号门处横跨米勒路的高架桥上,最激烈的战斗就发生在这里。

在高架桥上,在骚乱者投掷的飞弹够不到的地方,消防队用水管对准他们,用冰冷的水流暂时挡住了他们。

但是骚乱者只被困住了几分钟。很快,他们就蜂拥而上,爬上了河堤并冲向福特汽车公司就业办公室的门口。

枪击引发全面混战

在工厂里,他们遇到了准备开枪的多组警察小队和福特公司的消防局。

示威者刚刚要求在就业办公室举行听证会,就有人开始开枪。枪声引发了全面的混战。双方开始了肉搏战,消防队员用水龙带喷出的水流帮助警察进行防御。

有人腿上受了枪伤倒在地上,他们的同志试图征用汽车把伤员带走,把他们抬离危险的地方。当汽车司机拒绝帮忙时,他们就向车辆投掷石头。

战斗仍在继续。最后,接到求救电话后过来增援的州政府以及匆忙赶过来的底特律警察,终于遏制了战斗。

一名男子宣称,游行者在提出他们的诉求之前就遭到了福特警察的射击。

讨偿大军,1932 年

1924 年,国会批准向第一次世界大战的退伍军人发放奖金,发放时间为 20 年后。在大萧条最严重的时候,当地方和州为对抗失业和饥饿而采取的措施被证明是无效时,退伍军人组织开始要求立即支付奖金给他们作为救济措施。1932 年春天,成千上万的失业者(其中大多数是退伍军人),前往华盛顿举行示威,要求立即得到报酬。这支后来被称为"奖金远征军"(Bonus Expeditionary Force)的队伍人数最终超过了 20 000 人,其中包括许多退伍军人的家庭成员。华盛顿警察局在佩勒姆·D. 格拉斯福德(Pelham D. Glassford)局长的富有同情心的领导下,帮助退伍军人在阿纳卡斯蒂亚(Anacostia)的公寓楼上建立了一个棚屋社区。6月15日,众议院通过了一项奖金法案,但在6月17日,当12 000人在国会大厦外等候时,参议院以压倒性优势否决了该法案。失望的人们平静地回到他们的棚屋,但拒绝离开华盛顿。胡佛总统说服国会批准贷款来支付他们回家的交通费用,但是只有几个人离开了。几周过去了,胡佛变得越来越不安。他害怕会发生一场共产党领导的暴动。美国陆军部进一步加重了他的焦虑。因为陆军部军方情报部门坚持认为,老兵暴动将是"共产主义在所有大城市起义的信号,从而引发一场革命"。7月28日,胡佛命令不情愿去做这件事的警察局长格拉福德(Glassford)将这些人从废弃的建筑物中赶走。老兵们进行了反击,2人被杀。胡佛宣布法律和秩序已经崩溃,他命令道格拉斯·麦克阿瑟将军(Douglas McArthur)指挥军队清理骚乱地区,并将退伍军人送回营地。在军队的守卫下,这些退伍军人接受调查,以确定胡佛认为应对混乱负责的共产主义者。然而,麦克阿瑟无视总统的命令,对格拉斯福德说:"我们要摧毁奖金远征军的主要力量。"在德怀特·D.艾森豪威尔(Dwight D. Eisenhower)和乔治·S.巴顿(George S. Patton)的协助下,麦克阿瑟率领一支由4支骑兵部队、4个带固定刺刀的钢盔步兵连和6辆坦克组成的部队前往奖金远征军军营。他们使用催泪瓦斯迫使这些人离开,并将营地夷为平地。一名11周大的婴儿死亡,一名8岁的孩子被毒气弄得眼睛部分失明,还有几个人被刺刀或军刀刺伤。

　　胡佛感到愤怒和沮丧,但决定对麦克阿瑟的行为承担全部责任,并公开坚称许多游行者是共产主义者和罪犯。麦克阿瑟发表了自己的声明,宣称暴民"是被革命的本质所激励"。如果政府再等一周,"我们政府的机构就会受到严重威胁"。媒体却不这么认为。许多去过营地的人说,这些人是被经济萧条压垮的,他们参加游行是为了逃避饥饿的现实。莫里茨·霍尔格伦(Moritz Hallgren)发现老兵们根本没有要造反的想法,"没有怒火,甚至没有郁积的怨恨"。共产党领导人组织了一个前线组织——工人复员男子联盟,试图把这次游行转变为革命的打击力量。但奖金军的领导人,尤其是沃尔特·W.沃特斯(Walter W. Waters),是一个强烈的反共主义者,他们组织了由退伍军人组成的小分队来打击激进分子。当然,激进分子确实对一些退伍军人产生了影响——一些成员不再要求一次性发放救济,而是要求失业保险,并对大萧条的根源提出了更深层次的质疑。

1932年7月29日,《华盛顿邮报》讲述了这支讨偿大军溃败的故事。关于奖金远征军可参见欧文·伯恩斯坦的《荒年》(1960年)、阿瑟·C.亨尼斯(Arthur C. Hennessy)的《讨偿大军:其产生的根源、发展与消亡》(博士论文,乔治敦大学,1957年)、沃尔特.W.沃特斯的《B. E. F.:讨偿大军的故事》(1933年)、菲力克斯·摩罗(Felix Morrow)的《奖金游行》(1932年)、詹姆斯·F.与让·H.薇薇安(James F. and Jean H. Vivian)的《1932年奖金游行:乔治·范霍恩·莫斯利(Van Horn Moseley)将军的作用》(《威斯康星历史杂志》,第51期,1967年秋季,第26—36页)以及唐纳德·J.里希欧(Donald J. Lisio)的《一个错误变成了灾难:胡佛、军团和奖金军》(同上,第37—50页)。

在昨天的一次全面进攻中,联邦军队发射了催泪瓦斯弹并投掷了火炬,击溃了首都主要营地衣衫褴褛的讨偿军,这一天的混乱导致一名老兵死亡。

在一场无情的驱赶中,步兵、骑兵和坦克向宾夕法尼亚大道上的老兵发起了进攻,把他们从西南区赶了出来,并在讨偿军最大的营地马克斯(Marks)营地停止了他们的攻势。

步兵向他们的左边和右边都投掷了催泪瓦斯弹,将老兵从城市西部的所有营地赶走,然后用火把营地烧毁,将其夷为一片废墟。

快到午夜的时候,骑兵和步兵已经占领了城里除了阿纳卡斯蒂亚的巴特利特(Bartlett)营地外的所有营地,因为这是一个私人所有的营地,老兵们都聚集在那里避难。

如同对付其他营地的策略一样,在阿纳卡斯蒂亚,士兵们向老兵发射了密集的催泪瓦斯,老兵们纷纷躲避。而在此1小时前,妇女和儿童已被赶出营地。

10点刚过,部队就到达了阿纳卡斯蒂亚营地。当他们到达大桥的阿纳卡斯蒂亚一端时,人群挡住了他们的去路,于是军队投掷了催泪瓦斯弹。

成千上万的旁观者用欢呼和嘘声迎接他们的到来。妇女和孩子们尖叫着跑了回来,他们在骑兵的跟随下转入公园大道。几分钟后,火就烧到了营地入口附近的几间棚屋。

在宾夕法尼亚大道上,点燃的催泪弹被投向顽固的老兵队伍,因为他们拒绝让步,而步兵则手持固定刺刀进入了有争议的地区。当炸弹的刺鼻烟雾穿过棚屋时,人们开始撤退。

来自华盛顿堡的300名步兵在穿过营地时戴上了防毒面具。炸弹被投掷到老兵的队伍中,而他们的抵抗只能是嘲笑和咒骂。

步兵在进攻的第一线,骑兵在后面支援步兵并守住收复的区域。随着烟雾弥漫整个地区,警察、退伍军人和围观者的眼睛都被烤焦了。

棚屋被烧毁

该地区西南角的一些棚屋发生的火灾进一步加剧了混乱。据说这场大火是由退伍军人引起的,他们把汽油洒在棚屋上并在撤离前用火把将其点燃。

退伍军人撤退时,蓝色的烟雾弥漫在该地区上空。另一支步兵分遣队则开始从侧翼进攻,他们把老兵们向南逼到马里兰(Mareyland)和缅因(Maine)大街上。

当士兵们迅速穿过位于宾夕法尼亚大道344号的营地主楼时,一枚又一枚瓦斯弹被扔了出来。烟雾把退伍军人从大楼的上层赶了出来。

数千名围观者遭到了催泪瓦斯的袭击。人群中的妇女和儿童受到了影响,店主被命令锁上门。

有一人因催泪瓦斯和高温而受伤。一辆救护车迅速把受害者带走了。当部队向该地区的东南角进发时,坦克紧随在步兵之后。

军队匆匆穿过军营的场面让人想起了世界大战时期的情景。由于发生了火灾,消防队也被召来阻止火势蔓延。

一些边撤退边在头顶挥舞着美国国旗的讨偿老兵做了一个徒劳的手势,试图阻止士兵们前进,之后他们捡起几枚还没爆炸的瓦斯弹,扔回到军队的队伍中。但是士兵们还是继续前进。

受命离开

骑兵在这一地区一边前进,一边清理着步兵的工作。一个拔出马刀的骑兵在一个棚屋里发现了一名老兵。"从这儿滚出去",他拿剑指着老兵说。

这名老兵把自己的鞋子高举起来,说自己正在穿鞋。"无所谓",那个军官说。棚子里的妇女和儿童也被驱散。他们中的一些人离开时手里还拿着锅碗瓢盆和一些家庭用品。

在大火的召唤下,消防队员开始行动,他们开车冲进了火海中。刺耳的警报声增加了喧嚣。老兵们的嘘声和嘲笑声在整个区域回荡,中间夹杂着旁观者小声的欢呼声和嘲笑声。

骑兵的马变得难以驾驭

骑兵的马匹被喊叫和混乱包围,在刺鼻的气体和火焰中受到惊吓,变得难以驾驭。其中一匹马冲进了药店的大门,把骑马的人带过了人行道,也带入了药店。

快到 5 点时,骑兵沿着历史悠久的宾夕法尼亚大道进入人们的视野,旌旗在马头上方飘扬。马匹在宾夕法尼亚大道和第 6 大道交汇处停了下来。然后骑兵们进入了第 3 街,后面跟着 5 辆惠比特坦克,在大街上咔嗒咔嗒地行进着。当格拉斯福特将军命令所有观众撤离现场后,另一辆坦克也进入了受影响的地区。

马匹分散在大街上,阻止了所有车辆的行驶。当骑兵列队向西北行进经过第 3 街和第 4 街之间的营地时,老兵们向他们发出了叫喊声以及轻微的嘘声。

纵队的头领停了下来,一个骑兵部队跟在他们后面,紧接着是一个机枪连。他们都来自迈尔(Myer)堡。

随后从华盛顿堡来了几个步兵连,步兵连的士兵装备着战壕头盔、步枪和固定的刺刀,肩上挂着一袋袋催泪瓦斯弹。

骑兵们携带着卡宾枪、军刀、手枪和催泪弹。

那些穿卡其色衣服的人表情严肃,沉默不语。讨偿奖金的游行队伍向他们发出"俏皮的笑声"。乔治·巴顿少校骑着马沿着大道跑过来时,受到了人们的嘲笑。他审视了一下形势,然后回到了麦克阿瑟将军身边。

骑着马的勤务兵来回走动,在各部队指挥官之间传递信息。一名老兵喊道:"孩子们,第一个动作是趴在马肚子上!"

一些老兵突然喊道:"嗨,嗨,这帮家伙都来了!"格拉斯福德将军和军方官员举行了一个简短的会议。随后士兵的分遣队在……街区周围就位。

军用卡车满载着新的瓦斯弹开了过来并分发给了士兵们,士兵们把它们装进他们的口袋里。

在西南地区的整个事件过程中,老兵们被士兵的步枪催促着不停地向前行进。

从宾夕法尼亚大道上的营地离开几分钟后,一群退伍老兵走向了和平纪念碑。有一个老兵肩上扛着一条毯子,开始唱《收起你的烦恼》。他的同伴们愤怒地喝止了他。

在和平纪念碑附近,一位坐在一个装满衣服的包装盒上的妇女开始对骑兵、警察进行谩骂,随后也谩骂了老兵们。

一些老兵向士兵们发出挑战,要求他们下马战斗。在一个举着一面美国国旗的高大黑人后面,一群讨要奖金的老兵从两个守在前线的骑兵中间冲了过去。

那个穿着马靴和裤子的黑人高举着国旗,他是一个三角形的顶点,100 多名老兵聚集在这个三角形周围。

突破防线

骑兵们试图把那个举着国旗的黑人往后推,但没有成功,于是他们把自己的马直直地插进人群,其中 5 匹马突破了防线,驱散了人群。

在另外一个地方,几名老兵试图把一名骑兵上尉从马背上拖下来,但其他士兵冲上前去,把老兵赶了回去。

皮克斯基尔骚乱,1949 年

1949 年 8 月 28 日,美国共产党计划在纽约市以北约 50 英里的皮克斯基尔(Peekskill)举行一场露天音乐会。保罗·罗布森(Paul Robeson)将成为音乐会上的歌手之一。起初,由于当地暴徒袭击了一群正在观看演出场地的赞助商,音乐会不得不推迟。音乐会在一周后的 9 月 4 日举行,赞助商知道可能会有麻烦,于是提供了安保进行保护。音乐会照常进行,但当观众离开时遭到了袭击。在离通往纽约市的道路数英里的地方,他们的汽车遭到了美国军团成员、威彻斯特(Westchester)警察和当地反共分子的袭击。袭击者向挡风玻璃投掷石块,殴打离去的观众,高喊反激进分子、反黑人、反犹太的口号。接下来的第一个叙述来自小说家霍华德·法斯特(Howard Fast),他曾是一名共产党员,也是音乐会的组织者之一。其他的叙述来自威彻斯特公民委员会的一份报告,转载于《快报:皮克斯基尔的个人经历》(1951 年,第 82—89、105—107 页)。

我们的音乐会进行得很顺利。尽管困难重重,但那天的音乐还是很不错的。保罗·罗布森嘹亮的歌声在山间回荡,乐队演奏了汉德尔(Handel)和巴赫(Bach)的音乐,皮特·西格(Pete Seeger)和他的朋友们唱着那些古老的歌曲,歌颂那个不把叛国、仇恨和暴政作为美国人最推崇的美德的时代。警察也无所不用其极。当他们发现无法阻止这场音乐会时,就弄来了一架直升机,不停地盘旋在我们装载音响的卡车上方,一次又一次轰鸣着向我们俯冲下来,试图用发动机的噪声掩盖我们的音乐。在某种程度上,他们成功了,但幸运的是,直升机的发动机噪声比普通飞机小。音乐会没有被完全破坏……

此时有些人的汽车已经在离开了,下午的时光正在慢慢逝去。R——他一生中最好的时光是在两次战争中做过士兵并且曾是一名工业组织者——对危险的嗅觉比我灵敏,他一直在摇头。

"我不喜欢这样,我不喜欢这样,"他不停地说。

两名保安从一排车中走过,告诉每一位司机:"当接近出口时,请关闭所有的车窗。他们好像在投掷东西。"

当时的形势对我们来说是全新的,福特、普利茅斯和庞蒂亚克并不是作为军事武器制造的汽车。如果有人扔东西,出于安全起见应该关上车窗,这似乎是非常正确的,而开车的人对大肆吹捧和广为宣传的防碎玻璃充满了幼稚的自信。没有人对这一建议提出质疑,但就算他们提出了质疑,也会出现其他形式的破坏。

排队等待的车移动几英尺就得停下来,然后等大约5分钟,再走几英尺。我开的是一辆旧车,而且只能靠这辆车出去,我担心汽车发动机会过热,所以我要经常熄火。但是突然间我们的车都动了起来,入口就在眼前,我们开着车从入口出去。入口有一小伙恶魔在作乱。当汽车驶出时,警察在仇恨的狂热中用他们的警棍打砸着汽车(没有打人),他们打碎了挡泥板,猛击挡风玻璃,如群魔乱舞一般。即使透过紧闭的窗户,我们也能听到警察不断地发出不体面的誓言、种族主义的言论以及美国黑社会种族仇恨的脏话。这些话语被浓缩到这些所谓的法律"守护者"身上,然后被他们从嘴巴里全部喷涌出来。他们大约有30个人聚集在门口,抽打着那些汽车,仿佛这些汽车是他们憎恨的活生生的东西。

(顺便说一句,这是保罗·罗布森乘坐的那辆车的经历。为了对付车内的人,警察把挡风玻璃打碎了,还砸烂了汽车。)

但这只是个开始……

事情发生得太快了,但我们有必要将整个过程慢慢说清楚。在我右转上州道大约30码后,袭击就开始了。路的左边有2个警察,他们相距约20英尺,中间有六七名军团士兵和一大堆很大的石块。当我的车进入他们的射程时,他们开始投掷石块。警察没有投掷石块,他们只是看着,用微笑表示赞同。很明显,这2名警察已经被派去充当这群投掷石块的人的警卫——以防有一辆车停下来攻击这些投掷石块的人……

我的反应很慢,我只是在第一块石头砸到车上时才明白发生了什么。第一块石头砸在了前后车窗之间的门框上,第二块石头击中了挡风玻璃框架,后来,又有两块很大很重的石头砸到了汽车的车身。警察们捧腹大笑……

就这样,一群又一群人,经历了噩梦般的考验。

后来，我们不得不突然放慢速度。前面一辆汽车的情况比我们还要糟糕，这辆车每扇窗户都被砸碎了，后窗也不例外。我记得我对R说，"路是湿的。他们一定是砸中了油箱或者散热器"。

一股黑暗的湿气从我们前面的汽车里流出来，然后我们意识到那是血，大量的血从车里流到了路上。

又有石块向我们投掷过来，我开着车继续往前走。我们已经走了1英里多了。前面那辆车靠边停了下来，司机坐在那儿，头趴在方向盘上。他的头上全都是血……

在离音乐会场地2英里左右的地方，一辆汽车开进了一个加油站。这辆车和其他很多车一样，在车后留下了一串血迹。5名成人和1名儿童从车里出来，他们从头到脚都是血。孩子在轻轻地哭泣，他们很茫然地站在那里。而几英尺外，一群年轻的流氓正向过往的汽车扔着石块。我把车开到加油站，想停下来看看能不能帮助那些受伤的人，但是一个守在那里的警察向我们跑过来，一边咒骂着一边用棍棒敲打着汽车。看到他拔出了左轮手枪，我们只好继续向前驶去。另一辆车停了下来，R——转过身来，看到一个警察用一只手持棍棒敲打汽车的挡风玻璃，同时另一只手拔出了左轮手枪。这是一种近乎偏执狂一样的行为，尽管我过去曾多次看到警察疯狂地表达对工人或进步人士的仇恨，但我从未见过与此类似的行为。我必须强调的是，这些都不是个例。因为过了一会儿，当我们停在一个十字路口时，我们看到另一名警察也打碎了一辆停下来问路的汽车的挡风玻璃。

我们继续在皮克斯基尔、布坎南（Buchanan）和哈德逊河畔的克罗顿（Croton）的乱石中狂奔，我们走过的道路上满是鲜血，到处散落着碎玻璃。我一生中从未见过这么多血——我从来没见过这么多人被玻璃割伤得这么惨，流这么多血。在另一个加油站，我们看到3辆车停在血泊中，旁边的人正在努力给车上的人止血。

目击者：引自威彻斯特委员会

罗斯·C.布鲁克林（Rose C. Brooklyn）这样描述他的见闻："另一块石头砸穿了前面的车窗，砸到了坐在前排的司机的妻子。玻璃割伤了她的右臂，血流不止，她变得歇斯底里。妻子和车的状况让司机感到十分不安，他停下车，告诉骑警，如果他不能得到保护，他就不会再往前走。骑警说：'你这个该死的混蛋,快跑,不然我就揍你。'"

……

来自布鲁克林的亨利·F. 肯尼迪(Henry F. Kennedy)和其他一些二战老兵来到这里,协助准备这场音乐会。"游行者高喊着各种亵渎的语言。其中一人喊道:'我们会给你们齐心协力的机会,然后让你们自食其果!'然后,他咧着嘴笑着说,'杜威(Dewey)会保护你们的,哦耶!'

音乐会结束后,他和其他音乐会安保人员开始驶向入口。突然,不知从哪儿冒出来一群骑警朝我们的车冲过来,这些骑警边冲边喊道:"快从车里出来!"我们还没来得及答应,他们就把我们拉到了路边。我看到我们车前那辆车里的司机就因为他抗议警察的粗暴行为被一名警察击打了肾脏部位。这些骑警把车里从仪表板上的储物箱到后备箱的所有没固定好的东西都扔了,随后命令我们回到车上。

过了一会儿,又有一群(大约 15 名)警官和警察命令我们下车,他们对我们的态度和行为比骑警还粗暴。其中一些警察很明显喝了酒,他们的脸涨得通红,脾气暴躁,拿着棍棒不分青红皂白地向所有人挥去。

他们又一次命令我们上车。过了一会儿,另一群警官和警察过来命令我们下车。这一次,我对我的伙伴们说:"又来了,出去再进去。"一个警察听到了我们的谈话,喊道,"嘿,这个狗娘养的在顶嘴!"于是一群警察和警官向我和车上的人发起了袭击,这是我经历过的最暴力、最恶毒的行为。其中一人同时抓住了我的衣领和喉咙,把我扑倒,我脸朝下摔在泥土里,离汽车只有八英尺远。然后,他开始殴打我们所有人。我的衬衫和西装都被撕得七零八落。另一个警察把我拉了起来,说:"上车,快走,你这个红色的混蛋!"另一个显然是警察队长,他说:"滚回犹太人的城镇去,如果我们再在这里抓到你,我们就杀了你!"

"来自新泽西州的约翰·N. 说:"一名骑警说,'让我来对付这些混蛋'。其中一个人停在我坐的右前窗边,用他的警棍指向我的左眼,仔细地瞄准我。当我看到棍子飞来的时候,我低下了头。警棍没击中我的眼球,却击中了我眼睑的一角,血汩汩流出,当我抬起头时,他又用警棍对准了我的眼睛。我用胳膊把棍子挡开了。"

"随后警察命令我们下车。而当我们下车时,他们开始用棍棒打我们的头。"

"我被迫在 15 至 20 名警察的围攻下跑开。他们每个人都用棍棒打我的头或后背。我试图逃跑。他们把我摔倒在地，继续殴打我。一个警察注意到我的左手上缠着绷带，那是一周前被烧伤的。他的脚跳到我的那只手上，然后用脚后跟踩在绷带上，把我的一根烧伤的手指踩断了。"

来自布朗克斯的莎拉·M.（Sarah M.）说："我看到几个受伤的人向骑警和警察求助。他们不仅被拒绝，还遭到了嘲笑，被警察骂'肮脏的犹太人''肮脏的n——'，一些受伤的人还被警察用棍棒殴打。我还看到一些骑警和警察向私家车和公共汽车扔石头。"

来自皇后区的威廉·G.（William G.）说："当我们乘车经过时，几个州骑警用蔑称咒骂我们，比如'滚出去，你这个肮脏的某某人。''你们得到了报应，你们这些下流的人。'我看到州骑警在和那些危及我们生命的流氓开玩笑聊天。"

来自长岛法拉盛的马文·L.（Marvin L.）说："在这个过程中，警察使用了各种卑鄙的侮辱性语言。'拉开他们的腿，打他们的腹股沟。'最后一句是对正在殴打前面车里男子的警察说的。"

来自纽约科罗娜的欧文·W.（Irving W.）说："那些戴着美国退伍军人帽或者戴着另一个组织淡蓝色海外军帽的近30岁的人以及一些中年人，不断地走到我近旁的矮石墙跟前，尖声说着肮脏污秽的话，挥舞着拳头威胁我。'你不可能活着从这里出去！'和'等着瞧，你们这些黄色混蛋今晚休想走！'他们绝对是成年的参与者，而不是十几岁的小孩。"

自由乘车者，1961年

20世纪50年代后期，南方开始了一场新的民权运动，它的首要目标之一是废除交通设施和餐馆的种族隔离。1961年，民权工作者试图争取执行1958年最高法院的一项裁决，该裁决要求废除公交车站和候车室的种族隔离制度。5月4日，在詹姆斯·法默（James Famer）和种族平等大会（Congress of Racial Equality，CORE）的领导下，两辆载有13名自由乘客（6名白人和7名黑人）的巴士离开华盛顿前往新奥尔良。当他们到达阿拉巴马州时，一辆巴士遭到燃烧弹袭击，乘客被殴打了好几次。这篇关于阿拉巴马州安尼斯顿（Anniston）和伯明翰（Birmingham）袭击事件的记述，是由"自由乘车者"（Freedom Riders）成员之一的詹姆斯·佩克（James Peck）撰写的，它首次刊登在1961年5月16日的纽约《邮报》上。参见路易斯·洛马克斯（Lousis Lomax）的《黑人起义》（1962年）、霍华德·子恩(Howard Zinn)的《新废奴主义者》(1964年)以及莱斯特·A.索贝尔(Lester A. Sobel)的《公民权利,1960—1966》(1967年)。

当你卷入其中的时候,你必须记住的一件事是永远保持非暴力。

另一件你应该记住的事情是用你的手保护好你的头和脸。

我记住了第一件事情——我想我也记住了第二件事情——但我却没有做好保护好自己的工作。今天我的身体很僵硬,他们在我的头上和脸上缝了50针。

老实说,我今天连笑一下都会有点痛……

我们从亚特兰大(Atlanta)乘了2辆巴士,第一站是安妮斯顿。我们一行人——共有7个人——在第二辆巴士上,这是一辆"旅途公司"(Trail Ways)的巴士。另一组(共10人)坐着"灰狗"(Greyhound)长途汽车首先到达了安妮斯顿。被烧的就是那辆车。

我们在安尼斯顿停了约15分钟,直到要离开安尼斯顿时我们才知道遇到了麻烦。当我们第一次驶进这个小镇时,它看起来很安静,死气沉沉的,如同小镇上任何一个星期天的下午。街上没有人或任何其他的动物。

随后,就在我们要离开的时候,8个白人流氓上了车。巴士司机告诉我们第一辆车遇到了麻烦,和我们一起的黑人必须挪到后面去,否则他就不开车。当然,黑人们都没有去后面,于是这8个流氓就开始了行动。

黑人们坐在巴士前面,8个白人开始推搡并殴打他们。我跑过去帮忙——抵挡他们的殴打——所有你能听到的都是皮开肉绽和骨头被棍棒击打的声音。

但我们没有尖叫。而那些白人流氓,他们叫喊着一般骂黑人的那些话,比如"该死的黑鬼"和"你们这些白人共产主义者为什么不留在北方?"

最后我们被推到了后排,这8个白人——他们都很年轻——坐在前排,在我们之间有一片空座位区域,就像一个无人区。白人不停地回头瞪着我们,嘴里嘟哝着,好像要杀了我们似的。

事实上,我想我们在踏上去往伯明翰的路途之后不久,这些男孩在我们到伯明翰之前可能还有一个小团伙,我曾想过也许我们永远也到不了伯明翰了。也许他们会叫我们下车,再殴打我们一次。

但是还好,我们没有被再次殴打。他们8人就坐在那里,眼睛瞪着我们,嘴里嘟哝着。

我不知道其他人怎么样,但我不怎么害怕。我想我已经习惯了,所以我没有害怕。你只要下定决心不害怕就可以了。

当我们快到伯明翰时,汽车开始从郊区进入城里,我们开始聚集在一起。在安妮斯顿时我被弄得浑身是血,我试着把自己收拾干净。其他人也挺直了身子——好像他们要去参加聚会之类的……

我们到达的时候,他们就已经在那里了。我们马上就发现了他们。他们围成一个半圆形,大约有 25 个人——他们都很年轻,互相咧嘴笑着。而且,我发誓,他们几乎是垂涎欲滴了。虽然长得不是那个样子——我不想夸张——但他们看上去就是那副德性。

我记得我看着查理,他也看着我。我们都耸了耸肩,好像在说"又来了",然后巴士停了下来。

然后我们不得不离开。波尔森(Person)——他是个黑人——我们俩是最先从车里出来的两个人。这是我们的计划。我们开始朝午餐柜台走去。其中一名暴徒走过来对我说:"你是白人的耻辱,"另一个人上前对查理说:"你是黑人的耻辱。"但我们俩继续往前走。

我们当时到了等候室。就在我们要去午餐柜台的时候他们拦住了我们。他们把我们推到一条小巷里,大约有 6 个人开始殴打我。

真的太痛苦了。我用手捂着脸和头,但他们人太多了,而且他们还在不停地猛烈地对我进行拳打脚踢。其中一个人不停地喊着:"抓住他,抓住他。上帝啊,好好地教训他。"

他们不仅用了拳头。后来医院里的医生告诉我,他们肯定用铁链和铜棍攻击了我的后脑勺。但幸运的是,他们只用拳头打了我的脸。

这时我已经在流血,很快我便昏迷不醒了。然后我被送到一处私人住宅,但最后他们认为我应该被送去医院。医院里的人对我很好,他们给了我很好的治疗。

他们在医院给我做手术的时候我不知道我在想什么。没什么特别的,除了疼得要命,我也没有觉得我再也不会成为世界上最帅的男人了。

密西西比州牛津市,1962 年

1954 年 5 月,最高法院一致通过一项裁决,下令"从速"废除公立学校的种族隔离制度。在南方,密西西比州参议员詹姆斯·O. 伊斯特兰(James O.

Eastland)发起了一场声势浩大的抵抗运动,他建议蔑视法院的判决。商人和专业人士组织了白人公民委员会,其成员经常鼓励南方下层白人进行暴力抵抗。在一些地区,三 K 党死灰复燃。

1962 年,黑人学生詹姆斯·梅雷迪思(James Meredith)试图进入牛津的密西西比大学(University of Mississippi)学习。1962 年 6 月 26 日,校方被勒令录取他。州长罗斯·巴奈特(Ross Barnett)不顾法院和联邦政府的反对,宣布他将利用州权力阻止梅雷迪思入学。然而,该州的商业和专业人士对公然反抗国家政府感到震惊并试图阻止巴奈特,随后巴奈特与肯尼迪总统进行了秘密协商,假装投降。他将在联邦法警的逼迫下让步。然而,就在法警到来前不久,他在一场足球赛上宣布:"我热爱密西西比州!我热爱密西西比州的人民!我热爱密西西比州的习俗!"埃德温·沃克(Edwin Walker)将军号召 1 万名志愿者来到牛津市帮助巴奈特,这一个倡议得到了数千人的响应。9 月 30 日晚,一群来自密西西比州和南方的视自己为匈牙利自由战士的学生,袭击了护送梅雷迪思进入校园的联邦法警小部队。尽管肯尼迪总统在电视上敦促学生们遵守法律,但袭击仍持续了 15 个小时。暴乱最终被 3 000 名联邦士兵和联邦国民警卫队平息。总计有 2 人死亡,70 多人受伤。联邦军队在牛津市待了一年多来维持秩序,以保护梅雷迪斯。

下面是由乔治·B. 伦纳德(Geoge B. Leonard)、T. 乔治·哈里斯(T. Geoge Harris)和克里斯托弗·雷恩(Christopher Wren)所作的名为"秘密交易如何阻止了密西西比州的大屠杀"的叙述,摘自《观察》(1962 年 12 月 31 日,第 19—33 页)。参见詹姆斯·W. 希尔弗(James W. Silver)的《密西西比:封闭的社会》(1964 年),霍丁·卡特尔(Hodding Carter)三世的《南方反击战》(1959 年),美国友人服务委员会、全国基督教会理事会、南方地区理事会编撰的《南方种族危机中的恐吓、报复和暴力》(1959 年)以及詹姆斯·霍华德·梅雷迪思的《在密西西比州的三年》(1966 年)。

梅雷迪思平静地在海军航空站的自助餐厅吃午饭,他的同伴约翰·杜尔(John Doar)正在打电话。约翰·杜尔接受了司法部的命令:在三点半之前准备好和梅雷迪斯起飞。后来他们二人接到命令,飞机要在 5 点 50 分到达牛津市并在上空盘旋,直到接到降落命令。

杜尔可以听到 4 辆运输车的引擎声,这 4 辆运输车将把第一批 170 名法警送到牛津市。一支由 30 辆配有双向无线电的美国边境巡逻车组成的车队已经准备好再送 60 人去密西西比大学。

一架来自华盛顿的捷星(Jetstar)航空的飞机降落在了牛津市机场。由尼克·卡岑巴赫(Nick Katzenbach)负责的司法部特别小组走下了飞机。卡岑巴赫打电话给司法部长。行动仍在进行。

在机场和校园之间，由卡岑巴赫领导的法警车队会见了州巡逻队负责人伯德桑上校(Col. T. B. Birdsong)。卡岑巴赫和麦柯肖恩(Mcshane)法警队长下车寒暄了几句。政府把那天晚上大部分希望都寄托在老上校坚定不移的态度和应对能力上。

由 7 辆橄榄色卡车组成的车队继续前行。一位警官带着和他肩膀一样宽阔的笑容站在第三辆卡车的踏板上。33 岁的克拉伦斯·阿尔伯特·巴特勒(Clarence Albert Butler)是四个小组的领导人之一。他用老练的眼光判断着两边人群的情绪和意图。

"你会后悔的，"一个年轻人喊道。巴特勒笑了。"黑鬼爱好者，"另一个人喊道。巴特勒又笑了。与他见过的其他暴民相比，这一群暴民似乎还不算太坏。一些人甚至鼓起了掌。也许这是嘲讽的掌声，但他们的确在鼓掌。

巴特勒看见他的前面有一个 5 岁左右的男孩戴着一顶牛仔帽。巴特勒不喜欢孩子脸上恐惧的表情，他挥手喊道："嗨，牛仔。"男孩也笑着挥了挥手。

高速公路上的巡警在女生联谊会入口处站岗。遵照伯德桑上校的命令，他们让法警通过了入口。卡车驶过富丽堂皇的白色女生联谊会房屋，然后绕过一片小树林，缓缓地驶向沿着小树林倾斜而上的装饰着白色柱子的学堂(Lyceum)大楼。这是大学的行政大楼，是法警的首要防护目标。这里唯一的生命迹象是一只偶尔在草地收集橡子的松鼠。巴特勒被这里的美丽和静谧所吸引。

下午 4 点 15 分，法警们下了车，在学堂大楼周围形成了警戒线。巴特勒的 48 人小组占领了正对着树林的前面区域。巴特勒沿着街道在他的手下人面前踱来踱去。人群很快聚集起来。不到半个小时，巴特勒就估计人数大约有 500 了，几乎都是学生。第一声枪响是口头的，而巴特勒是主要目标。"警长，你妻子今晚在哪里？跟一个黑鬼在家？"

巴特勒那灿烂的笑容很快为他赢得了"微笑符"(Smiley)这个绰号。

"微笑符，你有一个黑鬼情妇。你有黑鬼的孩子。"

尼克·卡岑巴赫很快就装好了一条从学堂大楼到罗伯特·肯尼迪(Robert Kennedy)在华盛顿的办公室的电话线，后来又装了一条电话线到白宫。他告诉司法部长,梅雷迪思现在可以来校园了,最好是乘坐飞机去机场,然后从机场开车过来。

机场,就像一场噩梦。等候在机场的卡岑巴赫抬头仰望黄昏的天空,看到3架几乎一模一样的轻型飞机在盘旋。哪个是梅雷迪思乘坐的飞机?第一架降落的飞机是一架蓝白相间的塞斯纳310飞机。卡岑巴赫和(司法部的)古斯曼(Guthman)赶紧跑了过去。飞机上不是他们要接的人。他们转身跑向下一架飞机。这架飞机上是梅雷迪思。在伯德桑的帮助下,他们顺利地把梅雷迪思带进了校园,并把他带到巴克斯特大厅(Baxter Hall)的房间……

罗伯特·肯尼迪和伯克·马歇尔(Burke Marshall)(来自司法部)得知梅雷迪思已经安全抵达校园后,他们开车前往白宫。总统的办公室里挤满了电视设备和技术人员。为了确保梅雷迪思已经安全到达校园,演讲被推迟到晚上10点钟。罗伯特·肯尼迪和马歇尔在内阁会议室见到了总统和他的几个助手。

所有人都同意了向全国发表讲话的内容和基调。罗伯特·肯尼迪建议增加对密西西比大学学生的呼吁。此时从学堂大楼电话传来的报告仍然是令人安心的。

然而,站在学堂大楼门前的阿尔·巴特勒警长却开始担心起来。就在夜幕降临的时候,他的左腿被一个制作粗糙的燃烧弹击中,这是一个装满打火机油的苏打瓶。瓶子摔在人行道上时,导火线熄灭了。几分钟后,又有一个空瓶子击中了他的左臂。

人群迅速膨胀到1 000人,然后又超过了2 000人。学生们把点燃的香烟扔到停在学堂前的军用卡车的帆布顶上。一辆卡车被一张燃烧的纸点着了。司机迅速把火扑灭。

密西西比的州骑警伫立在法警和暴徒之间,中间的距离很大。当巴特勒要求骑警把人群往后移时,人群照做了。但是有些暴徒成员穿过密西西比执法者的队伍溜走了。

咒骂法警的话语现在已经达到了淫秽的极限。巴特勒听到人群中那些漂亮的年轻姑娘们嘴里冒出的污言秽语,感到十分震惊。巴特勒仍保持着微笑。他想,如果他所要面对的只是语言的攻击,他将会很感激。他也不特别在意那些向自己吐的唾沫,或者那些嘲笑他的暴徒向他投掷的硬币。

法警警长麦柯肖恩看着这些暴徒,嗅到了危险的气息。他认为州骑警没有能力或不愿意把人群往后赶。有些骑警似乎已经混在了第4或第5排的人群中了。大约就在亚伯拉(Yarbrough)回到学堂的时候,麦柯肖恩在人群中看到了一个2英尺长的管道拱,这个管道拱击中了一个法警的头盔。他喊道"毒气!"并命令法警立刻戴上防毒面具。法警们都戴上防毒面具后,人群暂时退了下来。

就在这时,一个瓶子打中了阿尔·巴特勒的胳膊。一种乳白色液体溅在他手上,然后顺着他的袖子流了出来。几个小时后,巴特勒意识到,酸液正在灼烧他的肉体。

"开火!"

麦柯肖恩的命令几乎淹没在暴徒的咆哮声中。靠近队伍中央的法警首先开火。参差不齐的枪声从右到左依次响起。法警枪里的子弹在35英尺的范围内释放出催泪瓦斯。子弹里的蜡絮击中了几个人,他们以为自己被子弹击中了。几个用手投掷的瓦斯罐也击中了人,包括直接处在开火队伍中的州警察。

此时是牛津市时间晚上7点58分。

密西西比大学战役仍在继续……

亚特兰大《日报》的记者弗雷德·波利奇(Fred Powledge)被困在一辆挡在法警和暴徒之间的汽车里。之前波利奇曾遭到了猛烈攻击。人群四处寻找着记者。

此时,波利奇只能蜷缩在车里,试图想出下一步该怎么办。如果他跑向法警,他们会认为他在攻击法警,他会被催泪瓦斯包围。但是,如果他跑向暴徒,他就会成为被一群猫围困中的死老鼠。

他跌坐在座位上,打开了车上的收音机。总统正在对密西西比大学的学生讲话。

"全国和全世界的目光都在关注你们,关注我们所有人。你们的大学和州大学的荣誉正处于危急之中……"

砰!砰!砰!三声催泪瓦斯枪声响起。

"……我相信绝大多数学生都会维护这个荣誉……"

一排石头从汽车上空呼啸而过。

"……简而言之,没有任何理由不能按照法院所指示的方式迅速、平静地结束这一事件……"

一团催泪瓦斯的烟雾飘过汽车。尽管身陷困境,但波利奇还是为总统感到难过。

但这种感觉很短暂。他听到身后有个声音："把车上那个狗娘养的干掉。"他似乎已无处可逃。就在这时，3个法警向他冲了过来。第一个人跳向空中，越过车顶开枪。波利奇看到"一阵美丽的烟雾"在他的攻击者身上飘荡。有人大喊："肯尼迪是个狗娘养的。"人群往后退去……

子弹开始飞溅在学堂大楼上。任何出现在窗口的人都会引来火力攻击。法警们蹲在学堂前的卡车后面。一些法警要求允许他们用手枪回击。法警打电话给白宫提出这一请求，但白宫拒绝了。

奇怪的是，只有少数暴徒袭击了巴克斯特大厅，而对它的防守实际上比学堂大楼薄弱得多。当时只有24名法警，它与学堂唯一可靠的通信工具是停在外面的一辆边境巡逻车里的收音机。但是巴克斯特的法警得到秘密许可，在最后关头可以使用手枪，因为梅雷迪思在那里……

卡岑巴赫尽可能拖延请求军队的时间。晚上10点之前，由于枪声越来越密集，他只好告诉罗伯特·肯尼迪，要求他们最好调动军队。随后卡岑巴赫打电话给牛津市的国民警卫队军械库，请已故小说家威廉·福克纳（William Faulkner）的侄子默里·福克纳（Murray Faulkner）上尉带着他的手下来到学堂大楼。

阿尔·巴特勒喘着气。"卡岑巴赫先生，"他说，"这不是一场暴乱，而是一场武装叛乱。"

10点45分，巴特勒看到4辆吉普车和3辆卡车的车灯朝树林照射过来。那是福克纳，一路上冒着各种砌砖、燃烧弹的攻击和路障的阻碍冲了过来。他手下的55名密西西比卫兵试图抵挡砖块和瓶子的密集攻击，但未能成功。一枚燃烧弹击中了福克纳的吉普车，还好没有爆炸。福克纳举起左臂来保护自己的脸，一块砖头击中了他的手臂，折断了两根骨头。当他们到达学堂大楼时，有13名卫兵受伤，6辆车的挡风玻璃碎了，一辆吉普车上有6个弹孔……

暴徒烧毁了他们的第一辆汽车（那是一名教授的旅行车）并将其作为燃烧的路障。整个树林的北侧都笼罩在一片阴森的光线之中。人群安静下来。这种安静对法警来说是天赐之物，因为他们的催泪瓦斯又快用完了。

当暴徒拿着砖头和石头站在那里时，燃烧的汽车的喇叭声突然响起。它哀嚎了10分钟，就像汽车在痛苦地呼喊。许多人颤抖着扔下砖块，开始慢慢离去。到了午夜，大多数学生已经回到宿舍或兄弟会会所，他们的所作所为令他们自己都感到震惊。

外来者接管了战斗,隐蔽的狙击手增加了火力。其中一个趴在树林东北边的花坛上,用0.22厘米口径的步枪扫射学堂大楼。神奇的是,没有法警被打死。当时,至少5辆汽车同时起火。大约200多名密西西比警卫队士兵勇敢地穿越路障、砖块拦网和枪林弹雨,还有——这次是——一道燃烧的汽油墙。但是,他们和福克纳上尉的队伍一样,没有防暴装备,也没有接受过防暴训练,因此收效甚微。

在东南方几百码的地方,23岁的雷·冈特(Ray Gunter)——牛津市的一名自动点唱机修理工,他在观看战斗,突然他静静地向前一倒,一颗3.8毫米口径的子弹打中了他的前额。他死在了去医院的路上……

在白宫,总统、司法部长和伯克·马歇尔从一个电话打到另一个电话,从总统的办公室走到内阁会议室。他们感到沮丧、忧虑和恐惧。总统愤怒地要求军队立即行动起来……

2点04分,4辆灰色的海军巴士停在了女生联谊会入口处。唐尼·鲍曼(Donnie Bowman)带着他的人,双唇紧闭、表情严峻地走出了第一辆和第二辆公共汽车。那里的法警告诉宪兵们,巴士不可能穿过这群暴徒。士兵们必须走进去。一小群旁观者不怀好意地向士兵们起哄:"你们到那儿会受伤的。"一个州巡警用他手电筒的强光照着鲍曼手下5个黑人士兵中的一名士兵的眼睛,说:"你在这儿干什么,黑鬼?"

士兵们把刺刀装在上膛的步枪上。大约每5个人中就有一人携带一支上了膛的防暴猎枪。宪兵们戴上防毒面具,形成楔形队形。他们悄悄地向半英里外的学堂大楼行进,中间经过了灯光昏暗的女生联谊会房屋和幽灵般的小树林。在这期间,唯一能听到的是靴子的拖曳声和因为戴着防毒面具人们所发出的咕哝声和呼吸声。

不知从哪儿飞来一排砖头和石块打在他们身上。是伏击!燃烧弹就在他们面前爆炸了。士兵们在火焰中行进。一枚燃烧弹打碎了一名议员的头盔,但没有点燃。汽油从他的脸上和衬衫上滴下来。有几个人被击倒了。其他人把倒下的人拉起来,拖着他们往前走。"拿起来,伙计们,拿起来!"第503营指挥官约翰·弗拉纳根(John Flanagan)中校说。士兵们——仍然保持队形,刺刀准备就绪——出现在眼前时,法警们欢呼起来。

比林斯利(Billingslea)将军乘坐一辆边防巡逻车跟随宪兵们来到了学校。他向尼克·卡岑巴赫汇报,后者告诉他总统想让他接公开电话。将军的声音,在电话里带来了很多坏消息,让总统和他的兄弟意识到战争即将结束,尽管实际上还有好几个小时。

芝加哥,1968年

1968年8月,对越南战争的愤怒导致许多反战团体计划在芝加哥民主党全国代表大会上举行大规模抗议集会。成千上万的人来了,其中有各种各样的激进分子、雅皮士、参议员尤金·麦卡锡(Eugene McCarthy)的支持者,还有反对战争的非激进分子。发言人谴责了这场战争以及民主党和副总统休伯特·汉弗莱(Hubert Humphrey)。戴利(Daley)市长不允许和平游行或让抗议者睡在公园里,并动用警察来阻止违反命令的人,这为这次暴力冲突埋下了伏笔。

由芝加哥律师丹尼尔·沃克(Daniel Walker)领导的调查委员会称,这起暴力事件是"警察暴乱"。但在许多人看来,这场暴乱的主要责任在于市政府。1968年4月马丁·路德·金(Martin Luther King)被暗杀后,芝加哥警方在骚乱中表现得很克制,后来被市长戴利指责他们太宽容。市长命令他们"开枪打死纵火者,开枪打伤抢劫者"。大多数反战组织似乎并没有实施暴力的计划,尽管他们中的许多人显然预料到暴力会发生,还有少数人希望警察采取暴力行为,以使他们的主张得到见证。大会开幕前,来自和平组织的先遣队在公园里练习防御战术,市长戴利召集了6 000名警察,6 000名伊利诺伊州国民警卫队和6 000名配备了步枪的正规军,还准备了火焰喷射器和火箭筒。8月25日(周六)晚上11点,警方清空了林肯公园。因为是在宵禁时间,所以清空公园没有什么困难。抗议领袖建议遵守警察的要求。然而,第二天晚上,人们开始拒绝离开,高喊着"公园是人民的",并叫喊着一些污言秽语。第一次暴力事件开始了。8月28日(星期三),暴力达到了高潮,当时人们组织了一场前往举行大会的露天剧场的游行。警察用棍棒殴打正在降旗的年轻人,这引发了公园内的暴力事件。人群向警察投掷棍棒、鞋子、土块和瓶子,警察用催泪瓦斯进行报复并阻止了前往露天剧场的游行。人群随后聚集在环路和康拉德希尔顿酒店(Conrad Hilton Hotel),在那里警察失去了控制,开始向抗议者发泄他们的愤怒。警方还袭击了记者和新闻摄影师,砸碎了他们的设备并殴打他们。许多人愤怒地谴责了警察的行为,参议员亚伯拉罕·里比科夫(Abraham Ribicoff)甚至在大会会场上谴责这是"盖世太保在芝加哥街头的战术"。直到周五,暴力事件才告结束。

下面的叙述来自《沃克报告(Walker Report)》中的《冲突中的权利：1968年民主党全国代表大会当周示威者和警察在芝加哥的公园和街道上的暴力对抗》。该文献系芝加哥研究小组主任丹尼尔·沃克(Daniel Walker)提交给国家暴力原因和预防委员会的报告(1968年,第255—265页)。

下午7点57分,两群挥舞棍棒的警察聚集在一起,战斗也一触即发。不在直接冲突区域的人群基本保持原地不动,并唱起了"全世界都在看"的圣歌,但交叉路口却支离破碎,形成了一幅暴力拼贴画。

要精确地重现接下来的时间排序是不可能的。但毫无疑问,一场激烈的巷战随之而来。

人们跑去找掩护,路上却遭到警察袭击。警察不分青红皂白地朝他们挥舞起棍棒。

在现场的两名助理检察官形容警方的行为"充满敌意和攻击性"。一些目击者列举了一些特别触目惊心的个人事例。

"我看到一批批警察从四面八方涌来,"一名秘书早些时候说。"我周围的人群突然开始跑了起来。包括我在内的一些人被推搡到了人行道上,然后沿着密歇根大道一路来到了黑石酒店(Blackstone Hotel)。我想大家应该都慌了。"

"我害怕被撞到大楼的墙上……不知怎么地,我设法挤到了街道边缘……我看到到处都是警察。"

"当我抬起头来的时候,我的头立刻被一根棍子从后面打了一下,我想那一定是一根木制警棍。随后我被击倒在地,当我手脚并用想爬起来时,我的肩膀又被猛击了一下。我还是站了起来,跌跌撞撞地,结果又被击倒在地。在我摔倒的时候,我听到了'快走,快走'之类的声音,还有警棍折断的可怕声音。"

"第二次摔倒后,我记得我的后背被踢了一脚,我抬头一看,发现我周围的很多警察都没有戴警徽。警察不停地打我的头。"

最后,她来到了黑石酒店后面的一条小巷,由于"头部伤口流了很多血",她最终被一个朋友送进了医院的急诊室。在那里她接受了治疗,被缝了12针。

另一位年轻女子,也是在十字路口坐下来的人之一,当她看到警察时,她正手持一面"雅皮旗"沿着密歇根向南跑去。"我在十字路口的中间摔倒了",她说,"两个警察向我冲过来,停下来在我的肩膀、胳膊和腿上打了大约五六下,打得特别狠。他们骂骂咧咧,其中一个用膝盖把我的旗子折断了。"她设法逃进了格兰特(Grant)公园,最终成功逃脱。

另一名目击者说:"在我左边,警察抓住了一个人,把他打倒在地,用警棍敲击他毫无防护的后脑勺。我停下来帮助他。他年事已高,大概50多岁。他跪在地上,抱着流血的脑袋。当我停下来帮助他时,警察转向了我。'把那个混蛋从这儿弄出去!'伴随着这一命令,警察用棍子打了我4下——一下打在我的背部中间,一下打在我的背部底部,一下打在我的左臀部,还有一下打在我的腿后面。没有人要逮捕我或附近的任何其他人。我看到警察打的都是人的脑后、胳膊、腿等部位。被抓和被打的都是那些反应最迟钝、行动最混乱和最缺乏经验的人。"

警察们很愤怒。但他们的愤怒并非出于公正无私,也并非对社会有益,而是深层次的、过分的和自私的。"滚出去,你们这些混蛋"似乎是他们最常见的叫声。

"在我的右边,4个警察殴打了一个躺在地上的年轻人。他们殴打着他,同时喊道'起来,滚出这里'。与此同时,我和那个被我帮助的受伤的人挣扎着站了起来……"

一名示威者说,几名警察向他所站的人群走去,这时一名警察喊道:"嘿,那边有个黑鬼,我们可以抓住他。"据说随后他们转向另外一边,抓住了一名中年黑人男子,并殴打了他。

一名律师说,当他和一群示威者在巴尔博(Balboa)以南的公园里时,一名警官喊道:"抓住他们!"3个警察跑了过来,他们挑了一个女孩,当她从他们身边跑过时,打了她的后脑勺。当她倒在地上时,这些警官又用夜间警棍殴打了她。她的一个男性朋友随后冲警察大声喊叫。目击者说:"他被逮捕了。女孩被丢弃在地上。"

还有目击者是从酒店窗户看到另外两名女孩被殴打的。目击者说,他看到一名女孩"试图保护一名被打倒在地的示威者",这时一名警察走过来"用警棍打了她"。目击者说,警察还踢了女孩的肩膀。

《密尔沃基日报》的一名记者在他的声明中说:"当警察设法驱散抗议者时,他们追着用棍棒殴打抗议者。一些警察将个别抗议者追到一个街区外并殴打他们。在我看来,在许多情况下,警察在殴打完他们追捕的抗议者后,还不分青红皂白地袭击了碰巧站在附近的平民。而这些平民中的许多人并没有参与示威活动……"

"在我看来，"一个观察者说，"只有圣人才能咽下对军官们的恶毒言论。然而，他们在殴打雅皮士时走向了极端。我看见他们走进公园，拿着棍棒猛烈殴打躺在草地上的男孩和女孩们。我不止一次看到两名警察拉着一个雅皮士的胳膊，直到他的胳膊几乎脱臼。然后，当警察把这个雅皮士关进警车时，第三名警察用一根防暴棒捅向这个被逮捕的年轻人的腹股沟。而很明显，那个雅皮士并没有拒捕……"

当暴力在街上爆发时，沿着希尔顿酒店的东北边缘挤在警察身后的人群，正在经历一场完全不同的恐怖……

"我被挤在一群尖叫着、吓坏了的人当中，"一位旁观者说，"我们挤在一起，几乎要被挤进旅馆的砖墙。当我们站在那里喘着粗气时……一名警察手里拿着一罐化学喷雾剂（显然是梅斯毒气），平静地穿过路障。令人难以置信的是，他居然朝我们喷了起来。"的确有照片显示，有几名警察对人群使用了梅斯毒气。

另一名目击者是一名研究生，她说自己处在人群的边缘，可以看到"警察在路边的第一行人中随机喷洒了梅斯毒气"。一位在场的记者说，一位女士哭着说，"哦，不，不要用梅斯毒气！"他说一个年轻人呻吟道："住手！我们什么都没做！""其他人，"另一名目击者回忆说，"恳求警察告诉他们应该去哪里，就让他们到那里去……"

一部分人被困在康拉德希尔顿酒店前，被紧紧地挤压在干草市场酒廊的大玻璃窗上。坐在里面的一名记者说："受惊的男男女女砰砰地撞着窗户。消防队的一位队长告诉我们要远离窗户，因为窗户可能会被撞进去。我向后退了几英尺，看到外面的玻璃上有一块血迹。"

随着一声可怕的破裂声，窗户碎了，尖叫着的男男女女从窗户里滚了进来，有些被锯齿状的玻璃严重割伤。警察就跟在他们后面。

"我是被一大群人挤过去的，"一名受害者说，"我的右腿上有一个很深的伤口，后来被尤金·麦卡锡医院的医生诊断为动脉断裂。我摔倒在了酒吧地板上。当时有 10 到 20 个人摔了进来，我的腿都站不稳了，血流得很厉害"。

"一队警察冲进酒吧，用棍棒殴打所有在他们看来像示威者的人，同时一遍又一遍地尖叫：'我们必须清空这个地区。'警察简直就像疯狗一样到处寻找攻击对象……"

毫无疑问，从晚上 7 点 57 分开始的这段时间里，这场持续了近 20 分钟的暴力活动主要来自警方。然而，这并不完全是一场单方面的战斗……

"一些嬉皮士,"一名巡警在声明中说,"被其他向警察扔石头的嬉皮士击中。"胶片显示,当警察进入格兰特公园追赶示威者时,一名年轻男子将锯木架倒过来扔向前来的警察。副警长一度被扔过来的锯木架撞倒。至少有一辆警方的三轮车被掀翻。其中一名示威者说,公园里的人们撬起鹅卵石并将其打碎。有一个人把很多鹅卵石抱在怀里,冲向警察。目击者报告说,人们把"能抓到的任何东西"都扔了出去。卫生纸、湿毛巾,甚至烟灰缸从希尔顿酒店和黑石酒店的窗户里像雨点般落了下来。一名中尉说,他看到警察被"石头、樱桃炸弹、一罐凡士林、一罐蛋黄酱以及从掉落在街上的黄色路障上撕下来的木头碎片"轰炸。他也注意到了从酒店窗户上掉下来的碎片。

在混乱中执勤的一名巡警说,他看到扔向警察的东西有"石头、瓶子、鞋子、电话和垃圾桶盖。一卷卷的卫生纸从旅馆窗户里被扔了出来。我在街上看到了许多塑料高尔夫球,上面钉满了钉子,还有装满了像人类粪便一样的东西的塑料袋"。他说他看到两名警察(其中一名戴着软帽)被砖头砸中。

一名中士说,在骚乱中他指挥的两名男子的塑料面罩(他们自己付钱购买的)被砖头或石头砸碎。

一些警察因为飞弹或者是人身攻击而受伤。例如,有一个人帮助一位同事"扶起一个嬉皮士时,另一个嬉皮士瞄准我的腹股沟狠狠地踢了一脚"。这一脚部分踢中了那个军官的腿,部分踢在了他的睾丸上。他倒下了,踢他的那个嬉皮士逃跑了。

第六部分　个人暴力

汉密尔顿—伯尔的决斗，1804年

1804年，维霍肯（Weehawken）的决斗结束了亚历山大·汉密尔顿（Alexander Hamilton）和亚伦·伯尔（Aaron Burr）多年的政治对抗，而亚历山大·汉密尔顿因此丧命。汉密尔顿曾两次利用他的影响力阻止伯尔的晋升。1800年，当伯尔和杰斐逊（Jefferson）在选举团中势均力敌、总统人选由众议院决定时，汉密尔顿利用他在联邦党人中巨大的影响力反对伯尔。1804年，汉密尔顿竞选纽约州州长，并击败了伯尔。此外，报纸上刊登了一封信，信中有"汉密尔顿将军对伯尔先生所表达的卑鄙意见……"这样一句话。当伯尔要求对方确认此事是否属实时，汉密尔顿犹豫不决，但最终他在信中提出通过决斗来结束这一事件。汉密尔顿起草了自己的遗嘱，还写了一封解释信，在信中他声称自己厌恶决斗，但表示他会参加决斗，因为他相信公开表现出怯懦会让他失去未来在政治上发挥作用的能力。7月11日，他在新泽西与伯尔见面并进行了决斗，他在决斗中受了致命伤。以下描述是在决斗后几秒钟由纳撒尼尔·彭德尔顿（Nathaniel Pendleton）和威廉·P. 范尼斯（William P. Van Ness）为媒体准备的，参见哈罗德·C. 西里特（Harold C. Syrett）和雅各布·库克（Jacob Cooke）的《在维霍肯的采访》（1960年）。

按照之前的约定，伯尔上校抵达了现场。汉密尔顿将军到达后，双方互致问候，随后便开始安排相关事宜。他们测量了距离，足足有十步，然后抽签选择位置，并决定由谁来授牌，最终这两项结果都落在了汉密尔顿将军身上。他们接着在对方面前给手枪装上子弹，然后两方各就其位。随后，负责发号施令的先生向双方解释了射击的规则，内容如下：

双方各就各位——发出口令的副手会问他们是否都准备好了——如果他

确定自己已经准备好了,他应说"准备好了",然后双方应准备就绪,随时开枪。

当他们被问是否准备好并得到肯定的回答后,就按照约定的方式说"准备好了",然后双方都瞄准并连续射击。中间的间隔时间没有规定,因为在这一点上,秒数并不精确一致。两支手枪在几秒钟内相继开火,伯尔的子弹射中了汉密尔顿;汉密尔顿将军几乎立刻就倒了下去,伯尔上校则走向汉密尔顿将军。在汉密尔顿的朋友看来,他的态度和手势似乎是向汉密尔顿表示愧疚和遗憾,但他什么话也没有说就转身离开了——正如后来所说,他被他的朋友催促离开现场,以防止被正在赶来的外科医生和驳船人员认出。两位当事人之间没再有任何交流,载着伯尔上校的驳船立即返回了城市。我们认为应该补充的是,双方在那次会面中的行为是完全恰当的,适合当时的场合。

杰克逊—迪金森的决斗,1806年

约翰·迪金森(John Dickinson)是田纳西州纳什维尔(Nashville)一位成功的律师和时尚绅士,他与安德鲁·杰克逊(Andrew Jackson)的争吵源于政治方面的分歧。但当他对杰克逊的妻子做出侮辱性的评论时,情况变得越发糟糕了。在一系列争执之后,杰克逊谴责迪金森是"一个无用的酒鬼、流氓、无赖",而迪金森虽然已经是一名出色的神枪手,却还练起了神射狙击。他公开称杰克逊是"无用的无赖、胆小鬼和懦夫",随后他就向杰克逊发起了决斗挑战。决斗发生在离纳什维尔一天车程的地方。下面关于这场决斗的描述来自詹姆斯·帕顿(James Parton),他是杰克逊的当代传记作家,他与了解这场决斗第一手信息的人进行了交谈。参见詹姆斯·帕顿的《安德鲁·杰克逊的一生》(1860年,第1部分,第298—301页)。

他们骑着马沿着河骑了大约1英里,然后转身朝河的方向走,来到河岸上一个他们认为会有船夫的地方。由于没有找到船夫,杰克逊便策马冲进河里涉水过去,他的同伴紧随其后。他们骑马进入了一片白杨林,行进了不到200码,来到一个平坦的地方(或河底的中心地带),这里以前覆盖着成片的森林,而现在则是一片欣欣向荣的耕地。他们在到达指定地点之前停了下来并下马。杰克逊、奥弗顿(Overton)和一名从家里过来的外科医生则一起继续往前走,其余的人牵着马朝相反的方向走了一小段路。

"现在你觉得怎么样,将军?"当杰克逊转身要走时,其中一人问道。

"哦,挺好的",杰克逊高兴地答道,"我会把他赶走的,别怕"。

迪金森的副手赢得了位置的选择权,而杰克逊则获得了发言人的职位。精明的奥弗顿认为发出指令是一件非常重要的事,而且他已经决定如果抽签抽到他的话,他该如何发指令。8步的距离被测量好了,随后人也已安置好。两人都很镇定。在这种场合,所有的礼节都非常严格和优雅。杰克逊穿着一件宽松的礼服大衣,胸前的扣子漫不经心地扣着,在某种程度上掩盖了他极度瘦削的身材。迪金森是两人中相对年轻和英俊的一个。但是,据说,杰克逊高大挺拔的身材以及他沉静内敛的举止,给了他一种极为高傲和居高临下的神气。在这个明媚的五月清晨,他站在高大的白杨下,默默地等待着末日的来临。

"你们准备好了吗?"奥弗顿说。

"我准备好了。"迪金森回答。

"我准备好了。"杰克逊说。

话音刚落,奥弗顿就突然大叫一声,用他老派的发音喊道:

"Fele(费勒)!"

迪金森迅速举起手枪开了一枪。奥弗顿正焦急而恐惧地看着杰克逊,只见一团灰尘从他的上衣胸前飞了出来,只见他抬起左臂,紧紧地搂在胸前。他肯定是中弹了,奥弗顿想,而且伤得不轻。但他没有倒下。命运使他挺直而冷酷地站着,咬紧牙关,举起手枪。奥弗顿瞥了迪金森一眼。迪金森对他这一次没有射中目标感到惊讶,显然也被面前那可怕的身影和面孔感到震惊,他下意识地后退了一两步。

"伟大的上帝!"他颤抖地问,"我没有打中他吗?"

"回到标记点上,先生!"奥弗顿尖叫着,用手按住手枪。

迪金森恢复了镇静,走到桩子的位置,站在那里,眼睛避开了他的对手。这一切都只是一瞬间的事,虽然需要很多文字来叙述。

杰克逊将军仔细瞄准,扣动了扳机。手枪既没有啪的一声,也没有走火。他看了看扳机,发现它还没打完就停了下来。他把枪拉回原处第二次瞄准,然后开枪。迪金森的脸色立刻变得惨白,他跟跄了一下。他的朋友们冲向他,把他抱在怀里,轻轻地让他坐在地上,靠在一棵灌木上。他的裤子被染红了。他们脱去了他的衣服。鲜血从他身上喷涌而出。唉!子弹就在这里,不是在伤口附近,而是在另一面的臀部上方,皮肤下面。子弹穿过了他肋骨下面的身体。这样的伤口肯定是致命的。

奥弗顿走上前了解伤员的情况,然后回到他的委托人那里,对他说:"将军,他不再需要你了。"然后带他离开了现场。他们走了100码,奥弗顿走在杰克逊的一边,外科医生走在另一边,谁也没说一句话,这时外科医生发现杰克逊的一只鞋子里全是血。

"我的上帝!杰克逊将军,你中枪了吗?"他指着血迹喊道。

"哦!我相信,"杰克逊回答说,"他伤到了我一点点。我们来看一下。但千万别在那儿提起这事。"他指着房子说。

他解开外套。迪金森瞄得很准。他把子弹打到了他认为杰克逊心脏跳动的地方。但是,由于他身体瘦削,身上的衣服很宽松,这两种情况结合在一起,让迪金森上了当,子弹只打断了杰克逊的一两根肋骨,掠过了他的胸骨。这是一个有点痛且看起来很难看的伤口,但既不严重也不危险,所以他可以骑着马去酒店,没有太大的不便。走近房子,他走到一个正在搅拌的黑人妇女跟前,问她黄油来了没有。她说快来了。他要了一些脱脂牛奶。当她给他拿牛奶的时候,她注意到他偷偷地打开外套,往外套里面看。她看见他的衬衫上全是血,她手里拿着杓子,惊恐地看着这一情景。他看到了她的目光,急忙地扣上了上衣的扣子。她盛了满满一夸脱脱脂牛奶给了他。他一饮而尽,然后走进去,脱下他的外套,自己检查伤口并包扎了一下。弄完这些后,他派了一名随从到卡特利特(Catlett)医生那里,询问迪金森先生的情况并说他的主治医生很乐意为迪金森先生的治疗提供帮助。对方礼貌地回答说,迪金森先生的病情已经过了手术期。这一天里,杰克逊将军送了一瓶酒给卡特利特医生,让他的病人喝。

但有一种满足感,杰克逊即使在这种情况下也不想给他。杰克逊将军的一位老朋友在给我的信中这样写道:"将军虽然受了伤,但他不希望在离开这一地区之前让人知道,因此一开始就对自己的朋友隐瞒了此事。他这么做的理由,正如他曾经对我说的那样,是由于迪金森认为自己是世界上最好的枪手,而且肯定会在第一时间杀死他,所以他不想让他得到满足,甚至是知道他的子弹触碰到了他。"

可怜的迪金森因失血过多而死。虽然做了止血治疗,但他的血却没有止住。他被抬到他过夜的房子里,放在一张床垫上,床垫很快就被血浸透了。他遭受了极大的痛苦,并在那漫长的一整天里发出了可怕的叫声。晚上9点,他突然问身边的人为什么把灯灭了。医生当时就知道他已经不行了。早上有人去请他的妻子过来,而此时她无法及时赶到见丈夫最后一面了。5分钟后,他死了。据说,在他的最后一口气中,他还在诅咒着那颗进入他身体的子弹。可怜的妻子听说她的丈夫"受了重伤",急忙赶来,但在她骑马向决斗地点走去的时候,却最终只遇到一队护送着一辆载有她丈夫遗体的破旧移民马车的沉默骑兵。

沙洲枪战,1827年

在边境地区,决斗和其他个人之间的冲突往往不受限制。打架有时很残酷:眼睛被挖出来,鼻子和耳朵被咬掉。即使是有良好社会地位的人之间的争斗也可能变得很血腥。这场发生在包括詹姆斯·鲍伊(James Bowie)在内的12位"绅士"之间的争斗,似乎始于托马斯·H. 马多克斯博士(Dr. Thomas H. Maddox)和路易斯安那州州长的兄弟塞缪尔·L. 威尔斯(Samuel L. Wells)之间的决斗,后来演变成了一场野蛮的刀枪大战,并造成2人死亡,2人受伤。这一著名事件给了鲍伊将军无可挽回的坏名声。

马多克斯的副手及战友罗伯特·A. 克雷恩(Robert A. Crain)在一封写于1827年10月3日的信中向约瑟夫·沃克将军(General Joseph Walker)讲述了以下这场战斗的故事,后转载于罗伯特·达布尼·卡尔霍恩(Robert Dabney Calhoun)的《协和教区的历史》(《路易斯安那历史季刊》,第15卷,1932年,第638—642页)。

亲爱的沃克:

昨晚收到您9月23日的来信,该信是对我之前19日信件的回复。这封信我将继续向你详细介绍18日发生的不幸事件,以让您相信我当时并不愿意见到那些人。我当着丹尼(Denny)博士的面,对威尔斯先生和他的朋友麦克沃特(McWhorter)说,现场每一方只允许有3个人在场。"你知道我不能和河对岸的某些人见面(这是在蒸汽锯木厂,我们在那里碰头为马多克斯和威尔斯的面谈做安排)。"威尔斯对我说:"先生,我知道你指的是谁。他们不应该在现场。"我以为这是以他的荣誉做出的保证,但是,让我们吃惊的是,当我们到达现场时,却发现在距离打斗地点不到80码的地方,站着吉姆·鲍伊(Jim Bowie)、萨姆·库尼(Sam Cuney)和杰夫·威尔斯(Jeff Wells)。马多克斯博士问库尼博士他们在那里做什么。库尼回答说:"他们不会再靠近了。"决斗继续进行,两人各开了 2 枪，事情得到了体面的解决，萨姆·威尔斯(Sam Wells)收回了他的全权委托，也收回了以前对医生使用的所有冒犯性语言。现在我要为萨姆·威尔斯说句话，他的品格是非常可敬的，体现出了绅士的精神。他建议我们到柳树那儿去喝一杯酒。我马上说："不，威尔斯先生，你知道我不能和那里的某些先生见面，我们可以顺着河边去找我们的朋友"（在决斗期间，他们至少在 1/4 英里以外的地方，但他们当时正在赶来，因为一个仆人已经通知了他们决斗的结果）。"去喝酒和解吧。""同意，先生，"他说。我把用过的手枪收集起来，给了那男孩一对，其余的我一手拿着一支，当然都上了膛。我们沿河而下，斜着穿过沙洲(Sand Bar)，而鲍伊、库尼和杰夫·威尔斯立刻来到了柳树下与我们出发的地方成直角的位置。他们动身往山下跑去，快步截住了我们，或者不如说截住了我。丹尼和马多克斯博士走在前面 10 到 15 步的地方，马多克斯完全没有武器。库尼说："现在是解决我们的事情的时候了。"我想，他当时一边咒骂着我，一边开始拔出手枪。我躲开了他。萨姆·威尔斯抓住了他，库尼博士立刻挡在我和他兄弟中间，这样我就不能向他开枪了。与此同时，鲍伊拔出了他的手枪。我从他身边抽身离开。他开枪的时候，我一枪打穿了他的身体。我不可能射不中他，因为他离我不超过 10 英尺。我转身跳了好几下，然后正面面对着库尼。我们同时开枪。他的子弹划破了我的衬衫，擦伤了我左臂上的皮肤，而他倒了下去。当时，吉姆·鲍伊举着他的大刀猛冲过来，离我只有几英尺远。我又转过身来，跳开了几步，换了手枪的枪托。当他向我冲过来时，我转过身来，把手枪扔向他，击中了他的左前额，这才使我躲过了他那野蛮的怒火和那把大刀。就在这时，赖特少校(Major Wright)和布兰查德两兄弟(the two Blanchards)冲了上来。鲍伊避开他们，转向一个倾斜的树桩，并在那里站定。赖特和鲍伊在大约 10 步的距离内互相射击，赖特没有任何机会击中鲍伊，因为他躲在原木后面，而赖特则跑了至少 100 码，已筋疲力尽。鲍伊射穿了可怜的赖特的身体，赖特大叫道："该死的流氓杀了我。"然后他拿着剑冲向鲍伊，鲍伊抓住他的衣领，把他的刀子插进了他的胸膛。就在那一刻，赖特射中了鲍伊的臀部，鲍伊随即倒地。赖特转过身来，向他猛扑过去，倒在他身上死了。敌对行动随后停止了。他们说我开了 3 枪——其实我只开了 2 枪。当我向鲍伊开第一枪时，我把枪放下，然后用另一支枪对准了库尼，当我向鲍伊扔手枪时，我完全没有武器，甚至连一把刀都没有。他们说我们跑了。昨天早上，收到你的信后，我和其他 3 位先生一起去了现场，我以我的名誉保证这场战斗发生在不到 30 码的范围内，因为库尼倒下的地方以及鲍伊和莱特倒下的地方还有血迹,这证明在这个小范围内不可能有什么跑动。我将立即着手取得相关证据,但将以我自己和马多克斯的声明为先……

袭击查尔斯·萨姆纳,1856年

南卡罗来纳州众议员普雷斯顿·布鲁克斯(Preston Brooks)对马萨诸塞州参议员查尔斯·萨姆纳(Charles Sumner)的攻击,是一起引起广泛政治反响的个人暴力事件。萨姆纳就堪萨斯州当前的问题向参议院发表了为期两天的演讲,题目为《针对堪萨斯州的罪行》(the Crime Against Kansas)。这是一份措辞严厉的文件,长达112页,这位反对奴隶制的参议员在其中谴责了"对一片处女地的强奸"。在呼吁立即采取行动承认堪萨斯成为自由州时,萨姆纳谴责了他的一些同事,特别是缺席会议的南卡罗来纳州参议员巴特勒(Butler)。

巴特勒的表弟,普雷斯顿·布鲁克斯,决定为他年迈的兄长报仇。5月22日,他走进参议院,用一根古塔柏木手杖将萨姆纳打得失去知觉。萨姆纳丧失了工作能力,在参议院缺席了3年。布鲁克斯立刻成为南方的英雄。一群南方人,其中包括弗吉尼亚大学的学生,送给他象征性的手杖。里士满辉格党(Richmond Whig)唯一遗憾的是:"布鲁克斯先生没有用马鞭或牛皮代替手杖打在(萨姆纳的)诽谤的背上。"一个众议院委员会提议开除布鲁克斯,但没有赢得必要的2/3选票,因为除一人外,所有南方国会议员都投了反对票。在北方,"流血的萨姆纳和流血的堪萨斯"成了新的战斗口号。波士顿和纽约都举行了向萨姆纳致敬的大规模集会,《针对堪萨斯的罪行》(The Crime Against Kansas)一书的发行量可能高达100万册。

以下是萨姆纳在国会委员会调查这一事件的证词中的描述(《涉嫌攻击萨姆纳参议员》,第34届国会第1届会议第182号决议)。参见大卫·唐纳德(David Donald)的《查尔斯·萨姆纳和内战的来临》(1960年)。

查尔斯·萨姆纳阁下宣誓。

问[坎贝尔(Campbell)先生]:你对1856年5月22日(星期四)南卡罗来纳州的布鲁克斯先生在参议院会议厅对你进行的攻击的相关事实了解多少?

答:5月22日,我像往常一样出席了参议院会议。在一些正式的事务之后,我们收到了来自众议院的一条消息,说一名来自密苏里州的该众议院议员去世。随后,密苏里州的盖耶先生(Mr. Geyer)向死者作了简短的悼念。按照惯例,出于对死者的尊重,参议院休会。

休会时我没有和大家一起离开房间,而是继续坐在座位上忙着写东西。就在我为了赶上最后的邮件发出时间而努力思考的时候,有几个人来找我,想跟我谈谈。我迅速而简短地回答了他们,跟他们解释说我很忙。当这些人中的最后一个离开我时,我把扶手椅拉到书桌旁,双腿伸到桌下继续写作。这时,我的注意力完全从其他事情上移开了,所以,虽然参议院里一定有很多人,我却一个人也没有看见。

正当我聚精会神地埋头写作的时候,一个人走到我的书桌前跟我说话。我完全没有注意到他,直到听到有人叫我的名字,我才意识到他的存在。我手里拿着笔抬起头一看,只见一个面孔不熟悉的高个子男人正站在我面前,同时我听到了这样的话:"我把你的讲稿仔细读了两遍。这是对南卡罗来纳以及巴特勒先生的诽谤,而巴特勒先生是我的亲戚。"他一边说着这些,一边用一根沉重的手杖接连不断地打我的光头,第一下就把我打昏了,我什么都看不见了。我在房间里既看不到攻击我的人,也看不到任何物品。我后来所做的一切几乎都是无意识的,是出于自卫的本能。我低着头,从座位上站起来,扭开固定在地板上的桌子,然后向前猛冲,而那个攻击我的人还在继续殴打我。我没有其他意识,直到我发现自己在我的办公桌前10英尺的地方,躺在参议院的地板上,流着血的头靠在一位先生的膝盖上,我很快从声音和面容上认出他是纽约的摩根先生(Mr. Morgan)。我周围的其他人向我提供了友好的帮助,但我一个都不认识。还有一些人在远处观望着,却没有提供帮助。我只认出了伊利诺伊州的道格拉斯先生(Douglas)和乔治亚州的图姆斯先生(Toombs),还有站在他们中间的攻击我的人。

有人把我从地板上搀扶起来,把我带到参议院的大厅并放在一张沙发上。我不记得是谁帮助我来到这个地方的。当我走进大厅时,我认出了路易斯安那州的斯莱德尔先生(Slidell),他后来走了。但我没有认出其他人,直到一段时间后我感到有人友好地握住了我的手,似乎是来自俄亥俄州的坎贝尔先生(Campbell)。我有一个模糊的印象,就是当我躺在参议院的地板上或大厅里的时候,参议院主席布莱特先生(Bright)对我说了话。

我作此陈述是为了回答委员会的质询,并将其作为我对袭击事件和相关情况的全部说明,不论是在袭击发生之前还是之后。我想补充的是,除了我复述的袭击者所说的话外,我还隐约听到了"老男人"这几个字。但由于头部遭到打击,这几个字似乎在我的记忆里被迷雾笼罩了,我不确定是否有人真的说了这几个字。

哈特菲尔德和麦科伊家族,1873—1888 年

伟大的家族纷争——哈特菲尔德—麦科伊(Hatfields and the McCoys)、马丁—托利弗(Martin-Tolliver)、哈吉斯—科克雷尔(Hargis-Cockrell)、萨顿—泰勒(Suton-Taylor)和霍勒尔—希金斯家族(Horrell-Higgins)的纷争持续了 10 到 30 年并杀害了许多人——基本上都是激烈的私人恩怨,但很多都是由内战的仇恨开始的,尤其是在阿巴拉契亚山脉南部。在肯塔基州和西弗吉尼亚州,南方联盟和联邦的同情者组成的游击队曾在山区的荒野中作战。除了这些延续下来的仇恨外,该地区的贫穷和孤立、落后的教育和执法导致了持续的争斗,其中最臭名昭著的争斗发生在哈特菲尔德家族和麦科伊家族之间。

哈特菲尔德家族和麦科伊家族住在一条将西弗吉尼亚州和肯塔基州分开的小溪的两边。哈特菲尔德家族的首领是威廉·安德森(魔鬼安斯)·哈特菲尔德[William Anderson (Devil Anse) Hatfield],他曾是南方联盟的一名上尉。对立的家族首领伦道夫·麦科伊[Randolph (Ran'l) McCoy]曾是联盟游击队成员。在阿波马托克斯(Appomattox)之后,他们平静地生活了一段时间,勤奋地制作私酒。麻烦始于 1873 年,魔鬼安斯后来回忆道:"当时,弗洛伊德(Floyd)·哈特菲尔德……和伦道夫·麦科伊之间因为几头猪而出现了争执。"麦科伊指责哈特菲尔德偷了他的猪,这一指控导致了争吵、斗殴,并最终导致了枪击事件,由此纷争开始了。

以下文件讲述了 1888 年发生的一件事,当时 9 名哈特菲尔德家族成员前往伦道夫·麦科伊的小屋杀害了 2 名麦科伊家族成员,因为这 2 名成员能够提供物证,指证在 1882 年杀害了 3 名麦科伊家族成员的哈特菲尔德家族成员。这是查尔斯·吉莱斯皮(Charles Gillespie)对他在这一事件中的角色的供认。这篇报道摘自一名纽约《世界报》记者的一本书,他在 1888 年访问了这一争端地点,采访了魔鬼安斯。参见塞伦·C. 克罗福德(Theron C. Crawford)的《一个美国人的复仇:美国的野蛮故事》(1889 年,第 179—185 页)以及维吉尔·卡灵顿·琼斯(Virgil

Carrington Jones)的《哈特菲尔德家族与麦科伊家族》(1948年)。

去年1月的第一天,我正在家里,哈特菲尔德上尉走过来对我说:"查理,我们今晚要到肯塔基州去玩。弄匹马来和我们会合,一起去吧。"我不知道是怎么回事,但我告诉上尉我会去的,费了一点周折后,我弄到了一匹马,并来到了集合点,在那里我找到了上尉、约翰斯(Johns)、埃利斯(Ellis)、鲍勃(Bob)和埃利特(Ellet),哈特菲尔德,老吉姆·万斯(Old Jim Vance),埃利森·芒兹(Elison Mounts),以及一个既叫米切尔(Mitchell)又叫钱伯斯(Chambers)的人,从名字我知道他是一名"游击队员"。老吉姆·万斯是这支队伍的指挥官,在此行的真正目的被披露之前,大家一开始就商定,所有的人都应该服从他所说的一切,听他的吩咐。有人声称,那晚整个哈特菲尔德社区的人都和我们在一起。这不是真的。我们只有9个人,就是我提到过的那9个人。

到了离麦科伊家不远的地方,我才第一次知道我们此行的真正目的。万斯告诉我们,如果老兰德尔·麦科伊(Randall McCoy)和他的儿子卡尔不在路上,所有对参与谋杀3个麦科伊男孩的人不利的重要物证都要被带走,这样的话,即使他们可能在某个时候被捕,也不可能对他们中的任何人定罪。所有的人都已经厌倦了躲避法律官员,希望能够睡在家里比温彻斯特步枪更好的床上,并在睡觉时偶尔脱掉靴子。这就是"老吉姆"万斯给我们的理由,上尉、约翰斯和哈特菲尔德也同意他的说法。

嗯,我们决定,如果在我们警告他们出来的时候他们不出来,我们就用温切斯特枪从房子的两端和侧面射穿门窗,一串串地射进去,直到里面的人要么死了,要么残废。对于我们提出的要求,麦科伊家族唯一的回应就是把大门封起来、堵住,并准备和我们战斗到底。我们透过窗户和门开枪,老兰德尔·麦科伊和卡尔回应了我们的射击,前者用的是双管霰弹枪,而后者用的是温彻斯特枪。我们必须非常小心,因为他们两个人枪法都很好。

我必须在这里告诉你,我不是那些开枪的人之一。我和另一个哈特菲尔德家族的人被派到沿路看守,确保没人上来,也没人从我们身边通过。直到房子着火,所有的人都在回哈特菲尔德家的路上,我们才走近那所房子。当他们走近时,埃里斯对我说:"嗯,我们杀了那个男孩和那个女孩,我很抱歉。我们做得很糟糕。我们根本没有得到我们想要的人(意思是'老兰德尔')。如果我们抓住了他,一切就都好了,我们的工作就不会白费了。这件事会有麻烦的。"回家时我问他战斗的事,他告诉我钱伯斯如何爬上屋顶去找在屋内的人并朝房子开枪,而此时兰德尔·麦科伊听到他的声音,就透过瓦片朝他开了枪,打中了他的手。他说钱伯斯从屋顶下来,把他受伤的手绑住,然后拿起他的温彻斯特枪,又开始射击。他们花了好长时间才把麦科伊一家弄出来。门终于开了后,卡尔以最快的速度跑了出来并朝玉米仓跑去。几颗子弹向他袭来,但没有一枪见效,后来又开了一两枪,这时有人看到他跳了起来,向前倒下。我们去找他,发现他死了,后脑勺上有个大洞。女孩从两座房子中的一座出来,想进入家人所在的那座房子,一些人让她回去,但她认识他们并说出了他们的名字,然后她就被杀了。上尉因此事受到了指责,但我认为这事是芒兹干的。我不知道是谁用左轮手枪枪托打了老麦科伊太太,但我想这也是芒兹干的。手枪的枪托穿透了老麦科伊太太的头骨,当她倒下时,有几个人向她扑来并打断了她的肋骨,在认为她已经死了后他们才离开。

我骑着马走在去麦科伊家的路上,但是不得不跟在芒兹后面。芒兹通常被人叫做"棉花顶"和"棉花眼",因为他头发和眼睛都是白色的。在回家的路上,他说了很多话。有一次他说:"如果约翰·哈特菲尔德在我们准备好之前没有开枪,现在在那所房子里就不会有一个麦科伊家族的人还活着了。那一枪让里面的人知道了我们中一些人的位置,此后我们就一直在他们的视线范围内。他们把我们阻挡在很远的地方,以至于我们花了很长时间才走到房子里,之前什么事都做不了。"

芒兹告诉我他是第一个进入那所房子的人,他闯入了小屋的附属部分,在那里他发现了阿尔法罗·麦科伊(Alfaro McCoy)和那些小孩子。他要求里面的人出来。麦科伊告诉他附属房间里没有男人,但芒兹坚持要她点灯。她让芒兹给她一根火柴以让他相信她的话是真的。此时哈特菲尔德上尉喊道:"开枪杀了她,然后我们继续。"于是,芒兹向她开枪,她一声不响地倒地而死。随后,他们开始透过小屋的门和窗户射击,他们以为里面的人会过来看看小屋附属的房间发生了什么,然后他们就可以乱枪打死屋里所有的人。但是这次射击之后,在几分钟之内房子里面和附近都没有任何动静。

这时,卡尔·麦科伊从小屋的阁楼上看见了那几个人,并迅速向他们开枪。为了安全起见,他们都躲到木头猪圈后面去了。在那里,他们决定把房子烧毁,米切尔躲避了一会儿后,设法拿着火把爬到了屋顶上,接着点燃了屋顶,直到老兰德尔射断了他的一只手他才下来(我前面已经描述过了)。老兰德尔是用左轮手枪打的,当老兰德尔开枪时,米切尔离他不到2英尺。老兰德尔只能看到他的手,并尽力保持距离。

后来,我们都回到了哈特菲尔德上尉的家,大多数人在他家里待了一整夜,第二天一大早就都离开了。我再也没有见到那伙人。9个人中有1个失踪了,而且除了有一次之外,我们都没有提到这个事实。

我一两天内就离开了家,从那以后就没有回来过,也不知道后来发生了什么事。

O. K. 畜栏枪战,1881年

在西方传奇英雄中,通常很难区分好人和坏人。例如,怀特·厄普(Wyatt Earp)的好人名声是最近才有的,他显然站在法律的两边。许多人都说他是个职业赌徒、经验丰富的抢劫犯和谋杀犯。无论如何,他从来都不是现在所说的那种英雄的和平军官。1881年10月26日,他在亚利桑那州的墓碑(Tombstone)镇进行了一场著名的枪战,但这个故事也比传说的要模糊得多。唯一确定的是,镇警长维吉尔·厄普(Virgil Earp),他的兄弟、酒馆老板怀特和赌徒摩根(Morgan),约翰·H. 霍利迪(John H. Holliday)(一个赌徒、牙医、有名的皮条客),与艾克(Ike)、比尔·克兰顿(Bill Clanton)、弗兰克(Frank)和汤姆·麦克劳瑞(Tom McLaury)发生了冲突。其中,比尔·克兰顿和两个麦克劳瑞都死了,维吉尔和摩根·厄普受了重伤。其他一切都是不确定的。一种说法是,维吉尔作为和平官,他的兄弟和霍利迪作为副手,去解除其他人的武装,当他们遭到枪击时,他们开枪回击。另一种说法是,厄普一家是去杀艾克·克兰顿的,因为艾克看到厄普一家试图抢劫一辆公共马车。还有一种解释是厄普一家和克兰顿一家为了女人不和。另一个故事是,一帮牛仔在墓碑镇威胁要杀了厄普一家,在O. K. 畜栏的那4个人是他们的先锋。有人说这是一场公平的战斗,也有人说这是一场冷血的屠杀。后来,厄普一家因谋杀被捕,维吉尔作为警长被解雇,但在长达一个月的听证会后,所有人都被无罪释放。厄普一家很快就离开了墓碑镇。怀特于1929年去世,享年81岁。

怀特·厄普在审判时对枪战的描述被记录在墓碑镇的墓碑铭上,后转载于道格拉斯·D. 马丁(Douglas D. Martin)的《墓碑镇的厄普一家》(1959年,第38—40页)。参见弗兰克·沃特斯(Frank Waters)的《墓碑镇的厄普兄弟》(1960年)以及肯特·L. 斯特克梅瑟(Kent L. Steckmesser)的《历史和传说中的西部英雄》(1965 年)。

我受够了艾克·克兰顿一伙人的威胁。我相信从他们对别人和对我说的话以及他们的行动来看,他们打算一有机会就刺杀我。我想,如果我必须为我的生命与他们战斗的话,最好与他们在公开的场合进行战斗。于是我对当时就坐在离我大约 8 英尺远的地方的艾克·克兰顿说:"你这个肮脏的、卑鄙的小偷,你一直在威胁我们的生命,我早就知道了。我想我有理由在任何地方遇到你时把你射杀,但如果你急于制造麻烦,我可以去地球上任何地方和你打一架,甚至到你们这群人的地盘圣西蒙(San Simon)去。"他回答说:"好吧,我回到这里就是来找你的。我只需要 4 英尺的地面来战斗。"随后,我就走出了法庭的房间,在法官办公室附近,我遇见了汤姆·麦克劳瑞。他走过来对我说:"如果你想打架,我愿意在任何地方跟你打。"……我觉得就像我对艾克·克兰顿说的一样,如果要打,我最好在我有机会能为自己防卫的时候打,于是我对他说,"好吧,就在这里打吧",与此同时,我用左手打了他的脸,用右手拔出了手枪。他腰间挂着一支手枪,就在他的视线范围内,但他没有动手去拔枪。我对他说:"拔出你的枪,然后开枪吧。"他没有回答,我用我的 6 连发短枪打了他的头,然后走开来到了哈福德(Hafford)拐角。我走进哈福德酒吧,抽了一支雪茄,走出来站在门口。很快我就看到汤姆·麦克劳瑞、弗兰克·麦克劳瑞和威姆(Wm)·克兰顿 3 人。他们从我身边经过,沿着第 4 街往下走,来到了枪匠店。我跟着他们,想看看他们要做什么……艾克·克兰顿大约在那个时候也过来了,他们都走进了枪匠的店里。我看见他们在商店里把子弹换到腰带上……

维吉尔·厄普当时是镇警长。摩根·厄普当了 6 个星期的特警,戴着警徽,领着薪水。当维吉尔去图森(Tucson)接受斯蒂尔韦尔(Stilwells)的审判时,我已替他宣誓就任。维吉尔已经回来好几天了,但我还在为他工作。我知道解除这些人的武装是维吉尔的职责。我预料他这样做会有困难,于是我跟着他一起过去,以在必要时提供协助,特别是因为他们一直威胁我们,我已经说过。大约 10 分钟后,维吉尔、摩根、霍利迪医生和我站在第 4 街和艾伦(Allen)街的拐角处,有几个人说:"那些家伙要有麻烦了。"一个叫科尔曼(Coleman)的人对维吉尔·厄普说:"他们一定会来找麻烦的。他们刚从邓巴(Dunbar)的畜栏进入 O. K. 畜栏,都带着武器。我想你最好去解除他们的武器。"维吉尔转身对霍利迪医生、摩根·厄普和我说让我们过去协助他解除他们的武装。摩根·厄普对我说:"他们有马,我们不如自己弄几匹马来,这样如果他们逃跑,我们就可以抓住他们了。"我说:"不,如果他们想逃跑,我们可以杀了他们的马,然后抓住他们。"随后,我们4个人从第4街出发去弗里蒙特(Fremont)街。当我们转过第4街和弗里蒙特街的拐角时,我们看到了他们。我们离他们很近——弗兰克·麦克劳瑞、汤姆·麦克劳瑞和比尔·克兰顿站成一排,紧靠在弗莱(Fly)摄影馆西边空地对面大楼的东侧。艾克·克兰顿和比利·克莱本(Billy Claiborne),还有一个我不认识的人,站在照片画廊和下一栋西楼中间的空地上。我看到比尔·克兰顿、弗雷德·麦克劳瑞和汤姆·麦克劳瑞的手放在身体两侧,弗兰克·麦克劳瑞和比利·克兰顿的六连发枪也清晰可见。维吉尔说:"举起手来,我来解除你的武装。"比利·克兰顿和弗兰克·麦克劳瑞把手放在了他们的六连发枪上。维吉尔说:"打住,我不是这个意思。我是来解除你们的武装的。"

他们——比利·克兰顿和弗兰克·麦克劳瑞——开始拔出手枪。与此同时,汤姆·麦克劳瑞把手放在右屁股上,跳到了一匹马的后面。当我看到比利和弗兰克拔出手枪时,我也拔出了手枪。比利·克兰顿把手枪对准我,但我没有瞄准他。我知道弗兰克·麦克劳瑞是出了名的神枪手和危险人物,于是我瞄准了弗兰克·麦克劳瑞。头两枪是比利·克兰顿和我开的——他朝我开枪,我朝弗兰克·麦克劳瑞开枪。我不知道哪一枪是第一枪,我们几乎一起开火。

随后,所有人都加入了战斗。大约开了4枪之后,艾克·克兰顿跑过来抓住我的右臂。我看不出他手里有武器,我当时以为他没有,于是我对他说:"战斗现在开始了。要么打,要么逃。"说着,我用左手把他推开了。他开始跑到大楼的一侧,消失在寄宿公寓和照相馆之间。我的第一枪击中了弗兰克·麦克劳瑞的腹部。他先向我开了一枪,然后跟跟跄跄地走到人行道上。当我们让他们举起手来的时候,克莱本举起左手然后挣扎着跑开了。在比利·克兰顿和弗兰克·麦克劳瑞拔出手枪之前,我一直没有拔出手枪或做出开枪的动作。

我并不知道汤姆·麦克劳瑞是否携带了武器。我认为他带着武器,他朝我们的人开了两枪,之后霍利迪拿着猎枪朝他开了枪,将他打死了。我从未向艾克·克兰顿开枪,甚至在枪战开始后也没有,因为我认为他没有携带武器。从我所说的行为和我所提到的威胁以及不同的人向我发出的其他威胁来看,我当时认为,现在也认为,正如汤姆·麦克劳瑞、弗兰克·麦克劳瑞和艾萨克·克兰顿所做的那样,这些人达成了一个阴谋,要谋杀我的兄弟摩根、维吉尔和多克·霍利迪以及我。我相信,在法律上和道德上我可以正当地射杀他们中的任何一个人,但我没有这样做。也没有试图这样做。我不想获得任何优势。当我作为副警长去解除他们的武装并逮捕他们时,我是将其作为我的职责的一部分并在我警长哥哥的指导下去的。除非出于自卫和执行公务的需要,否则我并没有打算进行战斗。当比利·克兰顿和弗兰克·麦克劳瑞拔出手枪的时候,我知道这是一场为生命而战的战斗,我拔枪射击是为了保护我自己的生命,还有我的兄弟和多克·霍利迪的生命。

第七部分　暗杀、恐怖主义、政治谋杀

洛夫乔伊谋杀案,1837 年

  对废奴主义者的攻击大多不是为了杀死他们,而是为了让他们闭嘴。以利亚·P. 洛夫乔伊(Elijah P. Lovejoy)在被杀之前从未被封过嘴。1833 年,洛夫乔伊去圣路易斯编辑一本名为《圣路易斯观察家》(*St. Louis Observer*)的宗教周刊时,他还不是一个废奴主义者,事实上,他以反天主教偏见的代言人身份而闻名。但在 1835 年 10 月 1 日,他出版并支持了美国反奴隶制协会的信条。一群著名的当地公民随后要求他"在沉默中忽略一切与奴隶制有关的问题",因为这个问题太接近他们的"切身利益"而不能受到批评。洛夫乔伊拒绝了。随后《观察家》的老板要求他辞职,他又拒绝了,继续留在那里。1836 年 5 月,他谴责了在圣路易斯(St. Louis)活活烧死一名黑人的事件。这一次他的办公室被袭击了,他只好搬到了伊利诺伊州南部的奥尔顿(Alton)。他的印刷机碰巧在一个星期天到达了奥尔顿并滞留在码头上。由于没人看管,一群暴徒把机器扔进了河里。不过,奥尔顿的一些市民又出钱给他购买了新的印刷机。不久,洛夫乔伊在奥尔顿的《观察家》上再次呼吁废除奴隶制。1837 年 7 月 4 日,他呼吁美国反奴隶制协会在当地成立一个分支机构。镇上的许多人都愤怒了。洛夫乔伊的印刷机被摧毁了,后来替换了新的,结果又被摧毁了。当俄亥俄州反奴隶制协会又送来另一台替代品时,洛夫乔伊准备在 60 名年轻的武装废奴主义者的帮助下捍卫它。11 月 7 日印刷机被送达,洛夫乔伊为它献出了生命,成为为废奴主义献身的第一位烈士。

  以下对洛夫乔伊谋杀案的描述摘自爱德华·比彻(Edward Beecher)的《关于奥尔顿暴动的叙述》(1965 年,第 63—65 页)。参见罗素·B. 奈(russell B. Nye)的《被束缚的自由》(1949 年)。

大约10点钟的时候,一群全副武装的暴徒来到沃特(Water)街的商店门口,排成一排,向里面的人呼喊。吉尔曼先生(Gilman)打开了三楼尽头的门,问他们要什么。暴徒要求他交出印刷机。当然,吉尔曼先生拒绝了,同时还恳切地请求暴徒不要使用暴力。他告诉暴徒,印刷机由他来负责保管,他们一起会不惜生命的代价来守卫这台印刷机。同时,他们对暴徒们没有恶意,请对方不要伤害他们。暴徒中的其中一人是最近一次会议的"自由调查之友"的领袖,他回答说,他们要以牺牲自己的生命为代价来得到印刷机。他拿枪对着吉尔曼先生,直到吉尔曼先生退了下去。

然后暴徒走到商店的另一头开始发动袭击。他们用石头砸了两三扇窗户,朝里面开了两三枪。当里面的人把石头投掷回去的时候,可以很清楚地看到外面的人并能瞄准他们,因为这是一个月色皎洁的夜晚。

随后,一些人从里面开了几枪,一名叫莱曼·毕晓普(Lyman Bishop)的暴徒被打死。关于他只是一个等船的陌生人以及洛夫乔伊射杀了他的说法,都是没有足够的证据证明的。而他的老板白天的时候曾经听到他表达过要加入暴徒的意图。

之后,暴徒们撤退了,但很快拿了梯子回来,他们把梯子捆在一起以使梯子足够长,然后准备爬上去放火烧屋顶……

现在对守卫者来说,只要他们待在里面,他们的防御手段就被切断了。除了向外面的攻击者进攻外,他们别无选择。这是一个危险的做法,但他们还是决定这样做。洛夫乔伊是经过挑选出来的一组人中的一员,他们承担了这项任务。他们走到房子的尽头,拐了个弯,然后看到梯子上有一个纵火者,还有几个人站在梯子底部。他们开枪射击。据说该纵火者受伤了,但没有死。随后,他们继续开枪并驱散了暴民,然后返回来给枪装子弹。当他们再次出去的时候,梯子附近却看不到一个人了,因为袭击者已经隐藏起来了,这样攻击者就可以在不被发现的情况下向从房子里出来的守卫者开火。洛夫乔伊先生站在那里,四下张望。他没有看见攻击者,而凶手的眼睛正盯着他。那深刻的、恶毒的、长期存在着仇恨的对象,就展现在他的面前——这一场血腥的悲剧就此结束了。5颗子弹嵌入了他的体内,他很快就咽气了。然而,在受了致命伤之后,他依然用尽气力回到大楼并爬上一段楼梯,然后才摔了下去。随后守卫者试图投降,但被暴徒咒骂着拒绝了。暴徒们威胁要烧毁商店,并在他们出来时开枪射击。罗夫先生(Roff)此时决定不顾一切危险出去跟他们谈条件,可是他刚一踏出门槛就受了伤。

守卫者们随后进行了磋商。他们被关在大楼里,无法抵抗暴徒现在的猛烈攻击,似乎将陷于绝境。最终韦斯特先生(West)来到门口,告诉他们大楼真的着火了并敦促他们沿着河岸逃走。他说,他将站在守卫者和袭击者之间,这样的话,如果他们开枪,他将首当其冲。守卫者们照做了。除了两三个人外,其余的人都从大楼里逃了出来,沿着沃特街跑去,一路上他们遭到了暴徒的枪击。有2名受伤的人留在了大楼里,1名没有受伤的人留下来处理他们被杀害的兄弟的尸体。暴徒们随后进入了大楼,摧毁了印刷机,然后扬长而去。在这些人中,有人看到了会议中那些活跃的"自由调查之友"的带头人。

林肯遇刺事件,1865 年

内战期间,狂热的南方人、著名演员约翰·威尔克斯·布斯(John Wilkes Booth)希望通过绑架林肯总统来拯救南部邦联,他的赎买条件就是承认南方的独立。南部邦联投降后,布斯想要复仇。1865 年 4 月 14 日,耶稣受难日,在华盛顿的福特剧院,他让总统受了致命伤。他的一个同伙向国务卿威廉·E.苏厄德(William E. Seward)开了枪,但苏厄德幸运地活了下来。

布斯从总统的包厢跳到剧院舞台时摔断了腿,虽然他逃离了华盛顿,但却被困在弗吉尼亚的一个烟草仓里,在那里他被杀了,或者可能是自杀。3 名男子和 1 名女子被指控为同谋,在军事审判中被判有罪并处以绞刑。另外 4 人被判长期监禁,但其中 3 人后来被安德鲁·约翰逊(Andrew Johnson)总统赦免。

以下叙述摘自亨利·R.拉斯伯恩(Henry R. Rathbone)少校在军事法庭上的证词。拉斯伯恩与总统和他的妻子一起坐在福特剧院的包厢里,他自己也被布斯打伤了。参见本杰明·皮特曼(Benjamin Pitman)编著的《林肯总统遇刺事件及同谋者的审判》(1865 年,第 78—79 页)。关于刺杀和审判的一些模棱两可的讨论可参阅理查德·卡伦特(Richard Current)的《无人知道的林肯》(1958 年)第 11 章。

去年 4 月 14 日晚上 8 点 20 分左右,我离开了我在第 15 街和 H 街拐角处的住所,陪同哈里斯小姐(Harris)一起与林肯总统和总统夫人会合,然后同他们一起乘坐马车前往第 10 街的福特剧院。到达剧院后,当知道总统到来时,演员们停止了表演,乐队奏起了《向统帅致敬》,观众们站起来,以热烈的欢呼声迎接总统。总统一行人走到礼服圈的后面,进入了专门为他们准备的包厢。包厢里有一把大扶手椅放在离观众席最近、离舞台最远的地方。整个晚上,除了起身穿外套,总统都坐在这把椅子上。当第三幕第二场正在演出时,我正背对着门仔细观察舞台上的情况,突然听到身后有手枪的射击声,我环顾四周,透过烟雾看到一个人站在门和总统之间。从门到总统坐的地方的距离大约是 4 英尺。与此同时,我听到那人喊了几个字,大概是"自由!",我立刻扑过去抓住了他。他从我手中挣脱出来,用一把大刀猛地刺向我的胸膛。我把刀子往上一顶,抵挡住了这一击,但我的左臂被砍了一道几英寸深的伤口……那个人冲到包厢前面,我再次试图抓住他,当他跃过包厢栏杆时,我只抓住了他的衣服。在试图抓住他的过程中,他的衣服应该是被撕破了。当他闯过舞台时,我喊道:"拦住那个人。"然后我转身走向总统。他的姿势没有改变,他的头微微前倾,眼睛闭着。我看见他已不省人事,知道他一定是受了致命伤,就冲到门口去叫医疗救护。

当我走到走廊的外面的门时,我发现门被一块很厚的木板挡住了,其中一端固定在墙上,另一端靠在门上。由于木板被牢牢地拴住了,取下它需要相当大的力气。这块木板离地面大约 4 英尺。外面的人为了进来而敲打着门。我移开木板,门终于被打开了。有几个自称是外科医生的人被允许进入包厢。我看见了克劳福德上校(Colonel Crawford),并请他禁止其他人进入包厢。

然后我回到了包厢,发现外科医生正在检查总统的身体。当时他们还没有发现伤口。当发现了伤口后,他们决定把总统从剧院带走。总统被抬了出来,然后我开始帮助林肯夫人离开剧院,她非常激动。到了楼梯口,我请波特少校(Major Potter)帮我协助林肯夫人穿过街道到达总统被抬去的房子里……

在对整个事件的回顾中,我确信从刺客开枪到他从包厢里跳出来的时间不超过 30 秒。林肯夫人和哈里斯小姐都没有离开座位。

加菲尔德遇刺事件,1881 年

刺杀加菲尔德(Garfield)总统的查理斯·朱尔斯·吉特奥(Charles Jules Guiteau)通常被描述为一个寻求报复的失望的求职者。但实际上,吉特奥是精神疾病的受害者,并很可能是偏执型精神分裂症患者。他在乌托邦式的奥内达(Oneida)社区生活了很长一段时间,但无法适应那里的生活,后来陆续做过律师、收账人、深奥的神学小册子作家、演讲者和小骗子。1880 年他转投政治,加入了共和党的顽固派,帮助格兰特(Grant)竞选第三个总统任期。他大部分时间都在竞选总部闲逛,但偶尔也做一些党派演讲。当加菲尔德赢得了共和党提名时,吉特奥支持了他。1880年11月11日,他礼貌地写信给国务卿威廉·埃瓦茨(William Evarts),要求在维也纳担任部长以回报他在竞选中的工作,他说他的工作是至关重要的。之后,他搬到了华盛顿,睡在公园的长椅上,经常出没于国会,要求成为驻巴黎的领事。他不断地给总统写信,越来越多地批评加菲尔德的政策。1881年5月中旬,他似乎已决定刺杀加菲尔德,因为加菲尔德与共和党的混血派(Harf-Breed)(即顽固派的敌人)结盟。他曾两次计划杀死加菲尔德,但都没能付诸行动。7月2日,加菲尔德在华盛顿火车站等火车时,吉特奥开枪打中了他。总统在痛苦中度过了整个夏天,最终在9月19日去世。

11月14日,对吉特奥的审判开始了。这是美国刑事司法发展中的一个重要事件,因为吉特奥提出了精神错乱的抗辩,而这种抗辩的法律地位当时还不确定。吉特奥为自己做了辩护,但仍于1882年1月5日被判有罪,并于7月30日被处决。

下面是吉特奥自己对刺杀事件的描述,摘自他在狱中写的自传。见H. H. 亚历山大(H. H. Alexander)的《吉特奥的生活和最激动人心的案件的官方历史记录》(1882年)。另可参见查尔斯·E. 罗森博格(Charles E. Rosenberg)的《刺客吉特奥的审判:镀金时代的精神病学与法律》(1968年)。

"在这部作品中,"他说,"我没有使用'刺杀'或'刺客'这个词。"这些话让人心烦意乱,让人产生一种不好的感觉。"我认为加菲尔德将军的情况是被清除而不是暗杀。我的想法很简单,就是要尽可能容易地把詹姆斯·A. 加菲尔德先生赶走。加菲尔德先生是俄亥俄州的一个稳重而善良的公民,他暂时占据了美国总统的职务,取代了纽约的切斯特·A. 阿瑟先生(Chester A. Arthur)的位置,而阿瑟先生是一个杰出的和非常值得尊敬的绅士……"

"在有了这个想法两周后,我就彻底决定要除掉总统。于是我做了准备。我到波士顿索取了一份我的《真相》。我在书里的一些地方剪掉了一段文字、一行文字和一个字,增加了一两个新的章节并添加了一些新的想法,我大大完善了这本书。因为除掉总统的行为会给我带来恶名,我知道这本书很可能会大卖,我希望这本书能以适当的形式向公众发行。这也是准备工作之一。"

"另一项准备工作就是把事情仔细地想清楚,买一支左轮手枪以及为执行这个计划做准备。这需要两到三周的时间,我投入了全部的时间和精力来准备实施我除掉总统的想法。我对上帝和美国人民清除总统的责任没有丝毫的怀疑,我想在这里尽可能强调地说,从我真正决定除掉总统的那一刻起,我的心中没有丝毫的阴影;我的目的已经非常明确,也非常坚决。我相信,我是在一种特殊的神圣权威的指引下来除掉他的,这种神圣的压力从我下定决心除掉他的那一刻起就一直压在我身上,直到我开枪打死了他。我只是在鼓足了勇气的情况下才这么做的,我从未有过丝毫的怀疑,我认为这是上天的旨意,是为了美国人民的最大利益。"

接近尾声

"星期五我从报纸上听说,星期六上午总统要去长滩(Long Branch),周五晚上我又向白宫的守门人打听,确认了这一消息,于是我决定在车站把他除掉。周六上午大约8点钟,我在里格斯之家(the Riggs House)吃早饭。我吃得很好,感觉身心都很愉悦。吃过早饭,我去了拉斐特广场(Lafayette Square),在那儿坐了一会儿,等到9点钟,我就去了火车站。大约9点10分我抵达了车站……"

"我检查了一下我的左轮手枪,看看它是否完好无损,然后取下包在它上面的防潮纸。我又等了五六分钟,在女士房间的一个座位上坐下。很快总统就过来了。当时和他在一起的是一位绅士,我知道那是布莱恩(Blaine)先生……"

"总统走到人行道那一边,布莱恩先生走到另一边。他们进入了女士房间。我站在那里看到他们从我身边走过。在他们到达车站之前,我一直在售票处和报刊亭的门之间的女士房间里面来回溜达,这段距离大约有10到12英尺。我在那儿踱来踱去——应该说有两三次吧,以让自己兴奋起来,因为我知道时间快到了。总统和布莱恩先生走进女士房间时,刚好从我身边走过。他们没有注意到我,因为房间里有许多女士和孩子。"

"在隔壁的绅士售票处有一大群买票的人。车站似乎挤满了人。周围有一大群人并发生骚动的声音,总统正从女士房间的大门穿过,来到主入口。我觉得当时他在离售票处最近的门大约四五英尺的地方,正要穿过那扇门去车站坐车。他离门大约有三四英尺远。我站在房子中央离他身后五六英尺的地方,当他正从我身边走过时,我掏出左轮手枪并开枪。他直起身子,把头往后一仰,似乎完全蒙掉了。他似乎不知道是什么打了他。我望着他,他没有倒下,于是我又开了一枪。他垂下头,好像摇晃了一下,然后倒了下去。我不知道第一枪打在哪里。我瞄准了他背上的凹陷处,我没有瞄准任何特定的地方,但我知道如果我把那两颗子弹射进他的后背,他肯定会死的。我从总统的对角线方向向西北方走去,我想这两枪应该都打中了。"

"我正要把左轮手枪放回口袋时,车站警察抓住了我,并对我说:'你开枪打死了美国的总统。'他非常激动,几乎分不清自己的头和脚了。我说:'安静点,我的朋友。安静点。我的朋友。我想进监狱。'过了一会儿,警察抓住了我的左臂。他用特别大的力气攥住了我。另一位绅士——我应该说,他年纪比较大,也没那么健壮——抓住了我的右臂。这时售票员和一大群人围着我冲了过来,售票员说:'就是他,就是他。'他伸出胳膊想掐住我的脖子,我说:'安静点,我的朋友们。我想进监狱。'在我的两边各有一名警官,他们把我直接送到了警察总部。第一个抓住我手的警官说:'这个人刚刚射杀了美国总统。'他非常激动。我说:'我的朋友,不要作声,保持安静。我有几份文件,可以说明这一切。'"

"他们把我的手举起来——一边一个警察——他们搜遍了我全身,拿走了我的左轮手枪,我的零钱、梳子和牙签,还拿走了我所有的文件。我把我写给白宫的信交给了他们。我告诉他们,我希望他们立刻把这封信寄到白宫。于是那名军官开始读我给白宫的信,在这个装有我写给白宫的信的信封里是我的题目为'加菲尔德反对汉考克'的演讲稿。他扫了一眼信,我告诉他立刻把信送到白宫去解释这件事,他说:'我们会把你送进白宫!'因此,从那以后我就什么也没说。"

干草市场,1886年

19世纪80年代,由于失业率不断上升,工会组织兴起。有组织的劳工曾取得过一些令人瞩目的成功,其中包括1885年反对杰伊·古尔德(Jay Gould)的西南铁路系统的罢工。劳工骑士团的成员从当年的10万人激增到次年的70万人。这一时期工人运动的主要目标之一就是实现八小时工作制,1886年5月1日,工人们计划举行全国范围的罢工以支持八小时工作制。

芝加哥是八小时运动的中心,也是美国无政府主义和其他激进运动的中心。左派对于阶级斗争中暴力活动的地位存在分歧。无政府主义者约翰·莫斯特(John Most)坚持认为,阶级斗争"必须具有暴力的革命性质,仅靠工资斗争是不能带领我们达到目标的"。在革命者中,他的声音颇具影响力。在19世纪80年代中期,无政府主义报刊对炸药的威力赞不绝口。无政府主义者的《警报》(Alarm)告诉读者:"它将是你最强大的武器,弱者对抗强者的武器。要毫不吝啬、毫不吝啬地使用它。"另一个作家说:"炸药!把几磅崇高的东西塞进一英寸的帽子里,把它放在很多靠别人的汗水生活的有钱的闲人附近,然后点燃导火线。一个最令人高兴的结果将随之而来。"在芝加哥的群众集会上,人们挥舞着红黑两色的旗帜,谴责私有财产,提倡暴力。然而,左翼也有其他声音,主要包括那些革命社会主义者,如奥古斯特·斯皮斯(August Spies)和艾伯特·帕森斯(Albert Parsons)等,他们主张采用不那么引人瞩目的方法,如宣传、政治行动和对劳工运动的"渗透"。这一群体在芝加哥的八小时运动中发挥了重要作用。

1886年5月1日,全国有20万到30万工人为八小时运动举行了罢工或示威活动。在芝加哥,无政府主义者在支持八小时运动的和平会议上发表了演讲。然而,5月3日芝加哥发生了暴力事件,但该事件却是偶然爆发的。当时,在麦考密克收割机工厂(McCormick Harvester Plant)的包装工人罢工期间,一场与八小时工作制无关的罢工行动中,警察通过向罢工者开枪,制止了工贼(反对罢工者)和罢工者之间的争斗,打死一人,重伤了其他一些人。工会代表立即发出了2 000份用法语和英语写成的通告,呼吁第二天在干草市场(Haymarket)广场举行大规模集会,"谴责警方最近的暴行"。这次小规模的和平会议正要结束时,180名警察赶到,命令仍在那里的人离开。就在此时,有人向警察投掷了一枚炸弹,最终70人受了重伤,另有7人死亡。警察冲进人群,开枪并用棍棒殴打人群,导致数人死亡,受伤者不计其数。无政府主义者立即遭到了围捕。其中8人被立即以谋杀罪受审。一位持有偏见的法官和一个人数众多的陪审团裁定被告有罪,尽管没有证据表明他们与炸弹投掷者有关。其中4人被处以绞刑,1人在狱中自杀,3人被判终身监禁,但州长约翰·P. 奥尔特盖尔德(John P. Altgeld)在1893年赦免了他们。

干草市场的爆炸对劳工运动来说是灾难性的,因为它导致公众将无政府主义、暴力和工会主义等同起来。这种等同是雇主们用无政府主义的暴力理论来诋毁劳动骑士团的。虽然劳工骑士团试图与无政府主义者划清界限,但劳工运动仍然遭受了严重的挫折。

以下是目击证人巴顿·西蒙森(Barton Simonson)的庭审证词,该证词后转载于代尔·D.卢姆（Dyer D. Lum）的《1886年芝加哥无政府主义者大审判简史》（第112—114页）。另外还可参见亨利·大卫（Henry David）的《干草市场事件历史》（1936年）。

我大约7点半到达了干草市场。我发现那里并没有集会。在散布在干草市场的人群中走了一圈后，我去了德斯普兰街车站（DesPlaines Street Station），和我认识的沃德（Ward）上尉握手。他把我介绍给邦菲尔德探长（Bonfield），我和他进行了交谈。后来我又回去了，在整个集会期间我一直待在那里，直到炸弹爆炸。演讲者就站在我东北方向的小巷以北几英尺处的克雷恩兄弟公司（Crane Brothers）的大楼前，我对那条小巷记得特别清楚。我记得斯皮斯的讲话是这样的，他说："请大家遵守秩序，我们召开这次集会不是为了煽动任何暴乱。"（目击者给了一个这篇演讲的概要，与之前斯皮斯写出来的没有任何不同。）

斯皮斯认为帕森斯先生确实说过："拿起武器，拿起武器。"但在什么情况下说的，他记不起来了。"人群中有人说'枪毙'或'绞死古尔德，'"他说，"不能这样，这会有很多人跳起来取代他的位置。社会主义的目的不是个人的死亡，而是制度的死亡。"

菲尔登（Fielden）讲话的声音很大，因为我以前从来没有参加过社会主义者的集会，我觉得他们有点疯狂。菲尔登谈到了一位来自俄亥俄州的由工人选出来的国会议员，他还指出实际上并没有任何有利于工人的法律得以颁布，因此，他说，试图通过立法来做任何事情都是没有用的。他讲了一会儿之后，突然乌云携带着冷风从北方呼啸而至。前面已经有很多人离开了，乌云吹来后，更多人离开了。有人说，"我们休会吧"——到某个地方——我不记得那个地方的名字了。菲尔登说他快结束了，没有必要休会。他说了两三遍"现在结束"之类的话后就不耐烦了。然后我听到观众中发出了一阵骚动和很大的噪声，有人说："警察。"我往南看，看到一排警察。警察一直往前，走到了队伍的前部，来到了演讲者的马车前。我听到马车旁边有人说散开，然后看见有几个人在马车上。我不知道他们是谁。就在有人发出人群散开的命令时，我清楚地听到两个词从马车附近或从马车里传来。但是我不知道是谁说的。这两个词是："和平的会议（Peaceable Meeting）。"那是在炸弹爆炸前几秒钟。我没有听到马车附近的人或菲尔登先生发出任何诸如"警察的猎犬来了，你做你的事，我做我的事"的喊声。那天晚上我什么也没听到。炸弹爆炸的时候，我还站在楼梯上。炸弹爆炸前，没有人向马车上的人开过枪，没有任何地方有枪声。

就在人群散开的命令下达后，我看到一根点燃的导火索，或者什么其他的东西——当时不知道是什么东西——从克莱恩小巷南线以南20英尺的地方以及街道东侧人行道的中心和一些箱子后面飞了过来。但我比较确定它不是从巷子里扔出来的。我第一次注意到它时它是在六七英尺高的空中，比一个男人的头顶略高一些。它向西北方向移动，离地面15英尺高，落在了街道中央。爆炸几乎是立即发生的。爆炸之后有一团烟雾。随后，有人开枪射击。从我所处的位置，我能清楚地看到手枪闪出的火光。我的头离地面大约有15英尺高。大概有50到150声枪声，似乎是从警察所在的中心地带发出的。在警察开枪之前，我既没有看到手枪开枪的火光，也没有听到人群向警察开枪的报告。警察不仅是朝人群开枪，而且我看到他们开枪时举起的胳膊。我断定我所处的位置可能比下面的人群更危险，于是我跑下楼梯，在伦道夫（Randolph）街的人行道上向西跑了一小段路，然后又跑上了马路。有一群人朝同一个方向跑去。我不得不跳过一个躺着的男人，然后我看到另一个男人在我的前面，在离德斯普兰（DesPlaines）大街西边大约150到200英尺的地方倒下了。我抓住他的胳膊，想帮他一把，但身后的枪声太猛烈了，我只好松手跑开。我跟在向西跑的人群后面，警察则跟在我们后面。但我所跑的方向没有枪声。

我现在没有、过去也从来没有参加过任何社会主义政党或社团。我穿过集会前的人群，注意到参加集会的主要是普通工人、机械师等。听众们听着，时不时会有人大喊："杀了他，绞死他。"那些凶暴的人似乎就在马车附近。我的印象是有些人在取笑这次集会。我注意到人群中没有暴力的迹象，没有打斗或类似的事情。

我从观众那里听到了五六种或者更多类似的表达，比如"绞死他"或者"枪毙他"。我没有发现观众在菲尔登演讲时的态度和在帕森斯（或者斯皮斯）的演讲时有什么不同。那天晚上集会前，我在车站和邦菲尔德上尉谈话时，问他关于城市西南部的麻烦。他说："麻烦的是，这些人"——我不知道他用的是"社会主义者"还是"罢工者"——"把妇女和儿童和他们混在一起，布置在他们周围，布置在他们面前，我们无法接近他们。"我希望在人群中抓到3 000人，没有妇女和儿童"——据我回忆，他又加了一句——"我将在短时间内解决他们。"我注意到有几个妇女和孩子站在我所在的台阶下面。

经过盘问，这生动而明显真实的叙述丝毫没有被删减。

谋杀亨利·克莱·弗里克未遂事件，1892年

美国的工业暴力通常表现为劳动者与雇主代理人之间的斗争，无论是私人的还是公共的。暴力很少是直接针对美国工业的领导者的，但有一个重要的例外，那就是亚历山大·伯克曼(Alexander Berkman)对亨利·C. 弗里克(Henry C. Frick)的袭击。伯克曼是一位年轻的、出生于俄罗斯的无政府主义者，在纽约表现活跃。他被弗里克在霍姆斯特德(Homestead)罢工中的作用激怒，认为弗里克是无政府主义行为宣传理论所倡导的恐怖主义的理想目标。1892 年 7 月 23 日，伯克曼进入匹兹堡弗里克的办公室，枪击并捅伤了弗里克，使他受了重伤，但没有致命。伯克曼在审判中拒绝接受律师的劝告，后来被判处 22 年监禁。一场要求赦免他的运动开始了，最终使他在 1906 年 5 月获释。

刺杀弗里克的企图对霍姆斯特德大罢工影响甚微，罢工领袖很快否认了一项法案，谴责了"伤害亨利·克莱·弗里克的非法行为"，并对这位实业家表示同情。

下面的叙述摘自伯克曼的《一名无政府主义者的监狱记忆》(1912 年, 第 31—35 页)。

东区，匹兹堡的时尚住宅区，沐浴在午后的阳光下。宽阔的林荫道看上去凉爽而诱人，庄严的树木在马车道上抚摸着它们的影子，彼此轻轻地点头表示赞许。行进的车队挤满了大街，披着华丽斗篷的马匹和穿着制服的仆从给现场增添了色彩和活力。一支骑兵队正从我身边经过。女士们的笑声听起来很欢快，无忧无虑。她们的快乐让我很恼火，我在想霍姆斯特德。在我的脑海里，我看到了阴暗的围墙、防御工事和大炮。那个可怜的寡妇站在我面前，幼小的孩子在哭泣，我又一次听到了心碎的痛苦的呼喊声……

啊，生活可以变得宜居、美丽！为什么不呢？为什么会有这么多的苦难和争斗？阳光、鲜花、美好的事物都在我身边。这才是生活！快乐而宁静。……不！有弗里克这样的人和这些坐在马车上的寄生虫骑在我们的背上，吸食工人的血，就不可能有和平。弗里克是一个吸血鬼，所有这些人——我几乎要大声喊出来了——他们都是一个阶级的。他们是一个阴谋集团，共同反对我的阶级、工人和生产者。也许这是一个非个人的阴谋，但这的确是一个阴谋。骑在马背上的漂亮女士们笑个不停。人民的苦难对他们来说是什么？也许她们是

在嘲笑我。笑吧！笑吧！你鄙视我。我是人民的一员，但你们是和弗里克一类的人。好吧，也许很快就会轮到我们笑了……

弗里克的私人办公室在接待室的左边，当黑人服务员出现时，门打开了，我瞥见一个留着黑胡子，身材匀称的人坐在房间后面的桌子旁。

"弗里克先生在忙。他现在不能见你，长官，"黑人说着，递回了我的名片。

我拿起纸板，把它放回我的箱子里，慢慢地走出接待室。但我很快就回头，穿过了把办事员和来访者分开的大门，然后，我把那个吃惊的服务员推到一边，走进了左边的办公室，我发现我正对着弗里克。

有那么一瞬间，阳光透过窗户，照得我眼花缭乱。我看见长桌那一头有两个人。

"弗……"我开始说。他脸上恐惧的表情使我一下子说不出话来。那是对有意识地面对死亡的恐惧。"他明白了"，这句话在我脑海里闪过。我飞快地拔出了左轮手枪。当我举起武器时，我看到弗里克双手抓住椅子扶手，试图站起来。我瞄准他的头。"也许他穿了盔甲"，我想。当我扣动扳机的时候，他一脸惊恐地迅速转过脸去。一道光闪过，高高的天花板上回荡着隆隆的轰鸣声。我听到一声尖锐、刺耳的叫声，看到弗里克跪在地上，头靠在椅子的扶手上。我感到平静而着魔，我专注于这个人的每一个动作。他头朝下躺在大扶手椅下，没有任何声音和动作。"他死了吗？"我不知道。我必须弄清楚。我们相距大约25英尺。我向他走了几步，突然另一个人向我扑过来，我完全忘记了这个人的存在。我挣扎着想松开他的手。他看起来又瘦又小。我不会伤害他，因为我和他没有任何关系。突然间，我听到有人喊："杀人啦！救命啊！"当我意识到这是弗里克的喊声时，我的心都快停止跳动了。"他还活着？"我不知道。我把那个陌生人扔到一边，朝爬行的弗里克开火。那人打中了我的手，我打偏了！他和我扭打在一起，我们在房间里搏斗。我想把他扔出去，但我看到他的胳膊和身体之间有一个缺口，我把左轮手枪抵在他的身体上，瞄准了蜷缩在椅子后面的弗里克。我扣动扳机。咔哒一声，但枪没有响！我掐住那个陌生人的喉咙，他还紧紧地抓着我。突然，有一个重物打在我的后脑勺上，尖锐的疼痛射穿了我的眼睛。我倒在地板上，模糊地意识到武器从我的手中滑落。

"锤子在哪儿？打他，木匠！"混乱的声音在我耳边响起。我痛苦地尝试站起来。许多身体的重量压在我身上。现在——现在是弗里克的声音！他没死吗？我拖着那些奋力和我打斗的人，朝声音传来的方向爬去。我必须把匕首从我的口袋里拿出来——我找到了！我一遍又一遍地用它插在窗边那个人的腿上。我听到弗里克痛苦地喊叫——有很多喊叫和跺脚声——我的胳膊被拉住，扭曲着，我整个人从地板上被抬了起来。

警察、职员、穿工作服的工人，都围着我。一名警官揪住我的头发把我的头往后拽，我和弗里克的目光相遇。他站在我面前，由几个人搀扶着。

他的脸色苍白，黑胡子上有红色的条纹，鲜血从脖子上渗出。刹那间，一种奇怪的羞愧感涌上我的心头。但下一刻我又对这种情绪充满了愤怒，这对一个革命家来说是不值得的。我带着不屈服的仇恨直勾勾地盯着他的脸。

"弗里克先生，你确定这个人就是袭击你的人吗？"

弗里克虚弱地点头。

街道两旁挤满了兴奋的人群。一个穿着便服的年轻人跟在警察后面，不无恶意地问道：

"你受伤了吗？你流血了。"

我用手捂住脸。我不觉得痛，但我的眼睛有一种特殊的感觉。

"我的眼镜丢了，"我不由自主地说。

一位军官反驳道："如果你没有丢了你的脑袋，那你就太幸运了。"

弗兰克·施泰纳伯格遇刺事件，1905 年

弗兰克·施泰纳伯格（Frank Steunenberg）于 1896 年和 1898 年在工人的大力支持下当选爱达荷州州长，但他在粉碎 1899 年的科德·阿伦（Coeurd' Alene）罢工中发挥了重要作用，并使西部矿工联盟（Western Federation of Miners）陷入瘫痪。6 年后（1905 年 12 月 30 日），当他（即州长弗兰克·施泰纳伯格）被炸弹炸死时，许多人指责是西部矿工联盟为解决旧怨所为。西部矿工联盟否认了这一点，但爱达荷州的警察抓到了刺客阿尔伯特·E. 霍斯利（Albert E. Horsley），他的别名叫哈利·奥查德（Harry Orchard）。他是一名矿工，也是西部矿工联盟的成员。奥查德起初否认了一切，但州政府派詹姆斯·麦克帕兰（James McParland）到奥查德的牢房探视，这位平克顿（Pinkerton）侦探曾经潜伏、暴露并毁掉了莫利·麦奎尔（Molly McGuires）。麦克帕兰向奥查德暗示，如果他把工会领导人卷入暗杀事件，他就能保住自己的性命。奥查德这样做了，他指控主席查尔斯·H. 莫耶（Charles H. Moyer）、财长威廉·D. 海

伍德(William D. Haywood)以及西部矿工联盟顾问乔治·佩蒂伯恩(George Pettibone)是犯罪的煽动者。此外,他还承认根据工会命令谋杀了其他 26 人。

奥查德提到的这 3 人当时在科罗拉多州,他们未经合法引渡就被逮捕并被带到爱达荷州受审。奥查德的指控和爱达荷州官员的绑架在劳工和激进媒体中引起了轩然大波。尤金·德布斯(Eugene Debs)威胁说:"如果他们真的企图谋杀莫耶、海伍德以及他们的兄弟,至少会有 100 万名革命者拿着枪与他们交战。"波士顿、纽约和旧金山都举行了游行,抗议 1907 年 5 月 7 日在博伊西(Boise)开始的以海伍德为被告的第一次审判。当时,克拉伦斯·达罗(Clarence Darrow)是辩护律师,参议员威廉·E. 博拉(William E. Borah)是公诉方。博拉滔滔雄辩,但除了奥查德对工会领袖的指证外,几乎没有其他证据。陪审团裁定海伍德无罪。1908 年,另一个陪审团宣布佩蒂伯恩无罪,而莫耶从未受审。奥查德被判绞刑,但后来他的判罚被降为终身监禁。1954 年他死于监狱之中,享年 88 岁。

以下关于刺杀的叙述摘自《哈利·奥查德的自白与自传》(1907 年,第 216—218 页),参见大卫·H. 格罗弗(David H. Grove)的《辩手与爆破手:海伍德审判的故事》(1964 年)、菲利普·方纳(Philip S. Foner)的《美国劳工运动史》(第四部,第 40—60 页)以及阿贝·C. 拉韦兹(Abe C. Ravitz)和詹姆斯·N. 普利姆(James N. Primm)主编的《海伍德案》(1960 年)。

直到第二个周四,我才再次见到施泰纳伯格先生。我不知道他离开后去了哪里。有一天我在街上看到了他的儿子,我问他他们有没有羊要卖。我想这样就能知道他父亲去了哪里。他告诉我,他不知道,因为他的父亲负责处理这件事,但他说,我可以给他父亲打个电话,他父亲住在布利斯(Bliss)公司的牧场。但他又说他的父亲第二天就会回家,如果我在的话,我可以见到他。我告诉他,我只是想知道哪里可以买到羊,因为我的一个朋友想要养羊。

第二天是星期五,我去了南帕(Nampa)。我想,如果我在火车上发现施泰纳伯格州长,我也许有机会把炸弹放在他的座位下面,因为火车通常在南帕停留 15 到 20 分钟。我把火药从木箱里取出来,装进一个轻而薄的、上了锁的铁皮小盒子里。我在盒子顶上开了一个洞,旁边放了一个小挂钟。盒子和那瓶酸液都被装在巴黎石膏里,放置在钟的另一边,并用一根铁丝从钟的另一边穿过以便把警报器绕到瓶塞上的钥匙上。巨大的瓶盖被放在小洞下面的粉末中,我所要做的就是给警报器上发条并安装好,当它启动时,就会给钥匙上的细线上发条,然后拔出软木塞,再将酸液洒在瓶盖上。我把这个东西装在一个小手提包里,如果有机会的话,我打算把它(包括手提包和所有的东西)放在车厢里他的座位下面。我在火车到达南帕的时候四处看了看,但没有看到施泰纳伯格先生,而且火车上很拥挤,所以无论如何我也不会有任何机会。后来我看到施泰纳伯格先生在考德威尔(Caldwell)下了火车(但我在火车上确实没有见到他)。

星期六下午我在考德威尔附近又看到了他。我当时在萨拉托加(Saratoga)酒店的酒吧间里打牌,黄昏时分我从酒店大堂出来时,施泰纳伯格先生正坐在那里说话。我去了趟邮局,很快就回来了,而他还在那儿。我回到我的房间,把炸弹从手提包里拿出来,用报纸包好,放在我的胳膊下,然后下楼,而施泰纳伯格先生还在那里。我以最快的速度赶到他的住所,把这个炸弹放在靠近门柱的地方并把一根绳子绕过大门的尖木条系在软木塞的一个尖眼里,这样的话当大门被打开时,就会把软木塞从瓶子里抽出来,让酸液流出来引爆炸弹。如果施泰纳伯格没有将门打开足够大的幅度,没将软木塞从瓶子中抽出来,当他走进去的时候,他的脚就会撞到绳子。我把纸铺在炸弹上,撒了些雪在上面,然后迅速赶了回去。

我在距离施泰纳伯格住所两个半街区的地方遇到了他。然后我以最快的速度跑开,尽可能在他到达大门之前赶回酒店。当爆炸发生时,我在离酒店大约一个半街区的天桥上,然后我以最快的速度赶到了酒店。我走进酒吧间,只有酒保一个人。酒保让我帮他把一个小包裹绑起来,我照做了,然后我回到了我的房间,打算马上下来吃饭,因为几乎所有人都在吃饭。

《洛杉矶时代报》大楼爆炸事件,1910年

《洛杉矶时代报》的发行人哈里森·格雷·奥蒂斯(Harrison Gray Otis)是工会的强烈反对者。通过《时代》的社论版以及洛杉矶商人和制造商协会,奥蒂斯有效地与工会主义斗争了20年。在此期间,洛杉矶工业企业保持着持续营业状态。1907年的劳联大会(AFL)谴责奥蒂斯是"美国工会最不公平、最肆无忌惮、最恶毒的敌人"。1910年,劳联大会领导人决定再一次尝试在洛杉矶推行工会主义。在旧金山熟练劳工组织者与国家办公室的帮助下,通过总罢工委员会的指导,大量雇用熟练工人的行业开始罢工。

作为回应,奥蒂斯和商人与制造商协会说服市议会宣布罢工警戒为非法,警察开始逮捕罢工者。罢工失败后,工会转向政治,与社会主义党结盟,并支持

社会主义领袖乔布·哈里曼(Job Harriman)竞选市长。哈里曼在民主党初选中惨败,劳工们满怀信心地期待着市长选举的胜利。

1910年10月1日午夜过后不久,《洛杉矶时代报》的大楼被炸,20人被炸死。奥蒂斯立即将爆炸归咎于工会,并说在他和商人与制造商协会秘书的家中也发现了炸弹。工会否认了他的指控。在缺乏证据的情况下,他们的政治机会似乎仍有希望。私家侦探威廉·J.伯恩斯(William J. Burns)受现任市长的聘请去寻找炸弹袭击者。伯恩斯注意到洛杉矶的袭击与桥梁和结构钢铁工人工会在其他地方发起的一系列针对美国钢铁公司的爆炸在模式上有相似之处,于是他调查了桥梁和结构钢铁工人工会的财务部长约翰·J.麦克纳马拉(John J. Mc Namara)的活动。伯恩斯找到了有罪证据,并利用可疑的合法性手段,将麦克纳马拉和他弟弟詹姆斯送到洛杉矶接受审判。劳工组织被动员起来为麦克纳马拉兄弟辩护。塞缪尔·龚帕斯(Samuel Gompers)称这次审判是"资本主义阴谋",克拉伦斯·达罗继续担任辩护律师。数百万人相信麦克纳马拉兄弟是无辜的。

令劳工运动大为震惊的是,12月1日,达罗宣布他的当事人撤回了他们的请求并承认他们有罪。这一信息的披露使洛杉矶的劳工运动停止了,哈里曼以较大的劣势败北。安放炸弹的詹姆斯·B.麦克纳马拉(James B. McNamara)被判终身监禁,在圣昆丁(San Quentin)监狱服刑(他说,"我没打算杀害任何人")。麦克纳马拉被判15年监禁,服刑10年后于1921年5月获释。

以下关于爆炸事件的描述摘自1910年10月1日爆炸当天出版的《洛杉矶时代报》(该报有一家辅助印刷厂,该市的其他期刊也提供了帮助)。参见格雷厄姆·亚当斯(Graham Adams)的《工业暴力时代》(1966年)、路易斯·亚当米克(Louis Adamic)的《炸药》(1934年)、克拉伦斯·达罗的《我的人生故事》(1932年)以及格蕾丝·H.施蒂蒙斯(Grace H. Stimson)的《洛杉矶劳工运动的兴起》(1955年)。

许多人的生命受到威胁,价值50万美元的财产在今天凌晨1点被牺牲在仇恨工会的祭坛上,《洛杉矶时代报》的工厂在工会主义者的多次威胁下被炸毁和烧毁。

值班的员工没有当晚早些时候那么多,因为早些时候所有的部门都在全力工作,但即便如此,那些杀人不眨眼的人也知道,当时大楼里有整整100人。突然一声地震,伴随着肯定是炸药才发出的干脆、尖锐的声音,爆炸发生在商业办公室入口的后面，百老汇大街大楼的整个一楼都炸毁了。在短短几秒钟内，又有四五声较小的爆炸声响起。

在从警察局全速跑到第1街和百老汇街拐角处的不到半个街区的时间里，整栋建筑的三层楼都着火了。几乎在同一时间，火焰和浓烟充满了第1街的东楼梯，把那些在极度恐慌中幸运地及时到达楼梯平台编辑室的员工赶了下去。

绕过这些最后的逃亡者，人们打着手电筒，用手帕遮住脸，拼命地往一楼跑去。然而，这些努力都是徒劳的，灼热的浓烟和耀眼的火焰扑向他们，猛烈地吞噬着他们，把那些想要营救他们的人匆忙赶了回去。

尽管他们能清楚地听到悲恸的哭喊声以及呻吟和尖叫声，但是这些被爆炸飞出的碎片弄得血肉模糊、四肢残废的男男女女躺在火焰中，几乎被大火活活烧死。

循着大楼南侧社论室和市政室的阴影，透过一股令人窒息的黑烟，可以看到很多男人和女人挤在三楼的窗户旁，发了疯一样地呼喊着要梯子。

一辆消防车全速驶来。当人们看到它只是一辆水管车而不是云梯车时，叹息声此起彼伏。"网，拿网来，网！"喊声响起。

一名警察从总部跑过来，手里拿着一架短梯子，可惜那梯子太短了。有人叫他傻瓜。但梯子救了乡村编辑洛夫莱斯（Lovelace）的命，他跳上梯子逃了出来，但腿断了，还有一些轻微的烧伤。

其他消防设备轰鸣起来。网在短时间内就被拉了出来，但此时大火已经以极快的速度窜进了大楼，网已经不可能接近发红的墙壁了，那些没有和洛夫莱斯一起跳的不幸的人生命堪忧了。

从听到爆炸声开始，不到4分钟，整栋楼就被烧毁了。

魔鬼的杰作

对放置炸弹的人来说，在不同的楼层工作、忙着把这份伟大的报纸印制出来的100个人并不算什么，因为这些炸弹摧毁了一份辉煌的报纸。炸弹爆炸的那一刻，他们的生命就处于危险之中。由于这地狱般的爆炸，他们很可能失去生命——那些对妻子、孩子和亲戚来说宝贵的生命处于致命的危险之中。

炸弹是由经验丰富的人放置的，他们要完成的任务（至少是暂时的），就是要搞垮这份伟大的报纸。

1点钟的时候，《洛杉矶时代报》的每个部门都还在忙碌着。各种表格都被封好，塑形后送到新闻发布室。1小时后，大型印刷机就会以闪电般的速度印刷出成千上万份报纸，邮递员们则正等着为他们的顾客服务送上这些报纸。

1秒钟后，地狱之门打开了。震耳欲聋的爆炸声，令人作呕的炸飞了的人体器官，然后是强烈的火舌。浓密而令人窒息的烟雾，把每一层楼的电灯都遮住了。

上一刻是忙碌的工作，灯光，机器的嗡嗡声，下一刻变成了漆黑的午夜，浓烟滚滚，火焰从地下室窜到屋顶。

被困在各个楼层的男人都是挑选出来的精英，他们在这可怕的场景中保持着冷静。

但这似乎是无法逃避的。杀人犯们策划周密，诡计多端。炸弹的回声一消失，宽阔的楼梯上就充满了致命的烟雾。建筑物四面都着火了。对于勇敢的人而言只有一条出路，他们不顾一切地抓住了这个机会。

爆炸让工作人员措手不及，许多人被埋在废墟中，还有人从窗户跳下去，从电梯滑槽掉下去，或者在被飞来的木头和碎片严重扎伤后爬下消防梯。

大楼里也有一些人没有受伤……

爆炸声响彻了整个商业区，许多乘坐1点钟的汽车回家的人从车里跳了出来，加入了从市中心的房屋中涌出来赶往火灾现场的成千上万的市民的行列。

爆炸事件在5分钟内呈现出可怕的景象，因为大楼立即燃烧起来，然后完全被烧毁了。大家都非常激动，很快就传出消息说，有几十个无法逃出的人被困在了熊熊燃烧的大火里，警察、消防员和市民都竭尽全力去营救被困在里面的人，但大火把他们逼退了。人们试图从楼上窗户里逃出去的可怕场面，在他们跳向地面时变成了一种极其恐怖的场景。有人看到一名男子被困在窗框里——他举起双手，倒在身后和脚下燃烧着的大锅里。

人们拖着断了的四肢，抱着伤痕累累的头和身体从门里涌出来。那些摇摇欲坠的人被一双双热切的手抓住，带到安全的地方。

人们请求允许他们冲进着火的大楼，但手持手枪和防暴枪的警察迫使他们后退并清理了街道。过了一会儿，火焰吞噬了建筑物的木结构，墙壁开始倒塌，电线掉落，溅射到人行道上，危及了附近的人……

对于那些在废墟中的人，人们已经无能为力，上帝只能去关照他们的灵魂。人类的救助已无济于事。

华尔街爆炸案,1920 年

　　1919 年对许多美国人来说是恐怖的一年,对有些人来说则是歇斯底里的一年。国外的布尔什维克革命,国内美国劳工活动的增加——钢铁工人罢工、波士顿警察罢工、西雅图总罢工——都表明革命思想正在美国传播。若干恐怖主义事件加剧了恐怖的气氛。4 月,一名受雇于乔治亚州参议员的仆人打开了一个包裹,结果双手被炸飞。同时在全国各地的邮局发现了另外 36 枚寄给重要人物的炸弹。这些事件导致了 1919 年的红色大恐慌,这是一种歇斯底里和算计的产物。这一年,仅在司法部长 A. 米切尔·帕尔默(A. Mitchell Palmer)的命令下,就有数百名激进分子和移民被逮捕和驱逐出境。这些和其他剥夺公民自由的行为遭到了许多知名人士和社会贤达的抗议。到 1920 年,大部分歇斯底里症已经过去。1920 年 9 月 16 日,一枚炸弹在华尔街摩根之家(House of Morgan)外爆炸,造成 34 人死亡,200 多人受伤。大楼内部被毁,维修费用约为 200 万美元。帕尔默宣布这是推翻资本主义和在美国建立苏维埃秩序的阴谋的一部分,但在全国性的愤慨之后,这件事和无辜的受害者一起被埋葬了。放置炸弹者从未被发现。以下是 1920 年 9 月 17 日《纽约时报》的报道。参见小威廉·普雷斯顿(William Preston,Jr.)的《外星人与异己者》(1963 年)以及罗伯特·默里(Robert Murray)的《红色恐怖》(1955 年)。

　　昨天中午,布劳德(Broad)街和华尔街发生了一起爆炸,据信是由一枚定时炸弹引起的,造成了 30 人死亡,大约 300 人受伤。

　　爆炸震碎了周围几个街区的窗户,使金融区陷入恐慌,附近的街道上到处都是遇难者的尸体和伤者。

　　12 个小时后,调查当局几乎可以肯定,这场灾难是由华尔街一辆敞篷车上一台可怕的机器造成的,这辆车就停在国库分库隔壁的美国分析办公室的正前方摩根大楼的街对面。

　　虽然直到昨天午夜还没有人被捕,但联邦、州和市政当局一致认为,这场毁灭性的爆炸预示着红色暴行的长期威胁。

　　全国都对这次爆炸做出了同样的解释,一些公共建筑和巨大的仓库以及一些城市里的显要人物,都被加强了保护。

　　昨晚,30 名侦探组成的警卫被布置在麦迪逊(Madison)大道的摩根之家周围。行人不允许从房子前面经过。据说这个警卫队要通宵值班。

事故理论受到怀疑

有传言说,一辆装有炸药的红色货车与一辆汽车相撞(或者货物是自燃的),在前所未有的高压下工作的刑事调查人员对此做了否认,制止了这些传言。事实证明,在 6 点钟的时候,附近没有合法装载这种材料的车辆,而且有最起码可信度支持的其他事故的证据也没有被提出来。

与任何事故假设的负面基础相反,有一个肯定的事实是爆炸以迅速而深重的铸铁窗砸落的形式在附近造成了大量死亡。这些都是廉价的、很容易弄到的物件,其断裂的末端的锈迹表明它们没有被爆炸炸断。而对附近许多被损坏的建筑物进行的详细检查也证明,没有这样的重物从被撕裂和扭曲的钢窗外壳中掉下来。

对死者身伤的鉴定工作进展缓慢。许多人被炸得面目全非,这严重阻碍了调查工作。众所周知,在爆炸发生的地方,有一辆一匹马拉着的卡车,可能是有格子边的,恰巧位于分析办公室前面。马的部分尸体被发现,还有车轮的轮轴和轮毂,其中有几根辐条还卡在里面。但司机是否爆炸的受害者,或是一名逃脱了的同谋者(这是一个至关重要的问题),目前仍存在疑问。

警方确信有阴谋

因此,调查人员越来越相信,他们面对的是一起有组织的破坏活动,其可怕后果使过去的无政府主义者和其他激进犯罪相形见绌,如杀害拉塞尔·塞奇(Russell Sage)和亨利·C. 弗里克(Henry C. Frick)的企图,以及在联合广场(Union Square)、圣帕特里克大教堂(St. Patrick's Carthedral)和圣阿方索斯教堂(St. Alphonsus's Church)的炸弹。

如果调查人员的解释是正确的,那么这些阴谋者在很大程度上没有实现他们除了纯粹的恐吓外的任何直接目标。显然,他们把这台邪恶的机器的爆炸时间定在了金融区街道最拥挤的一个小时,但他们选择的时间不是工业巨头们在街上的时间,而是他们的职员和信使在街上的时间。J. P. 摩根(J. P. Morgan)本人也在欧洲……[他曾逃脱过明特尔(Muenter)夫人对他的一次枪杀]。

整个地区都是这样。有钱有势的人逃了出来,有些逃得很远,有些侥幸逃脱,这一打击的巨大威力只是落在了中产阶级工人身上……

证券交易所关闭

几乎在悲剧发生的几秒钟内,国家的金融工作就停止了,拯救或保护数十亿美元的资金和证券的工作正在紧张进行中。

当时,在布罗德街上,证券交易所正在全速运转。交易主要集中在交易场所中心的雷丁(Redding)站,该机构的主席威廉·H.雷米克(William H. Remick)站在旁边和一位理事聊天。突然他听到了可怕的爆炸声,看到玻璃像雨点一样落得到处都是,转瞬间,到处是哭声、呻吟声、激动的尖叫声和奔跑的脚步声,他立刻说道:

"我想我们最好停止今天的交易。"

一秒钟后,他跨过去敲锣,结束了这个城市的金融业务。电线上闪动着新的信号,几分钟后,其他大城市也纷纷效仿。

与此同时,数以百计的人被这突发灾难的阴影所笼罩,最初几分钟的极度恐慌让成千上万的人紧张万分。从目击者和第一批到达那里救援的人员激动且不连贯的描述中,人们似乎看到了一幅可怕的合成画面,让人回想起德国空袭和对未受保护的盟军城市进行远程轰炸的日子。

先是一道炫目的蓝白色光芒照亮了整个华尔街,然后是震耳欲聋、令人惊恐的爆炸声,以及几十个速度堪比一枚高爆弹的铁塞飞上天空。

浓烟掩盖了现场

目击者说,爆炸之后,似乎只有片刻的停顿,在这些停顿的间隙可以听到玻璃的破碎声音,因为数以百计的窗户从建筑物的石板前掉落或者被冲击回了房间,而当时里面许多人正在办公桌前忙碌地工作。

那些经历过恐怖时刻的人都是先听到了爆炸的声音才看到玻璃的碎裂。巨大的烟雾包围了爆炸的发生地点,一大团灰尘遮住了整条街。

许多目击者说,街道上已经清理干净,数百名男女躺在那里,大多数人俯卧在地上。有些人死了。有些人在痛苦中翻滚。有些人已经爬了起来。有些人伤得很重,说不出话来。有些人因痛苦或恐惧而尖叫,有些人在呻吟,还有一些人在自救。一个伤得很重的小信使,请求有人来照顾他那只受伤的手里的一小笔证券。

分析办公室中由于爆炸而停下来的时钟显示,当时的时间是 12:01。百老汇大道那边的格雷·三一教堂(Gray Trinity)的报时还没有结束。每一间办公室里的职员和信使们都蜂拥到大街上。

似乎就在尘埃散去的那一瞬间,大家都站在原地,茫然、迷惑、惊恐万分。随后,当一扇又一扇的窗户,不时伴随着一大块石头翻滚下来时,他们吓得四散逃跑。正如许多人所说,这是爆炸后的第二阶段。

成千上万的人涌上街头

没过几秒钟之后进入了第三阶段,人们的理智得到恢复。没有再发生什么可怕的事情,最坏的情况已经过去。那些奔向角落的人,转过身去看着他们逃离的地方,他们看到的是躺在街道上和人行道上的受难者。于是他们又拼命往回跑,成千上万的人拥挤在狭窄的小巷里,只想去帮忙。

梅德加·埃弗斯谋杀案,1963年

尽管南方反对种族平等的人偶尔会举行大规模的抗议活动,但也有少数人诉诸政治谋杀。在民权运动的殉难者名单中,不仅包括黑人,也包括白人,他们是梅德加·埃弗斯(Medgar Evers)(1963年)、牧师乔治·E.李博(George E. Leeb)(1955年)、拉姆·史密斯(Lamar Smith)(1955年)、托马斯·H.布鲁尔(Thomas H. Brewer)(1961年)、威廉·L.摩尔(William L. Moore)(1963年)、路易斯·安伦(Louis Alen)(1964年)、詹姆斯·查内(James Chaney)(1965年)、安德鲁·古德曼(Andrew Goodman)(1965年)、迈克尔·舒维那(Michael Schwerner)(1964年)、乔纳森·M.丹尼尔斯(Jonathan M. Daniels),(1965年)吉米·李·杰克逊(Jimmie Lee Jackson)(1965年)、维奥拉·柳佐(Viola Liuzzo)(1965年)、詹姆斯·里德(James Reed)(1965年)、弗农·达默(Vernon Dahmer)(1966年)、小塞缪尔·尤恩格(Samuel Younge, Jr.)(1966年)、沃勒斯特·杰克逊(Wharlest Jackson)(1967年)和马丁·路德·金(Martin Luther King)(1968年)。担任全国有色人种协进会(NAACP)的外勤秘书梅德加·埃弗斯,于1963年5月12日在密西西比州的杰克逊(Jackson)市宣布了一项反种族隔离运动。他要求任命一个双种族委员会来讨论申诉,市长在与75位商业领袖协商后拒绝了这一要求,声称这将导致"遵从外部种族煽动者的要求"并禁止了示威活动。5月28日,埃弗斯通过在伍尔沃斯(Woolworth)的一个午餐柜台静坐发起了他的运动。他的团队遭到毒打,其他的人被逮捕,一枚炸弹在一名融合主义领袖的住所爆炸。接着,黑人学生游行支持民权,其中600人被捕。6月1日,双方做出了一些让步,但建立一个双种族委员会的要求再次遭到拒绝。6月12日,埃弗斯参加完一场种族融合集会回家时,被人从背后开枪打死。州长罗斯·巴奈特(Ross Barnett)称对埃弗斯的谋杀是"卑鄙的行为"。然而,国会议员威廉·科尔默(William Colmer)认为,这是"政客、好事者和打着自由主义假旗号的人煽动的必然结果"。

联邦调查局(FBI)以谋杀罪逮捕了居住在密西西比州已经有38年的拜伦·德拉·贝克维斯(Byron de la Beckwith)。在贝克维斯的审判中,巴奈特州长大步走进法庭,热情地与贝克维斯打招呼,并与他握手。1964年2月7日,陪审团报告说他们陷入了僵局,第二次审判中陪审团也未达成一致意见。此后,重获自由的贝克维斯继续骚扰民权工作者。1967年2月,他宣布参加密西西比州副州长的民主党提名竞选,并在因谋杀罪被起诉(拥有3万名忠实支持者)的情况下参加竞选,在5名竞选人中排名倒数第一。

下面的叙述来自梅德加·埃弗斯夫人与威廉·彼得斯(William Peters)的《为我们,活着的人》(1967年,第301—304页)。参见帕特·瓦特斯(Pat Watters)和利兹·克莱格霍恩(Reese Cleghorn)的《攀登雅各布的阶梯:黑人在南方政治中的到来》(1967年)。

这是一次感人的演讲,是美国历史上任何一位总统都未曾进行过的最直接、最迫切的呼吁种族公正的演说。它感动了我,给了我希望,也使梅德加的工作显得比以往任何时候都重要。我还记得当我躺在床上、孩子们把电视调到另一个频道时,我在想密西西比州的白人在想什么。我一定是迷迷糊糊地睡着了,因为后来我醒来是为了解决孩子们关于看哪个节目的争吵的。之后,我仍然被总统的话语鼓舞着,我放松下来,和孩子们一起看电视节目。达雷尔(Darrel)首先听到了汽车的声音。

"爸爸回来了。"

我们听到了熟悉的汽车马达声。轮胎轧过碎石车道时,我醒了过来,伸了个懒腰,然后听到车门关上的声音。我想知道梅德加会对这次演讲说些什么,于是我在床上坐了起来。

一声响亮而骇人的枪声响起。孩子们像演练时一样,四脚朝天地躺在地板上。我心里明白这意味着什么。

我飞奔到门口，祈祷自己看错了。我打开灯，看见梅德加脸朝下躺在门口，浑身是血。

我尖叫着，走向他，呼唤着他的名字。

又是一声枪响。这声枪响更近了，我跪倒在地。梅德加一动不动。

孩子们都围在了我身边，恳求他。"求你了，爸爸，求你起来！"

梅德加身后的车棚地板上放着他掉在地上的文件和几件运动衫。在一张纸的正面，我读到这样的话："吉姆·克劳(Jim Crow)必须离开。"他手里拿着的是门钥匙。到处都是血。

我丢下孩子们跑到电话机旁。我拨通了"0"，挣扎着喘了口气，朝接线员尖叫着"叫警察"，接着把地址告诉了她，然后跑了出去。

杨氏夫妇在那儿，韦尔斯夫妇和更多的人也来了，有人把梅德加翻过身来，他喘着粗气，眼睛睁着，但却一动不动。

我不停地叫他，但就算他听到了我的话，也毫无反应。

我听到孩子们被带走的声音，哭喊着要他们的父亲。我还记得有几个人把丽娜(Rena)床上的床垫搬了出来，把梅德加放在上面，抬到休斯顿·威尔斯(Houston Wells)的旅行车上。我跟在他后面，试图坐到他身边，还在喊他，但他们把我拉了回来。当车开走时，我试图去接近他时摔倒了，有人扶起了我，我跑回了房子。威尔斯夫妇的车开走时前边有一辆警车，但我没有看到警察。

我跑到客厅，跪下来祈祷。我为梅德加祈祷，我挣扎着呼吸，我祈祷上帝的旨意得以实现，我哭泣着，我祈祷无论发生什么，我都能接受。

有人发现我在那里。我起身跑到电话旁，打电话到格洛斯特·卡伦特(Gloster Current)居住的杨律师家。"他们杀了我丈夫！"我尖叫起来，"他们杀了我丈夫！"

一个女人从我手里接过电话，我走到卧室，悲伤得头晕目眩。其中一个女人跟着我，发现我正在打包梅德加的牙刷和一些睡衣准备去医院，我大声问她需要多少把。

珍·威尔斯(Jean Wells)挽着我的胳膊说布里顿医生(Britton)从密西西比医院打来了电话。梅德加已经恢复了知觉，我在房间里找了衣服并尝试穿上。

然后哈蒂·塔特(Hatie Tate)走进来，看着我，我就知道了。

"他走了吗？"

她说不出话来。她试着想说什么，但还是没能说出口。她转身跑出了房间,我像个断了线的木偶一样瘫倒在地上。

马尔科姆·艾克斯谋杀案,1965 年

1948 年,马尔科姆·利特尔(Malcolm Little)加入了伊斯兰国家组织,成为马尔科姆·艾克斯(Malcolm X),并成为该组织最有影响力的国家领导人之一。在这个角色上,他与伊斯兰国家组织的领导人伊利亚·穆罕默德(Elijah Muhammed)展开了竞争。1964 年 3 月,马尔科姆与穆斯林决裂,因为他希望开展更广泛的人权运动,并成立了自己的黑人民族主义组织。后来他也去了麦加朝圣,一回来他就确信黑人穆斯林试图杀害他,有时还公开预言他会被谋杀。1965 年 2 月 13 日,他的房子被燃烧弹烧毁(他指责是一些穆斯林发动了袭击),但他和他的家人没有受伤。2 月 21 日,他在纽约奥杜邦舞厅(Audubon Ballroom)演讲时被枪杀。

有 3 个人因谋杀而被捕。其中两人是黑人穆斯林,诺曼·3X·巴特勒(Norman 3X Butler)和托马斯·15X·约翰逊(Thomas 15X Johnson)。第三位是塔尔玛吉·哈耶(Talmage Hayer),而他否认自己是黑人穆斯林。在审判中,所有人都不认罪,但在 1966 年 2 月 28 日,哈耶改变了他的供词,说他和 2 个同伙杀害了马尔科姆,但他的同伙不是和他一起受审的 2 个人。他说,穆斯林与这次杀戮毫无关系,他是被雇来做这件事的,但他不愿意说是谁雇用了他。这 3 人都被判有罪,并被判处终身监禁。

下文来自目击者托马斯·斯金纳(Thomas Skinner)1965 年 2 月 22 日在纽约《邮报》上的描述。参见马尔科姆·艾克斯的《马尔科姆·艾克斯自传》(1964)以及 1966 年 3 月 11 日的《纽约时报》。

他们很早就来到了奥杜邦舞厅,也许是受到了马尔科姆·艾克斯(Malcolm X)会说出上周日向他家投掷燃烧弹的人名字的影响。午后明亮的阳光洒向黑暗的大厅。

参加马尔科姆最近的演讲集会的人比平时要多,400 人占据了 3/4 的木制折叠椅。在不耐烦的等待中,他们的双脚在破旧的地板上拖来拖去,然后顺从地遵照马尔科姆守卫的命令,被领到了他们的座位上。

我坐在第 12 排的左边,当我们在等候的时候,坐在我旁边的人说起马尔科姆和他的追随者:

"马尔科姆是我们唯一的希望,"他说,"你可以相信他会实话实说的,他会让怀特下地狱的。"

接着,舞台上出现了一个人,他说:

"……我现在把马尔科姆兄弟带给你们。我希望你们能够聆听,能够听到,能够理解。"

马尔科姆走到演讲台,经过一架为舞会而准备的钢琴和一套鼓。他站在一幅壁画前,壁画上的风景和舞厅的其他地方一样昏暗。

一分多钟后人群安静下来,马尔科姆抬起头说"a salaam aleikum"(愿你们平安),观众回答"Wo aleikum salaam(也愿你平安)"。

马尔科姆戴着眼镜,穿着深色西装,衣冠楚楚,沙色的头发在灯光下闪闪发光,他说:"兄弟姐妹们……"

就在这时,舞厅中央的 2 名男子打断了他的话,在我右边大约四排的这两名男子站起来,他们互相争论着,然后往前走。房间后面突然发生了一场混战,当我转过头去看发生了什么时,我听到马尔科姆·艾克斯说了他的最后一句话:"好了,好了,兄弟们,停下来吧,"他轻声说,"冷静,要保持平静。"

然后,地狱爆炸了。一阵闷声闷气的枪声传来,马尔科姆脸上和胸口都是血,瘫软地倒在身后的椅子上。接近他的两个人跑向我这边的出口,一边跑一边往他们身后疯狂地开枪。

我倒在地板上,然后爬起来,试图找到一条离开这片混乱场地的路。

马尔科姆的妻子贝蒂(Betty)靠近舞台,疯狂地尖叫着。"他们杀害了我的丈夫,"她哭着说,"他们杀害了我的丈夫。"

我摸索着穿过先是惊恐然后满是愤怒的人群,我听到人们在尖叫。"别让他们杀了他。""杀了那些混蛋。""别让他跑了。""抓住他。"

在一个出口,我看到马尔科姆手下的几个人使出全身力气打两个人。警方正试图向这两名嫌犯跑来。拥挤的人群把我挤了回去。

我看到六七个马尔科姆的追随者在舞台上俯身看着他的尸体,他们的衣服沾满了他们领袖的鲜血。然后他们把他放在担架上,守卫人员让所有人远离舞台。一个女人俯身对他说:"他还活着。他的心脏在跳动。"

4 名警察抬着担架,抬着马尔科姆穿过人群,一些妇女从震惊中回过神来,长时间呻吟着,其中一人说:"我认为他活不下去了。我希望他不会死,但我觉得他活不下去了。"

我在大厅后面发现了一个电话亭,摸索着找了一个10美分的硬币,给一个摄影师打了电话。然后我坐在那里,惊恐的感觉逐渐消失了一点,我拼命回忆发生了什么事。我想到的第一件事是,这是国家兄弟会周的第一天。

罗伯特·F. 肯尼迪遇刺事件,1968年

1968年6月5日(星期三)上午12点13分,参议员罗伯特·F. 肯尼迪(Robert F. Kennedy)在洛杉矶的大使酒店(Ambassador Hotel)被刺杀,而几分钟前他刚刚向他的支持者和电视新闻记者发表了胜利演说。他刚刚在加州民主党总统候选人初选中以微弱优势击败了参议员尤金·麦卡锡(Eugene McCarthy)。肯尼迪的助手夺下了刺客的枪并将他抓获。为了挽救肯尼迪的生命,医生们进行了3个小时的手术。6月6日清晨,在受伤25个多小时后,42岁的他去世了。

刺杀者是约旦移民西尔汗·比沙拉·西尔汗(Sirhan Bishara Sirhan),他立即被指控一级谋杀。在对他的审判中,他的律师试图以暂时精神错乱为由为他辩护,但他一再拒绝,声称他犯下了政治谋杀罪,以报复肯尼迪对以色列的同情,特别是报复肯尼迪对当选后将向以色列派遣飞机的承诺。经过漫长的审判,西尔汉被判一级谋杀罪,陪审团建议判处他死刑。

这段录音是由安德鲁·韦斯特(Andrew West)录制的,他是共同广播系统(Mutual Broadcasting System)的记者,他在肯尼迪遇刺前刚刚采访了肯尼迪。录音后转载于弗朗辛·克拉格布伦(Francine Klagsbrun)和大卫·惠特尼(David C. Whitney)的《刺杀事件:罗伯特·F. 肯尼迪,1925—1968》(1968年)。参见朱拉斯·维特卡夫(Jules Witcover)的《85天:罗伯特·肯尼迪的最后战役》(1969年)。

就在肯尼迪参议员被枪击前几秒钟,美国共同广播系统的记者安德鲁·韦斯特在欢欣鼓舞的支持者中采访了他。采访结束后,韦斯特跟着肯尼迪穿过走廊,来到酒店的厨房。在那里,韦斯特打开了录音机,这时人们开始尖叫肯尼迪被枪杀了。韦斯特以一种高度情绪化的声音继续报道和描述这一场景。与此同时,他对周围的人大声叫嚷,命令他们解除袭击者的武器,关上厨房的门。以下是随后播出的录音文本,版权为KRKD电台和共同广播系统共同拥有。

"肯尼迪参议员中枪了……肯尼迪参议员中枪了……这可能吗?这可能

吗？女士们先生们，这可能是真的。这可能是真的。他中枪了。不只是肯尼迪参议员……哦，天哪……肯尼迪参议员中枪了，还有另一个人……肯尼迪的竞选经理……可能头部中枪。我就在这里，雷夫·约翰逊（Rafer Johnson）抓住了开枪的人。他开了枪，枪还在他手里，现在正对着我。我希望他们能把枪从他手里夺走。一定要很小心。抓住枪，抓住枪，抓住枪，离枪远点，离枪远点！"

"他的手僵住了……抓住他的拇指……抓住他的拇指……抓住他的拇指……抓住他的拇指……抓住他的拇指。抓住他的拇指，必要的话折断他的拇指，抓住他的拇指。离枪管远点。离枪管远点，伙计。当心那把枪。好吧，好吧。就是这样，雷夫，抓住它。把枪拿过来，雷夫。好了，现在拿好枪。抓住他，抓住他。"

"女士们先生们，他们把枪从那名男子身边拿走了。在这里，他们有枪。我看不见那个人。我看不出来是谁。肯尼迪参议员现在就在现场。他中枪了。这是……这是……这是什么？等一下。抓住他，抓住他，抓住他。我们不想要再有另一个奥斯瓦尔德（Oswald）。抓住他，雷夫。让人们远离他。让人们远离他。好了，女士们先生们。这是……让开，让开，让开，让开。腾出空间。参议员在现场。他在大出血……显然……从后面……显然参议员是从正面被击中的。我们看不清参议员是在哪里中枪的。但是来吧，往后推，抓住我，抓住我，让我们往后拉。就是这样。来吧。抓住我的胳膊。让我们往回拉，往回拉。好吧。他们……参议员现在……救护车已经来了，救护车正开往这个入口。这是一件可怕的事情。这让人想起那天在山谷，有人用石头砸了参议员的头。当时人们简直不敢相信。但这是事实。"

"让出空间来。埃塞尔·肯尼迪（Ethel Kennedy）准备好了。她很平静。她举起手示意大家后退。她试图冷静下来。一个有风度的女人。很镇定的女人。真不敢相信，真不敢相信。现在这里有一些狂热分子，因为事情已经发生了，没有人……我们想把大家都赶回去。清理这个地方，清理这个地方。此时此刻，参议员……显然，我们无法看到他是否还有意识。你能看看他还清醒吗？"

观察者："什么？"

韦斯特："我不知道……不，不……他处于半昏迷状态。"

韦斯特："他处于半昏迷状态，女士们，我们看不到……女士们，先生们……其中一个男人，显然是肯尼迪的支持者，正在发狂，快，快，出来，出来。有什么办法能把门关上吗,杰茜(Jess)？这里有门吗？出去,从出口出去,我们走。我们走吧……难以置信的状况。他们在清理大厅。"

"有一个人身上有血。我们正在走廊里走。在我的话中重复……我别无选择。如此令人震惊。我的嘴都干了。我只能说,在大使饭店的厨房里,在后门,在讲台上,在新闻发布室。参议员从后门走了出去。我就在他后面。你听到了气球起飞和一声枪响。你并没有真正意识到这一声就是枪响。尖叫声四起,两个人倒在地上,都血流不止。其中一位是参议员罗伯特·肯尼迪。这一刻,我们都惊呆了。我们和其他人一样在发抖。在洛杉矶大使酒店的厨房走廊里,他们封锁了入口。应该是给救护车腾地方。目前我们所能报道的就这些。我不知道参议员是死是活。我们不知道那位先生的名字。我是洛杉矶共同新闻的安德鲁·韦斯特。"

第八部分　以法律、秩序和道德之名的暴力

医生暴乱,1788年

在解剖合法化之前,医学院必须通过盗墓来推进解剖学课程,这种做法被称为"盗尸"或"复活"。在19世纪,医学院有时会求助于专业的盗墓者,但最初是学生们自己盗掘墓地。第一次抗议这类活动的暴乱发生在1765年,当时费城的威廉·希彭(William Shippen)博士的马车和房子遭到了愤怒的暴徒的袭击。骚乱一直持续到下个世纪。1807年,一所新成立的巴尔的摩(Baltimore)医学院被拆毁,不得不被废弃了7年。1839年,一群暴徒迫使俄亥俄州沃辛顿(Worthington)的一所大学关闭。1849年,另一伙暴徒袭击了伊利诺伊州圣查尔斯(St. Charles)富兰克林医学院(Franklin Medical School)的解剖学教授,并杀害了他和他的一名学生。最血腥的"复活暴动"大概发生在1788年4月的纽约市。一些男孩看到医院窗户上轻率地挂着要晾干的肢体。一群人聚集起来,冲进医院,毁坏了医院的部分建筑与设施。当天晚上,人群发现另外一些肢体被埋葬。对医生们的反感情绪如此强烈,以致不得不将他们关在监狱里以保护他们。第二天,暴徒们搜查了医生的房子,试图找到医生。国民卫队被召集起来保卫监狱。在暴民对监狱进行的几次持续攻击中,有4人被打死,几人受伤。

以下是目击者威廉·杜尔(William A. Duer)的回忆(《上世纪后半期的纽约》,1849年)。参见詹姆斯·J. 沃尔什(James J. Walsh)的《纽约医学史》(1919Ⅱ,第378—392页)以及L. F. 爱德华兹(Edwards)的《在美国解剖学的英雄时代的复活暴动》《医学史公报》,第25期,1951年3月—4月,第174—184页)。

在我的记忆中(如果不是最深印象的话)最早引起公众注意的,是著名的"医生团",之所以这样称呼,不是因为那些严肃的教员都是演员,而是因为他们

都是这场暴动的受害者。的确,这是由医院里几个年轻外科医生的鲁莽和轻率所引起的。他们从医院的一扇楼上的窗户里,向几个正在草地上玩耍的孩子们展示一个被解剖的人的手臂。其中的一个男孩子,由于好奇心被激发,爬上了一个用来修理东西的梯子,当他爬上窗户后,一位医生让他看看他母亲的手臂。很不幸的是,这个男孩的母亲刚刚去世了。手臂的恐怖画面取代了他的好奇心,男孩赶忙跑去找他的父亲并告诉了他的所见所闻。他的父亲在百老汇的一座建筑里做泥瓦匠。一收到消息,他就来到妻子的墓前,当他打开坟墓后,发现尸体已经被移走了。他立即回到他工作的地方,把情况告诉了他的同伴,他的同伴几乎和他一样对这一情况感到极度愤慨和恐惧。他们以自己工作中使用的工具当武器,成群结队地向医院进发,同时在路上召集了一批新成员,组成了一群令人生畏的暴徒。此时,医生们已得到警报撤离了。然而,他们的手术室被洗劫一空,有几件各种形态的残缺肢体的标本被发现。暴徒们被这种场景气疯了,一起去追赶医生们,如果医生们落在这些暴怒的群众手中,他们很快就会成为他们自己手里的那些标本。然而,医生们很幸运地躲过了搜查,尽管他们中的一些人几乎是侥幸逃脱。他们躲进了监狱,国民卫队奉命前去保护他们并平息暴乱。没有街头内战的例子,这是不会奏效的。如果当时的暴民熟悉现代建造街垒的方法,暴乱也可能会更加严重,持续时间会更长。事实上,这场战斗持续了三到四天,在这期间,整个城市基本上处于被围困的状态。我永远不会忘记我看到斯塔克斯(Stake's)轻骑兵对暴徒的攻击。从我们在圣保罗教堂对面的住处,我第一次看到这支轻骑兵部队从费尔(Fair)街[也就是现在的富尔顿(Fulton)街]出发,攻击聚集在"战场"入口处的群众,群众很快就被冲散了,其中一些人退到了教堂院子里——他们手中拿着刀穿过门廊时,被骑兵们用马刀背左右夹击。骚乱得到了暂时的遏制,但并没有完全停止。得知医生们撤退的消息后,暴徒又集合起来,向监狱进攻。但是国民卫队在他们之前到达了监狱,并且带着上了膛的步枪和固定好的刺刀集中起来保卫监狱。州长、市长、记录官和其他市政官员也在现场,还有许多重要的市民也前来协助民政当局。他们中的一些人被暴徒的飞弹严重击伤。杰伊(Jay)先生头部受了重伤。施托本男爵(The Baron de Steuben)被一块石头打中,倒在地上,额头上受了一点皮肉伤,他原先对那群暴民的同情之心也因此突然消失了。当他收到信息的时候,他曾经诚恳地向监狱长抗议,命令国民卫队不要向民众开枪。但是,他一被打中,作为男爵的仁慈就离他而去,当他倒下的那一刻,他大声喊道:"开枪!州长,开枪!"

波特兰妓院骚乱,1825 年

美国人有时会谴责妓女,但却也总是光顾妓院,在某些情况下,他们还反对她们。在整个 18 和 19 世纪,妓院骚乱是常有的事。其中一次是 1737 年在波士顿发生的,当时人群拆毁了几栋房屋。纽约市曾是一场要成为恶魔的人与妓院的守卫者之间的血战的发生地,有几人在这场 1793 年的血战中受伤。另一场类似的血战发生在 1799 年。1825 年,在波士顿,2 000 多名骚乱者拆毁了妓院,并殴打了试图干预的警察。1829 年在宾夕法尼亚州的勒诺克斯(Lenox),1831 年在密苏里州的圣路易斯(St. Louis),1850 年在纽约的特洛伊(Troy),都发生过袭击事件。1857 年在芝加哥,由市长约翰·温特沃斯(John Wentworth)领导的精英志愿者队伍烧毁了整个地区,同年底特律有 6 所房屋被毁。1825 年,缅因州波特兰(Portland)连续发生了 3 次骚乱;之后,每隔一段时间女士们就得重新搬家,重新开始生意——也许是因为小镇太小了并和一些最近拆毁了她们房子的人距离太近。第三次的时候女士们受到了保护。在随后发生的枪战中,1 名男子死亡,数人受伤。

下面的描述来自波特兰东部《阿古斯报》(*Eastern Argus*)1825 年 11 月 11 日的报道。

我们被要求再次记录这次可耻的暴乱,这是在一年多的时间里在本镇发生的第三次暴乱,而且这一次暴乱的性质比前两次都更加残暴和严重,因为他们使用了致命的武器并夺走了一些人的生命。如果这些事件继续下去,波特兰很快就会得到"暴民镇"这一实至名归的称号。是时候采取一些有效的措施来阻止这类事件的发生了。如果我们有足够的法律来维护社区的秩序,那就执行这些法律;如果没有,那就向立法机关申请制定更严厉的法律。我们一般都习惯于认为这个城市的公共道德标准与我们任何一个海港城市一样高、一样严厉。我们往往会对那些表明社会上缺乏道德力量的情景的重复出现感到不知所措,因为虽然这些情景受到普遍的谴责,却没有完全被阻止。每个好公民都应对此负责,并愿意高声反对这些危害社会和平与安全的巨大暴行。据说上次暴乱的大部分罪犯是外国人,主要是爱尔兰人。即便如此,也无法抹去这个城市名声上的污点——不论破坏者是谁,和平被破坏都已是既成事实……

这些令人发指的暴乱和对和平的粗暴破坏，是由一些人在一年前出于善意但不明智的举动所造成的，虽然他们认为这无疑是一件好事。在镇上有一些低矮肮脏的陋居，也就是通常所说的恶名昭彰的房子，住着人类中最可恶、最恶毒的人，是喝醉酒的水手和社会上最下等的人经常去的地方。这些位于城镇中心的建筑成了社区的眼中钉，甚至一些房子的所有者也希望它们被拆除。一支由体力工人、卡车工人、男孩等组成的队伍，不但没有采取适当的法律措施来减少这些令人反感的事情，相反地，他们在了解了业主的感受和邻居们的愿望后在晚上聚集起来，赶走了房客，把房子夷为平地。与此同时，当时有几百名市民站在一旁观看，默许了整个过程。在行动中，这些破坏者变得有些兴奋，热情过了头，他们又跑到城镇的其他地方并拆除了许多其他类似性质的建筑。这件事就这样过去了，没人就此说什么或做什么。但是，这件事却对下层人、游手好闲的人、调皮捣蛋的人以及邪恶的人的想法产生了影响，这些人吸取了教训并从去年春天开始付诸实践。这变成了一种对游手好闲、吵吵嚷嚷的孩子和没有教养的爱尔兰人有特殊吸引力的活动。呼喊了口号过后，一群人在一夜之间聚集起来，又拆毁了几所声名狼藉的房屋（注意，这是为了公众的利益）。他们来到了克拉布特里(Crabtree)码头的一栋很长的两层楼的房子，这所房子住了几户人家并且特别坚固，所以他们无法把这所房子推倒。于是，在为公众服务的热情的激励下，他们用火点燃了房子，夜深人静的城市瞬间被钟声和火灾的呼喊声惊动。此时，人们意识到这是一个相当严重的问题，市民们的情绪也非常激动。行政委员们召开了一次市镇会议，任命了一个委员会来调查这个问题并开始展开法律诉讼。于是，很快有几个人被逮捕，这几个人开始接受检查并被送去受审。一名黑人因为无法获得担保而被关进监狱几个月，直到普通诉讼开庭。这些人最后都被释放了，没有受到任何惩罚。人们认为，法律已经向暴乱者亮出了它的牙齿，这种行为已被遏制，不会再次发生。

但时间证明了这种观点是错误的。上星期六晚上，改革者们袭击了福尔(Fore)街的一幢两层楼的房子，房子的主人是一个名叫格雷(Gray)的黑人理发师。格雷在普通申诉法庭被判犯有"保留不良房屋罪"，他已向最高法院提出上诉，最高法院正在开庭审理，本周他也在最高法院被判有罪。但是暴民们选择了比法律更迅速的伸张正义的方式，他们在星期六晚上向格雷的房子扔了几块石头，打破了窗户。但是，或者是因为兵力不足，或者是因为遇到的抵抗比他们预料的要多，他们停止了进攻，直到星期一晚上，才以更大的兵力重新发动进攻。与此同时,格雷也拿起了枪和其他武器进行守卫。他和他的家人,还有其他一些人留在了房子里。在袭击过程中,暴徒向房子里开枪,房子里的人也向暴徒开枪,但我们不知道是谁先开火的。街上有一个叫约瑟夫·富勒(Joseph Fuller)的英国人几乎当场被打死,另有七八人受伤,有些伤势严重。在这之后,人群很快就散开了。周二早上,我们检查了这所房子,发现窗户大部分都被打破了,地板上散落着石头,窗户对面的灰泥中有铅弹。

维克斯堡赌徒,1835 年

在 19 世纪 30 年代,密西西比河沿岸的城镇被赌徒问题所困扰,这些赌徒有时也会参与一种有组织、有计划的抢劫和谋杀。赌博窝点和酒馆不断地给越来越多搬到这些城镇的有身份的人造成了困扰。1835 年,5 名赌徒在维克斯堡(Vicksburg)被一群治安维持会暴徒杀害,随后,一场反赌博运动席卷了整个密西西比河谷。通过合法或非法的手段,菲罗(Faro)庄家和他们的同行被驱逐出新奥尔良(New Orleans)、克林顿(Clinton)、纳奇兹(Natchez)、路易斯维尔(Louisville)、辛辛那提(Cincinnati)和芝加哥(Chicago)。

这份"由详细行动的目击者准备"的关于维克斯堡谋杀的报告于 7 月 9 日刊登在维克斯堡登记册(Vicksburg Register)上,并于 1835 年 7 月 10 日在《流动商业登记册》(Mobile Commercial Register)上转载。

在过去的几年里,没有任何道德责任感的职业赌徒……把维克斯堡作为他们的聚集地,在我们社会的中心,大胆地策划他们邪恶和无法无天的阴谋……

我们的街道上到处回荡着他们醉醺醺的、淫荡的欢笑,没有一个公民能摆脱他们的恶行。他们经常武装起来,扰乱公共集会的良好秩序,侮辱我们的公民,蔑视我们的民政当局。就这样,他们的恶行越来越大胆,人数越来越惊人,直到 7 月 4 日(星期六)。那天我们的公民和维克斯堡的志愿者按惯例聚集在一起,举行野宴庆祝这一天。晚饭后,在敬酒的时候,有一个官员试图让大家保持肃静,这时一个叫卡克勒(Cakler)的赌徒厚颜无耻地闯进了人群,侮辱这位军官并打了一名市民。人们立刻义愤填膺,只是由于司令官的干预,赌徒才没有立即受到惩罚。不久,卡克勒被允许离开,人群也解散了。

军队来到城市的公共广场上,有消息说,卡克勒带着武器走过来了,他决定杀死一个当时最积极地把他赶出饭局的志愿者。兵团的两个人知道他那不近情理的性格，立刻上前把他抓住了。在他身上发现了一把上了膛的手枪、一把大刀和一把匕首，这些都是他离开军队后购置的。如果释放卡克勒，就会使军中几个最值得尊敬的成员遭到他的复仇，而在法律上对他进行起诉也只会成为一种讽刺，因为他没有机会完成他的计划，他也不可能受到相应的惩罚。因此，人们决定把他带到树林里去，对他施以私刑——这是让那些法律无法处理的人变得顺从的一种惩罚方式。于是，卡克勒立刻在卫兵的看守下被带了出去，当时还有一群体面的市民跟着——他被绑在一棵树上，遭受抽打——然后被施以酷刑(涂上沥青和羽毛)并被勒令在 48 小时内离开这座城市。

市民们觉得这必然会惹恼这群亡命之徒，加上对抗暴徒的报复没有足够的把握，于是他们在当天夜里大规模地聚集在法院，共同通过了以下决议：

"决定向所有职业赌客发出通知，维克斯堡的市民决定禁止他们进入此地及附近地区，并通知他们在 24 小时内离开这个地方。"

周日上午，城市每个广场的角落都张贴了这样的布告。在那一天(即 7 月 5 日)，大部分赌徒被市民的威胁吓得四散而逃，没有做出任何反抗。人们真诚地希望其余的人也能以他们为榜样，从而避免以血腥的方式结束已经开始的冲突。6 日早上，军队在几百名市民的簇拥下，列队前往每一处可疑的房屋，并派了一个搜查委员会，把能找到的所有菲罗赌桌和其他赌博器具都从房子里拖了出来。最后，他们来到了一所房子前，住在那里的是赌徒中最挥霍无度的一个人，他的名字叫诺斯(North)。据说房子里面驻扎了一批武装人员。所有人都希望这些可鄙的人会被人数众多的攻击者吓倒，然后自行投降，而不是试图进行绝望的抵抗。很快人们把房子包围了，房子的后门刚被打开时，里面传来了四五声枪响，其中一枪立即杀死了休·S. 鲍德利医生 (Hugh S. Bodley)，他是一位受到普遍爱戴和尊敬的公民。房子里面黑漆漆的，看不见一个恶棍。但有几位市民在枪声的指引下，开枪进行了还击。房子里有一个人大叫了一声，说明有一枪命中了他。这时，被愤怒压倒了所有其他情绪的一群市民，冲开了大楼的每一扇门，把房内那些没有受伤的人拖到了光明处。

人们没有在大楼里找到策划这一铤而走险的阴谋的头目诺斯，但诺斯还是被一个市民逮住了，当时他正和另一个人一起并企图逃跑。诺斯和其他囚犯一起默默地被押上断头台。其中一个人在袭击前没有进入大楼，与其他的人也没有关系，只是其中一个人的兄弟，因而他被释放了。剩下的 5 人中有一个被枪击中但仍活着的人，他在聚集的群众面前被立即处决。人们对这些可怜兮兮的囚犯的同情，完全被他们所犯的罪行的厌恶和恐惧所淹没。随后，整个队伍回到城里，把所有的菲罗牌桌收集起来，堆成一堆，放火烧了……

行刑后的第二天早晨，这些尸体被切块，然后埋在了沟里。

阿斯特广场骚乱，1849年

剧院骚乱在19世纪上半叶很常见，这种骚乱表现出了排外、种族仇恨和阶级对立的混合情绪。美国独立革命和1812年战争遗留下来的政治仇恨，引发了对英国演员的攻击，如1821年对埃德蒙·基恩（Edmund Keane）的攻击。对大多数美国戏剧观众来说，英国演员是贵族的象征。此外，爱尔兰观众憎恨英国人有他们自己的政治和种族原因。所有这些仇恨在1849年5月10日的纽约阿斯特广场（Astor Place）骚乱中形成了戏剧性的焦点。英国演员威廉·C.麦克里迪（William C. Macready）公开表达了他对大多数美国观众的蔑视。他在剧院的主要竞争对手是埃德温·福雷斯特（Edwin Forrest）。福雷斯特是一位热情的美国爱国者，也是一位同样热情的民主党人。当麦克里迪在纽约阿斯特广场剧院（Astor Place Theater）的演出赢得了上流社会的掌声时，福雷斯特则在"民主党的"鲍厄里剧院（Bowery Theater）为工人阶级观众演出。在伦敦，麦克里迪雇佣的"呻吟者"对福雷斯特发出嘘声，而在爱丁堡，福雷斯特自己对麦克里迪发出嘘声。他们互相指责，成为戏迷们的笑料。1848年麦克里迪去美国巡回演出时，福雷斯特也去巡回演出，两人在全国各地互相辱骂，直到他们在纽约相遇。1849年5月7日（星期一）晚上，麦克里迪在阿斯特广场上演《麦克白》。这个城市里由各种俱乐部或帮派组织起来的工人阶级——尤其是爱尔兰人或鲍厄里街的黑人——集体出现了。他们尖叫着"为本土天才欢呼"和"为英国牛头犬三声叹息"，通过投掷臭鸡蛋、土豆和椅子，打断了这场演出。被激怒的麦克里迪正要动身去英国时，一群知名人士请他留下来再表演一次，并保证维持好秩序。麦克里迪同意了。但对城里的许多人来说，这激发了他们对当地精英和英国人的各种不满。城市里的帮派散发告示和标语牌，号召他们的支持者到"英国贵族歌剧院"，并敦促他们"烧掉这个该死的贵族巢穴"。剧院则拒绝向衣冠不整的申请者出售门票。当幕布开启时，有几个溜进剧院反对麦克里迪的人开始大喊大叫，但很快就被逮捕了。不一会儿，大约有10 000到15 000人聚集在剧院外面，开始投掷石头，砸碎窗户，但麦克里迪在嘈杂声中继续表演。

国民卫队随后被召来,但遭到了人群投掷的石头的袭击。国民卫队首先向空中开火,但随着石头不断投掷过来,他们直接向人群开了枪,直到人群四散而逃。最后,有31人死亡,100多人受伤。

在第二天的一次集会上,发言者谴责了"城市贵族"的枪击事件,并断言"当法律和秩序给家庭带来死亡和混乱时,它们就成了诅咒"。但群众已经遭受了太多损失,他们随后在相对平静的气氛中散开了。然而,阶级对抗不能再被忽视了。费城《公共纪事报》指出:"现在在我们的国家,在纽约市,存在着每一个善良的爱国者迄今为止认为自己有责任去否定的东西——一个高等阶级和一个低等阶级。"

下面的叙述摘自1849年5月11日《纽约先驱报》,后被转载在一本名为《对"英格兰的答复"的反驳,以及一段公正的历史和对阿斯特广场歌剧院的悲惨事件的回顾……》(1849年)的小册子上。参见理查德·穆迪(Richard Moody)的《阿斯特广场骚乱》(1958年)、赫伯特·阿斯伯里(Herbert Asbury)的《纽约黑帮》(1927年)、乔尔·泰勒·黑德利(Joel Tyler Headley)的《纽约大暴动》(1873年)以及道格拉斯·T. 米勒(Douglas T. Miller)的《杰克逊式的贵族制度》(1967年)。

整个剧院都坐满了人。里面聚集的人有很大一部分是警察,他们分成若干小分队分布在剧院的各个角落。剧院里没有出现任何有组织的骚乱者的迹象。但当大幕拉开时,观众中立刻爆发出了嘘声、叹息声、欢呼声和其他各种各样的声音,与周一晚上中断演出的那些声音很相似。然而,开场的几场戏总算草草收场了,几个发出嘘声和呐喊声的人被警察抓了起来,然后立即被转移到包厢下面的一个房间里,在一群警察的看管下被关了起来。麦克里迪的出现是情绪大爆发的信号。嘘声、叹息声、嘲笑的喊叫声向他袭来,夹杂着"把他赶出去!""把他赶出去!"的叫声。大量的听众开始站起来,要求警察驱逐那些表达反对声音的人。警察用我们之前所描述的方式对他们进行了几次逮捕,每次逮捕都会在全场引起热烈的欢呼声和掌声。很快,对麦克里迪先生不友好的人就只有少数了。

这出戏就这样演完了头两幕。虽然在舞台的背后有许多惊心动魄的场面,但是演员们在舞台上表现出来的英勇精神还是值得称赞的。在这个令人惆怅的夜晚,蒲柏(Pope)夫人,也就是麦克白夫人(Lady Macbeth),她的举止是最值得称道的。这确实是一种令人难堪的场面。麦克里迪先生一再向哈克特先生(Hackett)表示,他不想再继续,并希望避免与那些反对他现身表演舞台的人发生进一步的冲突。我们已经说过,这出戏大部分是以哑剧的形式展现的,但就算喊叫声、叹息声、嘘声和警察逮捕骚乱者的声音不时响起,也仍然有一部分表演没有被打断。到了这个时候,大家都以为骚乱会得到有效的平息,因为剧院里的喧闹声越来越少了,甚至还能听到麦克里迪先生的几段台词,而且秩序尚可……

就在这时,石头像雨点般地砸向剧院的窗户。从街上第13区的蒂利上尉(Tiley)那里传来消息,说有个名叫爱德华·Z. C. 贾德森(Edward Z. C. Judson)的人正在外面领导暴民,号召暴民用石头砸向剧院大楼。警察局长立即下令逮捕他,他很快就被逮捕了。与此同时,暴徒们对门窗的攻击还在继续。大块铺路石一排接一排地打在窗户上,玻璃顷刻之间就碎成了碎片。由于设置了路障,窗户抵挡了几分钟的攻击。但是最后,玻璃碎片、百叶窗、路障都被暴徒们推进了剧院的房子里,大家都惊慌失措起来。各种各样的谣言四处流传——房子会被烧了——房子要被炸掉,等等。在场的女士,一共有7位(她们虽然是女性,却展现了无比勇敢的精神,一直保持着冷静的状态),此时也害怕起来,她们把座位转移到了离窗户较远的位置,因为石头、玻璃及木头的碎片正透过窗户飞了进来。

这时,剧院里面的情景的确是最令人紧张不安的。暴徒们从前面和后面猛烈地攻击着剧院的大门,撞击声回荡在整个剧院,攻击者的叫喊声更是可怕……

暴徒们的人数越来越多,对剧院大楼的攻击也越来越猛烈。不管是里面的还是外面的冷眼旁观的市民,都被一种好奇心所吸引,但是这种好奇心在这种情况下是最应该受到谴责的:"军队在哪儿?""难道就不能采取措施驱散这些暴徒吗?""市长在哪儿?"军队驻扎的市政厅收到了几份急件。最终,在大约9点钟的时候,一队骑兵从百老汇大街走来的声音传了过来。过了几分钟,州国民自卫队第一师的两支骑兵部队和国民自卫军的一个营朝骚乱现场赶来。

军队的出现

随后,一队人马从百老汇大街的阿斯特广场调转方向,穿过人群来到波威里(Bowery)街,他们一路上遭到了如雨点般飞来的石块和其他飞弹的袭击。马匹变得难以驾驭,部队也只好离开了现场。几分钟后,我们的一个独立志愿者连队——国民警卫队出现在现场,试图从人群中强行挤出一条通道进入剧院。

暴徒们对他们发出嘘声和叫嚷声，随后拿石头攻击他们（因为这一带正在修建下水道，石头随手可得）。在这种情况下，队伍因遭到攻击而陷入混乱，退到了百老汇大街，他们在那里重新集合，企图再次进入剧院。暴徒们像之前一样发出嘘声并投掷石头，但队伍成功地到达了目的地。他们努力在人行道上排好队，就在这时，有五六个人被铺路石打倒在地，在昏迷状态下被带进剧院。庞德（Pond）上尉是军队的连长，也是受伤人员之一。

接着，下一任指挥官对现场的警长说，如果他再接不到开火的命令，他和他的人就会离开街道。于是，那个军官命令连队向群众头上开了一枪，但没有效果。暴徒们继续像之前一样向他们投掷铺路石。随后部队就接到了向人群开枪的命令，部队照做了，有两个人倒下了，有一枪打在了一个人的胳膊上，另一枪打在一个人的右脸颊上。第一个人被送往医院，另一个被发现时已经死亡。一排枪声过后，暴徒们后退了一小段距离，但又重整旗鼓，以比以前更大的力度重新发动了攻击。他们向部队投掷了大量铺路石和其他飞弹。面对暴徒的继续进攻，部队又发射了一排子弹，打死打伤了几个人，其中一些人被他们的朋友带到第9街和百老汇街拐角处的药店里去了。第3大道147号一个名叫约翰·麦金利（John McKinley）的年轻人身体被打穿，被带到了附近的一家酒店。

在又一轮扫射之后，人群又撤退了，部队和警察趁机在阿斯特广场的两端形成一条横跨街道的防线，以切断百老汇街和波威里街之间的联系。因为谣传暴徒准备武装起来重新发动攻击，桑福德少将（Major General Sandford）随即下令派更多的部队并将两门装满炮弹的铜炮运到现场。到了11点半，由几个连和炮兵组成的增援部队到达了混乱的现场。装着炮弹的大炮被摆放在剧院前面，以备再次进攻。

旧金山警戒委员会，1856年

在1849年加利福尼亚的淘金热期间涌现出的采矿营地遭到了盗贼的侵扰。为了在没有法院的情况下处理盗窃案件，矿工们成立了法外机构，通过即决鞭刑、驱逐或绞刑来执行他们自己的判决。蓬勃发展的旧金山成为一个犯罪猖獗的城市。1849年，一个名为"猎犬"（The Hounds）的组织侵扰了这座城市。1850年，"悉尼海湾"（The Sydney Coves）随意地进行抢劫和杀人活动，几个月之内就有100多人被他们杀死。由于目击者受到恐吓，很少有人被定罪。1851

年，一些知名人士组织了一个警戒委员会，制定了章程，并向罪犯发出警告。他们放逐了一些人，绞死了另一些人。他们还检查入境的船只，检查乘客并驱逐罪犯。在有效地完成了指定的任务后，该委员会于1853年解散。

该委员会于1856年重新成立，部分原因在于当时的高犯罪率和几起特别猖狂的谋杀。1855年11月，一个名叫查尔斯·科拉(Charles Cora)的赌徒枪杀了美国法警威廉·理查森(William Richardson)。许多人呼吁将凶手处以私刑，但该市的大多数人更愿意依法处理。当科拉在1856年1月受审时，一个固定的陪审团由于听取了几个作伪证的证人的证词，没有做出任何决定。由詹姆斯·金(James King)编辑的《公告》强烈谴责了这次审判。5月14日，金被市督导员詹姆斯·P.凯西（James P. Casey）枪杀。一群市民呼吁成立警戒委员会，两天内就有5 500人报名参加。治安维持者拖着一门大炮来到监狱，把科拉和凯西带走，对他们进行了审判，然后绞死了他们。该委员会驱逐了许多他们认为是罪犯的人并绞死了两个杀人犯。同年8月，在6 000名成员参加了一场胜利的游行之后，该委员会实际上已不复存在。

除了打击犯罪的愿望外，1856年警戒委员会还希望从占主导地位的爱尔兰天主教民主党人手中夺回对城市的控制权。他们中的大部分成员是中上层阶级的新教徒，即老牌的辉格党和无知党，并且主要是北方人。他们心目中的英雄詹姆斯·金(James King)是一位反天主教的编辑，而警戒主义的大多数受害者都是天主教徒。他们遭到了戴维·C.布罗德里克(David C. Broderick)领导下的民主党人以及法律与秩序党(Law and Order Party)的反对，后者的力量主要来自民主党的南方势力。

以下是旧金山居民米纳·金(Minor King)1856年8月2日所写的一封信中对该委员会活动的描述(《1856年旧金山警戒委员会：一个普通公民的评估》，南加州历史学会《季刊》，第31期，1949年，第292—295页)。参见理查德·麦克斯韦·布朗(Richard Maxwel Brown)的《美国治安维持的支点：1856年旧金山警戒委员会》[约翰·A.卡罗尔(John A. Carroll)编：《西方历史学家的反思》1969年)]、韦恩·加德(Wayne Gard)的《边疆正义》(1949年)、哈伯特·霍威·班克罗夫特(Hubert Howe Bancroft)的《人民法庭》(1887年)以及玛丽·弗洛伊德·威廉姆斯(Mary Floyd Williams)的《1851年旧金山警戒委员会的历史：淘金热时期加利福尼亚边境的社会控制研究》(1921年)。

在此之前，你们肯定已经听说了过去两个月我们在这座城市度过的极其紧张不安的日子。事实上,旧金山正在进行肃清活动,现在在某种程度上正受到各种管制。这项工作仍在继续,但何时结束,没有人能够说得清楚——长期以来,这个城市一直处在最卑劣的人的控制之中,各种亡命之徒、赌徒、小偷、杀人犯和刺客一直是我们的统治者,他们充当着法官乃至最底层的警察。所有的人都迎合他们的影响,并通过这种影响获得他们的地位——一个好的公民没有任何机会,也不敢说出他的观点,以免流氓们用手枪或刀来阻止他——但变化已经发生了,他们终于遭到了报应,到目前为止,仍然可怕的是……

詹姆斯·金在光天化日之下在大街上遭到枪杀,这一事件成为压死骆驼的最后一根稻草。金是晚间《公告》的编辑,他的报纸毫不畏惧且坚决地谴责了这些恶棍。刺杀他的人叫凯西(J. P. Casey),1849年到1851年曾在纽约州的新新(Sing Sing)监狱服刑。他一被释放,就来到了乡下,没过多久就在其所处的阶层中获得了广泛的影响力。据说他积累了相当多的财富,但自从他来到这里,就从来没有本分地工作过。

凯西刚完成刺杀行动这一邪恶的事情,就被几个警察抓住送到了监狱。警察们似乎是刚好经过事发地点,而且据说他们清楚地知道凯西的意图——不久,市民们开始在监狱附近集会,人群变得前所未有的激动,有些人敦促立即对监狱发起攻击,有些人要求把罪犯从监狱里带出来交给人群,有些人在劝说,有些人在问询。与此同时,警长(他自身也是一个著名的爱尔兰赌徒)在监狱里组织了一支由赌徒和罢工者组成的强大力量,并呼吁军队协助他保护囚犯免受伤害。过了一会儿,人群(或者至少是大部分人)都离开了现场,只留下一个强壮的守卫守着监狱,唯恐警长把囚犯带出去藏到别的地方。这是在星期三的晚上,到了第二天早上,正直的市民们开始组织一个警戒委员会。在大约3 000人报名并完全装备好后(花了3天时间),他们行进到监狱周围,在监狱门前安放了一门九响大炮,并装上了双发炮弹,然后要求监狱交出杀害金的凶手凯西和杀害该区美国法警理查森将军的凶手科拉,后者的谋杀案发生于去年11月。囚犯被审判,但陪审团没有达成一致意见,目前囚犯仍在监狱等待另外一次审判。我们都知道这样的审判不过是一场闹剧,因为科拉是这里最早的赌徒之一。

我要在这里特别强调的是,在过去的两年里,这个城市发生了76起残忍的谋杀案,但只有一个人被处决,原因是他这条可怜狗没有钱,否则他也会洗脱罪名。经过短暂磋商,警长认为把囚犯带出来是明智的,因此,囚犯被带到委员会的房间里接受了公正的审判并在被定罪后处决。这些程序激怒了赌徒,他们向政府求救，而州长是个可悲的谢罪者，因为他竟然命令整个州的军队来镇压旧金山好心的市民。所有正直的人都无视这一号召，只有赌徒、杀人犯、一些律师、法官和各种级别的小偷才服从。他们聚集在这座城市，在城市的不同地方租用房间，在那里进行集体操练，州长给他们送去武器和弹药，以便射杀当地最优秀的公民。法律和谋杀党人数达到了 500 人左右，他们想把他们眼中所谓的"暴徒"消灭掉——但是人民委员会的人也没有闲着，他们加固了房间，将招募的人数增加到了 6 000 人，这些人都身强力壮并且全副武装。法律与谋杀党没有关注政府军队的动态，而是主要做了一些肃清的工作，逮捕了城市中最坏的一些人——比如那些堵塞投票箱的人、强盗、小偷和罢工者——把他们关在房间里并对他们进行审判。如果这些人被判有罪，就会被驱逐出境。最高法院的一位名叫大卫·S. 特里(David S. Terry)的法官从首府(萨克拉门托)赶来，带着双管左轮手枪和鲍威刀加入了法律与谋杀党。他全副武装地巡视了我们的街道，以保护他的赌徒兄弟。当一个名叫霍普金斯(Hopkins)的警戒警察准备逮捕镇上一个名叫马洛尼(Malony)的坏透了的无赖时，特里法官把枪放在霍普金斯的胸前，"霍普金斯，"法官说，"我和你没有关系"，同时他抓住枪口，把枪从对方手中抽走。然后，这个粗暴的法官拔出刀来，刺进了霍普金斯的脖子，杀死了他，然后逃到谋杀党的一个军火库里寻求保护。警戒员的房间里发出了警报，铃声响起，在不到 15 分钟的时间里，5 000 名步兵，200 名骑兵都装备了枪和刺刀、弯刀和 4 门铜炮，包围了谋杀者的各个军火库。我向你保证，在警戒人员包围了政府所在的大楼之后不久，法官及其手持武器的战友就已经在去往委员会会议室的路上了。军队，或者至少一部分军队被命令投降并且给了他们 5 分钟的时间。我告诉你们，谈判是没有用的。各个守备部队都投降了，一枪不发就放下了武器——人们取得了胜利，胜利的旗帜高高悬挂起来，最终警戒人员逮捕了 150 名囚犯，缴获了 500 支步枪和火枪，大约 100 把弯刀，1 名将军，2 名少校和 1 名最高法院法官。

自从约翰逊(Johnson)州长的军队投降后，委员会就按自己的方式行事，这是过去 3 年里我在这个城市第一次感到人身和财产安全。女士们现在可以和她们的丈夫一起走在大街上，而不用担心在大街的每个角落都有一群游手好闲的人来侮辱她们。委员会共绞死了 4 人，臭名昭著的扬基·苏利文(Yankey Sullivan)在牢房里自杀，他们还驱逐了 20 多人，并赶跑了城市里的 100 多人。因此，赌场被关闭和遗弃，整个城市恢复了一定程度的安静。

蒙大拿州的治安维持会，1863—1865 年

19 世纪 60 年代，位于落基山脉东坡的班纳克（Bannack）镇和蒙大拿州的弗吉尼亚（Virginia）市是道路崎岖的边境社区。数百名矿工在附近的金矿工作，许多不法之徒对他们进行掠夺，几乎没有受到任何法律上的阻碍。1863 年 5 月 24 日，班纳克的市民们聚在一起，选出了镇上的官员。大多数当选的人都是有威望的人，但新当选的警长亨利·普卢默（Henry Plummer）是一个由拦路强盗、偷马贼和杀人犯组成的帮派的秘密头目。他的 100 多名"道路代理人"对来往的旅客和矿工进行恐吓，他的间谍也无处不在。

普卢默的第一个行动是任命了他手下 3 名最强悍的匪徒。这引起人们的一些怀疑。慢慢地，随着抢劫和谋杀的日益猖獗，社区的人们开始意识到普卢默是什么样的人。1863 年 11 月底，普卢默的首席副官乔治·艾夫斯（George Ives）无法无天，杀了几个人，结果被一群来自内华达州的市民绞死。这促使周围城镇的治安维持会组织了起来并开始围捕罪犯。这些罪犯被俘后供认不讳，将普卢默和其他人牵扯进来。整个冬天治安维持会都在实施绞刑，1864 年 1 月 10 日，治安维持会抓住了普卢默。总共有 30 多名罪犯被抓获并处以绞刑。

治安维持组织公开行动，选举警官，保存记录，进行审判，在白天进行突袭且不戴面具。许多人极力为他们的行为辩护。蒙大拿《邮报》宣称："根据一般原则，社区的大多数人有理由自己动手执法。我们的治安维持会不是一群暴徒。在通过普通渠道伸张正义之前，我们的公民将得到充分的保护，免受这些邪恶的亡命之徒的侵害。每天早晨太阳升起时，都能看到空中悬挂着罪犯的病态画像。"

以下关于普卢默被捕并被处决的描述来自托马斯·J. 丁姆斯代尔（Thomas J. Dimsdale）的《蒙大拿州的义务警察》或《落基山脉的大众正义》（1866 年，第 147—150 页）。丁姆斯代尔是一个英国人，他在弗吉尼亚市开办了一所私立学校，1864 年被任命为公共教育主管。他在蒙大拿《邮报》上发表了一系列关于义务警员的文章，后来他将这些文章结集出版。关于治安维持者运动可参见理查德·M. 布朗（Richard M. Brown）的《美国的治安维持者传统》(《美国的暴力、历史和比较的观点》，国家暴力原因和预防委员会的一份报告，1969 年，第 144—218 页）。

黄昏时分，有3匹马被带到了镇上，它们分别属于我们经常提到的3个掠夺者：普卢默、斯丁森（Stinson）和雷（Ray）。据猜测，他们决意离开这里，因此人们决定在当天晚上逮捕他们。各方都为这项工作做了细致的准备。那些被委以重任的人出色地完成了任务。普卢默在他的房子里被抓走时正在脱衣服。他的手枪（一种自动手枪）坏了，没用上。不过即使他有武器，其抵抗也将是徒劳的，因为门外有人敲门，门一开，他就立即被抓住了。而斯丁森则是在托兰家（Toland's）被捕的，当时他正在那里过夜。他本来很想开枪的，但抓捕他的人动作太快了。雷被抓时正躺在赌桌上。3个士兵把这几个人带到一个指定的地点，这个地点位于通往绞刑架的路上。在这个地方，他们停了下来。治安维持会的领导者和其他一些人，为了避免所有不必要的反感情绪，坐在一个小屋里，故意不和他们非常熟悉的普卢默说话。不过，停了一会儿后，普卢默出现在门口。灯光熄灭了，他们继续前进，但很快又停下来了。危机来了。那位市民领导者看到这种情况，既不能犹豫，也不能迟延，便召集他的朋友，走到队伍中，发出指令："队伍！前进！"这个命令立刻得到了执行。但是，从一位著名官员的床上取下的绳子找不到了。一个黑人男孩被派去找那种非常必要但却令人不快的惩治罪犯的工具。带队的人做得很好，在队伍到达绞刑架之前，地上已经有好几百英尺长的麻质绞索了。普卢默在路上听到了那个声音，认出了领队。他来到领队跟前，乞求对方放他一条生路。但领队回答他说："你乞求不死是枉然的，这件事情已经确定了，不能再改变了。你将被绞死。我和你一样难受。但即使我想帮你，我也无能为力了。"奈德·雷，就像穿了一件被诅咒的衣服，他确实想纠正错误，但他发现他不该和这样的人在一起。巴克·斯丁森用了亵渎、肮脏的咒语对抓捕他的人骂个不停。为了让抓他的人饶他一命，普卢默绞尽脑汁地想提出证据和请求。他请求把他锁在最简陋的小屋里、提出永远离开这个国家、他想要一个陪审团审判、他恳求给他时间来解决他的问题、他要求见他的嫂子。他双膝跪下，眼泪汪汪，叹息着，向上帝宣告说，他太邪恶了，死也死不了。他供认了他的无数谋杀案和罪行，但一想到死亡，他似乎就发疯了。

第一根绳子被扔到横梁上，套索抛了出去。这时"把奈德·雷拉上来"的命令下达了。这个亡命之徒嘴里骂骂咧咧地被押了过来。他的手指被松散地捆住，夹在绳子和脖子之间，从而延长了他的痛苦。

巴克·斯丁森看见他的同伴强盗在垂死挣扎，就哭着说："可怜的奈德·雷就要死了！"然而他对无数受害者却毫无这样的仁慈之心。在他抬头的那一刻，他的头突然扭了一下,绳结从他的下巴下滑落,他在几分钟内就死了。

"把普卢默带上来"的命令被传了一遍又一遍,但是没有人动。市民领导者走到这位"完美的绅士"(他的朋友们这样称呼他)面前,得到了对方的请求——"给他一点时间祈祷"。他深知普卢默依靠的不是神的帮助,而是别人的帮助。他简短而果断地说:"当然可以,就让他在这里祈祷吧。"当发现所有避免死亡的努力都是徒劳时,普卢默站了起来,不再祈祷。他站在他为处决霍兰(Horan)而竖起的绞刑架下,副手哈曼解下他的领带,把它从肩膀上扔给一个在他家寄宿的年轻朋友,这个朋友相信他是无辜的。他一边扔给他一边说:"这是一件让你想起我的东西。"在极度的悲痛中,年轻人扑倒在地上,嚎啕大哭。普卢默要求人们在情况允许的情况下让他快速地掉下去,于是他们尽可能地用胳膊把他抱起来,然后让他突然掉下去。他很快就死了,没怎么挣扎。我必须抓住奈德·雷的手,在他死之前,使劲把他的手指从套索和脖子之间抽出来。很可能他是有罪的三个人中最后一个死去的。

在西方国家,一个人被绞死的消息比任何其他消息传播得都要快。在那个致命的安息日晚上,有几个人聚集在绞刑架旁——其中许多人是"道路代理人"的朋友。观众被允许走到某一点,但被卫兵拦住,卫兵不允许他们离开,也不允许他们走近这条"死亡线",否则就会被立即射杀。

天气非常寒冷,但他们在被吊起来的犯人尸体周围站了很长时间,以确保对这些犯人的营救已经没有可能。

附近发出的响亮的呻吟声和哭声引起了他们的注意,有一小队人朝声音传来的方向走了过去。这支小分队很快遇到了豪尔夫人(Madam Hall),她是奈德·雷的情妇,也是一位著名的宫廷侍女,她的哀嚎声"让夜晚变得更加可怕"。被拦下来后,她开始打听她情人的情况。士兵们告诉她:"好吧,如果你一定要知道,他已经被绞死了。"她听到这个消息后,爆发出了一阵火山爆发式的诅咒和谩骂。但是,士兵们只有"很短的时间"停留,随后他们护送她回到了她的住处,没有多余的礼节。在到达一个短坡的山顶后(她的小木屋就在山脚下),严峻的形势迫使士兵们向那个方向快速行进。

不久后,这支队伍集合起来返回了城镇,留下的罪犯尸体在刺骨的寒风中变得僵硬。这些尸体最终被"道路代理人"的朋友们取下埋了。班纳克的"恐怖统治"结束了。

辛辛那提暴乱，1884年

1884年3月28日，对自己的罪行供认不讳的辛辛那提市杀人犯威廉·伯纳（William Berner）被判了20年监禁，而不是按惯例被判死刑。"在有声望的市民的呼吁下"，10 000名愤怒的市民召开群众大会，谴责这一"可耻的判决"。随后，数千人涌向监狱，而他们并不知道伯纳已被偷偷转移到安全的州监狱。市民在午夜时分闯进监狱，遭到了驻扎在监狱里面的国民卫队的射击。愤怒的人群放火烧了监狱，但被国民卫队和警察的进一步射击驱散。

第二天晚上，一群人聚集在法院并烧毁了法院。他们与国民卫队发生了交火，最后国民卫队使用了加特林机枪向人群射击。第3天晚上又发生了骚乱。在这3天的暴乱过程中，至少有50人被杀。

这次事件的重要性在于当地领导人对暴乱者的态度。当暴民的目的是将正义掌握在自己手中时，有声望的市民似乎表示赞同，并将暴徒描述为"保护私人财产"的"可敬的劳动人民"。但当暴民烧毁法院大楼并与国民卫队作战时，他们就被谴责为"危险阶级"的成员，在这些人当中"有很多社会主义言论"。直到辛辛那提市长召集了"200名主要的商人"和退伍军人联合会（Grand Army of Republic）的军官们才平息了这场暴乱。

下面是J. S. 塔尼森（J. S. Tuniso）对第二晚暴力事件的描述（《辛辛那提暴乱：其原因和结果》，1886年）。

整个白天，人群都很密集地聚集在一起，而随着夜幕的降临，他们的人数越来越多，信心也越来越强。街垒看起来很丑陋，人群主要聚集在法院门前。暴乱开始时，人们向法院投掷石块和砖块，还有一些人用手枪和霰弹枪对着窗户开枪。在获得了信心后，他们组建了一支冲锋队，几分钟之内就把法院正门的铁门撞开了。大约在同一时间，一群男孩闯进了地下室西北角的县司库办公室。向法院开火的想法是从这群男孩和半大的男人开始的，据说他们是由来自肯塔基州的一些男人和男孩领导的。法院的家具和破碎的柜台被堆在房间的中央，上面浇上了煤油。火被点燃了，一团小小的火焰冒了出来，从一件物品窜到另一件物品上，猛烈燃烧，发出了越来越大的噼啪声。人群欢呼雀跃。一个又一个办公室被烧毁，很快，地下室前部的每一间公寓都着火了。在到达南院街时，人群沿着法院的一侧冲去，打算向那一侧的办公室开火。但是他们遭到了一排火枪的袭击,只能跟跟跄跄地跑过拐角。不久,一条系在棍子上的白手绢被挥动起来,一群暴徒小心翼翼地出现并抬走了死者和伤者。过了几分钟,警长的红色拍卖旗帜被挥舞起来,之前人们一直在透过旗帜开枪射击,这次人群又一次涌向街角,向街垒发射火炮。"开火"的命令下达后又一声撞击声响起,狭窄街道上的每一堵墙都颤抖起来。人群急忙往后退,有的摇摇晃晃地摔倒了,有的被绊倒了,然后爬起来继续逃窜。白旗再次挥舞起来。"让开,先生们,给伤员让开!"几位出于职业责任感赶到现场的外科医生喊道。"让开!"人群打开了通道,许多一分钟前还在拐角处冲来冲去的可怜人被抬进了通道。很快,德博尔特交易所(The Debolt Exchange)的桌子上就布满了血肉模糊的尸体。有些人已经失去了生命,有些人则呼吸微弱,奄奄一息。外科医生们忙着处理病人,而外面的战斗还在继续。在这之后,只要人群一出现,国民卫队就向他们开火,不断有人受伤。德博尔特交易所已经容纳不了这么多伤者。运河下面的波德斯(Burdsal's)药店和第9街上的一家沙龙都被改建成了临时医院。这样的冲突持续了好几个小时,整个法院大楼慢慢地燃烧起来。火焰渐渐从一个房间蔓延到另一个房间,并穿过了一座据称可以防火的建筑。火焰穿透了屋顶,大量的烟雾通过圆形大厅的通风口喷涌而出,铁窗在高温下弯曲,铁梁从铁柱上的卡位上弹出,发出巨大的爆炸声。那些记载了人类欢乐和悲伤的记录变成了明亮的火焰并消失殆尽,而激情与火一样炙热,在这堆物品周围肆虐。没有什么能阻止火势蔓延——暴徒们不允许。

但是,此时又到了一个转折点,受到侮辱的法律和秩序开始以更大的力量来维护它的尊严。士兵们开始陆续从其他地方赶来,而几个小时前,他们还在表演市民的和平艺术。首先来的是第四团,但只是为了让戴顿(Dayton)知道他们对市民士兵的依赖是多么的少。面对一排闪闪发光的刺刀,人群本来应该肃然起敬的,而此时这个团看到的只有人群的敌意。士兵们在几乎刚刚能看见那座开始燃烧的建筑物的地方停了下来,然后灰头土脸地返回了他们原来所在的兵站。A连的弗兰克·布朗(Frank Brown)上尉在试图召集士兵失败之后,第二天带着戴顿连的几名队员回到前线,表现很好。连队其余的人返回了他们在戴顿的家。来自斯普林菲尔德和其他地方的军团通过帮助平息第二天的暴乱恢复了他们的名声,一些戴顿人在他们的妻子和同乡的蔑视中被迫返回了。但是,他们中的大多数人不会拿自己宝贵的生命冒险。

但哥伦布市(Columbus)英勇的第十四团则不然。这个团在10点半到达,比第四团晚了1个小时,他们是从小迈阿密的兵库向冲突地点进发的。他们奉命在法院前疏通街道。他们沿着南院街往前走,把人群赶到他们面前。A连把暴民赶到了主街上。B连和F连向左冲向法院街的人群,后来与真正的暴徒交战了。最开始,暴徒退却了。随后,16个或20个暴徒从人群中跑出来,冲过了第一个连,其中有几个人在遭到第一次射击后倒地而亡,并被黑人连队(达夫卫兵,Duffy Guard)抓住,推到了一边。

在暴民的火力打击下,团里有10个人很快就受伤了,指挥权从一个军官转移到另一个军官,直到第三个军官发出开火的命令。老兵们一排排地进行了精准的射击。大约在午夜时分,接连不断的炮火表明形势发生了变化,许多焦急的市民都表达了感谢之意,因为他们猜想暴民们遇见了可以对付他们的人。人群向法院街冲去。每一发子弹都命中目标,在法院和胡桃街的拐角处,金茨巴赫(Kinzbach)的药店里很快就挤满了死人和奄奄一息的伤者。逃亡的人冲进药店,子弹从窗户射进来,危及伤员和忙于救治伤员的外科医生的生命。这对暴民来说太过分了。第十四军守住了他们占领的阵地,加特林机枪被从监狱附近的哨所抬出来支援国民卫队。冲突持续进行。一伙暴民偶尔胆大妄为地从一个隐蔽的角落里跳出来,向部队开火。部队进行了还击,但此时不用再以排枪射击,因为发射两三枪就足以驱散人群,而且几乎每次都会增加伤亡人数。黑夜就这样过去了,随着黎明的到来,枪声逐渐停止了。

孟菲斯的私刑,1893年

重建时期后,私刑成为南方维护白人至上的主要手段。从1882年有记录开始到1927年,共有4 951人被暴民私刑处死。大多数私刑,特别是在北部和西部,都是直接处以绞刑或枪决,但很多私刑的性质十分恶劣和凶残。有一些虐待的场面:1893年,10 000多人乘坐专列来到得克萨斯州的巴黎(Paris),观看了对一个精神不健全的黑人因为杀死一名小女孩而做出的私刑处决——他的身体被烧红的热铁刺穿,眼睛被烧掉,他的喉咙被塞进了热铁棍,在经过近一个小时的折磨后,他被火烧死。1899年,在乔治亚州的帕尔米多(Palmetto),一个周日下午的短途旅行火车带来了数千人观看一名黑人男子被活活烧死。他的耳朵、脚趾和手指先被切掉,传给人群。随后,他的心脏被剖出,切成片卖作纪念品。1911年5月,一名被控谋杀的黑人被带到肯塔基州利弗莫尔(Livermore)当地的歌剧院,并被绑在舞台上的一根木桩上。乐队席位的门票被出售,购买该席位的人可以把左轮手枪的全部子弹射到受害者身上,而购买观众席的门票的人则可以开一枪。1918年,乔治亚州上演了一场为期5天的杀戮狂欢,8名黑人死亡,1名孕妇被缓慢地活活烤死,她的婴儿被剖出并遭到践踏。死者被指控的罪行遭到了极其残忍的惩罚,这些罪行从谋杀和强奸到殴打或顶撞白人(2名受害者对白人"无礼")、指证白人、发表自吹自擂的言论,使用侮辱性的语言等,不一而足。

私刑在19世纪90年代后逐渐减少,但造成这种现象的原因从未得到充分解释。一些人认为是由于南方精英(尤其是南方女性和商人)对暴行的厌恶与日俱增,另一些人则认为是由于南方的日益城市化和全国有色人种进步协会日益有效的抗议和宣传。此外,全州范围内的警察系统发展起来反对当地的暴民,国民警卫队也被越来越多地要求阻止私刑,南方的编辑也开始频繁地谴责私刑。

以下关于1893年7月22日孟菲斯私刑的叙述摘自艾达·威尔斯—巴奈特(Ida Wells-Barnett)撰写的小册子《红色记录》(1895年)。她在1892年被一群暴徒驱逐前曾是孟菲斯一家黑人报纸的编辑。被迫离开报社后,她将全部精力投入一场女性反对私刑的演讲中。这本小册子和另外两本已经重印成一卷:《论私刑》(1969年)。参见沃尔特·A. 怀特(Walter A. White)的《绳索与蛆虫:私刑法官传》(1929年)、亚瑟·雷珀(Arthur Raper)的《私刑的悲剧》(1933年)、詹姆斯·E. 卡特勒(James E. Cutler)的《私刑法律:对美国私刑历史的调查》(1905年)以及约翰·G. 范德森(John G. Van Deusen)的《美国白人中的黑人》(1944年)。

孟菲斯(Memphis)是南方的"王后城市"之一,拥有约7万人口,是美国最大、最进步和最富有的20个城市之一。然而,在孟菲斯街道上却出现了一幕令人震惊的野蛮景象,这让刚果(Congo)蒙羞。在这一事件中,妇女没有受到伤害,没有遭受严重的侮辱。当时两个女人坐着马车进城,突然被李·沃克(Lee Walker)拦住。李·沃克声称想要点吃的东西。这两名妇女则说他试图侵犯她们。她们发出警报,于是他很快跑掉了。一个高大魁梧的黑人残忍地殴打了两个女人的消息立刻传遍了全城。群众开始搜寻这个所谓的恶魔。在追捕李·沃克的过程中,他们射杀了另一个黑人,因为这个黑人拒绝在接到命令时停下来。几天后,李·沃克被找到了,并被关进了孟菲斯的监狱,那里的暴徒已经准备好对付他。

7月23日(星期日)的《孟菲斯商业报》对这场悲剧进行了全面的描述,以下是摘录的内容:

昨晚12点,企图在上周二上午凌辱莫丽·麦克卡登(Molie McCadden)小姐的李·沃克,被从县监狱带了出来,吊死在监狱北边的电线杆上。当时,白天有传言说,随着夜幕降临,暴民将对监狱发动攻击。由于每个人都预料会遭遇激烈的抵抗,暴民和当局之间恐怕会发生冲突。

10点钟,奥哈弗(O'Haver)上尉、霍兰(Horan)中士和几个巡警在监狱现场,但他们对人群无能为力。暴民们对着南墙的门发动了进攻,门被撞开了。麦克伦登(McLendon)警长和他的几个手下跳到了缺口里,但是冲过来的暴民中有两三个人跳了过去。警察抓住了他们,但没有把他们制服,因为警察没有使用警棍。如果使用警棍,所有的暴民可能会被10名警察驱散,但警长坚持不使用暴力。

暴民们拿了一根铁栏杆,把它当作攻城槌撞向大厅的门。麦克伦登警长试图阻止他们,但其中一个暴徒用椅子把他打倒在地。尽管如此,麦克伦登警长还是建议要克制,不愿命令副手和警察用武力驱散人群。警长温和的政策给暴民们留下了这样的印象:警察们很害怕,或者至少不会伤害他们。于是,在一个大个子扳道工的敦促下,他们加倍用力地撞击大门。12点钟的时候,监狱的门被栏杆砸开了。

沃克拼命反抗。两个先进入他的牢房的人命令他出来。他拒绝了,他们没能把他拉出来,随后,其他人也进入了牢房。沃克对攻击他的人又抓又咬,其中几人被他的牙齿严重咬伤。暴民用拳头和刀子殴打和割伤他作为报复。在通往门口的台阶上,他站了起来,被捅了一刀又一刀。到达大厅的时候,他已经完全失去了反抗的能力,他被一群大喊大叫、不停咒骂着的男人推搡着穿过人群,他们对这个可怜虫进行了殴打,朝他吐口水并砍来砍去……

暴民们和受害者一起从前门大街往北走,在梧桐树街停下来,然后他们从一家杂货店买了一根绳子。"把他带到主街的铁桥上去,"好几个人喊道。不过,抓住这个黑人的人急于要把他干掉,当他们走到前门街拐角处和梧桐树街以北第一条小巷的电线杆旁边时,他们停了下来。一个仓促做好的套索套住了黑人的头,几个年轻人爬上木杆附近的一堆木材,把绳子套在一个铁钉上。黑人被抬起来,直到他的脚离地3英尺,绳子被拉紧,一具尸体悬在了半空中。一个帮助领导暴民行动的大个子把那黑人的腿扯断了。这个可怜虫的衣服也被扯掉了,当尸体在空中摇晃的时候,拉他双腿的人已把尸体弄得残缺不全。

一两处刀伤(不管多一点少一点),对已经死去的强奸犯的外貌产生不了什么影响。因为在绳子还没套上他的脖子之前,他的皮肤就已经被割得几乎成了缎带。当他的尸体被吊起来时,有人开了一枪。但是由于有十来个声音反对使用火器,枪声就再未响起。尸体被吊了半个小时,然后被砍掉了……落在地上的尸体,阴森可怖地堆在一起,人们听到尸体掉落的声音后大笑起来,然后聚拢在地上的尸体周围,有几个人还踢着那具毫无生命的尸体。这时,有人大喊:"烧了他!"这个建议很快被采纳,上百个喉咙里发出了赞同的吼声。很长一段时间内,理查森(Richardson)侦探单枪匹马地挡住人群,想让人群散开。他一边说话,一边恳求这些人不要因为焚烧尸体而给城市带来耻辱,并认为他们已经尽了一切可能进行了报复。

这时,一小群人正忙着在街中央点火,点火用的材料很方便就能拿到。人们从邻近的木材场拿了几捆柴火当引火物。此外,又有人从同一个地方弄了些较重的木材,并从邻近的杂货店买来了煤油。"烧了他!烧了他!"的叫喊声此起彼伏。

6个男人抓起了沃克赤裸的尸体。人群欢呼起来。他们走到火堆前,把尸体一抛,尸体就落在了火堆中间。但由于时间拖得太久,火已开始熄灭,有人喊着要添加更多的木头。于是有人把木柴弄来,堆在那个黑人身上。很快就几乎看不到他的躯干了,但他的头和四肢都清晰可见,一只胳膊高高伸出,肘弯着,用一根木棍固定着。不一会儿,他的手开始肿起来,身体露出来的地方都起了大水泡,有些地方的肉被烧干了,骨头开始露出来。这是一种可怕的景象,也许那里的人谁也没有见过。对大部分人来说,火势太大了,大部分暴民在大火开始后不久就离开了。

但是很多人都留下来了,即使看到尸体被烧成灰烬,他们也没有被吓退。两三个白人妇女在别人的陪护下挤到前面,想看得清清楚楚,她们以令人吃惊的冷静漠然旁观着。一个男人和一个女人带着一个显然是他们的女儿的不到12岁的小女孩去观看这个场景,这个场景如果不会对她的神经系统造成永久性的伤害,也会让孩子很多个晚上无法入睡。人群的评论各不相同。一些人认为这种方法对惩治强奸犯会很有效,另一些人则为男人们的妻子和女儿现在可以免受这个坏蛋的伤害而感到高兴。有些人则在尸体开裂和起泡时大笑起来,还有许多人说烧死尸体是毫无用处的,但在这群人中却听不到一句同情这个可怜人的话。

遗迹猎人急切地寻找着用来绞死黑人的绳子以及用来把他从监狱里拉出来的绳子。他们差点为了砍断绳子打了起来,但在极短的时间内,两根绳子都不见了,散落在了人群的口袋里,长度从1英寸到6英寸不等。其他的遗迹猎人一直留在那里,直到骨灰冷却,他们才得到如牙齿、指甲和被烧焦的皮肤碎片等可怕的遗物,在他们看来,这些都是这个黑人自己的欲望造成的。在焚烧尸体后,暴民们将绳子绑在烧焦的肢体上,沿着主街拖到法院,把肢体吊在中间的一根杆子上。绳子断了,尸体"砰"的一声掉在地上,但很快又被吊了起来,烧焦的腿几乎没有着地。尸体的牙齿被打掉,指甲被剪掉作为纪念品。暴民们发出了巨大的噪声,警察开始介入。殡仪承办者沃尔什(Walsh)接到电话,被要求负责处理尸体。他把尸体运到殡仪馆,准备今天将其葬在陶工的地里。

后　记

　　本书将读者引入了一个有些残酷、有时也令人十分不快的阅读过程。这个过程激发了人们对暴力受害者的同情,或者至少是对犯罪者某种扭曲行为的好奇心。但如果这些事件只是为了吸人眼球或作为揭发丑闻制造者的素材,那么这种对过去的考察就失去了它的重要意义。暴力在我们的历史中被反复使用,而且往往是有目的的,但对事实的充分认识是任何现实国家塑造自我形象的一个必要组成部分。为了实现某一目标,很大一部分美国人——他们往往在社会秩序中处于不利地位——经常倾向于采取直接行动而非借助法律,倾向于采取暴力而非和平解决方式。我们最近对这一问题的关注可能达到了前所未有的高度,但这种关注并不是新近产生的。对美国人目无法纪的普遍焦虑以及对工业暴力的惶恐不安是西奥多·罗斯福(Theodore Roosevelt)和伍德罗·威尔逊(Woodrow Wilson)时代的共同主题。重建时期的暴力让许多人感到绝望,他们认为奴隶制是野蛮的残余,他们曾希望通过重建联盟和废除奴隶制使美国走上一条更令人钦佩的文明之路。19世纪30年代爆发的令人震惊的反爱尔兰人、反黑人和反废奴主义者的骚乱警醒了很多人,并促使亚伯拉罕·林肯发表了他的第一个重要政治演讲,也是他第一个关于美国特性和命运的重要言论。在1838年1月对斯普林菲尔德的年轻人所作的演讲中,时年28岁的林肯将国内普遍存在的暴力与目无法纪现象及其对自由体制的威胁作为演讲的主题。他的演说是对法律和秩序的发自内心的呼唤。

　　林肯指出,美国并没有面临来自国外的严重危险,任何可以预见的对其制度的威胁"都必然在美国内部产生"。如果毁灭是我们的命运,我们必须自己成为它的创造者和终结者。作为自由人民的国度,我们必须坚持下去,否则就会死于自杀。林肯继续说,即使在那个时候,他也能看到许多不祥的征兆:"对法律的漠视在这个国家越来越普遍,越来越倾向于用野蛮和暴怒式的激情来代替法庭冷静的判断,用比凶残的暴徒更恶劣的人代替执行司法的部长……关于暴民暴行的报道每天都充斥在《泰晤士报》的新闻中。"

林肯指出,不管这种暴行的原因是什么,它在整个国家都已经变得十分普遍。他认为,日益高涨的暴民精神、警戒主义的倾向、对法律的蔑视、随时准备绞死几个其他种族的成员,这些都是美国面临的主要危险。"所有人都必须承认,这种暴民精神在这片土地上已经很普遍,在它的作用下,任何政府,特别是像我们这样的政府,其最强大的堡垒都可能会被摧毁——我指的是人民的信赖。只要这种影响出现在我们身上,只要允许人民中邪恶的那些人成千上万地聚集在一起,焚烧教堂,毁坏和抢劫食品商店,把印刷机扔进河里,射杀编辑,随意绞死和焚烧讨厌的人而不受任何惩罚。相信我,这样的政府是无法维持的。由于这类事情的发生,最优秀公民的感情或多或少会与之疏远。这样一来,这个国家就会没有朋友,或者只有少数的朋友,而这些少得可怜的人又太软弱,使他们的友谊最终也无法发挥作用。在这种时机以及这样的环境下,有足够才华和野心的人一定会抓住机会,产生行动,推翻这一公平的结构,而它曾是半个世纪以来全世界热爱自由的人最热切的希望。"

林肯认为遏制暴力的唯一药方是敦促所有美国人"以革命的鲜血发誓,绝不违反国家的法律,绝不能容忍他人的侵犯"。他希望通过在家庭、学校、教堂、立法大厅和法院的不断教育灌输,使对法律的敬畏成为"国家的政治宗教"。他在一段有趣的文字中指出,美国是建立在一种团结的激情和对英国的民族仇恨之上的,然而革命的场景虽然没有被遗忘,但正在失去其情感力量和团结作用,而这些曾经是"自由神庙的支柱"。那有什么可以取代它们?林肯认为,激情作为一种支撑力量,现在已经毫无用处,它实际上变成了敌人而不是朋友。只有理性,"冷静、精于算计、不动情的理性"才能为国家未来的支持和防御提供动力来源,而理性必须塑造一种以尊重宪法和法律为核心原则的国家道德。但是,通过理性建立起对法律的敬畏有其自身的困难——向19世纪30年代的美国人宣讲冷酷的理性就如同向享乐主义者宣讲禁欲主义。19世纪40和50年代,不法行为和暴力持续高涨,随后就导致了19世纪60年代的灾难。

林肯错误地认为一群野心勃勃的篡位者会利用人们对自由政府的疏远来推翻它并建立暴政。美国人民——也许这是一个充满希望的迹象——建立暴政的能力甚至比他们维持秩序的能力还要弱。但林肯似乎也是正确的,他认为他周围的异常混乱是一种危险的、越来越无法通过和平手段来改变、也无法忍受异议、讨论和妥协的症状。

如果说林肯看到的19世纪30年代出现的暴力是内战灾难的主要"原因"，那就言过其实了；相反，它不过是美国生活中相同病态的一个症状并加速了战争本身——这种病态即国家以不受控制的速度增长，由一个无效的领导层管理，对权威充满了厌烦，被其内部的异质性困扰，而最重要的是被一种古老而阴郁的错误所诅咒，许多人甚至把这种错误当成了一种权利来珍惜。林肯在较早的时候就正确地把表面的焦躁不安认定为极度危险状态的标志，但是他当时就有了一种信念，这种信念本身就具有规劝和教化的力量，将来有一天他就会超越这种信念。他的拯救方法——敦促人们从托儿所到教堂和立法大厅都应该被教导要守法和守秩序——与敦促世界各地的人们被教导要道德和善良没有多大区别。这样的劝诫当然有一定的效果，但只有在具有一致性和可信性的社会环境中才有可能实现，而19世纪30年代晚期，美国的政府权威已经失去了（而不是获得了）提供这种环境的能力。商界和政界的领导人越来越任性，越来越粗心大意，国家正在分裂成两种独立的政治文化，少数几个可能使其团结在一起并使其能够以和平方式解决问题的机构开始瓦解。在林肯演讲的20年后，这些机构中的最后一个，即两个全国性的政党，一个已经死亡，另一个则无可救药地分裂。19世纪60年代，林肯的命运是主持美国政治制度的高潮性失败。最后，他只能在第二次就职演说中表达出忧郁和预言性的宿命论，他在演说中得出结论，"全能者都有他自己的目的"，战争对美国人来说是一种可怕但公正的方式，可以使他们摆脱奴隶制的困扰。对于一个在风暴中心经历过如此大灾难，并从骨髓深处遭受了如此大灾难的人来说，这种宿命论也许是很自然的。但是，对于那些感觉到潜在的灾难而仍有希望避免的人来说，这种宿命论就不太合适了。神圣审判的玄学是那些失败者的最后手段，对人类审判的呼吁必须是那些期待成功的人的第一手段。在寻找判断的依据时，我们有理由认为，对暴力及其后果的历史研究可以为我们提供一些重要的、具有惩戒意义的东西。对于历史学家来说，这些记录已经足够多了。

理查德·霍夫施塔特